奧地利‧捷克
匈牙利‧斯洛伐克

東歐

Eastern Europe :
Austria, Czech, Hungary, Slovakia

no.77

M●●K NEWAction

東歐
奧地利·捷克·匈牙利·斯洛伐克

Eastern Europe : Austria, Czech, Hungary, Slovakia

本書所提供的各項可能變動性資訊，如交通、時間、價格(含票價)、地址、電話、網址，係以2023年08月前所收集的為準；特別提醒的是，COVID-19疫情期間這類資訊的變動幅度較大，正確內容請以當地即時標示的資訊為主。
如果你在旅行中發現資訊已更動，或是有任何內文或地圖需要修正的地方，歡迎隨時指正和批評。你可以透過下列方式告訴我們：
寫信：台北市104中山區民生東路二段141號9樓MOOK編輯部收
傳真：02-25007796
E-mail：mook_service@hmg.com.tw
FB粉絲團：「MOOK墨刻出版」www.facebook.com/travelmook

符號說明

電話	價格	所需時間	住宿
傳真	網址	距離	Facebook
地址	電子信箱	如何前往	Instagram
時間	注意事項	市區交通	Line
休日	特色	旅遊諮詢	

封面圖片提供：Mucha Trust 2016

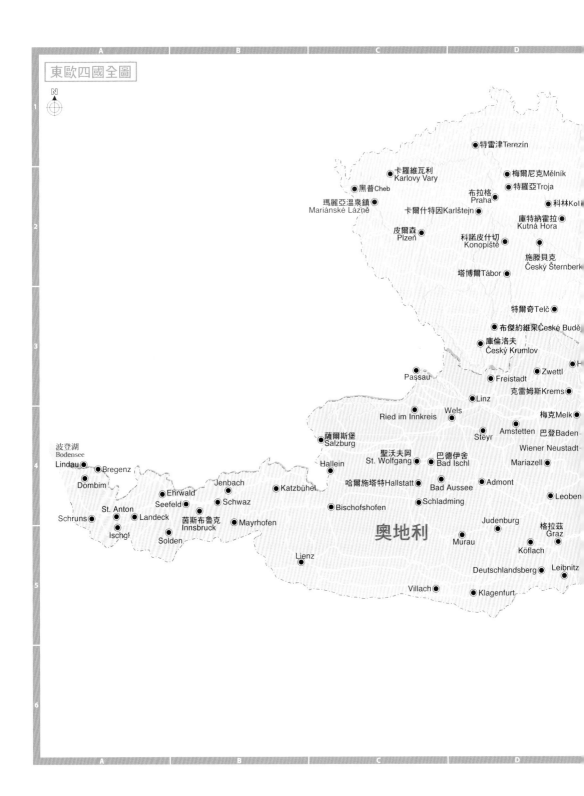

東歐四國全圖

N

特雷津 Terezín

卡羅維瓦利 Karlovy Vary
黑普 Cheb
瑪麗亞溫泉鎮 Mariánské Lázně
卡爾什特因 Karlštejn
皮爾森 Plzeň
科諾皮什切 Konopiště
塔博爾 Tábor

梅爾尼克 Mělník
特羅亞 Troja
布拉格 Praha
科林 Kol
庫特納霍拉 Kutná Hora
施滕貝克 Český Šternberk
特爾奇 Telč
布傑約維采 České Budě
庫倫洛夫 Český Krumlov
Zwettl
Freistadt
克雷姆斯 Krems

Passau
Linz
Ried im Innkreis
Wels
梅克 Melk
Amstetten
巴登 Baden
薩爾斯堡 Salzburg
Steyr
Wiener Neustadt
聖沃夫岡 St. Wolfgang
巴德伊舍 Bad Ischl
Mariazell
Hallein
哈爾施塔特 Hallstatt
Bad Aussee
Admont
Leoben
Schladming
奧地利
Judenburg
格拉茲 Graz
Murau
Köflach
Deutschlandsberg
Leibnitz
Villach
Klagenfurt

波登湖 Bodensee
Lindau
Bregenz
Dombim
Jenbach
Katzbühel
Ehrwald
Seefeld
Schwaz
St. Anton
Landeck
茵斯布魯克 Innsbruck
Mayrhofen
Schruns
Ischgl
Solden
Lienz

捷克

奧洛穆茨Olomouc

布爾諾Brno　茲林Zlin

塔特拉山
Tatry

茲諾伊莫Znojmo

斯洛伐克

小喀爾巴阡山地
Male karpaty

阿吉克勒特石灰岩洞
Aggtelek Caves

維也納Wien
Hainburg　布拉提斯拉瓦
Bratislava　　密什柯茲Miskolc　托凱Tokaj

Bruck

諾吉勒湖
Neusiedler See　　　霍羅克Holló　艾格爾Eger

修普倫Sopron　　維榭葛拉德Visegrád
埃森施塔特　焦爾Györ　森檀德Szentendre
Eisenstadt　　　古杜爾Gödöllö
布達佩斯　　　　　黛布勒森
Oberwart　　　　Budapest　　　匈牙利大草原Great Plain　Debrecen

Hartberg　松巴特Szombathely

索諾克Szolnok

匈牙利

海維茲Héviz
巴拉頓湖
Lake Balaton
Bad Radkersburg　凱斯特海　　　凱奇米　　　北克斯奇阿巴
Keszthely　　　Kecskemét　　Békéscsaba

卡羅查Kalocsa

班加Baja　塞格德Szeged

佩奇Pécs

Welcome to Eastern Europe

歡迎來到東歐

東歐給人古典、優雅、浪漫並帶點神秘的印象，是不少旅人的歐洲旅遊首選。奧地利有充滿音樂與藝術文化的維也納、湖光山色令人神往的哈爾施塔特；捷克有可稱為歐洲最美城市的布拉格，最療癒的溫泉鄉——卡羅維瓦利和瑪麗亞溫泉鎮、宛如童話的世界遺產小鎮庫倫洛夫；而匈牙利則有橫跨多瑙河兩岸的布達佩斯、釀造公牛血葡萄酒的艾格爾；或是來到東歐最後一塊淨土斯洛伐克，至布拉提斯拉瓦感受歷史風華。這裡的每座城市都獨具性格，都值得細細探訪。

本書收錄東歐旅遊最主要的四個國家——奧地利、捷克、匈牙利和斯洛伐克，挑選四國之中最不容錯過的旅遊城市，針對當地的精華景點和人文特色，做最深入淺出的介紹，也提供一定要造訪的景點和吃喝玩樂好去處，並規劃出旅遊或散步路線，讓你安排行程不疑惑。擁有本書，便可以輕輕鬆鬆玩東歐。

必去東歐理由

東歐大城小鎮

東歐有許多魅力十足的大城小鎮，音樂之都維也納、百塔之城布拉格、中歐巴黎布達佩斯、寧靜古樸的布拉提斯拉瓦都不容錯過；除此之外，哈爾施塔特有最美湖濱小鎮之稱，皮爾森則如同捷克啤酒的代名詞，而穿梭於契斯基庫倫洛夫的城堡與舊城區之間，彷彿走進童話中。

百年咖啡館巡禮

發明薩赫蛋糕的薩赫咖啡館、擁有號稱奧地利最好吃蘋果捲的中央咖啡館、傳承200年糕點文化的Ruszwurm Cukrászda、榮登世界十大最美咖啡館的紐約咖啡館⋯⋯走進維也納、布拉格和布達佩斯的百年咖啡館，感受不同的風格情調。

溫泉魅力無限

捷克的卡羅維瓦利和瑪麗亞溫泉鎮是知名溫泉鄉，和我們一般認知不同的是，這裡的溫泉主要用於飲用，而且不需要費用，每個人都可以無限暢飲；而來到匈牙利布達佩斯，在這裡泡湯已經發展成全民運動，穿上泳衣、戴上泳帽一起體驗當地的溫泉文化！

與大師對話

東歐人文藝術薈萃，莫札特、貝多芬、克林姆、百水、史麥塔納、席勒、慕夏、卡夫卡等人都為這裡增添不凡的色彩。提到東歐，古典樂的悠揚樂聲立即在耳邊響起，經典畫作及文學作品也在腦海中浮現，走訪各大名人景點，也彷彿與大師對話。

開啟味蕾探險

東歐料理深受德國和土耳其影響，再加上地理氣候不同，各國不僅發展出獨特的美食文化，更因為緊密相鄰而彼此融合。東歐料理基本上口味較重，多半以肉食為主，與各式啤酒、葡萄酒更是絕配，旅途中絕對要嘗鮮一番，才不枉此行。

採購東歐製造

東歐有不少具在地風情的特色商品，如各種形式的東歐娃娃、拉線木偶，不但手工精緻，充滿獨特的民俗藝術風情，價格也尚稱合理；也有許多人大肆採購菠丹妮、MANUFAKTURA的芳療用品，不論心繫哪種伴手禮，都別忘了到處尋寶一番，將充滿東歐風情的伴手禮帶回國。

旅行計畫
Plan Your Trip

Top Highlights of Eastern Europe
東歐之最

奧地利

熊布朗宮
Schönbrunn

　　熊布朗宮是象徵哈布斯堡王朝強大國力的夏宮，從18~20世紀初，一直是哈布斯堡王朝家族的官邸，建築內部裝潢美輪美奐，洋溢華麗的巴洛克風，是中歐宮廷建築的典範。(P.100)

布拉格城堡
Pražský hrad

　　布拉格城堡始建於9世紀，長久以來就是王室所在地，具有重要的政經地位，是遊客必定朝拜的觀光點，包括許多精緻雄偉的建築物，內部有多處景點採聯票制，都值得一一駐足流連。(P.201)

捷克

特色博物館
The Most Special Museums

阿爾貝蒂納宮，維也納／奧地利
Albertina, Vienna／Austria(P.80)

維也納藝術史博物館，維也納／奧地利
Kunst Historisches Museum Wien, Vienna／Austria(P.92)

奧地利

霍夫堡皇宮
Hofburg

霍夫堡皇宮是奧匈帝國的統治核心，也是統治奧匈帝國長達700年的哈布斯堡王朝駐在地，約有18棟建築物、超過19個中庭和庭園，是名符其實的深宮內苑。(P.77)

布達皇宮
Buda Castle

布達皇宮佇立於城堡山，吸引著往來於多瑙河畔的旅人。這裡是匈牙利歷代國王的居住地，曾經隨著哈布斯堡王朝的沒落而被人遺忘，如今成為不可錯過的景點，也是欣賞多瑙河及佩斯景觀的好地方。(P.265)

匈牙利

施華洛世奇水晶世界，茵斯布魯克／奧地利 Swarovski Kristallwelten, Innsbruck／Austria(P.155)	猶太博物館，布拉格／捷克 Jewish Musem, Prague／Czechia(P.198)	民族學博物館，布達佩斯／匈牙利 Museum of Ethnography, Budapest／Hungary(P.277)

13

東歐
四國

沉浸音樂盛會Music Feasts

　　維也納新年音樂會、布拉格之春國際音樂節、匈牙利春天藝術節、布拉提斯拉瓦國際音樂節⋯這些國際知名的音樂及藝術節都在東歐，更何況是在幾乎天天舉行眾多音樂會的「音樂之都」維也納，至少要接受一次音樂洗禮！(P.84)

登高拍美景必訪
Best Places with Scenic Views

熊布朗宮，維也納／奧地利
Schönbrunn, Wien／
Austria(P.100)

薩爾斯堡城堡，薩爾斯堡／
奧地利
Festung Hohensalzburg,
Salzburg／Austria(P.122)

奧地利

哈爾施塔特
Hallstatt

哈爾施塔特被譽為世界上最美的湖濱小鎮,環境遺世獨立,彷若一座世外桃源,遠道而來的旅人無不被其美景所震懾,在心中留下久久縈繞不散的回憶。(P.137)

舊市政廳,布拉格╱捷克
Old Town Hall, Prague╱
Czechia(P.187)

蓋勒特丘陵,布達佩斯╱
匈牙利
Gellért Hill, Budapest╱
Hungary(P.273)

布拉提斯拉瓦城堡,
布拉提斯拉瓦╱斯洛伐克
Bratislavsky
Hrad, Bratislava╱
Slovakia(P.310)

東歐溫泉樂Hot Springs in Eastern Europe

捷克的卡羅維瓦利和瑪麗亞溫泉鎮是知名溫泉鄉，有些溫泉具有療效，可以漫步在優美的溫泉迴廊中品飲溫泉。而布達佩斯的溫泉歷史則可追溯自2,000年前，由羅馬人將溫泉概念引進當地，泡湯至今已發展成全民運動。(P.236、271~272)

特色教堂
The Most Special Churches

聖史蒂芬教堂，維也納／奧地利
Stephansdom, Wien／Austria(P.75)

聖芭芭拉教堂，格拉茲／奧地利
St. Barbarakirche, Graz／Austria(P.169)

捷克

TICHO
PROSIM!

SILENT
PLEASE!

RUHE
BITTE!

ТИХО
ПОЖАЛУЙСТА!

人骨教堂Ossuary

　　教堂不論窗戶、拱頂、十字架、祭壇、吊燈,都是用頭蓋骨、大腿骨到肋骨拼接裝飾而成,估計至少用了4萬人的骨頭,場景雖然有點驚人,但是靜下心來欣賞,驚訝應該會大於驚嚇。

(P.233)

提恩教堂,布拉格／捷克
Church of the Virgin Mary
before Týn, Prague／
Czechia(P.190)

聖維塔大教堂,布拉格／
捷克
St Vitus's Cathedral,
Prague／Czechia(P.203)

聖史蒂芬大教堂,布達佩斯
／匈牙利
St. Stephen's Basilica,
Budapest／Hungary(P.276)

百水建築
Hundertwasser's Buildings

百水的建築充滿個人風格，有各種形狀和顏色的窗戶，牆上大小不同且鮮豔的磁磚拼貼。建築的每個曲線都像個微笑，讓人看了打從心底綻放笑容。(P.97)

奧地利

重要名人紀念館
The Most Important Houses of Celebrities

西西博物館，維也納／奧地利
Sisi Museum, Vienna／Austria(P.78)

莫札特出生地及故居，薩爾斯堡／奧地利
Mozarts Geburtshaus & Mozart-Wohnhaus, Salzburg／Austria(P.126)

啤酒釀造所
Pilsner Urquell
& Budweiser
Budvar

捷克

捷克的啤酒非常有名，其中又以皮爾森的皮爾森啤酒和布傑約維采的百威啤酒最出名，不但好喝而且價格便宜，如果有興趣且英文還不錯，不妨到啤酒廠見識它們的誕生過程。(P.222、244)

斯洛伐克

小喀爾巴阡山
美酒之旅
Small
Carpathian Wine
Route

小喀爾巴阡山區終年陽光明媚，土壤也適合栽種葡萄，每年9~10月豐收期還會舉行葡萄酒節慶。遊客可以沿著小喀爾巴阡山品酒路線，一路欣賞綺麗的葡萄園景致，再至酒莊悠閒品啜香醇美酒。(P.316)

史麥塔納博物館，布拉格／捷克
Smetana Museum,
Prague／Czechia(P.194)

慕夏博物館，布拉格／捷克
The Mucha Museum,
Prague／Czechia(P.212)

李斯特菲冷茲紀念館，
布達佩斯／匈牙利
Liszt Ferenc Memorial
Museum, Budapest／
Hungary(P.281)

Top Itineraries of Eastern Europe
東歐精選行程

奧地利藝術及經典美景6天

●行程特色

如果只有6天時間，不妨選擇玩遍奧地利重點景點，尤其是近年最熱門的鹽湖區——薩爾茲卡莫古特(Salzkammergut)，尤其是哈爾施塔特(Hallstatt)列入世界遺產的山水湖濱景色，令所有來到此地的旅人心醉神迷。穿梭於奧地利的音樂藝術大城與絕美湖濱小鎮之間，可以放慢步調聆聽場音樂會，或在湖區細細品味生活。若還有時間，可再將行程拓展至登山滑雪勝地茵斯布魯克(Innsbruck)，或藝術之城格拉茲(Graz)。

●行程內容

Day 1~2	維也納(Wien)
Day 3~4	薩爾斯堡(Salzburg)
Day 5~6	鹽湖區

奧地利、捷克經典12天

●行程特色

這條路線涵蓋了奧地利及捷克的精華城市，由奧地利維也納出發，至薩爾斯堡、鹽湖區的哈爾施塔特等湖濱小鎮，再至庫倫洛夫、皮爾森、卡羅維瓦利與瑪麗亞溫泉鎮，沿途可以細賞中古世紀建築之美，品味啤酒及啜飲溫泉，最後在布拉格感受百塔之都的經典、至庫特納霍拉看人骨教堂，再回到維也納。

●行程內容

Day 1~2	維也納(Wien)
Day 3~4	薩爾斯堡(Salzburg)
Day 5	鹽湖區
Day 6	庫倫洛夫(Český Krumlov)
Day 7	皮爾森(Plzeň)
Day 8	瑪麗亞溫泉鎮+卡羅維瓦利
	(Mariánské Lázně & Kalovy Vary)
Day 9~10	布拉格(Praha)
Day 11	庫特納霍拉(Kutná Hora)
Day 12	維也納(Wien)

東歐四國精華12天

●行程特色

　一次旅遊奧地利、捷克、匈牙利、斯洛伐克四國首都的重點玩法，雖然只在各大城市分別停留2~3天，時間也足以走訪當地最著名的景點。不論是維也納的聖史蒂芬教堂、熊布朗宮，或是布達佩斯的布達城堡、布拉格的舊城廣場及查理大橋、布拉提斯拉瓦的歷史城區，通通都能一網打盡。

●行程內容

Day 1~3	維也納(Wien)
Day 4~6	布達佩斯(Budapest)
Day 7~8	布拉提斯拉瓦(Bratislava)
Day 9~11	布拉格(Praha)
Day 12	維也納(Wien)

東歐四國全覽15天

●行程特色

　這條路線是東歐精華的擴充版，如果有足夠的時間，不妨在由維也納至布達佩斯、布拉提斯拉瓦、布拉格的過程中，於沿途城鎮多做停留，如位於布達佩斯北方的藝術小鎮森檀德，以及列入世界遺產的銀礦古鎮庫特納霍拉、童話小鎮庫倫洛夫、湖濱小鎮哈爾施塔特，或是至皮爾森享用一頓波西米亞料理與啤酒大餐，都能感受與四國首都不同的生活風情。

●行程內容

Day 1~2	維也納(Wien)
Day 3~5	布達佩斯＋森檀德(Budapest & Szentendre)
Day 6	布拉提斯拉瓦
Day 7	庫特納霍拉(Kutná Hora)
Day 8~9	布拉格(Praha)
Day 10	卡羅維瓦利＋瑪麗亞溫泉鎮
	(Kalovy Vary+Mariánské Lázně)
Day 11	皮爾森(Plzeň)
Day 12	庫倫洛夫(Český Krumlov)
Day 13	哈爾施塔特(Hallstatt)
Day 14	薩爾斯堡(Salzburg)
Day 15	維也納(Wien)

When to go
最佳旅行時刻

東歐四國位於歐洲內陸，主要為冬寒夏熱、季節分明的大陸性氣候，其中奧地利位於溫帶海洋性與大陸性氣候的過渡區，而匈牙利、斯洛伐克則為受地中海影響的大陸性氣候，一般來說，5~9月之間是最適宜旅遊的季節。

四國蘊含豐富的藝術文化資產，不論國際級音樂節、藝術節、啤酒節或馬拉松比賽，都別具特色與意義。另外，部分景點、博物館會於國定假日閉館，部分商家、餐廳則會提早結束營業或停止營業，前往之前請先上網確認。

東歐四國**氣候**和**旅行季節**

捷克 Czech Republic

捷克主要分成西部的波西米亞和東部的摩拉維亞兩區。波西米亞內有山地、高地和茂密的森林，中央還有盆地；摩拉維亞地區則以摩拉維亞低地為主。氣候溫和，四季分明，冬天涼爽潮溼，夏季溫暖。5~9月布拉格的平均溫度約14℃以上，夏季最高甚至可達30℃；12月和1月降至0℃以下，其餘月份平均超過8℃。

斯洛伐克 Slovakia

中東歐內陸國家，北部有西喀爾巴欽山脈，高度介在1,000~1,500公尺間，境內以山地地形主，東南方有豐富的喀斯特地形洞窟群。斯洛伐克夏熱冬寒，最溫暖乾燥、陽光普照的地區在布拉提斯拉瓦和多瑙河低地。5~9月是旅遊旺季，以5~6、9~10月的氣溫最舒適；而山岳地區氣候酷寒，夏天也很涼冷，平均氣溫約3℃，前往山區記得穿厚外套。另外，12~3月最適合滑雪。

卡羅維瓦利 Karlovy Vary
瑪麗亞溫泉鎮 Mariánské Lázně
皮爾森 Plzeň
布傑約維采 České Budějovice
庫倫洛夫 Český Krumlov
薩爾斯堡 Salzburg
茵斯布魯克 Innsbruck
布拉格 Praha
庫特納霍拉 Kutná Hora
維也納 Wien
格拉茲 Graz
捷克
奧地利
小喀爾巴阡山地 Malé karpaty
塔特拉山 Tatry
斯洛伐克
布拉提斯拉瓦 Bratislava
艾格爾 Eger
森檀德 Szentendre
布達佩斯 Budapest
匈牙利

奧地利 Austria

奧地利位於中歐南部，西部多山，山峰高達4,000公尺，兩側都是丘陵地形，多湖沼及茂密叢林，維也納附近則是維也納森林及多瑙河谷平原。氣候大致可分為3種：西部為受大西洋影響的溫帶海洋性氣候，冬夏溫差及晝夜溫差都大且多雨；東部為大陸性氣候，溫差小，雨量也小；阿爾卑斯山地區，寒冬季節較長，夏季涼爽，7月平均溫度為14~19℃，冬季為12月~3月，山區在5月仍有積雪，夏天晚間仍有涼意，記得攜帶薄外套。

匈牙利 Hungary

地處歐洲內陸，境內擁有被卡帕奇山與阿爾卑山脈圍繞的匈牙利盆地，多瑙河流貫中央，東部為匈牙利大平原，西南則有巴拉頓湖。氣候為受地中海影響的大陸性氣候，冬天濕冷多風、夏季炎熱，5、6、11月雨量較多。年均溫約11℃，從4月底到10月是最適合旅遊的季節，平均每天日照時間10小時，最熱的7月超過20℃，1月最冷通常在0℃以下。

東歐四國旅行日曆

奧地利

日期	地點	節慶	說明
1月1日	維也納	◎元旦 維也納新年音樂會 Neujahrskonzert der Wiener Philharmoniker	在維也納金色大廳舉行,從1939年至今已逾70年歷史,是奧地利的年度盛會,每年更有超過80個國家同步轉播共襄盛舉。
2或3月	全國	嘉年華 Fasching	最初是日耳曼農民迎春的儀式,信教之後成為四旬齋前的狂歡。嘉年華從11月11日開始,到了2月大齋首日前的一個星期達到最高潮。
1~3月	維也納	維也納歌劇院舞會 Wiener Opernball	嘉年華期間的一大慶典,時間落在大齋首日前的最後一個週四,於維也納國家歌劇院舉行。
3或4月	全國	◎復活節	最長約舉行半個月的市集
5月1日	全國	◎勞工節	
5月中~6月	維也納	維也納藝術節 Wiener Festwochen	國際級藝術盛事,為期5週,涵括歌劇、音樂會、音樂劇等古典及現代的精彩藝術表演。
7月中~8月底	薩爾斯堡	薩爾斯堡音樂節 Salzburger Festspiele	始於1920年的音樂與藝術表演饗宴,為期6週,表演節目相當多元豐富,是薩爾斯堡不容錯過的夏季盛典。
10月26日	全國	◎國慶日	
11月1日	全國	◎萬聖節	
12月8日	全國	◎聖母無玷始胎	
12月25日	全國	◎耶誕節	有長達1個月的耶誕市集,最盛大的耶誕市集位在維也納市政廳前廣場。

捷克

日期	地點	節慶	說明
1月1日	全國	◎元旦	
3或4月	全國	◎復活節	有復活節市集,如布拉格的舊城廣場、瓦茨拉夫廣場。
5月1日	全國	◎勞工節	
5月8日	全國	◎戰勝法西斯日	
5月初	布拉格	布拉格國際馬拉松 Prague International Marathon	一年一度的大型賽事,參賽者以布拉格歷史中心的舊城廣場為起點,沿著伏爾塔瓦河岸跑,途經查理大橋、猶太區等景點,最後再回到舊城廣場。
5月初~5月底	布拉格	捷克啤酒節 Czech Beer Festival Prague	可以嚐到70多種品牌的捷克啤酒及波西米亞佳餚,期間還有音樂表演。
5月12日~ 6月3日	布拉格	布拉格之春國際音樂節 Prague Spring International Music Festival	捷克最著名的國際音樂節,於1946年開始舉辦,活動以史麥塔納名曲《我的祖國》(My Country)開場。
6月中	庫倫洛夫	五瓣玫瑰花節 Festival of Five-petalled Rose	為期3天,有中世紀服裝遊行、武士競技,展開熱鬧的中世紀慶典。
6、7月	卡羅維瓦利	卡羅維瓦利國際電影節 Karlovy Vary International Film Festival	歷史上最悠久的電影節之一,現在為中東歐一年一度最具影響力的電影節盛事。
7月5日	全國	◎宗教紀念日	
7月6日	全國	◎胡斯紀念日	
9月28日	全國	◎聖史帝芬紀念日	
10月28日	全國	◎獨立紀念日	
11月17日	全國	◎民主紀念日	
12月25日	全國	◎耶誕節	從12月初開始市集,布拉格耶誕市集約持續至1月中。

匈牙利

日期	地區	節日	說明
1月1日	全國	◎元旦	
3或4月	全國	◎復活節	各地舉行復活節市集
3月15日	全國	◎獨立紀念日	
4月	布達佩斯	春季藝術節 Budapest Spring Festival	匈牙利年度最盛大的藝術節，有音樂、歌劇、舞蹈、古典音樂以及現代音樂演出。
5月1日	全國	◎勞工節	
5月31日	全國	◎聖靈降臨日	
8月中	布達佩斯	島節 Sziget Festival	歐洲十大藝術節之一，每年在多瑙河上的老布達島(Óbudai-sziget或稱造船場島Hajógyári Island)舉行為期7天的音樂節活動，樂團歌手輪番上陣演出，展開一場不眠不休的音樂盛典！期間島上成為年輕人的都市，甚至可以在此紮營，島上匈牙利美食、葡萄酒、啤酒都應有盡有，還有來自各國的美食料理。
		民俗藝術節 Festival of Folk Arts	在布達城堡舉行的民俗藝術節，為期3天，有許多民俗表演、漂亮的傳統工藝品，夜晚還能在城堡山上賞煙火。
8月20日	布達佩斯	◎建國紀念日	
10月23日	全國	◎共和國紀念日	
12月25日	全國	◎耶誕節	各地舉行耶誕市集

斯洛伐克

日期	地區	節日	說明
1月1日	全國	◎國慶日	
5月1日	全國	◎勞工節	
5月8日	全國	◎戰勝法西斯日	
6月底	布拉提斯拉瓦	加冕慶典 Korunova né slávnosti	根據歷史上演歷任國王的加冕儀式，為期3天，當地還會有中古世紀服裝遊行、傳統美食及佳釀。
8月29日	全國	◎斯洛伐克民族起義紀念日	
9月1日	全國	◎斯洛伐克共和國憲法日	
9月中	皮茲諾克	葡萄酒節 Vinobranie	慶祝葡萄豐收的傳統節日，有豐富的文化活動及美食美酒。
9月中~10月中	布拉提斯拉瓦	布拉提斯拉瓦國際音樂節 Bratislavské Hudobné Slávnosti	斯洛伐克最重要的國際音樂盛會
11月17日	全國	◎民主紀念日	
12月25日	全國	◎耶誕節	布拉提斯拉瓦舊城廣場的耶誕市集，有手工藝品、傳統菜餚，及合唱團、舞蹈演出。
12月26日	全國	◎節禮日	

註：◎代表國定假日，許多博物館可能在國定假日當天休館

Transportation in Eastern Europe
東歐交通攻略

奧地利

位於中歐的奧地利與多國接壤，是歐洲熱門的觀光國家，境內交通設施非常方便。奧地利的面積為台灣的2.2倍，重點城市之間有著班次密集的快速火車往返；而有些地區相距較遠，例如維也納和茵斯布魯克兩者距離約572公里，搭高速火車大約4.5~5小時，搭飛機則只需約50~60分鐘，所以也有密集的班次往返。可視情況以及個人需求選擇最適合的交通方式。

國內航線

奧地利各大主要城市，包括維也納、薩爾斯堡、茵斯布魯克、格拉茲等，都有自己的國內或國際機場，並有方便的交通與市區相連結。

事實上，奧地利的國內航線除了因應「國內」交通需求，更高效率的是因應歐洲其它國家的「洲內」交通需求，像是維也納與柏林、巴黎、倫敦、華沙、哥本哈根等其它國家的主要城市之間，就有密集的班機往來；而薩爾斯堡、茵斯布魯克或格拉茲等地，也分別有航班往返法蘭克福、慕尼黑、柏林、蘇黎世、伊斯坦堡等城市。詳細的航線與航班選擇，可以查詢當地機場。

◎維也納國際機場
🔷www.viennaairport.com
◎薩爾斯堡莫札特機場
🔷www.salzburg-airport.com
◎茵斯布魯克機場
🔷www.innsbruck-airport.com
◎格拉茲機場
🔷www.flughafen-graz.at

火車

往來城市之間最方便的方式是搭火車。基本上大部分的鐵路都由奧地利國鐵經營，網路密集且遍布全國，且中大型城市之間班次往來頻繁，沿途還能欣賞美麗景色，是舒適且快速的旅遊移動方式。

火車站多位於市中心或相去不遠的地方，站外通常為巴士總站所在，因此進出城市非常方便。茵斯布魯克、薩爾斯堡和格拉茲等地，皆由一個主要火車站聯結其他城市，唯獨比較複雜的是維也納，共擁有維也納西站(Westbahnhof)、維也納中央車站(Wien Hauptbahnhof)、維也納北站(Wien Nord/Praterstern)、維也納市中心車站(Wien Mitte)、法蘭茲‧約瑟夫車站(Franz-Josef-Bahnhof)、維也納邁德靈站(Wien Meidling)等至少6個車站，搭車前務必先確認清楚所搭乘的班次會停靠哪幾個車站。

一般而言，市中心站是轉乘的大站，從機場到維也納市區就是在這裡停靠，這個車站旁就是長途國際巴士及維也納中長程巴士的總站，前往此站可搭乘地鐵U3號、U4號，或電車O號線。

原有的維也納南站(Südbahnhof)已改建成全新的維也納中央車站，通往歐洲各國的國際列車主要在維也納中央車站和邁德靈站發車，來自德國、瑞士、法國、德國的火車，都是經邁德靈站抵達維也納中央車站。而前往茵斯布魯克、薩爾斯堡和格拉茲等地，則是由邁德靈站出發。

法蘭茲・約瑟夫車站，主要是奧地利西北部的火車和布拉格的列車，前往此站可搭電車5、33、D號線。維也納北站，主要是來自奧地利北方的火車，前往可搭乘地鐵U1、U2號線，電車O或5號線。

◎奧地利國鐵(OBB)

www.oebb.at

◎歐洲鐵路

www.eurail.com

巴士

火車到不了的地方，可以選擇郵政巴士(Postbus)或聯邦巴士(Bahnbus)作為轉乘工具，它屬於奧地利國鐵機構下的民營單位，串聯起整個奧地利的交通網絡，綿密地連接於火車無法抵達的地方。另外也有其他公司經營的中長程巴士可供選擇。

巴士的中繼站大多位於國鐵火車站外，例如維也納中央車站是長途國際巴士及維也納中長程巴士的總站。車站都有詳細的時刻表，車票可上車向司機購買。

◎郵政巴士

www.postbus.at

捷克

捷克的國土面積都不算大，個別從國內的東西南北任一角落出發，要到另一個角落去，通常早上出發晚上即可到達，所以國內的空中交通沒有很發達，比較

倚重公路和鐵路等交通網絡，國內移動時以火車或巴士為主要的交通工具。

火車

捷克的主要觀光城市，火車班次都相當密集，需注意的是：每個城市往往有不只一個火車站，利用火車進出各個城市，必須先確認搭乘班次會停靠哪個車站。以布拉格為例，布拉格共有4大火車站，分別是北邊的Holešovice火車站、靠近市中心的Hlavní nádraží中央車站、Masarykovo nádraží火車站，和西南方的Smíchovské nádraží火車站。其中最大的車站是中央車站Hlavní nádraží，許多國際列車和地方列車都由這個車站出發。

而卡羅維瓦利有兩個主要的火車站：從布拉格等其他城市前來的列車，都只停靠在卡羅維瓦利站(Karlovy Vary)，而觀光客主要拜訪的溫泉區，則比較靠近卡羅維瓦利下城車站(Karlovy Vary Dolni nádraží)，所以搭乘火車來到卡羅維瓦利的遊客，通常必須先搭車抵達主火車站後，再轉地方火車(RE)抵達下城車站。主火車站到下城車站，車程約5分鐘即達。

◎捷克國鐵(ČD)

www.cd.cz

◎歐洲鐵路

www.eurail.com

巴士

公路交通網綿密、班次多，而且長途巴士站往往比火車站還靠近市中心，雖然長距離旅行時舒適度比不上火車，但是中、短途旅行，長途巴士可能比火車還方便。

和火車一樣，大城市往往有不只一個長途巴士站，利用巴士進出各個城市，必須先確認清楚所搭乘的路線會停靠哪個車站。例如布拉格有數個長途巴士站，其中最主要也最大的是Praha, ÚAN Florenc巴士總站，前往卡羅維瓦利、庫納霍拉、皮爾森、契斯基庫倫洛夫等主要觀光城市，都可以從這裡出發。

此外，還有位於地鐵B線Anděl站附近的Na

Knížecí巴士站；地鐵C線Nádraží Holešovice站的Holešovice巴士站；位於地鐵C線Roztyly站的Roztyly巴士站；以及位於地鐵B線Černý Most站的Černý Most巴士站等。

　　捷克有一家長途巴士RegioJet，由Student Agency經營，雖然名為「學生代理」，但並不是只有學生才能坐，而是廣對大眾營運超過20年的專業交通公司。車子座位舒適、有廁所、有Wi-fi，而且路線眾多、價格便宜，可說是遊客利用率最高的長途巴士。遊客可以從柏林、維也納、布達佩斯等其他歐洲城市搭RegioJet的國際線班車進入布拉格，也可以搭RegioJet的國內線班車優游捷克各地。

◎捷克國家交通網
🐛 www.idos.cz
◎Praha, ÚAN Florenc巴士總站
🐛 www.uan.cz
◎Student Agency
🐛 www.studentagency.eu/en
◎RegioJet
🐛 regiojet.com

匈牙利

　　和捷克相同，國內交通也是以火車或巴士為主要交通工具。

火車

　　以最主要的觀光城市來說，布達佩斯有7個火車站，其中東站(Keleti pályaudvar)為最大、最靠近市中心、最主要的火車站，從捷克和斯洛伐克出發的國際線列車會停靠在東站；從奧地利出發的國際線列車會經過M4線終點站的Kelenföld火車站，最終抵達東站；此外，西站(Nyugati pályaudvar)和南站(Déli pályaudvar)也會有國際線列車停靠。

◎匈牙利國鐵(MÁV)
🐛 www.mavcsoport.hu/en
◎歐洲鐵路
🐛 www.eurail.com

巴士

　　布達佩斯也有數個巴士站，其中以Népliget autóbusz-pályaudvar最大，它是來自歐洲各國的國際巴士停靠站；此外，前往匈牙利西部和南部的巴士也是由此出發。Stadion autóbusz-pályaudvar則是前往東歐和匈牙利國內的巴士站。

　　位於市區北邊的Árpád hid autóbusz-pályaudvar巴士站，是前往匈牙利北方城市的車站；更往北3站的Újpest-Városkapu巴士站，則是前往多瑙河沿岸地區的主要巴士站。長途巴士班次和上車的車站站名，上網即可清楚查明。

◎匈牙利國家交通網
🐛 menetrendek.hu

斯洛伐克

由於布拉提斯拉瓦距離維也納很近，搭乘火車或巴士僅需1小時即可抵達，安排維也納的行程時，不妨順道將布拉提斯拉瓦列入行程中。

火車

斯洛伐克的鐵路系統雖然遍布全國，但對於往來城鎮之間的交通速度卻略嫌緩慢；儘管如此，相對低廉的火車票價還是受到了遊客的青睞。從維也納中央車站搭乘火車，約需1小時可以抵達布拉提斯拉瓦，若從布達佩斯出發，約需2.5~3小時；從布拉格出發，約需4~5小時。

◎斯洛伐克國鐵(ZSSK)

🚈www.zssk.sk

◎歐洲鐵路

🚈www.eurail.com

巴士

開往布拉提斯拉瓦的長途巴士，主要停靠於布拉提斯拉瓦巴士總站(Autobusová Stanica)。

◎斯洛伐克交通網

🚈cp.hnonline.sk

◎Flixbus

🚈global.flixbus.com

火車通行證

火車是歐洲國家主要的交通工具之一，遊客除了可以購買單國火車票在該國境內搭乘火車旅遊；亦可經由歐洲其他城市乘坐火車進奧地利、捷克、匈牙利和斯洛伐克。想搭乘火車旅行東歐四國，最優惠且方便的方式就是擁有一張火車通行證。以上四國皆有「單國火車通行證」可購買，亦可考慮「全歐火車通行證」(Eurail Global Pass)，可以一次遊覽33個國家，包括奧地利(包含列支敦士登)、比利時、保

加利亞、克羅埃西亞、捷克、丹麥、芬蘭、法國(包含摩納哥)、德國、英國(包含英格蘭、蘇格蘭、威爾斯)、希臘、匈牙利、愛爾蘭(愛爾蘭及北愛爾蘭)、義大利、立陶宛、盧森堡、馬其頓、荷蘭、挪威、葡萄牙、羅馬尼亞、斯洛伐克、斯洛維尼亞、西班牙、瑞典、瑞士、土耳其、波蘭、波士尼亞與赫塞哥維納、塞爾維亞、愛沙尼亞、拉脫維亞以及蒙特內哥羅。

火車通行證的購票及詳細資訊可洽詢台灣歐鐵火車票總代理飛達旅遊或各大旅行社。

🏠台北市中山區南京東路三段168號10樓之6

☎(02) 8161-3456分機2

💬線上客服：@gobytrain

🚈www.gobytrain.com.tw

歐洲火車通行證全面改成電子票了！

不需再擔心手殘寫錯火車班次、時間、日期等，或是害怕把通行證弄丟了，因為歐洲火車通行證全面改成電子票了！只需下載Rail Planner App就能隨身攜帶和檢視你的車票細節了。

第一步：在 Rail Planner App中載入電子票Add a new Pass

第二步：連結旅程Connect to a Trip

第三步：啟用你的火車通行證Activate your Pass

第四步：新增班次Add a new Journey

第五步：查票Show Ticket

◎如何退換票？

火車通行證只要處於**未啟用**或**完全未使用**的狀態，才能夠辦理退票。

若是向飛達旅遊購買歐洲火車通行證，會免費提供用票上的教學文件，也可以透過LINE或視訊等方式，取得真人客服諮詢。

東歐百科
Eastern Europe Encyclopedia

World Heritage Sites of Eastern Europe
東歐世界遺產

捷克、奧地利、匈牙利和斯洛伐克四國的世界遺產為數眾多，在這些珍貴的遺產中，絕大多數是文化遺產，以優美細膩的建築景觀為主；細細品味這些擁有歷史或宗教意涵的遺跡，總讓人有回到中世紀、甚至更久遠年代的感受！

捷克
①布拉格歷史中心
Historic Centre of Prague

登錄時間：1992年 遺產類型：**文化遺產**

9世紀前後，波希米亞王朝在伏爾塔瓦河(Vltava)西岸山丘上建造城堡，開始了布拉格的發展。14世紀中，查理四世(Charles IV)將布拉格定為神聖羅馬帝國首都，這時期的布拉格不但在建築上有卓越成就，也是中歐的經濟、政治、學術中心，號稱「黃金布拉格」。在歐洲城市破壞最嚴重的兩次世界大戰時期，布拉格都免於戰火的毀壞，得以保持歷代的建築景觀，因此今天在布拉格可以看到從11~18世紀不同形式的建築。從仿羅馬時期式、哥德式、文藝復興式、巴洛克式到現代主義等各種風格，匯集在布拉格歷史中心，走在街上，彷彿來到露天建築博物館。

捷克
②庫倫洛夫歷史市中心
Historic Centre of Český Krumlov

登錄時間：1992年 遺產類型：**文化遺產**

庫倫洛夫最早建於13世紀，整個城鎮的建築風格融合了哥德式、文藝復興式及巴洛克式建築，是歐洲典型的城鎮雛形，由於維持了將近500年平靜的局勢，未受戰火波及，至今仍保留了中世紀的景觀，這是它列入世界遺產名單最主要的原因。

捷克
③特爾奇歷史市中心
Historic Centre of Telč

登錄時間：1992年 遺產類型：**文化遺產**

原以木結構為建築主體的特爾奇山城，在14世紀遭逢一場大火後，四周便繞以城牆和護城河，房舍並改以石頭建造；到了15世紀晚期，建築風格以哥德式為主。1530年的大火讓這個城鎮再度面臨重建，此時的建築結合了哥德式、文藝復興、巴洛克或洛可可樣式，像是哥德式拱形廳門、文藝復興式的外觀及樓梯，和文藝復興式或巴洛克式的山形牆……這些建築至今仍完整保存下來，充滿了夢幻風格，讓人來到這裡，會以為走進了童話世界，而非現實的城鎮。

捷克
④桌玻穆的聖若望朝聖教堂
Pilgrimage Church of St John of Nepomuk at Zelená Hora

登錄時間：1994年 遺產類型：**文化遺產**

1719年，布拉格大主教指派的委員會在研究殉道者桌玻穆的聖若望的遺體後，發現他的舌頭保存完好，足以顯現其神聖地位，因此為了紀念這位聖徒，當地修道院院長提議建造一座朝聖教堂，地點就選在聖若望早年受教育的綠山(Zelená Hora)。

這座教堂是一座極為出色的巴洛克—哥德式宗教建築，其設計者為著名的捷克建築師Jan Blažej Santini-Aichel。由於傳說聖若望在殉道時，身體上方出現一座鑲有5顆星的皇冠，因此建築師便以五角星的外形來設計教堂的主結構。這座別出心裁的朝聖教堂，成功銜接了新哥德與巴洛克兩種建築風格，具有承先啟後的歷史價值。

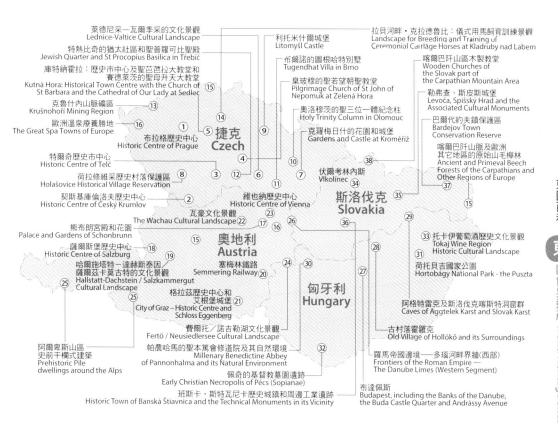

萊德尼采—瓦爾季采的文化景觀
Lednice-Valtice Cultural Landscape

特熱比奇的猶太社區和聖普羅可比聖殿
Jewish Quarter and St Procopius Basilica in Třebíč

庫特納霍拉：歷史市中心及聖芭芭拉大教堂和賽德萊茨的聖母升天大教堂
Kutná Hora: Historical Town Centre with the Church of St Barbara and the Cathedral of Our Lady at Sedlec

克魯什內山脈礦區
Krušnohoří Mining Region

歐洲溫泉療養勝地
The Great Spa Towns of Europe

布拉格歷史中心
Historic Centre of Prague

特爾奇歷史中心
Historic Centre of Telč

荷拉修維采歷史村落保護區
Holašovice Historical Village Reservation

契斯基庫倫洛夫歷史中心
Historic Centre of Český Krumlov

熊布朗宮殿和花園
Palace and Gardens of Schonbrunn

薩爾斯堡歷史中心
Historic Centre of Salzburg

哈爾施塔特—達赫斯泰因／薩爾茲卡莫古特的文化景觀
Hallstatt-Dachstein / Salzkammergut Cultural Landscape

City of Graz – Historic Centre and Schloss Eggenberg
格拉茲歷史中心和艾根堡城堡

阿爾卑斯山區史前干欄式建築
Prehistoric Pile dwellings around the Alps

利托米爾什城堡
Litomyšl Castle

佈爾諾的圖根哈特別墅
Tugendhat Villa in Brno

皇玻穆的聖若望朝聖教堂
Pilgrimage Church of St John of Nepomuk at Zelená Hora

奧洛穆茨的聖三位一體紀念柱
Holy Trinity Column in Olomouc

克羅梅日什的花園和城堡
Gardens and Castle at Kroměříž

維也納歷史中心
Historic Centre of Vienna

瓦豪文化景觀
The Wachau Cultural Landscape

塞梅林鐵路
Semmering Railway

捷克
Czech

奧地利
Austria

匈牙利
Hungary

斯洛伐克
Slovakia

拉貝河畔・克拉德魯比：儀式用馬飼育訓練景觀
Landscape for Breeding and Training of Ceremonial Carriage Horses at Kladruby nad Labem

喀爾巴阡山區木製教堂
Wooden Churches of the Slovak part of the Carpathian Mountain Area

勒弗查、斯皮斯城堡
Levoča, Spišský Hrad and the Associated Cultural Monuments

巴爾代約夫鎮保護區
Bardejov Town Conservation Reserve

喀爾巴阡山脈及歐洲其它地區的原始山毛櫸林
Ancient and Primeval Beech Forests of the Carpathians and Other Regions of Europe

伏爾考林內斯
Vlkolínec

托卡伊葡萄酒歷史文化景觀
Tokaj Wine Region Historic Cultural Landscape

荷托貝吉國家公園
Hortobágy National Park - the Puszta

阿格特雷克及斯洛伐克喀斯特洞窟群
Caves of Aggtelek Karst and Slovak Karst

古村落霍羅克
Old Village of Hollókő and its Surroundings

費爾托／諾吉勒湖文化景觀
Fertő / Neusiedlersee Cultural Landscape

帕農哈馬的聖本篤會修道院及其自然環境
Millenary Benedictine Abbey of Pannonhalma and its Natural Environment

佩奇的基督教墓園遺跡
Early Christian Necropolis of Pécs (Sopianae)

班斯卡・斯特瓦尼卡歷史城鎮和周邊工業遺跡
Historic Town of Banská Štiavnica and the Technical Monuments in its Vicinity

羅馬帝國邊境—多瑙河界牆(西部)
Frontiers of the Roman Empire — The Danube Limes (Western Segment)

布達佩斯
Budapest, including the Banks of the Danube, the Buda Castle Quarter and Andrássy Avenue

---

捷克

⑤ 庫特納霍拉：歷史市中心及聖芭芭拉大教堂和賽德萊茨的聖母升天大教堂

Kutná Hora: Historical Town Centre with the Church of St Barbara and the Cathedral of Our Lady at Sedlec

登錄時間：1995年 遺產類型：文化遺產

這座城市在14世紀由於銀礦開採而發展，你可以想見這是一個富裕的城市，在14~15世紀，庫特納霍拉是全歐洲最有錢的城市之一，由於保存良好，到處都可以看到當年繁華的遺跡。

其中最壯麗的建築莫過於聖芭芭拉大教堂，這是哥德式晚期的傑作之一，哥德式的建築結構，與布拉格城堡中的聖維特大教堂並列世紀之冠；另一個迷人的教堂是賽德萊茨的聖母升天大教堂，這是18世紀的早期巴洛克式建築，後來也影響了歐洲中部地區建築風格。

捷克

⑥ 萊德尼采—瓦爾季采的文化景觀

Lednice-Valtice Cultural Landscape

登錄時間：1996年 遺產類型：文化遺產

西元17~20世紀時，今日捷克南摩拉維亞這塊土地，曾經被列支敦士登王國政府統治，這段期間，在原本就擁有富饒田園景致的萊德尼采—瓦爾季采一帶的土地上，建造了許多巴洛克式、古典和新哥德式的建築，以及美麗浪漫的英式庭園，占地約200平方公里，是捷克面積最大的國家公園，也是歐洲最大的人工風景區。

捷克

⑦ 克羅梅日什的大主教庭園與宮

Gardens and Castle at Kroměříž

登錄時間：1998年 遺產類型：文化遺產

克羅梅日什為位於橫貫摩拉瓦河淺灘上的一座城鎮，其建於17世紀的大主教庭園與宮殿原為文藝復興時期建築，1752年的一場大火讓它面臨重建命運，此時的主教便將它改為巴洛克式風格。克羅梅日什的庭園與宮殿的重要性，在於它為後來的歐洲巴洛克式貴族王侯宅邸和花園，樹立了良好的建築典範。

捷克
⑧荷拉修維采歷史村落保護區
Holašovice Historical Village Reservation

登錄時間：1998年 遺產類型：**文化遺產**

　　位於捷克波希米亞地區的荷拉修維采歷史村落，包括23座石造農莊、120棟建築物，以及一間桌玻穆的聖若望小禮拜堂。這裡的建築物具有一層樓結構，採用鞍狀屋頂，而且外緣的三角牆都面向村落中央的草坪廣場。

　　這些建於18~19世紀時期的本土建築群，充滿濃厚的「南波希米亞民間巴洛克風格」(South Bohemian Folk Baroque)，並且延續了源自中世紀的街道格局，完整保存了傳統的中歐村落風貌。二次世界大戰結束後，這裡的德國居民紛紛搬離，導致許多農莊年久失修，不過自1990年開始，當地恢復重建，目前大約有140位捷克居民。

捷克
⑨利托米什爾城堡 Litomyšl Castle
登錄時間：1999年 遺產類型：**文化遺產**

　　起始於義大利的文藝復興拱廊式城堡建築風格，16世紀廣泛運用在歐洲中部，1582年建造而成的利托米什爾城堡承襲了這種風格，不僅如此，整座城堡的外觀或裝飾都極為精緻細膩，包括在18世紀因天災而重建新增的巴洛克式裝飾物，都令人驚豔。這些皆完整被保存下來，於1999年列入世界文化遺產名單內。

捷克
⑪布爾諾的圖根哈特別墅
Tugendhat Villa in Brno

登錄時間：2001年 遺產類型：**文化遺產**

　　圖根哈特別墅是知名德國建築設計師密斯‧凡德羅(Ludwig Mies van der Rohe)於1929年設計建造，別墅分成3層樓，建築過程使用了特殊的採光、通風、玻璃帷幕、室內加熱設計，建材則以玻璃、貴重的石頭和木材、鍍鉻的鋼鐵為主，同時兼顧美學和實用價值。這棟別墅即使今日看來，也堪稱新穎時尚，何況在20世紀初的當時，更被視為前衛獨特的作品，深具藝術與建築價值。

捷克
⑩奧洛穆茨的聖三位一體紀念柱
Holy Trinity Column in Olomouc

登錄時間：2000年 遺產類型：**文化遺產**

　　位於上廣場的聖三位一體紀念柱高35公尺，是中歐地區最大的巴洛克式雕像。

　　建於1716年的聖三位一體紀念柱，耗時38年才完工，起初是當地一名工匠Wenzl Render主動發起建造，參與募款、設計和監工，1733年，在整項工程僅完成最下層的小禮拜堂時，Wenzl Render便壯志未酬辭世了；儘管之後仍有幾位好手接任，也都未能在他們在世時親見它的落成，直到1754年，這項艱鉅的工程才在Johann Ignaz Rokický手中完工。

　　紀念柱主要分成三部份，最上端是三位一體雕像，中間則是聖母升天雕塑，這些皆由當地著名雕刻家以鍍金青銅鑄成，雕像不但表情傳神、動作優雅，甚至連衣服的披拂褶皺看來也極為自然生動。這座聖三位一體紀念柱想要表現的，不是誇張繁複的巴洛克風格，而是一種和諧自然的建築範本。

捷克
⑫特熱比奇的猶太社區和聖普羅可比聖殿
Jewish Quarter and St Procopius Basilica in Třebíč

登錄時間：2003年 遺產類型：**文化遺產**

　　特熱比奇的猶太社區(包括猶太人墓地)和聖普羅可比聖殿的重要性，在於從中世紀到20世紀這段期間，替猶太教和基督教兩種不同文化的和平共存做了見證。

　　另外，原本具猶太教風格的聖普羅科皮烏斯大教堂，後改為基督教形式，也影響了後來西方歐洲的建築風格。

捷克
⑬克魯什內山脈礦區
Krušnohoří Mining Region

登錄時間：2019年
遺產類型：**文化遺產**

　　克魯什內山在捷克語中就是「礦山」的意思，這是因為這裡蘊含豐富的金屬礦產，二最早的採礦紀錄可追溯至中世紀。歷史悠久的採礦活動留下了水利管理系統、礦物加工廠與冶煉廠、礦區城鎮等遺產，深刻影響了克魯什內山脈礦區的文化景觀。這個礦區1460~1560年為歐洲最重要的銀礦產地，那時候的銀礦是科技革新的關鍵元素。到了16~18世紀，除了銀礦，還有穩定生產的錫礦、鈷礦，讓這個地區稱為歐洲甚至世界主要金屬礦產地；19世紀末到20世紀初更是成為了全球主要的鈾生產地。

捷克
⑭拉貝河畔・克拉德魯比：儀式用馬飼育訓練景觀
Landscape for Breeding and Training of Ceremonial Carriage Horses at Kladruby nad Labem

登錄時間：2019年
遺產類型：**文化遺產**

　　這是捷克的國家馬場，也是全世界最古老的育馬場之一，主要用途是培育與訓練最古老的捷克駄馬品種——克拉德魯伯馬。克拉德魯伯馬只有白色、黑色兩種顏色，前者是皇室與宮廷的儀式馬車用馬，而後者為教會重要人物的馬車用馬。

　　哈斯堡王朝的馬克西米利安二世於1563年在此地設立種馬場，到了1579年魯道夫二世將其擢升為皇室御用馬場。當時的馬匹是重要的資產，在運輸、農業、軍事等領域有著巨大的作用，同時也是皇家貴族身分的象徵。克拉德魯比馬場如今也與丹麥、瑞典皇室合作，為他們提供儀式用馬。

奧地利、捷克、斯洛伐克
⑮喀爾巴阡山脈及歐洲其它地區的原始山毛櫸林
Ancient and Primeval Beech Forests of the Carpathians and Other Regions of Europe

登錄時間：2007、2011、2017、2021年
遺產類型：**自然遺產**

　　這些山毛櫸林原本的範圍只涵蓋德國、斯洛伐克和烏克蘭這3個國家，最新的擴展有10個歐洲國家加入，目前分佈於18個國家的94個地區(阿爾巴尼亞、奧地利、比利時、波士尼亞與赫塞哥維納、保加利亞、克羅埃西亞、捷克、法國、德國、義大利、北馬其頓、波蘭、羅馬尼亞、斯洛伐克、斯洛維尼亞、西班牙、瑞士及烏克蘭)。擴展後的自然遺產充分展示了歐洲山毛櫸林和混合林在各種環境條件下的廣泛綜合性生態模式和成長過程，可以說是一個原始溫帶森林群的傑出範例。

奧地利、捷克
⑯歐洲溫泉療養勝地
The Great Spa Towns of Europe

登錄時間：2007年
遺產類型：**文化遺產**

　　除了捷克的卡羅維瓦利、瑪麗亞溫泉鎮及弗朗齊歇克溫泉鎮(Františkovy Lázně)，這個跨國遺產也包含了奧地利的巴登(Baden)、比利時的斯帕(Spa)、法國的維希(Vichy)、義大利的蒙泰卡蒂尼泰爾梅(Montecatini Terme)、英國的巴斯(Bath)以及德國的巴特埃姆斯(Bad Ems)、巴登巴登(Baden Baden)與巴特基辛根(Bad Kissingen)。這些溫泉城鎮見證了1700~1930年代歐洲溫泉療養熱潮的崛起，旨在將天然礦泉水資源用於沐浴和飲用。溫泉建築與設施完美融入城鎮原本的格局，形成如世外桃源的休閒和療養環境，體現了城市規劃與醫學、科學、浴療學的重要交流。

奧地利
⑰熊布朗宮殿和花園
Palace and Gardens of Schönbrunn

登錄時間：1996年　遺產類型：**文化遺產**

　　從18世紀開始成為哈布斯堡王朝家族的官邸，建築出自費舍・馮・埃爾拉赫(Johann Bernhard Fischer von Erlach)和尼古勞斯・帕佳西(Nikolaus Pacassi)之手，奢華的巴洛克風格幾乎是奧地利裝飾藝術中最引人注目的範例。皇家花園因為展現了哈布斯堡家族歷經幾個世紀以來的品味和興趣，連同宮內誕生於1752年、全歐洲最古老的動物園，一併列為奧地利的文化遺產。

奥地利

⑱薩爾斯堡歷史中心
Historic Centre of the City of Salzburg

登錄時間：1996年 遺產類型：**文化遺產**

　　位於奧地利西北邊的薩爾斯堡，最精采的觀光景點都集中在薩爾斯河南岸的舊區，此區的建築以哥德式風格為主，中世紀時吸引不少工藝家和藝術家來此地定居，為簡單莊嚴的建築添上華麗的巴洛克裝飾，其中貢獻最多的是義大利建築師Vincenzo Scamozzi和Santini Solari。當然，建築永遠比不過一個永恆的名字，那就是在此出身的音樂家莫札特，為了紀念他不朽的成就，每年都會舉辦薩爾斯堡音樂節，成為吸引觀光客的主要活動。

奥地利

⑲哈爾施塔特－達赫斯泰因／薩爾茲卡莫古特的文化景觀
Hallstatt-Dachstein / Salzkammergut Cultural Landscape

登錄時間：1997年 遺產類型：**文化遺產**

　　位於上奧地利、施泰爾馬克和薩爾斯堡邦的薩爾茲卡莫古特，早在史前時代已然出現人煙，再加上礦產的開採，使得當地在西元前2000年時，便開始發跡，繁榮至20世紀中葉，當地富裕的景象展現於哈爾施塔特優美的建築上。雖然當地的礦產維持了人們的經濟活動，不過動人的湖泊景色卻未因此受到破壞，成為人類和大自然互惠且和平共處的良好示範。

奥地利

⑳塞梅林鐵道
Semmering Railway

登錄時間：1998年 遺產類型：**文化遺產**

　　建於1848年到1854年塞梅林鐵路，全長41公里，行駛於阿爾卑斯山間，是世上最早的高山鐵路之一。做為鐵路工程的先驅，其隧道、高架橋和各種建設，都採用高規格標準，工程之嚴謹讓它時至今日仍能為民眾使用，便利的鐵路也間接發展了周邊各項休閒名勝，讓大家可以輕鬆地坐著火車，沿途欣賞優美的山間景致和從事娛樂活動。

奥地利

㉑格拉茲歷史中心和艾根堡城堡
City of Graz – Historic Centre and Schloss Eggenberg

登錄時間：1999年 遺產類型：**文化遺產**

　　格拉茲是施泰爾馬克省(Styria)的首府，也是奧地利的第二大城。格拉茲經歷了哈布斯堡數百年的統治，舊城區擁有珍貴的中世紀建築群，展現了萬千風情。在格拉茲的石板路上漫步，除了可以欣賞精緻的建築、時尚的櫥窗，往來穿梭的格拉茲人所散發出的優雅風采，更讓這個藝術之城成為歐洲遊客的旅遊勝地。其在在1999年被收錄為世界文化遺產，並在2003年當選為歐洲文化之都。

奥地利
㉒瓦豪文化景觀
Wachau Cultural Landscape
登錄時間：2000年 遺產類型：**文化遺產**

「藍色多瑙河」的沿岸風光是絕對不能錯過的，在梅克(Melk)和克雷姆斯(Krems)間的多瑙河谷被稱為瓦豪(Wachau)，這段35公里的河岸，坐在遊船上，從河面觀賞沿岸古色古香的城堡、葡萄園、小鎮，沿岸盡是美麗的山丘，峭壁上點綴著叢林，以及洋蔥屋頂的教堂，有如欣賞一幅幅優美的圖畫。由於優美的自然環境，及巧奪天工的美麗河谷、沿岸的城堡遺跡，在2000年被列入為世界遺產。

奥地利、匈牙利
㉔費爾托／諾吉勒湖文化景觀
Fertö / Neusiedlersee Cultural Landscape
登錄時間：2001年 遺產類型：**文化遺產**

諾吉勒湖位於奧地利和匈牙利交界處，在匈牙利境內則名為費爾托(Fertö)，是中歐最大的草原湖，海拔113公尺，總面積約320平方公里。湖泊大部份位於奧地利境內，有1/5是在匈牙利境內，因此由奧地利和匈牙利共同提報，並通過列名世界遺產。這座湖8,000年來都是不同文化交匯的地點，當地地貌因為人類活動和自然環境的交相影響，產生了不同的景觀，其中最具代表性的是圍繞於湖畔四周的村莊聚落建築，它們大多出現在18~19世紀，因而增添了這座湖的文化價值。

奥地利
㉓維也納歷史中心 Historic Centre of Vienna
登錄時間：2001年 遺產類型：**文化遺產**

維也納的建築及整個城鎮都是歐洲都市的卓越見證，建築形式充分展現了中世紀建築、巴洛克時期建築及現代主義建築等3個不同時期的風格，這是維也納歷史中心列入世界遺產名單最主要的原因之一。

維也納建築從莊嚴沉穩的仿羅馬建築、哥德式建築演替成華麗精巧的巴洛克式風格，而當巴洛克式建築在歐洲流行的時候，統治維也納的哈布斯堡王朝正處於最強盛時期，對於這種講究雕刻裝飾的風格特別傾心，因此建造了許多令人瞠目結舌的氣派建築和迷宮般的大型花園。

除了華麗的建築結構，哈布斯堡王朝也將維也納建立成歐洲音樂的首都，所有世界最頂級的音樂家都從維也納發聲，其中包括薩爾斯堡出身的莫札特，維也納做為古典音樂的朝聖中心的地位顯然是無庸置疑的。

奥地利
㉕阿爾卑斯山區史前干欄式建築
Prehistoric Pile dwellings around the Alps
登錄時間：2011年 遺產類型：**文化遺產**

阿爾卑斯山區的河川、湖泊及湮地邊，共有111處史前干欄式民居遺跡，為德國、奧地利、瑞士、義大利、法國、斯洛維尼亞等6國共有的世界遺產。這些史前民居大約建於西元前5千年至5百年間，橫跨新石器時代與青銅器時代，部分遺跡保存完好，提供豐富的考古證據，並展示當時人類的生活方式與適應環境的社會發展，是研究此區早期農耕社會形成的重要史料。

奥地利、斯洛伐克
㉖羅馬帝國邊境——多瑙河畔界牆(西部)
Frontiers of the Roman Empire – The Danube Limes (Western Segment)
登錄時間：2021年 遺產類型：**文化遺產**

跨越奧地利、斯洛伐克及德國，位於多瑙河畔600公里長的邊境線，是羅馬帝國所修建的日耳曼人防禦系統。西部的多瑙河畔界牆，保留如道路、部隊砲台、相關聚落、小型堡壘、臨時營地等遺跡，展現帝國邊界特色，以及羅馬帝國與當地地形的關係。

匈牙利
㉗布達佩斯
Budapest, including the Banks of the Danube, the Buda Castle Quarter and Andrássy Avenue

登錄時間：1987、2002年
遺產類型：文化遺產

被喻為「多瑙河珍珠」的布達佩斯不僅是匈牙利首府，也是全國的行政與經濟文化中心。布達佩斯以多瑙河為中央線，一分為二。特別是位於河西岸，布達山丘上的城堡，隨著時代的潮流，從羅馬式的圓形古堡發展成為一座哥德式的城堡區，多元且繽紛的建築型態，不僅僅見證了當時建築師們的美學功力，也完全展現布達的完整歷史，更是被遴選為世界文化遺產的重要原因。

匈牙利
㉘古村落霍羅克
Old Village of Hollókő and its Surroundings

登錄時間：1987年 遺產類型：文化遺產

　霍羅克是個展現歷史文化風情的小村莊。整個村莊僅有兩條道路，道路兩側是極具歷史價值的民房，其中有55間房舍受到保護。覆蓋著乾草的木造民房是帕羅次(Palóc)地區的傳統建築風格。

　由於這種建材易燃，霍羅克村的房舍自13世紀以來便歷經多次的火災損毀，而現今所看到的村景，是19世紀初1909年一場大火後重建的，不過建築整體結構仍從中世紀保存至今。

匈牙利‧斯洛伐克
㉙阿格特雷克及斯洛伐克喀斯特洞窟群
Caves of Aggtelek Karst and Slovak Karst

登錄時間：1995年 遺產類型：自然遺產

　這個位於匈牙利和斯洛伐克邊界的石灰岩洞群(又稱喀斯特地形)，共有715個石灰岩洞，是非常罕見、珍貴的溫帶地區石灰岩洞，有別於熱帶與冰河地區的石灰岩洞，其中有一段長達25公里的洞穴「巴拉德拉──多明加洞穴」(Baradla-Domica Cave)非常精采，裡面有鐘乳石、石筍與地下激流等珍奇地理景觀。就自然、地理、氣候、地質、生物、歷史學等角度來看，這裡具備觀光及研究價值，1995年由匈牙利、斯洛伐克兩國共同提出並列入世界遺產名單中。

©Hungary Tourism

匈牙利
㉚帕農哈馬的千年聖本篤會修道院及其自然環境
Millenary Benedictine Abbey of Pannonhalma and its Natural Environment

登錄時間：1996年 遺產類型：**文化遺產**

帕農哈馬聖本篤會修道院建立於996年，是匈牙利最古老的修道院。匈牙利開國國王聖依斯特凡的父親，體察到匈牙利人若要在歐洲長治久安，必須要先入境隨俗，從此改信天主教並建立這座修道院，因此，這裡可說是匈牙利天主教精神萌芽之所。這座哥德式修道院雖歷經幾番整修，但古老的地下室、哥德式迴廊、頂棚的溼壁畫及圖書館仍保存完善，環境非常清幽，目前仍有修道士在此居住。

匈牙利
㉜佩奇的早期基督教墓園遺跡
Early Christian Necropolis of Pécs (Sopianae)

登錄時間：2000年 遺產類型：**文化遺產**

佩奇(古稱Sopianae)由於氣候溫暖加上多瑙河流域的富饒土地，使羅馬人早就在這塊土地紮根生存，而埋入地下幾千年的文物，隨著考古學家不斷的挖掘，也陸續呈現在世人面前。

古基督教墓園遺跡就在1975年時被挖掘出，估計為西元350年時期的產物，地面上是簡單的禮拜堂，地下便是墓地。因為這些墓地建在地面上，兼具墓穴和禮拜堂的功能；而就藝術層面來說，這些墳墓描述基督教主題的壁畫，裝飾豐富，極具藝術價值。

匈牙利
㉛荷托貝吉國家公園
Hortobágy National Park - the Puszta

登錄時間：1999年 遺產類型：**文化遺產**

位於匈牙利東部的荷托貝吉國家公園有個別稱「普茲塔」(Puszta)，它由大片的草原和溼地構成，有大量的野生動植物在這片平原生活，是歐洲最大的保護草原地之一。不過這裡是以文化遺產的身分列入，因其傳統的土地利用形式、以及家畜在草原上吃草的田園景觀，已經超過兩千年。來到這裡，可以參加旅遊團，沿途欣賞牛、馬、羊、鳥群等有趣活潑的大自然生態。

匈牙利
㉝托卡伊葡萄酒歷史文化景觀
Tokaj Wine Region Historic Cultural Landscape

登錄時間：2002年 遺產類型：**文化遺產**

位於匈牙利東北方，以低地與河谷地形為主的托卡伊，是個由葡萄園、農場、村落交織而成的迷人城鎮。拜火山土壤以及適合生長黴菌的氣候所賜，這裡擁有流傳上千年的葡萄栽培模式及釀酒文化，且持續至今。其實，「托卡伊」(Tokaj)一詞就是10世紀從亞美尼亞語「葡萄」演變而來的匈牙利語。

©Hungary Tourism

本區建築包含羅馬天主教、東正教及猶太教教堂、充滿貴族風格的城堡和莊園，以及純樸民宅。最具特色的是酒窖，基本上分為兩種，一種建於住宅的地下室，另一種突出於地表，不直接與住宅相連，入口處裝有鐵門或木門。

斯洛伐克
㉞伏爾考林內斯
Vlkolínec

登錄時間：1993年 遺產類型：**文化遺產**

斯洛伐克中部的一個山間小村，村內有45間純樸可愛的中歐傳統木造房舍，形成該國境內保存最完整的木屋群。這些木屋大致為兩到三房的格局，外觀相當一致，所有木造外牆都以黏土包覆，再刷成白色或漆成藍色，此外還有庭院以及農用房舍。其中編號第16、17號的木屋，現在已經開放為民俗博物館，展示傳統的日常生活及工作用具。當地重要建築還包括建於1770年的鐘樓，以及建於1875年的聖母瑪莉亞教堂(The Church of the Blessed Virgin Mary)。

©www.slovakia.travel/ Alexander Vojcek

斯洛伐克
㉟勒弗查、斯皮斯城堡
Levoča, Spišský Hrad and the Associated Cultural Monuments
登錄時間：1993、2009年 遺產類型：**文化遺產**

　　以石灰岩為材建造的斯皮斯城堡，原形可追溯至羅馬帝國晚期，當時就曾經有軍事防衛功能的堡壘存在。西元11世紀時，曾在現址興建一座高塔，但隨後被毀，至12世紀，當時為防韃靼人攻打而興建城堡，爾後經過多位匈牙利帝國國王增建，至1464年轉予給經營製鐵業有成的Zapolsky家族，此後便一直於貴族手上流轉。最後承接的Csaky家族，也因為城堡座落高山，生活機能不便，於1663年後棄城堡轉移他處生活。直到1945年，當時的捷克斯洛伐克政府接手，正式將城堡列為文化古蹟建築保存。原本遺產範圍只有斯皮斯城堡，位於勒弗查城鎮歷史中心、約建於13、14世紀的防禦工事也在2009年納入保護範圍。

斯洛伐克
㊱班斯卡・斯特瓦尼卡歷史城鎮和周邊工業遺跡
Historic Town of Banská Štiavnica and the Technical Monuments in its Vicinity
登錄時間：1993年 遺產類型：**文化遺產**

©www.slovakia.travel/ Alexander Vojcek

　　班斯卡・斯特瓦尼卡位於斯洛伐克中部，它不僅是該國最古老的礦鎮，也見證了人類文明與科學的演進。從青銅時代和鐵器時代，這個礦藏豐富的小鎮就已經有人類定居，到了中世紀晚期，這裡成為匈牙利帝國重要的金礦與銀礦產地，經濟開始蓬勃發展。15到16世紀，鎮上築起防禦用的城堡，抵擋土耳其人的入侵，許多建築被改造成充滿文藝復興風格的豪華「宮殿」，著名的地標三一廣場(Trinity Square)也在這段時期建造完成。
　　1627年，班斯卡・斯特瓦尼卡成為歐洲最早利用火藥採礦的地點，除了革命性的採礦技術以外，當地的水利系統及設施直到19世紀都居於世界領先地位。

斯洛伐克
㊲巴爾代約夫鎮保護區
Bardejov Town Conservation Reserve
登錄時間：2000年 遺產類型：**文化遺產**

　　位於斯洛伐克東北部的貝斯基德山脈(Beskyd Mountains)，雖然幅員不大，卻完整保存了中世紀的建築風貌。人類在此

©www.slovakia.travel/ Alexander Vojcek

地居住的歷史，最早可以回溯到舊石器時代以及鐵器時代。中世紀期間，這裡成為喀爾巴阡山地區主要貿易路線上的重要城鎮，經濟日漸繁榮，因此周圍築起許多防禦工事，許多重要的建築物開始出現，包括修道院、教堂、釀酒廠、磚廠等等。18世紀初，大批猶太人來此定居，在城鎮西北部近郊建立了猶太住宅區，並建造了一座精美的猶太會堂。

斯洛伐克
㊳喀爾巴阡山區木製教堂
Wooden Churches of the Slovak part of the Carpathian Mountain Area
登錄時間：2008年 遺產類型：**文化遺產**

　　座落於斯洛伐克境內、名列世界遺產的喀爾巴阡山區木造教堂共有9座，分別興建於16~18世紀間，並各自分布於不同地點。其中包括2座羅馬天主教堂，3座新教及3座希臘天主教教堂，外加一座鐘塔。這些宗教建築展現各異其趣的外部式樣與內部空間，反映不同時期的流派與發展，以及特殊的文化與地理環境對其產生的顯著影響。

©www.slovakia.travel/ Alexander Vojcek

Brief History of Eastern Europe
東歐簡史

奧地利Austria
◎從史前到查里曼大帝
奧地利從早期開始便是多民族交匯的重要地點，它發跡得很早，打從鐵器時代即已有人定居，而後2世紀時塞爾特人進一步開墾此地，羅馬、汪達爾、西哥特、匈牙利等民族陸續沿著多瑙河河谷居住繁衍。直到東羅馬帝國的查理曼大帝於803年在這裡建立奧斯曼(Ostmark)，這個地區逐漸演變成以基督教與日爾曼民族為主流。

◎哈布斯堡王朝的榮光
1278年哈布斯堡王朝取得這個地區的統治權之後，開始了長達600年的統治，直到一戰後哈布斯堡王朝終於崩壞，由民主體制建立一個新的國家。哈布斯堡王朝的統馭方式非常有趣，比起其他實力強大後，開始以武力向外擴張領土的國家而言，哈布斯堡王朝顯然比較精於合縱連橫的謀略，透過聯姻、外交談判、土地併購等方式逐步增加自己的領域。

其中最重要的一次政治婚姻產生兩個兒子：長子成為西班牙王國的查理一世，後來被推選為神聖羅馬帝國的查理五世大帝；另一個兒子斐迪南，是哈布斯堡王朝第一位住在維也納的國王，並開始統治中歐(奧地利、匈牙利與波希米亞等地區)。1556年，查理五世讓斐迪南一世繼承皇位，並讓自己的兒子菲力普二世繼承西班牙地區的領土，從此哈布斯堡王朝分成兩個地區——西班牙及中歐，為鞏固雙方的情誼，兩邊的哈布斯堡成員仍然不斷地透過通婚來增進彼此關係。因此在霍夫堡，或是維也納藝術史博物館，都可以看到豐富的西班牙皇室收藏與肖像畫。

◎歌舞昇平的全盛時期
1576年，新國王魯道夫二世卻不顧當時的環境，強制人民改信天主教，因此引發新教與天主教的戰爭，史稱「三十年戰爭」，幾乎讓中歐地區陷入精疲力竭的境地。接著，土耳其於1648年圍攻奧匈帝國，最後在德國與波蘭的協助下，奧匈帝國終於逼退土耳其，使其退居歐洲東南一隅。土耳其的進犯也為歐洲注入新的生氣，咖啡與線條優美的巴洛克式建築橫掃歐洲，加上音樂家皇帝李奧波特一世(Leopold I)

全力發展，維也納成為歐洲的音樂天堂，音樂家紛紛抵達維也納，哈布斯堡王朝的盛世從此展開。

1740年瑪麗亞·泰瑞莎接任皇位，在位40年期間進行一連串的改革工作，中央集權、教育普及、文官體制建立、經濟規模健全，這是奧匈帝國顛峰的盛世。直到1805年法國拿破崙揮軍入侵後，奧匈帝國陷入一連串的混亂中，失去對民心、對統治權的掌控。1866年奧地利在德奧戰爭中敗北，連帶失去對匈牙利的掌控，形成奧地利與匈牙利各自擁有自己的君主，也讓奧地利的哈布斯堡王朝結束對普魯士(德國)的統治權。

◎迴光返照的帝國悲歌
奧匈帝國在巴爾幹半島的擴張主義讓醞釀已久的各國心結搬上檯面，引爆了一戰。大戰結束後，奧地利共和國成立，哈布斯堡王室倉皇逃離，600年的歷史畫下句點。過去奧匈帝國的領土紛紛獨立，捷克斯拉夫、波蘭、匈牙利、南斯拉夫等國家各自出走。

戰敗的奧地利共和國面臨嚴重的經濟問題，於是靠攏德國的納粹主義，1938年德軍進駐奧地利，奧地利透過公投贊成與德國建立「德意志帝國」，成為二次大戰的首要戰區之一，結果德意志帝國戰敗，奧地利被戰勝國分成四區托管10年，分屬於美國、英國、法國、蘇聯，直到1955年5月15日宣佈中立地位，成立奧地利共和國。

戰後的奧地利竭力處理經濟問題，1972年，並建立與歐盟自由貿易合約，奧地利政治局勢一直相當平靜，直到80年代東歐國家解體，造成大量南斯拉夫移民入侵後，保守的右翼派人士開始倡導反移民的主張。奧地利在1995年1月1日正式成為歐盟成員之一。

捷克The Czech Republic
◎斯拉夫民族東來與建國
捷克千年來多舛的命運，開始於5~6世紀斯拉夫民族東來之後。在830~906年，這個地區曾經短暫地被大摩拉維亞帝國統治，大摩拉維亞帝國的領域涵蓋了德國、波西米亞、波蘭等地；9世紀之後，捷克終於獨立成為一個國家，以斯拉夫語稱其為「捷克」，並於870年左右成立了第一個王朝——普熱米斯爾

(Přemyslids)，當時首任波西米亞國王為聖瓦茨拉夫(St. Wenceslas)。

◎神聖羅馬帝國統治

不過，普熱米斯爾王朝並未能掌控捷克的統治權，950年德國奧圖一世(Otto I)擊敗波西米亞，把該地區納入神聖羅馬帝國的領土。973羅馬教廷在布拉格設立大主教，在經濟、政治、宗教、文化各方面都與羅馬有密切交流。

雖然普熱米斯爾王朝想角逐神聖羅馬帝國的王位，不過勢力逐漸衰微，不敵當時的盧森堡王朝；14世紀，盧森堡家族打敗普熱米斯爾王朝開始統治捷克，時間雖然短暫，但對於捷克有許多偉大的建樹，尤其是1346年登基的查理四世，將布拉格建設為歐洲第一大城，史稱這段期間為黃金時期。

◎胡斯戰爭撼動歐洲

15世紀，捷克由亞蓋沃王朝(Jagello)統治，它是捷克最短的一個王朝，這段期間捷克境內由胡斯派帶領的軍隊常常與天主教軍隊衝突，雖然最後是由溫和派的波傑布拉狄(Poděbrady)家族掌握了統治權，但宗教對立的危機已深深埋入整個國家的政治中。

事實上，在宗教改革橫掃歐洲之前，布拉格對天主教的不滿已經萌芽了，最著名的事件是「胡斯事件」(Hussite Revolution)。當時在布拉格大學教書的胡斯(1368~1415)，提出對教會的批評及對教宗權威提出挑戰，引起教廷極度的不滿，因而禁止他的學說，後來被判了死刑，並在康斯坦茨(Konstanz，今日德國)活活地被燒死。

這項悲劇引爆了日後延續10餘年的胡斯宗教戰爭，牽扯的層面非常廣泛，表面上是胡斯改革教派與羅馬天主教之爭，事實上還包括社會面的地主與農民的對抗，德國與捷克兩國之間的對抗。最後因為胡斯信徒內分裂成溫和派和激進派，溫和派於1434年跟羅馬教廷談和條件之後才逐漸平息這場大戰。不過，此舉已挑戰了中世紀代表最高權威的羅馬教廷，埋下未來宗教改革的種子。

◎哈布斯堡王朝統治

當亞蓋沃王朝最後一任國王路得維(Ludwig)在對抗土耳其人的戰爭中死於匈牙利之後，捷克的波西米亞貴族們推舉奧地利裔的斐迪南一世(Archduke Ferdinand I)當國王，這位懂得政治運作的國王屬於哈布斯堡家族的成員，利用兄長是當時神聖羅馬帝國

日爾曼區皇帝的勢力，不斷擴張自己的政治權勢，在捷克推行中央集權，削弱貴族們的權力，終於成立了哈布斯堡王朝。1620年斐迪南二世當政，一場「白山之役」(White Mountain)徹底擊潰波西米亞貴族的政治地位，哈布斯堡王朝進入全盛時期，捷克人不但失去政權，還被迫放棄自己的母語，從此波西米亞受外族統治長達300多年。

◎從聯邦組成到二次大戰

捷克從未放棄建立屬於自己的國家，19世紀民族主義興起，波西米亞與摩拉維亞地區大受鼓舞，在一戰之後，捷克共和國與斯拉夫共和國形成一個聯邦體制——捷克斯洛伐克。

捷克斯拉夫內有300萬的德語人口，一戰之後，這些德語系人民對於希特勒提出的「大德國」充滿幻想，1938年在德、英、法私下協議的慕尼黑條約中，將北部的波西米亞與摩拉維亞併入德國保護區中，因而捲入了二戰。捷克在這場戰爭中傷亡慘重，數以萬計的猶太裔人民被送入集中營，包括布拉格著名作家卡夫卡的妹妹們。德軍撤離後，蘇聯的紅軍即揚長進入了布拉格。

◎布拉格之春來臨

二次大戰期間，捷克的共產黨已開始發展，於1946年的選舉當中，捷克共產黨贏得多數席次。到了1960年代晚期，新任總統杜布切克(Alexander Dubcek)釋出民主空間，並取消審查制度，他倡導「人性化的社會主義」(Socialism with a Human face)，這一段短暫的時間被稱為「布拉格之春」，蘇維埃政府並不支持這項改革，於1968年8月由華沙出兵鎮壓，翌年，杜布切克被撤換。

◎捷克共和國誕生

1989年11月17日，布拉格的部份共產黨員舉辦一場遊行以紀念在1939年被納粹殺害的的9名學生，約有5萬民眾參加，但是遭到警方驅離，其中約有500名民眾被警方毆打、有100多名遭到逮捕，接著反社會主義的遊行與言論開始散播開來，哈維爾(Václav Havel)組成地下聯盟，並在12月29日當選為新任總統；而主導布拉格之春的杜布切克成為國家發言人，完全民主的制度正式在捷克開花結果。由於這場革命中完全無人傷亡，因此被稱為「絲絨革命」(Velvet Revolution)。

斯洛伐克自治區要求獨立的呼聲越來越高，1993年

1月1日兩者正式分家，各自成立共和國，哈維爾順利當選捷克共和國的第一任總統。捷克在2004年加入歐盟成為正式會員國，並在2007年成為申根公約會員國。

匈牙利Hungary

◎阿爾帕德王朝時期

匈奴帝國瓦解後，游牧民族馬札爾人進駐多瑙河流域，並在匈牙利大平原定居，結束了此區的紛亂，據說當時以阿爾帕德族為首的10個部落組成的聯盟，形成今日匈牙利王國的雛形。為了在歐洲生存，當時的國王蓋薩(Géza)提倡信奉天主教以融入當地民眾生活，而後由他的兒子伊斯特凡一世(Istvan I)建立了匈牙利阿爾帕德王朝(Árpád)，將天主教列為匈牙利國教而被羅馬教廷冊封為「天主教國王——聖史蒂芬一世(Saint Stephen I)」。

13世紀貝拉四世(Béla IV.)國王統治期間，阿爾帕德王朝受到蒙古軍的進攻，歷經這場戰役之後，匈牙利人發展出城堡系統與市區建設。15世紀下半葉，在馬提亞斯國王(Matthias Corvinus)統治下，匈牙利對外不但戰事屢傳捷報，對內更因採用現代措施而發展成歐洲重要的藝術文化中心之一。

◎奧匈帝國的創立

繼14世紀的入侵不成之後，1526年土耳其人再次攻打匈牙利，Mohacs戰役的失敗造成此東歐國家分裂為三，並陷入土耳其人長達一個半世紀的統治。1686年匈牙利人終於奪回布達，卻在1699年遭到哈布斯堡家族的奪取，從此匈牙利成為哈布斯堡王朝統治下的領土，失去歐洲強國的地位。

在長達200年的哈布斯堡家族統治下，匈牙利不斷發動獨立戰爭。但隨著哈布斯堡家族的衰敗，1867年該王朝不得不和匈牙利協調出「雙君主制」，遂誕生奧匈帝國，該帝國行政共建但立法各自獨立劃分，因此又稱為「雙重時代」，也將匈牙利推向顛峰的「黃金時代」。

◎兩次世界大戰與建國

一戰後，隨著同盟國的投降，奧匈帝國瓦解，1920年匈牙利被羅馬尼亞軍隊攻陷，國土頓時減少三分之二，人民也銳減不到一半。於是匈牙利求助於德國，雖獲得經濟上的幫助與收復部份國土，然而匈牙利卻因此牽連加入二戰，在1944年被納粹占領，隔年反「軸心國」的俄軍以解放的名義入侵匈牙利，1946年匈牙利廢除君主制，正式成立共和國，1947

年共產黨取得政權。兩年後，憲法明定國家名稱為匈牙利人民共和國。

◎邁向民主之路

1956年10月發生了反共產主義的「匈牙利抗暴事件」，原本和平的民主訴求運動最後演變成武裝衝突，最後在蘇聯軍隊鎮壓下宣告革命失敗。新任總理János Kádár曾經實施「消費走向」的共產主義，使匈牙利成為東歐國家中最富裕的一員，可惜榮景稍縱即逝。

1989年時匈牙利共產黨同意放棄一黨專政，發展成多黨制國家、聯合政府的型態，使它成為東歐第一個真正實施改革轉型的國家。1990年開放自由選舉，由民主論壇黨(Hungarian Democratic Forum)獲勝，宣布匈牙利改為資本主義且民主統治的多政黨國家，1991年蘇維埃軍隊撤退。1994年社會黨和自由民主聯盟組成的聯合政府，在總理霍恩 久洛(Horn Gyula)的帶領下持續進行政經轉型。2004年匈牙利加入歐盟成為正式會員國，並於2007年成為申根公約會員國。

斯洛伐克Slovakia

5~6世紀，斯拉人東來斯洛伐克定居，907年之前的斯洛伐克歷史與捷克相同，907~1018年，斯洛伐克地區幾乎被匈牙利兼併，成為匈牙利王國的一部份，並維持了900年，因此在16~17世紀曾隸屬於奧匈帝國的領土範圍，被哈布斯堡王朝所統治。

在一戰結束後，奧匈帝國瓦解，民族復興運動四起，捷克共和國與斯拉夫共和國形成一個聯邦體制——捷克斯洛伐克。1939年3月，德國出兵佔領並分割了捷克全部領土，德意志扶植成立斯洛伐克國，作為其附庸國。

1944年，斯洛伐克爆發了反希特勒的民族起義，解放了1/3的國土。1945年4月布拉格起義爆發，蘇聯紅軍解放布拉格，之後捷克和斯洛伐克合併成 一個人民共和國。

1960年，雖然改名為捷克斯洛伐克社會主義共和國，憲法承認捷克和斯洛伐克擁有平等的權利，但實際上真正的權利仍在布拉格。1992年，斯洛伐克的議會拒絕了永久成為捷克斯洛伐克聯邦的條約。經過長時間的溝通協調，達成了將聯邦政府和平的分解的共識。

1993年，捷克和斯洛伐克解體分裂為捷克和斯洛伐克兩國，斯洛伐克成為獨立國，2004年加入歐盟成為正式會員國。

The 600 years of Habsburg Dynasty
哈布斯堡王朝600年傳奇

哈布斯堡家族統治中東歐長達600多年，其興衰起落與喜愛偏好深深影響這個地區。哈布斯堡王朝歷經了長年爭戰、外族入侵與輝煌萬丈的歷史，最後在民主浪潮與國家主義興起後消滅，留下來的是無價的文化遺產。

哈布斯堡家族的崛起

中東歐地區原屬於羅馬帝國統治，在9世紀因為東方蠻族入侵，羅馬帝國慢慢失去了原有的管制力，善於騎馬的馬扎爾人大舉入侵奧地利，直逼巴伐利亞，直到995年奧圖大帝擊潰馬扎爾人，才收復這塊領土，馬扎爾人則退至匈牙利定居。

976年，巴伐利亞的貴族巴奔堡家族(Babenberg)的利奧波德承繼了茵河(Enns)與塔瑞森河(Traisen)之間的領土；中世紀時，巴奔堡家族最後一任統帥在戰役中喪命，奧地利陷入波希米亞與匈牙利爭奪不休的烽火中；1273年，哈布斯堡家族(Habsburg)的魯道夫一世被神聖羅馬帝國賦予國王稱號，並擊潰波希米亞人；1278年，哈布斯堡王朝正式邁向執政之路，開啟長達6世紀的輝煌史蹟。

然而不服其領導的叛軍不斷出現，直到魯道夫四世才慢慢鞏固這些領土。魯道夫四世於1358~1365年統治神聖羅馬帝國，在位期間建立維也納大學，並擴建維也納的聖史蒂芬教堂。

政治聯姻擴展疆域

1452~1806年，哈布斯堡家族一直是神聖羅馬帝國的統治者，權勢貫穿整個中歐、甚至橫跨西班牙。他們善於權謀，透過合縱連橫的婚姻結盟與繼承，逐步擴張版圖。例如，邁克西米里安大帝與勃艮地公主結婚，順便把法國、荷蘭、比利時的大片土地娶進門，這場偉大的婚姻在茵斯布魯克留下金碧輝煌的見證；而他兒子菲利浦的婚姻也取得西班牙的大片領土，靠著精打細算的婚姻結盟制度，使得哈布斯堡權傾一時。他的孫子卡爾五世不僅是神聖羅馬帝國的皇帝，同時也是西班牙國王、拿坡里、西西里、薩丁尼亞的統治者，連西班牙轄下的南美殖民地都劃入版圖內。

瑪麗亞‧泰瑞莎女皇的輝煌時代

卡爾六世過世後，並未留下男性繼承人，於是他的女兒瑪麗亞‧泰瑞莎(Maria Theresia)於1740年加冕成為哈布斯堡德意志神聖羅馬帝國的女皇，同時也成為匈牙利女王。瑪麗亞‧泰瑞莎與洛林(法國北部)的法蘭茲‧史蒂芬(Franz Stephan)結婚，她的丈夫

法蘭茲‧史蒂芬於1745年被選為神聖羅馬帝國的皇帝，成為法蘭茲一世，不過，他的光芒完全被精明能幹的妻子蓋過。瑪麗亞‧泰瑞莎掌管中歐期間，展現了驚人的治國能力及識人之明，她將鬆散的行政體系大翻修，並挑選適任的人才，這位空前絕後的女皇在位40年，推行一系列促進商貿、普及教育的措施，奠定萬世之基。雖然，她的皇座並不安穩，周圍的法國、普魯士與巴伐利亞貴族頻頻挑釁，女皇均以智慧化解危機，她的名言是「寧要中庸的和平，不要輝煌的戰爭」。

女皇的長子約瑟夫二世接任皇位，他也是奧地利的英明君主，在位期間，改良吏政、取消農奴制度。約瑟夫具有民主思想，他將教堂與貴族專用的地方開放給一般百姓使用，降低教會與貴族的特權。有一次，他決定將貴族狩獵專用的普拉特森林開放給百姓使用時，一位侯爵抱怨說：「如果以後一般的賤民都能到只有貴族才能來的地方，那我們這些人應該到哪裡去？」。約瑟夫笑著說：「如果只有同樣身分地位的貴族才能聚在一起，那我只能到皇家墓地裡散步了。」這對無與倫比的母子將奧地利帶向繁榮的顛峰。

而這對母子對於音樂的喜愛與推廣，也讓維也納成為歐洲的音樂之都，知名音樂家紛紛前來，包括海頓、貝多芬、莫札特等人，在維也納創造了一生中主要的作品。

民主思潮衝擊帝國

約瑟夫二世在位期間雖然歌舞昇平，但西歐的法國大革命震撼了所有的領導階級，繼位的法蘭茲二世面對的首要問題就是拿破崙的大軍壓境。1804年，拿破崙稱帝，歐洲各國的領導階級迅速組成萊茵河聯盟，這項聯盟的成立讓原本搖搖欲墜的神聖羅馬帝國宣告解體，法蘭茲二世被迫解散神聖羅馬帝國，並成立奧匈二元制帝國，法蘭茲二世遂成了奧匈帝國的法蘭茲一世，仍然保有奧地利地區的統治。

1814年拿破崙滑鐵盧兵敗之後，梅特涅(Prince Clemens Wenzel Lothar Metternich)召集了歐洲貴族，舉行赫赫有名的「維也納會議」，研討如何恢復貴族過去的統治模式。雖然研討的結果無濟於事，但

維也納會議開了一年，這群沉浸於過去特權時代的貴族盡情狂歡，到處參加舞會及娛樂活動，反而創造了維也納社會的另一個高潮，那種擊敗強敵後的享樂心態，使得城堡歌劇院裡歌聲繚繞、王宮花園裡縱情歡樂，小市民寄情於生活情趣，史稱「畢德麥雅時期」（Biedermeier）。

不過，粉飾太平的歡樂終究敵不過要求改革的民主思潮，梅特涅種種食古不化的措施導致民心思變，終於引爆1848年的歐洲革命，中產階級勢力抬頭，當時的皇帝斐迪南一世倉皇出逃，梅特涅被迫退位。

江河日下的帝國悲歌

年輕的法蘭茲・約瑟夫（Franz Joseph）在混亂中接任皇位，這位哈布斯堡家族最後的皇帝見證了王朝最後的悲劇。法蘭茲・約瑟夫在位60年，最大的貢獻是拆除維也納舊城池，以新古典風格建築「環城大道」為王朝的結束留下迴光返照的一幕。法蘭茲・約瑟夫在時代潮流下，被迫同意組合議會制度，釋出統治的部份權力；面對外交，在薩丁尼亞的獨立運動中，奧匈帝國繼續失去對義大利北部的管轄。

普魯士有計劃地排除奧匈帝國的影響力，也讓法蘭茲・約瑟夫無力招架。在1866年Königgrätz戰爭，奧地利戰敗，普魯士的鐵血宰相俾斯麥（Otto von Bismarck）技巧地讓奧匈帝國退出日爾曼聯盟，從此，奧匈帝國失去對中歐的影響範圍。同時，匈牙利的獨立運動喊得震天嘎響，式微的奧匈帝國只能屈服，1867年，奧匈帝國成為雙君主制，匈牙利國王可享有部份的主權，包括外交、財政與軍事，並於1907年舉行第一次的國會大選。

奧匈帝國在時代的巨輪下必然面對更多的難題，其中，巴爾幹半島的民族主義激進分子連續暗殺哈布斯堡家族成員，讓死亡的陰影籠罩這個悲劇的家族：法蘭茲・約瑟夫的皇弟被刺殺於墨西哥，皇儲斐迪南被刺殺於巴爾幹半島，皇后伊麗莎白被義大利無政府主義分子刺殺於瑞士；唯一倖免於難的法蘭茲・約瑟夫晚年孤獨地隱居熊布朗宮，於1916年溘然長逝，這個曾經被尊崇無比的家族自此劃下淒涼的句點。

哈布斯堡家族統治史

1278~1282	魯道夫一世(Rudolf I)建立王朝
1452~1493	斐德烈五世(Friedrich V)冊封為神聖羅馬帝國皇帝
1493~1519	邁克西米里安大帝(Maximilian)展開政治婚姻
1519~1556	卡爾五世(Karl V)擴增大片領土
1711~1740	卡爾六世(Karl VI)邁向帝國顛峰時期
1740~1780	瑪麗亞・泰瑞莎(Maria Theresa)40年黃金歲月
1780~1792	約瑟夫二世(Joseph II)開明統治
1792~1835	法蘭茲二世(Franz II)解散神聖羅馬帝國
1835~1848	斐迪南一世(Ferdinand I)被逼離開維也納
1848~1916	法蘭茲・約瑟夫一世(Franz Joseph I)哈布斯堡最後的盛世
1918	王朝終結

西西皇后

伊麗莎白皇后(Empress Elisabeth)暱稱「西西」(Sisi)，1837年12月24日出生於慕尼黑，是巴伐利亞地區邁西米連約瑟夫大公的女兒，15歲時，她跟家人到奧地利鹽湖區度假，那次旅行的任務是把她姊姊海倫娜介紹給當時23歲的奧匈帝國皇帝法蘭茲・約瑟夫。

不過，法蘭茲・約瑟夫卻愛上了伊麗莎白，兩人在1854年4月24日結婚。婚後，伊麗莎白很快發現嚴謹的皇室生活並不符合她的個性，她向來自由自在的生活被限制了，她在日記裡陳述了寂寞與沮喪，唯有藉著不斷旅行來排解寂寞。1898年9月10日，她在瑞士日內瓦被義大利無政府主義者Luigi Lucheni刺殺。

西西皇后的一生宛如一齣充滿傳奇的悲劇，從巧遇法蘭茲・約瑟夫、成為奧匈帝國皇后、忍受深宮寂寞、喪子之痛，最後被刺身亡，加上她驚人的美貌，使她成為奧地利人民極為愛戴的人物。「西西」一頭秀髮如雲，她鍾愛的星形髮式到現在還可以在珠寶店看到相同款式。

東歐關鍵字：好味、好買、好藝術

嚐味

匈牙利紅椒雞 Paprikás csirke

將帶骨雞肉與奶油、辣椒粉一起熬煮至軟嫩，有的餐廳會加入洋蔥、蕃茄或甜椒、青椒和大蒜，讓雞肉味道更濃重。再加入辣椒粉製成的醬料，並淋上酸奶油，就成了風味獨具的特色佳餚。

維也納炸肉排
Wiener Schnitzel

奧地利的國民美食，肉排大大薄薄的，擠上幾滴檸檬汁，咬起來風味濃郁卻不油膩，採用牛、豬、雞為食材，幾乎每家餐廳都有賣，是飽餐一頓的平價選擇。

匈牙利燉牛肉 Gulyás

匈牙利的代表美食。匈牙利料理受到歐洲很多國家影響，將辣椒粉大量用於烹飪，這道主要以辣椒粉、洋蔥、蕃茄、大蒜、香菜和馬鈴薯加入牛肉熬煮，通常作為主菜。

溫泉薄餅 Lázeňské oplatky

溫泉薄餅是捷克卡羅維瓦利、瑪麗亞溫泉鎮涅等溫泉鄉的特產，其歷史可追溯到18世紀，因為容易消化，符合在此療養病人的飲食需求，因而盛行一時。

麵糰子 Knedliky

在捷克，烤鴨、炸豬排骨、麵糰子、燉牛肉是典型傳統美食。以馬鈴薯或麵粉製作的糰子，切成一片片，跟肉類主食一起擺盤，可直接拿麵糰子沾著盤中的濃稠醬汁入口。

捷克啤酒 Pilsner & Budweiser Budvar

捷克啤酒在歐洲評價非常高，絕對不能錯過兩種品牌的啤酒：皮爾森生產的Pilsner和布傑約維采生產的Budweiser Budvar，後者其實就是百威啤酒最早的元祖，現在一般的百威啤酒是美國大量生產的商品，口感完全不能比。

托卡伊貴腐甜葡萄酒 Tokaji Aszú

匈牙利人除了公牛血葡萄酒，另一名酒就是產自托卡伊的貴腐甜葡萄酒。匈牙利西北地區肥沃的火山土壤和良好的氣候造就出品質良好的葡萄，法國國王路易十六還曾稱讚過它是「酒中之王」。

無酒精葡萄氣泡酒 Vinea

斯洛伐克西部的小喀爾巴阡山地區，生產的葡萄酒和葡萄飲品名氣響亮。其中名為Vinea的無酒精氣泡飲品，分為紅白葡萄兩種口味，喝起來像葡萄汁，相當順口。

艾格爾公牛血葡萄酒 Egri Bikavér

自匈牙利艾格爾的「公牛血」是響譽國際的的葡萄酒，用了至少3種葡萄發酵而成。對喜歡吃辣與紅肉的匈牙利人來說，公牛血總讓賓主盡歡。

貝赫洛夫卡溫泉酒 Becherovka

貝赫洛夫卡酒是捷克卡羅維瓦利最具代表意義的紀念品，為紀念大衛貝赫醫生而命名。1807年開始製造的貝赫洛夫卡酒，宣稱含有20種以上特殊配方，被譽為當地第13種溫泉。

買物

拉線木偶

捷克的木偶劇(Puppetry)始於17世紀，這種演出通常會以絲線拉住木偶表演、甚至製作與真人一樣大的木偶和演員一同演出。布拉格市區內有不少木偶店可選逛，但是精細程度不一，手工細膩的價格自然也高，不妨慢慢比較挑選。

各式東歐娃娃

在東歐國家常見造型多樣、色彩繽紛的娃娃，布拉格的俄羅斯娃娃彩繪精美；斯洛伐克有一種玉米皮娃娃相當吸睛，使用輕薄的玉米殼製成各種造型的小天使、小姑娘及可愛綿羊，樸實細緻；在匈牙利布達佩斯或森檀德販售的多半是穿上傳統服飾的娃娃，顏色鮮艷。

芳療用品

菠丹妮(Botanicus)和MANUFAKTURA都是布拉格知名的天然植物芳療用品店，販售以各種天然植物水果製造的香皂、按摩油、洗髮精、香料、健康茶等商品。

波西米亞玻璃水晶

在波西米亞的伏爾塔瓦河流域，生產一種適於製造玻璃的天然礦石，讓製造出的玻璃呈現奇幻的綠色，這種玻璃因此有「森之玻璃」美稱。在布拉格或玻璃產地卡羅維瓦利，就可以品味波西米亞玻璃水晶般的獨特美感，也可購買相關產品。

陶瓷

匈牙利最知名的Herend是國際大品牌，產品被原本只鍾情於東方和西歐瓷器的匈牙利皇室所接受，如今成為歐洲皇室的最愛。而奧地利的Augarten陶瓷是哈布斯堡王朝愛用，餐具的優雅外型與上頭繪製精細的花色，設計不退流行。

莫札特巧克力

奧地利最經典伴手禮非莫札特巧克力(Mozartkugel)莫屬。這種巧克力由薩爾斯堡百年糕餅店Fürst發明，以純手工製作，銀色紙包裝上印有藍色莫札特頭像，只在薩爾斯堡販售。後來各家巧克力工廠效仿，其中以Mirabell的市占率最高，在超市、伴手禮店都有售。

水果茶・花茶

很多人到捷克都會買幾盒水果茶或花茶，Pickwick和TEEKANNE是最受歡迎的兩個牌子，雖然原產地都不在捷克。這兩大品牌強調使用天然原料，在捷克買比台灣便宜很多，到超市採購尤其划算。

辣椒粉

匈牙利人熱愛辣椒粉(Paprika)的程度無以倫比，稱之為「紅色黃金」。匈牙利辣椒的種類很多，最常在市場見到的辣椒粉以辣性較強的辣椒和甜椒為主，一般包裝或盒裝的是辣椒粉，條狀的是辣椒醬(膏)，依喜好選擇辣味(Hot)或甜味(Sweet)即可。

溫泉杯

捷克卡羅維瓦利和瑪麗亞溫泉鎮涅等溫泉鄉的溫泉水可以飲用，在出水處可見人們拿著溫泉杯來裝盛。溫泉杯花色繁多、造型典雅，手把上設有小洞，以口就著小洞品飲是最道地的喝法。

海頓 Franz Joseph Haydn
1732~1809

海頓出生於奧地利北部的小村莊，為馬車車輪工人的兒子。他在1761年至1790年間在貴族的宮廷裡擔任樂隊指揮。他一生創作豐富，包括百首交響曲、四重奏及歌劇，被稱為「交響樂之父」。(P.75)

貝多芬 Ludwig Von Beethoven
1770~1827

後世尊稱貝多芬為「樂聖」，他出生於德國波昂，然而大部份時間居住在維也納，加上師承海頓，因此談到奧地利的古典樂時，總不免提及貝多芬。(P.95)

老約翰史特勞斯
Johann Baptist Strauss
1804~1849

老約翰史特勞斯出生於維也納，令他留名青史的作品是1848年的《拉德茨基進行曲》，這首名曲是每年維也納元旦音樂會最令人振奮的結束曲。(P.96)

小約翰史特勞斯
Johann Baptist Strauss,
1825~1899

小約翰史特勞斯是老約翰史特勞斯的長子，他與兩個弟弟同為著名的音樂家，但其名望卻是當中最高的一個，甚至創作魅力完全掩蓋了父親。最出名的作品是圓舞曲《藍色多瑙河》。(P.96)

莫札特 Wolfgang Amadeus Mozart
1756~1791

莫札特是一位音樂天才，1756年出生於奧地利薩爾斯堡。他6歲就開始作曲，在短短35年中，留下《魔笛》、《費加洛婚禮》、《唐喬凡尼》等膾炙人口的作品。(P.127)

東歐百科……
東
歐關鍵字……好味、好買、好藝術 Best Taste, Buy & Artists in Eastern Europe

舒伯特
Franz Seraphicus Peter Schubert
1797~1828
舒伯特出生於維也納近郊，雖然只活了31年，但累積了超過600首歌曲的驚人創作數量，因此得到「歌曲之王」的稱號。(P.99)

史麥塔納 Bedřicha Smetana
1824~1884
史麥塔納(1824~1884)是捷克最著名的音樂家之一，他的音樂對捷克的民族復興運動有著極其深遠的影響，著名作品包括《我的祖國》。(P.194)

李斯特 Liszt Ferenc
1811~1886
19世紀匈牙利唯一舉世知名的音樂家李斯特，一生創作700多首樂曲，他的鋼琴曲以極高難度聞名，最為人熟知的作品包括鋼琴曲《愛之夢》等，是浪漫主義音樂的主要代表人物。(P.281)

德弗札克 Antonín Dvořák
1841~1904
德弗札克出生於布拉格附近的鄉村，他的音樂受到布拉姆斯、華格納和捷克民間音樂的多重影響，代表作為《新世界交響曲》及《斯拉夫舞曲》。(P.213)

高大宜 Kodály Zoltan
1882~1967
高大宜是匈牙利20世紀的傑出人物，身兼作曲家、民族音樂收集家、語言學家、哲學家與音樂教育家，並以音樂教育家聞名。(P.282)

藝術名人

百水 Friedensreich Hundertwasser
1928~2000

愛好和平且提倡環保的百水，生於奧地利維也納，雖然只在維也納藝術學院待過3個月，但他源源不絕的靈感創造出眾多作品，成為奧地利近代知名的藝術家。(P.98)

東歐百科…

東

歐關鍵字…好味、好買、好藝術 Best Taste, Buy & Artists in Eastern Europe

克林姆 Gustav Klimt
1862~1918

克林姆生於維也納，他於35歲時加入了改革的「維也納分離派」。他的作品中常見大量的裝飾圖案，且多以女性肖像畫為主題，最後大眾歡迎的《吻》堪稱顛峰之作。(P.88)

慕夏 Alfons Mucha
1860~1939

慕夏原以宗教和歷史性的大型壁畫和油畫為主力創作，然而在27歲前往巴黎進修後，以日曆設計、書和雜誌插畫賺取生活費，形成獨特的繪畫風格，他為巴黎女演員描繪海報而受到喜愛，逐漸奠定在巴黎新藝術領域的地位。(P.212)

華格納 Otto Wagner
1841~1918

奧圖‧華格納出生於維也納，為維也納分離派的代表人物之一，是奧地利知名的建築師與城市設計師。(P.85)

文學名人

席勒 Egon Schiele
1890~1918

席勒生於奧地利東北部的小鎮。1907年時，席勒將作品送給克林姆過目，克林姆大為讚賞並對他照顧有加。席勒繪製了一系列的少女作品及大量自畫像，瘦長的人物身形與扭曲的肢體線條，流露出頹廢而壓抑的氣息。(P.90)

卡夫卡 Franz Kafka
1883~1924

法蘭克‧卡夫卡在文學史具有舉足輕重的地位，被譽為20世紀存在主義的先驅。他生於布拉格的猶太家庭中，使用德語創作，重要著作如《美國》、《變形記》、《審判》和《城堡》。(P.196)

百年咖啡館的
餘 韻 風 華

Historic Coffee Houses
in Eastern Europe

∽建議事先訂位∽

咖啡館可以說是奧捷匈旅遊的必備行程，大部分咖
啡館都已開放線上預約，只有少數幾家需要現場候
位。出發前建議先到官網查詢，以避開排隊人潮。

奧地利 ❦ 維也納

維也納咖啡館和巴黎咖啡館一樣，代表了歐洲的咖啡文化。300多年前，土耳其人入侵維也納，留下了香醇的咖啡；1684年，維也納開設了第一家咖啡館，咖啡也從此走進了維也納人的生命中。

維也納咖啡館從17世紀以來即提供報紙讓客人閱讀，讓這裡成為人們交流思想的社交場所，不論是對政治情勢的意見交換，甚至散播或聽取小道消息，話題無所不談。也因此，維也納咖啡館曾經一度受到政府嚴格的監控，以免成為反叛思想的發源地，卻反而助長了咖啡館的蓬勃成長。剛開始僅有4家，但在18世紀末則多達80家，到了1990年，維也納已經擁有600多家咖啡館，從商賈、政治家、音樂愛好者、文藝青年到廚師等各行業人士，都有屬於自己的咖啡館。

現在的維也納市區裡約有兩千多家咖啡館，歷史悠久的就有50多家，散落在大街小巷中，充滿著不同風格的情調。在知名景點附近總能找到一家咖啡館歇歇腳，在維也納，咖啡無所不在。

❧ 經典薩赫蛋糕創始店 ❧
薩赫咖啡館 Café Sacher

開在五星級飯店裡的薩赫咖啡館，創立於1810年，外觀光鮮亮麗，還有穿著打扮稱頭的服務生，儼然上流社會人士進出之地。

這裡最著名的薩赫蛋糕(Sacherforte)是拜訪維也納時必嘗的甜點。1832年，咖啡館老闆法蘭茲·薩赫(Franz Sacher)為當時的首相梅特涅(Prince Klemens Bon Metternich, 1773~1859)調製一種風味特殊的巧克力蛋糕，深得梅特涅激賞，梅特涅高興之餘，將他調製的蛋糕冠上Sacher的姓，薩赫蛋糕也風靡維也納。

薩赫蛋糕的外表就是巧克力蛋糕，最上層是布滿糖霜的巧克力片，巧克力海綿夾心裡有兩層香濃的杏桃醬，旁邊再擺上鮮奶油，所以吃起來不只有巧克力香，還帶著杏桃的酸甜，滋味很迷人。另外一款名為Gewürzgugelhupf的蛋糕，半圓形的蛋糕上灑滿了白色糖霜，裡面是鬆軟的海綿蛋糕，帶著核桃果肉的酸甜滋味，也很推薦。

🔺P.68D4 🚇地鐵U1、U2、U4號線Karlsplatz站，步行約4分鐘 🏠Philharmonikerstraße 4 ☎(01) 514560 🕐8:00~22:00 🌐www.sacher.com

---

薩赫與德梅爾的甜蜜戰爭

一場關於「薩赫蛋糕」(Sacherforte)的「甜蜜戰爭」(Sweet War)，把兩家公司的知名度推到頂峰。有一天，早已是薩赫金字招牌的Sachertorte，居然也出現在德梅爾的店中，甚至連外形和口味都一模一樣，薩赫的老闆法蘭茲·薩赫(Franz Sacher)立即向法院控告德梅爾涉嫌仿冒。經過長達25年的查證，法院在1965年做下判斷，還Hotel Sacher的清白美譽，但判決書上並沒有說德梅爾是仿冒者，只含蓄地說Hotel Sacher是Sachertorte的「元祖」(Original)，而德梅爾的Sachertorte則是「真品」(Echte, Real)，兩家店都可以繼續販賣Sachertorte。原本鬧得滿城風雨的訴訟，就這樣在法院幽默而明智的手腕下化解了。

東歐百科……百年咖啡館的餘韻風華 Historic Coffee Houses in Eastern Europe

維也納三大咖啡館之一

德梅爾糕餅店 Café Demel

德梅爾糕餅店創立於1785年，與薩赫咖啡館、中央咖啡館並稱為維也納三大咖啡館，至今已有300年歷史，過去是奧地利皇室的御用糕餅店，包辦各種皇室宴會與舞會的甜點。位在市場大街的店內，一樓為糕餅與禮品部，販賣各種包裝精美的果醬、巧克力、蛋糕、餅乾等。二樓則是保留19世紀風格的咖啡沙龍，掛滿了貴族畫像的古老空間內垂吊閃爍水晶燈，每個包廂都以不同顏色和主題裝飾，彷彿穿越百年以前。

店裡最知名的甜點，除了與薩赫咖啡館打了場「甜蜜戰爭」的薩赫蛋糕之外，外層酥鬆的蘋果派、水果塔，以及西西皇后鍾愛的紫羅蘭花糖，都是歷久不衰的經典美味。

🔺P.68D2 🚇地鐵U1、U2、U4號線Karlsplatz站，步行約7分鐘 🏠Kohlmarkt 14 ☎(01) 5351717 🕐10:00~19:00 🌐www.demel.com

皇室御用甜點

卡斯特納糕餅店 Gerstner

創立於1847年的卡斯特納糕餅店與德梅爾相同，店名後掛著代表皇室御用甜點的「K.u.K. Hofzuckerbäcker」名號。卡斯特納最初由一對糕餅師夫妻所經營，香甜精美的手工蛋糕、巧克力深受包括西西皇后到無數維也納貴族名流的喜愛，逐漸擴張成今日的規模。坐落於歌劇院旁的店舖於2014年改裝，一樓是禮品店與咖啡店，二樓以上分別為咖啡店和餐廳，內部特別是用餐區設計極其富麗堂皇，說是全維也納最華麗的咖啡廳也不為過。除了精美鮮豔的手工蛋糕，包入像是桃子、櫻桃、香檳等各種內餡的松露巧克力也千萬別錯過。

🔺P.68D4 🚇地鐵U1、U2、U4號線Karlsplatz站，步行約3分鐘 🏠Kärntner Straße 51 ☎(01) 5261361 🕐8:00~22:00 🌐www.gerstner-konditorei.at

號稱全奧地利最好吃的蘋果捲

中央咖啡館 Café Central

從1876年起，這裡就成為眾多知名作家、藝術家終日流連的場所。據說在1913年的中央咖啡館竟然有多達250多種的報紙和雜誌供客人閱讀，人們在此討論時事、交換意見，儘管物換星移，這裡仍保留著當時舊時建築的格局，成為慕名而來的遊客最愛的場所。

這棟由費爾斯(Ferstel)公爵官邸所改建的咖啡館，連世界知名作家彼特·阿爾騰柏格(Peter Altenberg)也曾造訪，為了紀念他，一進門口就有一位如真人大小、坐在椅子上沉思的作家塑像；而音樂家貝多芬、舒伯特、約翰史特勞斯父子、畫家克林姆、席勒等也常是座上賓。這裡的甜點也充滿甜蜜誘惑，像是蘋果捲(Apfelstrudel)，配上熱熱的香草醬，號稱全奧地利最好吃的蘋果捲；另外如皇帝煎餅(Kaiserschmarrn)、招牌蛋糕(Café Central Torte)也很受歡迎。

🔺P.68C2 🚇地鐵U3號線Herrengasse站，步行約2分鐘 🏠Herrengasse 14 ☎(01) 5333763-24 🕐週一至週六08:00~22:00，週日及假日10:00~22:00，鋼琴演奏(週二外)16:30~21:30 🌐www.cafecentral.wien/en

每晚8點杏子餐包飄香

哈維卡咖啡館Café Hawelka

哈維卡咖啡的名氣實在太響亮了，讓來到維也納的人都不得不在小巷中尋找它。這家被無數報章雜誌報導過的咖啡館，曾經是名作家亨利·米勒最愛的咖啡館，在煙霧瀰漫的屋子裡散發出維也納老咖啡館特有的韻味。

創辦人哈維卡先生(Leopold Hawelka)跟太太從下奧地利省移居維也納後，兩個人開始煮咖啡做糕點的日子，於1939年開設了這間咖啡廳。昏黃燈光下，柔軟且年代久遠的沙發上坐著吞雲吐霧、大聲交談的年輕人，自由的氣息充斥在貼滿海報與宣傳單的咖啡館裡，儘管哈維卡先生在門口熱情招呼客人的身影已不復在，他的故事與精神仍在此店繼續流傳，成為每個人心目中停格的永恆畫面。每天晚上8點，剛做好的手工杏子餐包(Buchteln)從爐子裡端出來，擁擠的咖啡館裡早已擠滿了客人，而這餐包混著杏子的香甜口感，著實令人回味無窮。

🅐P.68D3 🚇地鐵U1、U3號線Stephansplatz站，步行3分鐘 🏠Dorotheergasse 6 📞(01) 5128230 ⏰週一至週四9:00~24:00，週五及週六9:00~1:00，週日及假日10:00~20:00 🌐www.hawelka.at

在奢華宮殿中品甜點

維也納藝術史博物館咖啡
Cafe im Kunsthistorischen Museum Wien

位於維也納藝術史博物館一樓的咖啡店，大面玻璃窗面對著瑪麗亞·泰瑞莎廣場。挑高氣派的大廳由雕飾繁複的廊柱圍繞，幾何圖形的地板拼磚以放射狀擴散，光建築本身就是藝術傑作。咖啡廳內提供各種經典維也納咖啡與手工甜點，週末10:00還會提供早餐，彷彿置身在奢華宮殿中享用餐點，無論平假日總是一位難求。

🅐P.68C4 🚇地鐵U2號線Museumsquartier站，步行3分鐘 🏠Maria-Theresien-Platz 📞(01) 508761001 ⏰週二至週日10:00~17:30，週四10:00~20:30 💲需持博物館入場券 🌐www.genussimmuseum.at

維也納首屈一指的音樂咖啡館

黑山咖啡館Café Schwarzenberg

黑山咖啡館位於國家歌劇院、音樂協會大樓和演奏會大廳的中心點，自從1865年開張後，一直是環城大道的咖啡館首席代表，也是維也納首屈一指的音樂咖啡館。在這裡可品嘗著名的音樂家咖啡，例如以莫札特命名的莫札特咖啡(Mozart Kaffee)，口味為添加櫻桃白蘭地的Espresso，上頭放上鮮奶油；而莫札特炸彈蛋糕(Mozart Bombe)以綠色、黃色、咖啡色等做好幾層的蛋糕，豐富的色彩及口感層次，就像莫札特的音樂一樣令人回味無窮。

🅐P.69E5 🚇地鐵U1、U2、U4號線Karlsplatz站，步行6~7分鐘 🏠Kärntner Ring 17 📞(01) 5128998 ⏰週一至週五7:30~24:00，週六及週日8:30~24:00 🌐www.cafe-schwarzenberg.at

～彷彿靜止的老咖啡時光～
斯班咖啡館Café Sperl

　　走進斯班咖啡館，時間彷彿就此停止了。老式的撞球台一字排開，挑高的窗邊有著舒適的沙發與傳統的大理石桌，老先生就著窗外灑進來的陽光看著報紙，鄰桌的人輕輕地在談著話，每個人都是一派的神態自若。斯班咖啡館從1880年創立至今，依然保留著維也納咖啡館的傳統，以銀盤子端上來的咖啡，旁邊放著一杯水，水杯上放著一根銀湯匙。

　　這裡有一種Oma Kaffee，意即祖母時代的咖啡，用的是雙層的咖啡壺，將熱水注入上層濾壺後必須等候20分鐘，等到咖啡都流到下層的壺中，再把上面的壺拿掉放在小碟子上才品嘗，可搭配這裡的手工糕點，風味絕佳。

🔺P.68C6　🚇地鐵U2號線Museumsquartier站，步行5~6分鐘　🏠Gumpendorfer Straße 11　☎(01) 5864158　🔽週一至週六7:00~22:00，週日10:00~20:00；7~8月的每週日公休　🌐www.cafesperl.at

～維也納最優雅的咖啡館～
蘭特曼咖啡館Café Landtmann

　　蘭特曼咖啡自從1873年創立後，一直是上流社會人士出入的場所，也是維也納最優雅的咖啡館。由於鄰近市政廳及宮廷劇院，王公貴族和上流社會人士觀賞演出後，會聚集在此討論劇情和演員表現，名演員也會在卸妝後在咖啡館出現並參與討論。時至今日，這裡仍是政商名流、演員、大學教授時常出沒的場所。

　　這裡的糕點比其他咖啡館更為精緻和多樣化，以創立人的名字法蘭茲‧蘭特曼(Franz Landtmann)命名的咖啡，是將白蘭地加入咖啡中，再加入香甜的奶油，最後灑上一些肉桂粉，入口的香醇濃烈，正適合剛欣賞完歌劇時的熾熱心情。而甜點以蘋果捲(Apfelstrudel)最為出名，另外香草醬餐包(Buchteln mit Vanillesauce)也很推薦，以杏桃果醬作為內餡的蛋糕，看起來就像一頂灑了糖粉的高帽子，底部放上奶油醬汁，口感滿分。

🔺P.68C1　🚇地鐵U3號線Herrengasse站，步行7~8分鐘　🏠Universitätsring 4　☎(01) 24100-120　🔽7:30~22:00　🌐www.landtmann.at

～露天用餐區熱鬧又悠閒～
莫札特咖啡館Café Mozart

　　莫札特咖啡館前身是於莫札特逝世3年後(1794年)開幕的小咖啡廳，是畢德麥爾時期(Biedermeier period)藝術家、作家及演員間的熱門聚會處所，1882年遭到拆除，直至1929年才於原址興建這間咖啡館，至今也仍然是藝術家思考及汲取靈感的絕佳場所，劇作家格雷安‧葛林(Graham Green)的名作《黑獄亡魂》(The Third Man)就是在此處催生，Anton Karas亦為電影編撰了配樂Café Mozart Waltz。

　　室內全面禁菸的莫札特咖啡館沒有惱人的煙味，只有濃醇的傳統風情與咖啡甜點的香氣，每年春末至初秋間，店外廣闊的廣場則化身為熱鬧的露天用餐區。

🔺P.68D4　🚇地鐵U1、U2、U4號線Karlsplatz站，步行5~6分鐘　🏠Albertinaplatz 2　☎(01) 24100-200　🔽8:00~23:00　🌐www.cafe-mozart.at

∽蘋果捲及帝國蛋糕的甜蜜滋味∾

帝國咖啡館 Café Imperial

五星級帝國飯店(Hotel Imperial)附設的高級咖啡廳,自1873年開設至今,因鄰近音樂協會大樓而成為音樂愛好者最愛聚集的地方。高貴典雅的用餐空間與美味甜點同時也吸引許多藝術家、思想家前來,據說佛洛伊德(Sigmund Freud)與布魯克納(Anton Bruckner)亦時常在此流連。

帝國咖啡的悠久歷史營造出懷舊舒適的氛圍,明亮乾淨的室內絲毫不顯老舊,不過分鋪張的裝飾則流露出高雅質感。餐點從外觀與擺盤就令人垂涎,品嘗後更驚艷,從維也納炸肉排、燉牛肉到皇帝煎餅都是人氣招牌,推薦蘋果捲(Apfelstrudel)及帝國蛋糕(Imperial Torte),在舌尖化開的甜蜜滋味富有層次感,價格雖略嫌昂貴,但享受到的優雅氛圍卻讓人久久回味。

▲P.69E5　🚇地鐵U1、U2、U4號線Karlsplatz站,步行6~7分鐘　🏠Kärntner Ring 16　☎(01) 50110389　🕐7:00~22:30,早餐供應至11:00　🌐www.cafe-imperial.at

---

五花八門的咖啡品項

在維也納咖啡館點咖啡,menu總是長長一列,說明維也納人對於咖啡的多樣主張。經年累月發展下來,各家的品名大同小異;然而即使是相同的名稱,各家也可能加入不同元素,而有了不同的口感和氣氛。最道地的咖啡館,會使用銀盤子端上咖啡,盤子裡除了咖啡,還會附上一杯水,水杯上擺著一根匙口朝下的湯匙,以及一個專門裝小方糖的小器皿。

黑咖啡 Brauner
如果你點「Black Coffee」,店員通常會問你是不是要「Espresso」,千萬不要回答Yes,否則超小一杯會引起頗大的失落感。切記:大杯的黑咖啡叫Grosser Brauner,小杯的叫Kleiner Brauner。

米朗奇 Melange
加了熱奶泡的咖啡。

冰咖啡 Eiskaffee
加了香草冰淇淋和奶泡的維也納式冰咖啡。

艾斯班拿 Einspänner
加了鮮奶油的咖啡。

馬車夫咖啡 Fiaker
濃烈的黑咖啡,再加上一杯櫻桃酒或白蘭地或蘭姆酒,將酒倒入咖啡中攪拌後品飲,口齒間都是咖啡香和酒香,後勁十足,據說當時馬車夫在冬天驅車外出前,都會飲用這種咖啡來禦寒。

維也納咖啡 Viennese
濃烈的熱咖啡上加了一大圈冰奶油,最底下則是甜蜜糖漿,品嘗時不要攪拌,可以喝到三種不同的口感。

土耳其咖啡 Türkischer
把咖啡豆磨碎成粉放在咖啡壺內,直接加入熱開水,喝的時候切勿攪拌,底部會有咖啡粉沉澱,據說沉澱形成的圖案可以看出喝咖啡者最近的運勢。

布拉格的咖啡館最早可以追溯至奧匈帝國末期，愛因斯坦、卡夫卡都曾在這些咖啡館裡寫作、辯論。雖然有‧大部分咖啡館沒有躲過共產主義的摧殘，但它們的精神仍然延續至今。捷克共和國自1993年成立以來，有不少舊時代咖啡館重新整修後開幕，為布拉格增添一份文藝色彩。菜單上提供的餐點除了咖啡廳常見的品項，還有許多當地傳統的鹹食、甜品、糕點等。

捷克民族復興運動的象徵

Café Slavia／Kavárna Slavia

坐落於國家劇院對面的Café Slavia可以說是布拉格歷史最悠久的咖啡館，咖啡館裡依舊保留著1930年代的新藝術裝飾，每張玻璃窗外的景色宛如一張明信片——路過的電車行人、伏爾塔瓦河、查理大橋和布拉格城堡。

Café Slavia和國家劇院差不多時間成立，如同有「捷克人的舞台」之稱的國家劇院，這家咖啡館也成為了19世紀捷克民族復興運動的象徵。自1884年開業以來，詩人、劇作家、革命家經常在這聚會，如德弗札克、里爾克(Rainer Maria Rilke)以及成為捷克第一任總統之前的哈維爾就是常客之一。因為地理位置的關係，Café Slavia還是當年絲絨革命遊行的搖滾區！到了1990年代初，Café Slavia因法律糾紛被迫歇業，哈維爾總統親自請願，要求恢復其以往的光榮。1997年11月17日，Café Slavia終於再次開張。

📍P.177D4　🚇地鐵B線Národní třída站，步行6-8分鐘　🏠Smetanovo nábřeží 1012/2　📞777709145　🕐週一至週六10:00~23:00、週日10:00~22:00　🔗www.cafeslavia.

因卡夫卡而聲名大噪的咖啡館

Café Louvre

1900年前後，卡夫卡和他的3位好友Max Brod、Hugo Bergmann和Felix Weltsch曾經組成一個哲學讀書會辯論哲學、文學及時事，他們固定在1902年開業的Café Louvre碰面，討論當時影響布拉格知識分子甚多的哲學家Franz Brentano的學說。這個討論會後來因Max Brod退出而解散，然而Café Louvre卻因卡夫卡而聲名大噪，至今仍是布拉格藝術家們最喜歡的聚會場所。

📍P.177E4　🚇地鐵B線Národní třída站，步行約1分鐘　🏠Národní 22　📞224930949　🕐週一至週五8:00~23:30，週六至週日9:00~23:30　🔗www.cafelouvre.cz

華麗優美的新藝術風格咖啡館

市民會館咖啡館
Kavárna Obecní dům

市民會館咖啡館有極為優美的20世紀新藝術裝飾，從華麗的水晶燈飾到雕飾和繪畫樣樣讓人目不暇給，有些桌椅、家具甚至是從當時就保存至今，和市民會館本身的新藝術建築型式互相輝映。

最好的位置莫過於一整排面向市街的窗邊，遇到好天氣，明亮的陽光輕灑屋內，更將華麗的裝飾襯托得金碧輝煌；夏季則會開放露天花園座位，可以坐在美麗的共和廣場街頭，享受一杯濃郁咖啡。

這裡的早餐很有名，很多人一早就來品嘗美味早點；令人難以抗拒的還有餐車推出的各種蛋糕，每樣看起來都極

為可口；而捷克美食如奶油烤牛肉或炸豬排都是不錯的選擇，這裡的醬汁調理得不那麼鹹，比較合台灣人的口味。

🅰 P.179F4　🚇 地鐵B線Náměstí Republiky站，步行3~5分鐘　🏠 Náměstí Republiky 1090/5　☎ 222002763　⏰ 8:00~22:00　🌐 www.kavarnaod.cz

---

捷克傳統美食及帝國蛋糕同樣出名

帝國咖啡館 Café Imperial

位於Art Deco Imperial Hotel內的帝國咖啡館，和飯店同樣誕生於1914年，它是布拉格最知名的餐廳(咖啡館)，曾獲不少名人如捷克大文豪卡夫卡和作曲家Leoš Janáček的青睞。咖啡館在2007年全面翻新，仍保留建築原先新藝術風格的陶瓷磚瓦和馬賽克天花版，透過優美的花卉和動物紋飾圖騰，彷彿也跌入昔日愉悅的美好時光。

餐廳主廚Zdenek Pohlreich是當地名廚，由他帶領的團隊為客人獻上一道道精緻的捷克傳統美食，其中「燉牛頰」(Braised Veal Cheeks)和「燴羊膝」(Braised Shank of Lamb)是招牌；這裡的咖啡和自製手工「帝國蛋糕」(Imperial Cake)也很有名，可以來這裡品味下午茶。不過帝國咖啡館幾乎永遠座無虛席，建議提早預約。

🅰 P.179G3　🚇 地鐵B線Náměsti Republiky站，步行1~2分鐘　🏠 Na Poříči 15　☎ 246011440　⏰ 7:00~23:00　🌐 www.cafeimperial.cz

匈牙利人對於咖啡的熱愛就如同對辣椒粉般，可說是生活中不可缺乏的糧食。土耳其人在150年前將咖啡文化帶入了匈牙利，雖說當時的咖啡館早已消逝，不過布達佩斯還遺留著幾間創立於19世紀末的咖啡館，那時，咖啡館扮演著文人學者或政治家暢談國家議事與發表個人言論的場合，與法國的沙龍文化相當。

隨著共產黨的統治，布達佩斯的咖啡館也隨之沒落，民生困乏與政治的因素，都讓咖啡文化隨之凋零，甚至有些咖啡館成了秘密警察的基地；直到民主再度降臨匈牙利，咖啡館才又活絡起來，百年老店整修後重新出發，幾間家族世代經營的老店還是維持著祖傳的糕點技術。這些百年老店的咖啡館有的豪華貴氣、有的仍維持著傳統的風貌，其中的蛋糕櫃總是擺放著數十種糕點，這些糕點流露著淡淡的東歐風味，可以一窺匈牙利人嗜甜點的喜好。

～全球十大最美咖啡館～
紐約咖啡館 New York Café

高挑的建築空間、華麗的水晶燈和廊柱、精緻的壁畫和雕飾，結合了文藝復興式和巴洛克風格的藝術氣息，讓紐約咖啡館像是一座宮殿般令人目不暇給。而這些金碧輝煌的裝飾，也將它推向了全球十大最美咖啡館之列。

紐約咖啡館營業於1894年，昔日，許多文學家和詩人逗留此地找尋靈感，不少具有影響力的刊物報紙甚至是在這裡編輯完成的；今日，它屬於安納塔拉紐約皇宮布達佩斯飯店(Anantara New York Palace Budapest Hotel)的一部分，走過百年歷史的迷人丰采，讓它更加贏得眾人目光。

來到這裡，可以點選匈牙利燉牛肉、匈牙利魚湯等傳統佳餚；或喝杯咖啡，點上招牌甜點——手工起士蛋糕(Sajttorta baracklekvárral)，享受一段華麗又甜蜜的時光。

🅰 P.256D4　🚇 地鐵M2線Blaha Lujza tér站，步行3~5分鐘　🏠 Erzsébet krt.9-11　☎ (1) 8866167　🕐 8:00~24:00
Ⓦ newyorkcafe.hu

⚜ 平實又懷舊的咖啡時光 ⚜
中央咖啡館Central

　　中央咖啡館在1887年開幕，由於位處布達佩斯的文化中心，周邊有許多報社、出版社等文化單位，備受當時的文化人士喜愛。1913年時，中央咖啡館重新整修並歷經二次大戰的經濟蕭條，為求生存這裡曾改賣義大利濃縮咖啡、紅椒和成為供應大學生用餐的餐廳；2000年時才整修成今貌。挑高的咖啡廳分為上下兩層樓，雖然沒有過於華麗的裝潢，但卻給人一股平實又懷舊的氣息，現今的中央咖啡館也供應餐點，當然你還是可以在下午時分前往這裡享受片刻的布達佩斯午後時光。

🗺 P.258C4 🚇地鐵M3線Ferenciek tere站，步行2~3分鐘 🏠Károlyi Mihály u. 9 📞(30) 9458058 🕐週日至週二09:00~22:00、週三至週六09:00~00:00 🌐 centralgrandcafe.hu

這些都是匈牙利原創甜點

　　匈牙利的蛋糕似乎與奧地利有幾分相似，像是夾著奶油與巧克力的「海綿千層蛋糕」(Dobos Torta)、包著巧克力慕斯的「Rigó Jancsi」、夾蘋果葡萄乾餡的「烤薄餅」(Rétes)等，都可以在維也納的咖啡廳中品嘗到，不過，其實匈牙利才是這些甜點原創者喔！

⚜ 傳承200年的布達佩斯糕點文化 ⚜
Ruszwurm Cukrászda

　　Ruszwurm Cukrászda位在馬提亞斯教堂旁，凡是到城堡山的遊客一定會來此朝聖。這間1827年開業的糕點老舖，賣的不只是糕點，更是布達佩斯將近200年的糕點文化。創辦人Ferenc Schwabl開業後3年去世，接管糕餅店的是娶他遺孀的Lénárt Richter，現今的風貌也是從他經營此店起保留下來的模樣。店內四周皆是櫻桃木打造的玻璃櫃，裡面放置著鎮店之寶——200年歷史的糕點模型人物，擺放蛋糕的也是古色古香的木櫃。

　　由於以糕點起家，這裡的糕點多達50種，著名的糕點包括提洛烤餅(Tiroli Rétes)、魯茲維姆奶油蛋糕(Ruszwurm Krémes)、核桃蛋糕(Eszterházi Torta)、海綿千層蛋糕(Dobos Torta)等。點蛋糕時最好擠到玻璃櫃前直接告訴侍者，他會親切地將蛋糕送到你的桌上。

🗺 P.259B3 🚇見布達皇宮P.265 🏠Szentháromság u. 7. 📞(1) 3755284 🕐夏季10:00~19:00，冬季10:00~18:00 🌐 www.ruszwurm.hu

歐洲名氣最大的傳奇咖啡館
Café Gerbeaud

具有傳奇色彩的Gerbeaud是歐洲名氣最大且最具規模的咖啡館之一，它的地理位置非常好，慕名而來的觀光客只能用「蜂擁而至」來形容。Café Gerbeaud於1858年由Henrik Kugler創立，1990年已頗享盛名並在1997年重新整修。面對著佛羅修馬提廣場(Vörösmarty tér)的咖啡廳，除了有數十張戶外桌椅外，內部設計華麗又復古，從水晶吊燈、桌椅到紅色的窗簾，在在顯示出Gerbeaud百年老店的風華。招牌包括核桃蛋糕(Eszterházi torta)、海綿千層蛋糕(Dobos Torta)和各樣奶油糕點與自製巧克力、冰淇淋，此外這裡也供應三明治和沙拉等輕食。

🚇P.258B3 🚉地鐵M1線Vörösmarty tér站，出站即達 🏠Vörösmarty tér 7~8 ☎(1) 4299000 🕐週日至週四9:00~20:00，週五至週六9:00~21:00 🌐www.gerbeaud.hu

安德拉西路上的巴黎咖啡風情
藝術家咖啡館 Müvész Kávéház

位於安德拉西路上，由於距離歌劇院相當近，布達佩斯的年輕人常將這裡比喻為巴黎的咖啡館。Müvész Kávéház店內裝飾華麗，挑高的屋頂、垂吊水晶燈和大理石桌子，店門口擺放了許多張桌椅，確實營造出巴黎咖啡館文化。這裡的糕點選擇眾多，店內也提供詳細的菜單，讓不識匈牙利文的遊客參考。除了咖啡和蛋糕外，這裡還有種類繁多且美味的冰淇淋，也是Müvész Kávéház的特色。

🚇P.258C2 🚉地鐵M1線Opera站，步行1~2分鐘 🏠Andrássy út 29 ☎(70) 3332116 🕐9:00~20:00 🌐www.muveszkavehaz.com/en/home/

經典可麗餅好吃不用多說
Gundel

Gundel大概是布達佩斯最享譽盛名的餐廳了，在1858年時由一位瑞士人創立，並於1992年重新開幕，目前為非常有規模的高級餐廳，這裡的匈牙利料理一點也不便宜，一份主餐就收費5,000~9,000Ft。不過由於Gundel的經典可麗餅(Gundel Palacsinta)實在太有名了，許多遊客都慕名前來。

如果只想品嘗下午茶點，餐廳領班會帶領您前往餐廳旁的酒吧咖啡廳。Gundel經典可麗餅已有百年歷史，雖然常有人爭議可麗餅是法國人的發明，但是匈牙利人認為羅馬人都是共同的祖先，要比就比誰做的最好吃！可麗餅裹著萊姆、葡萄乾、檸檬和核桃，與起士和奶油在平底鍋內翻煎，起鍋後淋上巧克力醬汁，別有一番風味。

🚇P.256E3 🚉地鐵M1線Hösök tere或Széchenyi fürdö站，皆步行4~6分鐘 🏠Gundel Károly út 4 ☎(30) 6032480 🕐咖啡廳11:00~18:00，餐廳18:00~21:00；週日午餐11:30~16:00 🌐www.gundel.hu

分區導覽
Area Guide

奧地利

奧地利

Austria

奧地利，一個以音樂、藝術著稱的國家，曾經因為權傾一時的哈布斯堡家族，支配了歐洲長達600多年的命運。位於中歐的它，境內風光明媚，再加上與8個國家接壤，使得奧地利不但擁有得天獨厚的美景，更與多數民族交融出豐富且獨特的文化，遊賞其中，彷彿經歷一場動人的藝文饗宴。

維也納是奧地利最重要的城市，不但孕育出海頓、貝多芬、莫札特等偉大音樂家，連舉世聞名的克林姆、席勒、百水等藝術家都跟這裡息息相關。位於奧地利西北邊的薩爾斯堡則是莫札特誕生的故鄉，也是音樂節隆重登場的城市，而薩爾茲卡莫古特通稱「鹽湖區」，被譽為世界最美湖濱小鎮的哈爾施塔特正是座落於此，夢幻的湖畔美景使人心醉神迷；東鄰薩爾斯堡的茵斯布魯克被阿爾卑斯山圍繞，城內擁有各色文藝復興和巴洛克式建築，夏季可以前往山區健行，冬季則能從事滑雪運動。

奧地利之最 Top Highlights of Austria

維也納

維也納享有音樂之都美譽，而不同時期的建築、文化之美，刻劃了維也納800多年的歷史，更勾勒出融合古今的城市魅力。(P.66)

多瑙河谷

從克雷姆斯到梅克這一段多瑙河谷，擁有一望無際的葡萄園及酒莊、眾多古蹟、城堡、修道院，吸引無數遊客前往。(P.112)

薩爾斯堡

音樂神童莫札特的故鄉，也是經典電影《真善美》的拍攝地，每年舉辦的薩爾斯堡音樂節更是重頭戲。(P.117)

茵斯布魯克的黃金屋頂

這座晚期哥德式建築以2,657塊鍍金的銅瓦覆蓋屋頂，堪稱茵斯布魯克的地標。(P.146)

哈爾施塔特

哈爾施塔特被譽為世界上最美的湖濱小鎮，山水的自然美景、獨具個性的小屋、倒映於湖面的房舍景象，令人沉浸於此地遺世獨立的浪漫氛圍。(P.137)

格達茲現代建築

當選為2003年歐洲文化之都後，格拉茲建造現代美術館及莫爾河之島等6座建築物，融合藝術之美與公共空間的概念。(P.165)

How to Explore Austria
如何玩奧地利各地

薩爾斯堡Salzburg

薩爾斯堡主要的景點大都聚集於左岸的舊城區。先搭纜車上薩爾斯堡城堡遠眺，了解這個城市的大致輪廓，然後下山以步行的方式一步步探索舊城區，然後再過河拜訪米拉貝爾花園等新城區的勝景。如果不想花費太多時間在輾轉的交通上，不妨報名參加觀光巴士的旅遊團，前進鹽湖區進行一趟真善美之旅。

茵斯布魯克Innsbruck

茵斯布魯克的主要景點皆集中在舊城區內，最具代表性的黃金屋頂、霍夫堡皇宮及聖雅各教堂都在這裡。黃金屋頂附近聚集許多傳統料理餐廳、手工藝品店，各色文藝復興和巴洛克式建築，瀰漫著傳統氣息；沿著熱鬧的瑪麗亞大道向南走，還可以見到安娜柱及凱旋門兩座地標。伊澤山坐落於舊城區南方，除了造型前衛的伊澤山跳台之外，Tirol Panorama和皇家軍隊博物館也位於此處。如果想去看看近郊的施華洛施奇水晶世界，可以搭乘付費的接駁專車。

多瑙河谷Danube Valley

從克雷姆斯到梅克這一段多瑙河谷，綿延約40公里，德語名為「瓦豪」(Wachau)，這一帶擁有眾多古蹟和修道院，入選聯合國教科文組織的文化遺產名單，其中人氣最高的就是梅克修道院。遊客可以從維也納搭火車或遊船前往此區，每年4~10月時，搭遊船遊覽瓦豪河谷的觀光行程更大受歡迎。

多瑙河瓦豪河谷
Danube-Wachau

林茲
Linz ●

上奧地利邦
Oberösterreich

維也納Wien ◎

下奧地利邦
Niederösterreich

諾吉勒湖
Neusiedler See

薩爾斯堡
Salzburg ●

福拉爾貝格邦
Vorarlberg

茵斯布魯克
Innsbruck

薩爾斯堡邦
Salzburg

施泰爾馬克邦
Steiermark

布爾根蘭邦
Burgenland

蒂洛爾邦
Tirol

克恩頓邦
Kärnten

● 格拉茲
Graz

維也納Vienna

以舊城為核心，一層層往外擴展：第一天先以步行的方式探索內城區，然後可搭乘地鐵把觸角逐步伸向環城大道周邊、環城大道外圍、維也納森林。別忘了晚上至少安排一回欣賞音樂會或歌劇表演，感受「音樂之都」的獨特之處！

格拉茲Graz

格拉茲中央車站位在舊城區以西約2公里處，主要利用路面電車進入舊城區。格拉茲的主要觀光景點都位於舊城區內，以最熱鬧的郝普特廣場為中心向外延伸，步行的方式就能好好地探索這座城市。行有餘力，則可搭火車前往艾根堡或聖芭芭拉教堂。

維也納
Wien/Vienna

起源於凱爾特人的村莊,維也納歷經各個民族的入侵,在西元978年才形成一座城市;直到哈布斯堡家族將根據地遷往維也納,才為這座城市帶來真正的繁榮與開發。

維也納的市中心坐落於聖史蒂芬教堂到霍夫堡之間,被環城大道與多瑙河所圍繞,由法蘭茲約瑟夫下令建造的環城大道是環繞市中心的一條大馬路,長4公里、寬56公尺,法蘭茲約瑟夫邀集了當時歐洲著名的建築師,在筆直寬敞的道路兩旁打造各式氣派建築,沿途哥德式、新古典式、新文藝復興式及巴洛克式等風格,一應俱全。

位於環城大道內的內城區,從維也納成為神聖羅馬帝國時期的貿易交通要塞開始,歷經18世紀的文藝黃金時期、19世紀中產階級興盛時期,詳細刻劃了維也納八百多年的歷史。

走出環城大道,藝術的發展擺脫了拘謹保守的桎梏,於是有了鑲金的分離派會館、彩繪的華格納大樓壁面等創意作品,庶民的、活潑的城市記憶開始延伸。

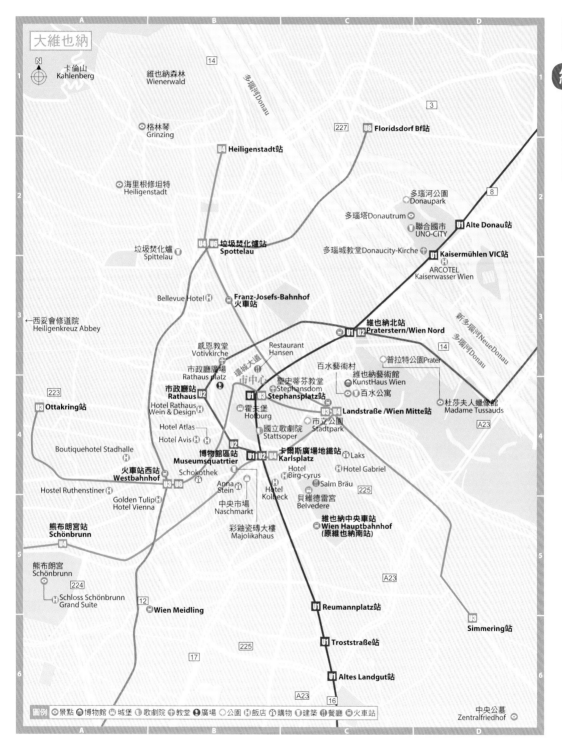

大維也納

N
卡倫山
Kahlenberg

維也納森林
Wienerwald

多瑙河Donau

14

3

格林琴
Grinzing

227

U6 Floridsdorf Bf站

U4 Heiligenstadt站

海里根修坦特
Heiligenstadt

8

多瑙河公園
Donaupark

多瑙塔Donautrum

聯合國市
UNO-CITY

U1 Alte Donau站

←西妥會修道院
Heiligenkreuz Abbey

垃圾焚化爐
Spittelau

U4 U6 垃圾焚化爐站
Spottelau

多瑙城教堂Donaucity-Kirche

U1 Kaisermühlen VIC站

ARCOTEL
Kaiserwasser Wien

Bellevue Hotel

Franz-Josefs-Bahnhof
火車站

維也納北站
Praterstern/Wien Nord

U1 U2

223

U3 Ottakring站

感恩教堂
Votivkirche

Restaurant
Hansen

新多瑙河NeueDonau

多瑙河Donau

14

百水藝術村

普拉特公園Prater

市政廳廣場
Rathaus platz

環城大道

市中心

維也納藝術館
KunstHaus Wien

聖史蒂芬教堂
Stephansdom

市政站
Rathaus U2

U1 U3 Stephansplatz站

百水公寓

Hotel Rathaus
Wein & Design

霍夫堡
Hofburg

U3 U4 Landstraße /Wien Mitte站

杜莎夫人蠟像館
Madame Tussauds

Hotel Atlas

國立歌劇院
Stattsoper

市立公園
Stadtpark

A23

Hotel Avis

U2

博物館區站
Museumsquatrier

U1 U2 U4

卡爾斯廣場地鐵站
Karlsplatz

Laks

火車站西站
Westbahnhof

U3 U6

Schokothek

Hotel
Birg-cyrus

Hotel Gabriel

225

Hostel Ruthenstiner

Anna
Stein

Salm Bräu

Golden Tulip
Hotel Vienna

中央市場
Naschmarkt

Hotel
Kolbeck

貝維德雷宮
Belvedere

熊布朗宮站
Schönbrunn

U4

彩釉瓷磚大樓
Majolikahaus

維也納中央車站
Wien Hauptbahnhof
(原維也納南站)

熊布朗宮
Schönbrunn

A23

224

Schloss Schönbrunn
Grand Suite

12

U3 Simmering站

Wien Meidling

U1 Reumannplatz站

225

U1 Troststraße站

17

U1 Altes Landgut站

A23

16

中央公墓
Zentralfriedhof

圖例 ◎景點 ⋒博物館 ⛫城堡 ♦歌劇院 ✚教堂 ⬤廣場 ○公園 Ⓗ飯店 ⬤購物 ⬤建築 ⑪餐廳 ◎火車站

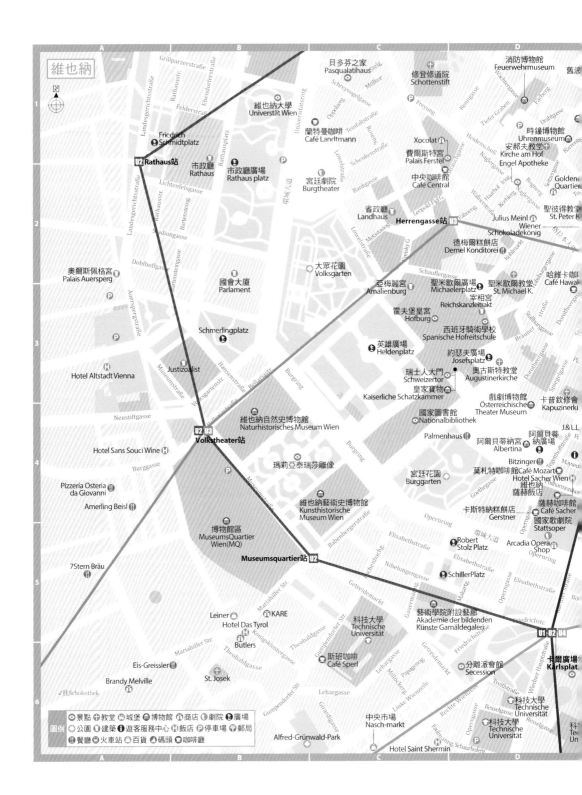

維也納

貝多芬之家 Pasqualatihaus
修登修道院 Schottenstift
消防博物館 Feuerwehrmuseum
舊波

維也納大學 Universität Wien
蘭特曼咖啡 Café Landtmann
Xocolat
費爾斯特宮 Palais Ferstel
時鐘博物館 Uhrenmuseum
安郝夫教堂 Kirche am Hof
Engel Apotheke

Friedrich Schmidtplatz
市政廳 Rathaus
市政廳廣場 Rathaus platz
宮廷劇院 Burgtheater
中央咖啡館 Café Central
Golden Quartier

U2 Rathaus站

省政廳 Landhaus
Herrengasse站 U3
Julius Meinl
聖彼得教堂 St. Peter K
Wiener Schokoladekönig

奧爾斯佩格宮 Palais Auersperg
大眾花園 Volksgarten
亞梅麗宮 Amalienburg
聖米歇爾廣場 Michaelerplatz
聖米歇爾教堂 St. Michael K.
哈維卡咖 Café Hawal
德梅爾糕餅店 Demel Konditorei

國會大廈 Parlament
宰相宮 Reichskanzleitrakt
霍夫堡皇宮 Hofburg

Schmerlingplatz
西班牙騎術學校 Spanische Hofreitschule

Justizpalast
英雄廣場 Heldenplatz
約瑟夫廣場 Josefsplatz
奧古斯特教堂 Augustinerkirche
戲劇博物館 Österreichische Theater Museum
卡普欽修會 Kapuzinerki

Hotel Altstadt Vienna
瑞士人大門 Schweizertor
皇家寶物 Kaiserliche Schatzkammer
國家圖書館 Nationalbibliothek
J&LL

Hotel Sans Souci Wine
維也納自然史博物館 Naturhistorisches Museum Wien
Palmenhaus
阿爾貝蒂納宮 Albertina
阿爾貝蒂 納廣場

U2 U3
Volkstheater站
Bitzinger

Pizzeria Osteria da Giovanni
瑪莉亞泰瑞莎雕像
宮廷花園 Burggarten
莫札特咖啡館 Café Mozart
Hotel Sacher Wien
維也納 薩赫飯店

Amerling Beisl
維也納藝術史博物館 Kunsthistorische Museum Wien
卡斯特納糕餅店 Gerstner
薩赫咖啡館 Café Sacher
國家歌劇院 Stattsoper

博物館區 MuseumsQuartier Wien(MQ)
Robert Stolz Platz
Arcadia Opera Shop

7Stern Bräu
Museumsquartier站 U2
SchillerPlatz

Leiner
KARE
Hotel Das Tyrol
科技大學 Technische Universität
藝術學院附設藝廊 Akademie der bildenden Künste Gamäldegaleri
U1 U2 U4

Butlers
斯班咖啡 Café Sperl
卡爾廣場 Karlsplatz

Eis-Greissler
Brandy Melville
St. Josek
分離派會館 Secession
科技大學 Technische Universität

往Schokothek
中央市場 Nasch-markt
科技大學 Technische Universität
科 Tec Un

圖例 景點 教堂 城堡 博物館 商店 劇院 廣場
公園 建築 遊客服務中心 飯店 停車場 郵局
餐廳 火車站 百貨 碼頭 咖啡廳

Alfred-Grünwald-Park
Hotel Saint Shermin

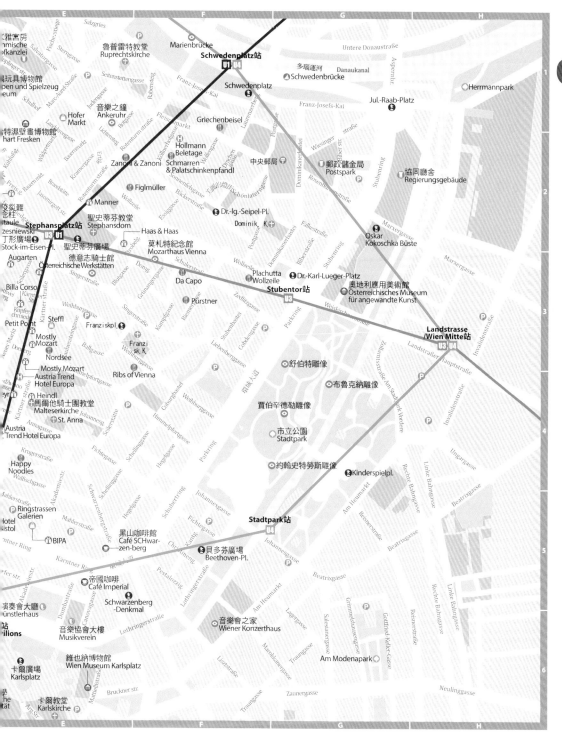

雅宮房
misthe
fkanzlei
玩具博物館
pen und Spielzeug
eum
特濕壁畫博物館
hart Fresken
Preise, Bauernmk.
念柱
aule
zesniewski
丁形廣場
Stock-im-Eisen-Pl.
Augarten
Billa Corso
Petit Point
Mostly
Mozart
Mostly Mozart
Austria Trend
Hotel Europa
Heindl
馬爾他騎士園教堂
Malteserkirche
St. Anna
Austria
Trend Hotel Europa
Happy
Noodles
Ringstrassen
Galerien
otel
istol
BIPA
n Ring
帝國咖啡
Café Imperial
Schwarzenberg
-Denkmal
演奏會大廳
ünstlerhaus
站
ilions
卡爾廣場
Karlsplatz
the
ät

Salzgries
Fischerstieg
Sterngasse
Seitenstettengasse
魯普雷特教堂
Ruprechtskirche
音樂之鐘
Ankeruhr
Hofer
Markt
Zanoni & Zanoni
Figlmüller
Manner
聖史蒂芬教堂
Stephansdom
聖史蒂芬廣場
德意志騎士館
Österreichische Werkstätten
Haas & Haas
莫札特紀念館
Mozarthaus Vienna
Da Capo
Pürstner
Steffl
Franziskpl.
Franzi
sk. K.
Nordsee
Ribs of Vienna
黑山咖啡館
Café SCHwar-
zen-berg
貝多芬廣場
Beethoven-Pl.
音樂協會大樓
Musikverein
維也納博物館
Wien Museum Karlsplatz
卡爾教堂
Karlskirche

Marienbrücke
Schwedenplatz站
Schwedenplatz
Griechenbeisel
Hollmann
Beletage
Schmarren
& Palatschinkenpfandl
中央郵局
Dr.-Ig.-Seipel-Pl.
Dominik. K
Plachutta
Wollzeile
Stubentor站
Dr.-Karl-Lueger-Platz
舒伯特雕像
布魯克納雕像
賈伯辛德勒雕像
市立公園
Stadtpark
約翰史特勞斯雕像
Kinderspielpl.
Stadtpark站
Johannesgasse
音樂會之家
Wiener Konzerthaus
Am Modenapark

多瑙運河
Schwedenbrücke
Danaukanal
Jul.-Raab-Platz
Herrmannpark
郵政儲金局
Postpark
協同廳舍
Regierungsgebäude
Oskar
Kokoschka Büste
奧地利應用美術館
Österreichisches Museum
für angewandte Kunst
Landstrasse
/Wien Mitte站

INFO

基本資訊

人口：約193萬人
面積：414.65平方公里
區域號碼：(01)
時區：歐洲中部時間，比台灣慢7小時，夏令時間(3月最後一個週日~10月最後一個週日)比台灣慢6小時。

如何到達——航空

從桃園國際機場可搭乘中華航空或長榮航空直飛維也納。

維也納國際機場(Flughafen Wien-Schwechat，機場代碼VIE)位於市中心東南方18公里處，有航廈1(B、C、D登機區)、航廈3(G、F登機區)兩個相連的主航站，與一座負責小型飛機起降的獨立航廈1A。維也納機場所營運的大部分是申根國家的航線，而非申根國的航線則是利用D登機區起降。

🔗 www.viennaairport.com

◎機場快線 City Airport Train(CAT)

CAT雙層列車每30分鐘就有一班，從機場直達市中心的Wien Mitte/Landstrasse火車站，中途不停站，全程只要16分鐘。車票可在車站內的售票機或售票窗口購買。

⏰ 每日05:37~23:38
💲 成人單程€14.90(加購24小時維也納交通周遊券為€22.90)，來回€24.90；15歲以下免費，線上購票另有優惠。
🔗 www.cityairporttrain.com

◎S-Bahn

從機場火車站(Flughafen Wien)搭乘S-Bahn的S7進城，可於Wien Mitte/Landstrasse火車站轉乘地鐵，平均每30分鐘就有一班，車程約25分鐘。

⏰ 每日04:49~01:19
💲 €4.40起
🔗 www.oebb.at

◎機場巴士Vienna Airport Lines (Postbus)

機場巴士共有3條路線可前往維也納市區：

VAL 1
停靠維也納西站(Westbahnhof)與中央車站(Wien Hauptbahnhof)，車程約40分鐘，每30分鐘一班車。

VAL 2
直達Wien Morzinplatz/Schwedenplatz站，車程約20分鐘，每30分鐘一班車。

VAL 3

開往地鐵U1線的Kagran站(Donauzentrum購物中心)，沿途停靠Kaisermühlen VIC、Donaumarina等地鐵站，車程約20~45分鐘，每小時一班。

車票可直接在官網購買，或在機場及維也納西站售票機購票，也可以直接向司機購買。

💲 單程票成人€9.50、兒童€5，來回票成人€16、兒童€9.50
🔗 www.viennaairportlines.at

◎計程車Taxi

招呼站位於入境大廳出口右手邊。從機場前往市區大約30分鐘，可選擇一般計程車或機場計程車，車資大約€30~40，需另付10%小費。

如何到達——火車

維也納市區內的主要火車站，包括維也納西站(Westbahnhof)、維也納Mitte站(Wien Mitte)、維也納北站(Wien Nord，現名Praterstern)、法蘭茲‧約瑟夫車站(Franz-Josef-Bahnhof)，維也納邁德靈站(Wien Meidling)等，而原有的維也納南站(Südbahnhof)已改建成全新的維也納中央車站(Wien Hauptbahnhof／Wien Hbf)。

◎奧地利國鐵(OBB) 🔗 www.oebb.at
◎歐洲國鐵 🔗 www.eurail.com

◎火車通行證

到奧地利旅遊除了可購買單國火車票外，亦可視需求選購雙國或多國火車通行證，購票及詳細資訊可洽詢台灣歐鐵火車票總代理飛達旅遊或各大旅行社。

飛達旅遊
🏠 台北市中山區南京東路三段168號10樓之6
📞 (02) 81613456
💬 線上客服：@gobytrain
🔗 www.gobytrain.com.tw

如何到達——長途巴士

隸屬於民營化奧地利鐵路集團的聯邦巴士(Bahnbus)和郵政巴士(Postbus)，串聯起整個奧地利的交通網絡，綿密地連接於火車無法抵達的地方。維也納中央車站是長途國際巴士及維也納中長程巴士的總站。車票請上車向司機購買。
🔗 www.postbus.at

市區交通

維也納的大眾交通工具包括地鐵、電車、巴士和國鐵，皆使用共通的票券，可以彼此轉乘。此外也有發售交通周遊券，分為24小時、48小時、72小時及8天(8-day Climate ticket)等多種效期選擇。第一次

使用周遊券時，必須在車上的打卡機打卡，上面會秀出有效的使用時間。月台閘門雖然不會驗票，但是如果被抽查到沒買票，則罰款數倍，千萬不要以身試法。另外，必須注意的是車票的有效範圍，像是前往機場等超過一個區段的地方則必須另補差額。

🕐單程票：成人€2.40，6~15歲€1.20。交通周遊券：24小時€8，48小時€14.10，72小時€17.10，8天(日期可分開出供多人使用)€40.80

🔗www.wienerlinien.at

◎地鐵U-Bahn

地鐵是最適合往來於市中心和周邊區域的交通工具，以卡爾廣場和聖史蒂芬教堂為中心向外延伸，目前共有5條路線：紅色的U1線由北而南縱貫市中心；紫色的U2線由卡爾廣場繞行城區西面，到了維也納大學折向東北，最後越過多瑙河；黃色的U3線東西向橫貫市區；綠色的U4線從維也納森林的海里根修坦特往東南繞過城區東面，在卡爾廣場折而向西，經熊布朗宮前往市區西方的Hütteldorf火車站；棕色的U6線則是在城區的北側和西側行駛。

🕐05:00~24:00，約3~10分鐘一班

◎路面電車Strassenbahn

地鐵無法抵達的地方，就由行駛在路面上的電車擔負起連結任務，由於密集如網，是前往市中心各景點最實用的交通工具。電車共有29條路線，不僅串連市中心景點，同時也通往格林琴、維也納森林等周邊地區。

🕐05:00~24:00，約5~10分鐘一班

◎市區火車S-bahn

市區火車是前往機場最便宜的交通工具，同時也是前往下奧地利邦進行一日旅行的首選。火車路線開頭以S表示，常用路線如 S1、S2、S7、S40等。在維也納市區內搭乘，可以使用維也納卡或周遊券，但若是前往郊外，則必須另外補票，計費方式是到售票口出示票券，再支付從城市邊緣車站起算的車資。

◎巴士 Autobus

市區巴士約145條路線，搭乘方法與電車差不多。週六和週日的凌晨也有加開夜間巴士，站牌以黑底黃字的N(Nachtbus)來表示，不過夜間巴士並不適用周遊券，必須另外收費。

🕐市區巴士05:00~24:00，夜間巴士24:00~05:00

◎計程車Taxi

維也納的計程車必須在招呼站搭乘或撥打電話叫車，車資按表計費，起跳為€3.80，之後隨每公里或幾分鐘跳表€1.42。此外，電話叫車、假日或夜間時段，則另有加乘費用，從市區前往機場也須另付€10附加費。至於小費行情，則是車資的10%。

◎租車Rental Car

除出發前上網預約外，國際機場大廳也有多個租

地鐵小心竊盜集團

一般對奧地利的印象，都認為是治安良好的國家，但還是不要太掉以輕心。此番採訪，小編和攝影師在維也納中央火車站的地鐵就遇到3人一組的竊盜集團，企圖藉問路的方式暗中伸出「第三隻手」。萬一遇到太主動的陌生人，還是小心、保持距離以策安全。

車櫃檯，提供現場租車服務。必須注意的是，維也納市中心的停車場有時間限制，市區內的短時間停車場「藍區」(Blauzonen)，在第一區最多只能停放1小時，在其他區域大約可停到2小時，在停車前務必確認指示牌上的規定。停車費在繳費機支付，若沒有繳費機，可向銀行或煙攤購買停車票。

優惠票券

◎維也納卡Vienna City Card

使用維也納卡可在效期內無限制搭乘包括地鐵、市區火車、巴士、電車在內的大眾交通工具，並於參觀博物館和景點時享有折扣優惠。這張票券可在遊客中心、地鐵自動售票機，以及路邊的書報煙攤或各大飯店櫃檯購得。購買時會附贈一本小手冊，上面註明可享折扣的各個景點或表演節目，甚至搭乘火車與遊船也有優惠，不妨多加利用。

🕐24小時卡€17，48小時卡€25，72小時卡€29

🔗https://www.wien.info/en/travel-info/vienna-city-card

備註：首次使用時需填寫開始使用的日期，並於進站前在打卡機打上使用時間。

◎維也納通行證Vienna Pass

如果打算參觀多處博物館或付費景點，最經濟的選擇是購買一張維也納周遊券，持卡可在效期內參觀包括霍夫堡皇宮、熊布朗宮、貝維德雷宮在內的皇家宮殿，以及包括美術館、動物園、維也納摩天輪等超過70個景點。此外還有無限制搭乘觀光巴士、快速通關、購物等優惠(不包含交通票券)。這張票券可下載專屬APP購買電子票券，或於維也納機場和市區內的販售中心購買實體票券，亦可上網購買並郵寄到府。

購買時會附贈旅遊指南，以及觀光巴士路線圖、藝術與設計導覽等手冊，不妨多加利用。

🕐1日通行證成人€78，兒童€40；2日通行證成人€110，兒童€56；3日通行成人證€137，兒童€69；6日通行證成人€170，兒童€85

www.viennapass.com

◎維也納自選景點通票 Vienna Flexi Pass

可於24小時內自由搭乘隨上隨下觀光巴士，並包含40個合作景點中，2~5個任選景點門票。

💲2景點成人€42，兒童€22；3景點成人€56，兒童€29；4景點成人€67，兒童€35；5景點成人€80，兒童€44

www.viennapass.com

觀光行程

◎隨上隨下觀光巴士Hop-On Hop-Off

循環路線的觀光巴士，車票效期內可於50個站點自由上下車。車上不但有中文語音導覽，更有免費wifi訊號。其路線共有4條：紅線可到環城大道旁的皇宮、國家歌劇院等處；藍線為多瑙河路線，可至百水公寓、普拉特等地；黃線前往熊布朗宮與貝維德雷宮；綠線則開往維也納森林，停靠格林琴、卡倫山等處。

另有維也納通行證和維也納自選景點通票的套票組合，車票可在官網或直接向司機購買，詳細路線及時刻表請上官網查詢。

💲24小時行程成人€31，兒童€22；48小時行程成人€35，兒童€27；72小時行程成人€40，兒童€31

www.viennasightseeing.at

旅遊諮詢

◎維也納旅遊局

☎(01) 24555

www.vienna.info

遊客服務中心(內城區)

📍Vienna 1, Albertinaplatz / Maysedergasse(國家歌劇院後方)

🕐每日09:00~18:00

遊客服務中心(中央車站)

📍Vienna 10, Am Hauptbahnhof 1

🕐每日10:00~16:00

遊客服務中心(機場)

📍入境大廳

🕐每日09:00~18:00

城市概略City Guideline

被環城大道(Ringstrasse)包圍在裡面的內城區(Innere Stadt)是維也納的市中心所在，許多值得一看的景點都位於這裡。最熱鬧的區域約略在聖史蒂芬教堂到霍夫堡皇宮之間，以散步方式穿梭其中，除了

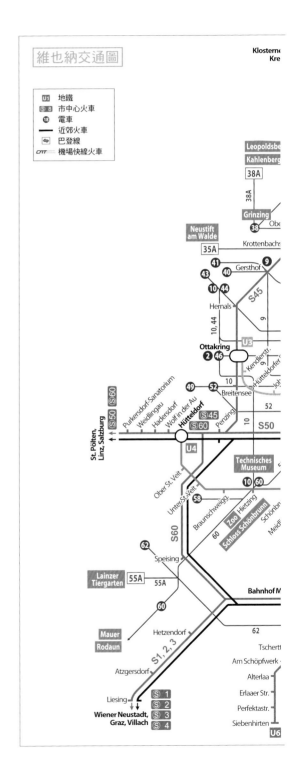

維也納交通圖

- U1 地鐵
- S 8 市中心火車
- ⑩ 電車
- ⑩ 近郊火車
- ━ 巴登線
- CAT 機場快線火車

72

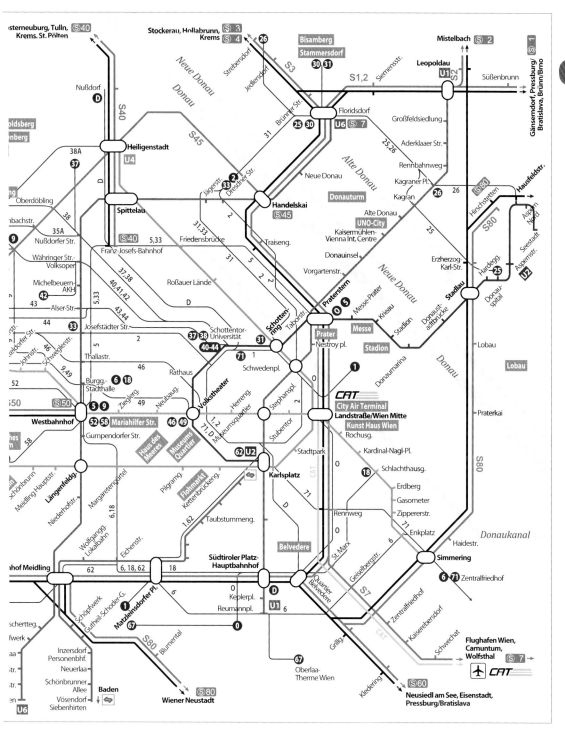

能體驗維也納不同時期的建築與文化之美外，更能感受到音樂和藝術對這座城市的影響。而以聖史蒂芬教堂為中心的周邊街道，每一條都被熙來攘往的人潮淹沒，沿路商店、餐廳、禮品店迤邐綿延，成為逛街購物與喝咖啡的好去處。

環城大道兩旁也聚集了不少知名景點，包括博物館區、國會大廈、分離派會館、市立公園等，皆可搭乘地鐵前往造訪。想要一睹大道風光的人，搭乘電車是最理想的方式，1號線以順時鐘方向沿著環城大道行駛，2號線則是以逆時鐘方向通行。

至於在市區更外圍的區域，東邊可欣賞百水如童話般的可愛建築，南方有收藏眾多藝術作品的貝維德雷宮，西南方是華麗無比的熊布朗宮，西北方則有綠意盎然的維也納森林，都是不容錯過的著名景點。

維也納行程建議
Itineraries in Vienna

◎如果你有3天

維也納市區雖然不大，卻聚集大量的博物館、教堂與宮殿，就算待上3天也只能走訪其中最著名的景點。第一天建議先在舊城區漫步，聖史蒂芬教堂是個不錯的起點，接著參觀音樂之鐘和聖彼得教堂，然後沿著格拉本大街與克爾特納大街遊逛，最後前往曾是哈布斯堡權力核心的霍夫堡皇宮。

第二天行程從感恩教堂與維也納大學開始，一路沿著環城大道來到博物館區，沿途經過的市政廳、宮廷劇院與國會大廈，都是環城大道上極負盛名的建築。由昔日養馬場改建成的博物館區，是維也納最生氣蓬勃的地方，一旁的國立美術館更是藝術愛好者們絕對不能錯過的聖殿。參觀完博物館後若還有時間，不妨到卡爾廣場附近的分離派會館，或是到中央市場品嚐各國美食，作為這一天行程的完美結束。

第三天先到名列世界遺產的熊布朗宮，參加宮殿內的導覽行程，接著再去中央公墓或貝爾維德雷宮參觀。最後也別忘了到百水公寓朝聖，以快門向這位奧地利建築界的老頑童致敬，而在鄰近的維也納藝術館中，也展出不少這位大師的各類型作品。

◎如果你有5~7天

若能在維也納多待上幾天，還可到近郊的維也納森林走走。而想探訪多瑙河美景的人，自然不能錯過瓦豪河谷的遊船之旅。其他如薩爾斯堡、茵斯布魯克、格拉茲等重量級城鎮，也值得安排時間細細遊賞。

維也納散步路線
Walking Route in Vienna

環城大道和多瑙河緊緊擁抱維也納的舊市區，框架出這座城市不算大的核心，所有的重要景點幾乎都以霍夫堡為中心，環環座落於它的四周，使得維也納非常適合徒步旅行。

不論怎麼安排，①聖史蒂芬教堂都是最好的起點，這座屋頂上裝飾著哈布斯堡家族雙鷲標誌的教堂，可說是維也納的地標和守護者。教堂廣場通往②格拉本大街，紀念品店、咖啡館、餐廳林立，沿著大街直走就能通往③霍夫堡皇宮。走出皇宮，④國立美術館和⑤自然史博物館在泰瑞莎雕像旁如雙胞胎般對稱聳立，哈布斯堡家族的歷史於此暫時畫下句點，開始進入維也納的藝術世界，到⑥博物館區的裝置藝術座椅和露天咖啡館，感受悠閒的藝術氣息。

沿著馬路往東南方走，就是展示著克林姆畫作的⑦分離派會館，旁邊的⑧中央市場可以一窺當地人的日常生活。

逛完市場，來到頂棚壁畫驚人的⑨卡爾教堂，搭電梯登上塔頂可近距離欣賞壁畫和城市景觀。卡爾教堂對面的⑩音樂協會大樓是古典樂迷不可錯過的天堂，最後抵達⑪維也納國家歌劇院，欣賞新文藝復興風格的建築外觀。

距離：2.5公里
所需時間：約1.5小時

Where to Explore in Wien/Vienna
賞遊維也納

交響樂之父 海頓

海頓(Franz Joseph Haydn, 1732~1809)出生於奧地利北部的小村莊,身為馬車車輪工人的兒子,卻因為7歲時到維也納擔任聖史蒂芬教堂的兒童唱詩班一員而有了接觸音樂的機會。後來,變聲後,海頓開始學習鋼琴與作曲,在1761年至1790年長達30年的歲月中,海頓在貴族的宮廷裡擔任樂隊指導的工作。

海頓成名在遙遠的英國倫敦,他兩次前往倫敦表演,都獲得空前的成功,並深受英王喬治三世的喜愛,即使如此,海頓還是拒絕留在英國,選擇回到維也納。

海頓一生創作豐富,包括數百首交響曲、70多首四重奏及一些歌劇;海頓在英國期間創作的清唱劇幾乎是他創作生涯的經典之作。1809年,海頓去世於維也納。

內城區Innere Stadt

MAP ▶ P.69E2

聖史蒂芬教堂

MOOK Choice

Stephansdom/St. Stephen's Cathedral

全球第二高的哥德式尖塔建築

🚇地鐵U1、U3號線Stephansplatz站,步行約2分鐘 🏠 Stephansdomplatz 3 ☎(01) 515523054 🕐教堂週一至週六9:00~11:30、13:00~16:30,週日及假日13:00~16:30;北塔9:00~20:30(最後入場20:15);南塔9:00~17:30(最後入場17:15);30分鐘英文導覽每日10:30;30分鐘地下墓穴導覽週一至週六10:00~16:30、週日及假日13:30~16:30 💰教堂導覽行程、地下墓穴、北塔成人€6,兒童€2.50;南塔成人€5.50,兒童€2;全覽票成人€20,兒童€5 🌐www.stephanskirche.at ❗現場購票只接受現金交易

聖史蒂芬教堂是維也納的地標,高達137公尺,是全球第二高的哥德式尖塔教堂。教堂歷經數代整修,外觀大門與南北雙塔建於13世紀,屬於羅馬式建築;教堂內的中堂、唱詩班、兩旁的走道以及哥德式尖塔都是14~15世紀增建。最特別的是教堂屋頂的琉璃瓦,尤其

是拼成哈布斯堡王朝頭頂金冠、身配金羊毛勳章的雙頭鷲徽章。

教堂內部極盡繁複精美,包括主祭壇、皮格拉姆製作的傳教壇、描述聖母和基督一生的祭壇,都值得細細觀賞。體力許可的話,可以由教堂南面登上尖塔頂(Türmerstube),共計343級台階。

這座教堂甚少遭受戰火波及,除了1683年土耳其兵臨城下及1809年拿破崙破城而入之外,最大的損害是1945年二戰結束前幾天,遭砲火襲擊的教堂屋頂損傷慘重,整修的經費由奧地利9個聯邦州共同籌組,所以教堂等於是奧地利戰後全民重整的精神象徵。

MAP ▶ P.68D2

格拉本大街

MOOK Choice

Graben

護城河變身美麗街道與廣場

🚇 地鐵U1、U3號線Stephansplatz站,步行約2分鐘

　　維也納最漂亮的大街,擁有高級的精品店、名家設計的建築、宏偉壯麗的紀念柱,還有擠滿路旁的露天咖啡座、麵包與起司攤販,很難想像這裡過去是護城河,1225年之後才被填平成為廣場,18世紀的王宮貴族都在此舉辦各式活動。

　　街上有一座巴洛克式紀念柱——鼠疫災難紀念柱(Pestsäule),是為了感謝上帝遏止17世紀流行的鼠疫而建。當時的奧皇李奧波德一世(Leopold I)決定蓋一座還願柱獻給三位一體的聖神,於是紀念柱呈現了三神像與皇帝的跪拜像,旁邊一位天使把象徵鼠疫的老嫗推向地獄,紀念柱旁邊的塑像即是李奧波德。

MAP ▶ P.68D2

黃金購物廣場

Goldenes Quartier

奢華流行中心

🚇 地鐵U1、U3號線Stephansplatz站,步行約4分鐘　🏠 Tuchlauben 3-7A　🕙 週一至週六10:00~18:00　🚫 週日
🌐 goldenesquartier.com

　　維也納的奢華流行中心,占地約達11,500平方公尺,廣場上佇立著一座座外觀典雅華麗的建築,裡頭齊集各家奢侈精品店,囊括Louis Vuitton、Valentino、Prada、Emporio Armani、Alexander McQueen、Bottega Veneta等多間國際名牌旗艦店進駐,無疑是全奧地利走在時尚最尖端的流行發信地。區域內更有改建自舊銀行兼商業建築的五星級飯店Park Hyatt Vienna,亦規劃出高級辦公空間及公寓,成為集結時尚購物、住宿與辦公機能的商業中心。

MAP ▶ P.69E3E5

克爾特納大街

MOOK Choice

Kärntnerstrasse

繁華購物要道

🚇 地鐵U1、U3號線Stephansplatz站,步行約1分鐘

　　與格拉本街並列為維也納著名的商店街,有精品店、餐廳、紀念品店及露天咖啡座,觀光客在此川流不息,想買紀念品的人,在這條街上絕不會空手而返,像是手工精細的十字繡或栩栩如生的陶製人偶,還有數不清的莫札特、克林姆周邊設計商品,以及名畫與風景明信片;喜歡喝咖啡的人,也有瀰漫咖啡香的平價咖啡豆店,可以大肆採購。入夜後的克爾特納大街,櫥窗內透出明亮的燈光,將整條大街映照得彷彿白晝,是維也納的另一種風景。

內城區Innere Stadt

MAP ▶ P.68C3

霍夫堡皇宮

MOOK Choice

Hofburg Imperial Palace

哈布斯堡王朝輝煌700年

🚇地鐵U3號線Herrengasse站,步行約4分鐘可達聖米歇爾廣場 ⊙Michaelerkuppel

　　霍夫堡皇宮是奧匈帝國的統治核心,也是統治奧匈帝國長達700年的哈布斯堡王朝駐在地,更是19世紀曾經在文化政經上撼動歐陸的焦點。

　　皇宮約有18棟建築物、超過19個中庭和庭園、2,500間以上的房間,是名符其實的深宮內。由於每位統治者或多或少都進行過擴建,因此結構也反映了這7世紀間的建築風格轉變。主要建築由新、舊皇宮等大小宮殿組成,占地廣達24平方公里,大致分為舊王宮、新王宮、阿爾貝蒂納宮、瑞士宮(Schweizerhof)、英雄廣場等:瑞士宮、宰相宮、亞梅麗亞宮等屬於舊王宮,裡面目前設置了西西博物館、皇帝寢宮、銀器館、西班牙馬術學校等;新王宮裡面則坐落著國立圖書館和5間博物館。

聖米歇爾廣場 Michaelerplatz

聖米歇爾廣場位居皇宮北側,由諸多知名建築所圍繞,廣場上最耀眼的當屬聖米歇爾門(Michaelertrakt),右側的雕像象徵奧地利軍隊、左側象徵奧地利海軍軍力,分別由Edmund von Hellmer與Rudolf Weyr所設計。與其對望的是維也納第一棟現代化建築Looshaus。

宰相宮與亞梅麗宮
Reichskanzleitrakt & Amalienburg

(01) 5337570　9:00~17:30(最後入場16:30)　語音導覽成人€17.50、兒童 €11、持維也納卡€16.50，真人導覽成人€21.50、兒童€13、持維也納卡€20.50；另有Sisi Ticket(可同時參觀西西博物館、銀器館、皇帝寢宮、熊布朗宮及皇宮傢俱博物館)成人€44、兒童€30、持維也納卡€40.50　www.sisimuseum-hofburg.at

◎皇帝寢宮Kaiserappartements

1723年由巴洛克著名建築師所建的宰相宮，原為瑪麗亞泰瑞莎的宰相所居住，後來在1857~1916年，二樓變成法蘭茲約瑟夫的皇帝寢宮；旁邊是亞梅麗宮，早先是皇室中未亡的妃子寢宮，1854~1898年成為法蘭茲約瑟夫的皇后

伊麗莎白──暱稱「西西」的寢宮。現在開放其中21間房間，分為三個陳列區：皇帝寢宮、西西博物館(位於亞梅麗宮)和銀器館。其中，最受歡迎的是西西博物館，可以看到大理石的小聖壇、路易十四的傢俱、名畫作品，還有機會端詳西西的畫像，看看這位備受奧地利人愛戴的皇后，是否真的美若天仙。

◎西西博物館Sisi Museum

美麗動人、受人民景仰的西西皇后，二八年華時即嫁給法蘭茲約瑟夫一世，內心自由奔放的靈魂受宮廷傳統而禁錮，最後遭逢刺殺，結束了美麗而哀愁的一生，故事性的際遇留給後世無窮想像，也因此有了這間博物館的誕生。

博物館收藏有許多珍貴的畫作、遺物與服飾，每個展館依西西皇后的生活階段精心打造；皇后的盥洗室內有一整套的健身器材，據說，「西西」皇后每天都要從事一系列的活動，包括體操、按摩、步行、騎馬等，所以，她一直保持著輕盈苗條的體態。這些展示投射出其內心世界，反映出她對繁瑣的宮廷禮儀的反抗，對瘦身、體操運動的狂熱，對其秀髮極盡呵護以及對詩歌的熱愛，刻畫出她真實而全面的樣貌。

◎銀器館Silberkammer

從廣場右側進入，這個展覽館於1995年開放，館中陳列了當年皇帝國宴時使用的餐具，包括中國的瓷器、義大利的銀器、法國宮廷的餽贈，精緻程度令人目不暇給。

絕代佳人西西倩影

由德國畫家溫德爾哈爾特(Franz Xaver Winterhalter, 1805~1873)繪於1865年，畫像中的伊麗莎白當時為28歲，身著白色洋裝、髮上配戴星鑽裝飾，留存下西西皇后最美麗的身影，目前收藏於西西博物館。

西班牙馬術學校 Spanische Hofreitschule

(01) 5339031-0　09:00~16:00；晨訓10:00~11:00　晨訓成人€16~27、兒童€9~16；表演I €30~150、表演II€33~180、Gala表演€43~237　www.srs.at　晨訓及表演詳細時間請到官網查詢

　1572年哈布斯堡王朝創立的最古老的馬術訓練學校，哈布斯堡王朝從1562年開始引進西班牙純種馬(因此稱為西班牙馬術學校)，培養出極為優秀的馬種，並在皇宮中開闢馴馬場，訓練高級的騎術。馬場內常常都有例行的馴馬與精湛的馬術表演活動，表演全程約70分鐘，是全球屬一屬二的馬術訓練學校。

皇家寶物 Kaiserliche Schatzkammer

(01) 525 24-0　9:00~17:30　週二　成人€14、25歲以下€12、持維也納卡€13、19歲以下兒童免費　www.kaiserliche-schatzkammer.at

　皇家寶物的入口就位在瑞士人大門附近，展示著哈布斯堡及洛林家族的珍貴收藏，帶領觀者走入歐洲千年歷史的風華。館藏分為世俗與教會兩部分，前者展出華麗璀璨的王冠、寶石，後者則展出以巴洛克時期為主的宗教畫與祭壇。

瑞士人大門 Schweizertor

　這座紅底藍橫紋的門是舊王宮的正門，建於1522年，瑞士門上方是金色的哈布斯堡雙鷹家徽。取名瑞士人大門係因中世紀時，許多王宮都喜歡讓剽悍又忠誠的瑞士人把守城門，哈布斯堡王朝當然也不例外。

宮廷花園 Burggarten

　位於阿爾貝蒂納宮西側、新王宮的南側，昔日是皇室漫步的花園，如今成為維也納市民假日最佳的休閒場所，經常可見一家人或親朋好友前來野餐、約會，充滿熱鬧溫馨的氣息。花園中還有一座莫札特的雕像，前方的花壇以色彩繽紛的花朵妝點著音符的記號。

英雄廣場 Heldenplatz

　從環城大道進去，首先會看到氣派非凡的英雄廣場，騎馬聳立於皇宮前的雕像，是17世紀時擊潰土耳其的英雄歐根親王，對面那位則是拿破崙戰爭時的奧軍主將卡爾大公爵。

奧古斯特教堂 Augustinerkirche

Augustinerstraße 3　週一、週三、週五7:30~17:30，週二、週四7:30~19:15，週六及週日9:00~19:30　augustinerkirche.augustiner.at

　奧古斯特教堂是哈布斯堡家族舉行婚禮和進行彌撒的皇室教堂，其中包括法蘭茲約瑟夫與伊麗莎白公主(後被暱稱為西西皇后)。最初興建於14世紀，屬於霍夫堡最古老的部分，擁有哥德式的挑高拱頂。其中位於右邊側廊的大理石金字塔墓，是1805年阿爾貝特公爵替他的妻子瑪莉亞‧克莉詩汀而建，然而瑪莉亞‧克莉詩汀卻並未真正下葬於此。此外，這裡也是哈布斯堡家族的心臟納骨堂所在，共有54個銀壺收藏著多位皇帝的心臟。

新王宮 Neue Burg
🏠Josefsplatz 1　📞(01)534 10　🕐10:00~18:00(週四至21:00)；
國家圖書館週一至週六9:00~21:00　🚫國家大廳10~5月週一休；國
家圖書館週日休　💲國家大廳成人€10、優待票€7.50、持維也納卡
€8；文學博物館成人€8、優待票€5.50、持維也納卡€6.50；紙莎草
博物館成人€5、優待票€4、持維也納卡€4.50；地球儀與世界語博
物館聯票成人€5、優待票€4、持維也納卡€4.50；國家圖書館€3.50
🌐www.onb.ac.at

　　新王宮是法蘭茲約瑟夫一世於1881年重建的，這座半圓
形的新文藝復興式建築相當宏偉，二樓有一整排的廊柱，
底層是栩栩如生的雕塑，是法蘭茲為哈布斯堡王朝留下的
美麗句點。這些雕塑中有古奧地利民族、古羅馬兵團、日
爾曼人、傳教士、斯拉夫人、十字軍士兵等，象徵組成奧
地利歷史的元素。

　　新王宮裡目前規劃出5間博物館，包括國家大廳(State
Hall)、文學博物館(Literature Museum)、地球博物館(Globe
Museum)、紙莎草博物館(Papyrus Museum)和世界語博物
館(Esperanto Museum)。其中的紙莎草博物館展出回溯到
西元前15世紀的18萬件古文書。

◎國家圖書館 Nationalbibliothek
　　歷史非常悠久的國家圖書館規模相當大，也坐落在新王
宮裡，其中遊客參訪的國家大廳，內部是木雕的天花板，
氣派的大理石石柱、鍍金的裝飾，非常金碧輝煌，裡面有
高達230萬冊的藏書，包括近4萬份的手稿，以及許多音樂
家親筆填寫的樂譜。館內定期舉辦主題展，介紹館藏的珍
貴善本書和手稿，非常值得一看。

皇宮小教堂 Hofburgkapelle
🕐週一至週二10:00~14:00、週五11:00~13:00，假日不開放
🌐www.hofmusikkapelle.gv.at

　　進入瑞士人大門、穿過庭院，可以參觀皇宮小教堂，現
在這裡是舉辦婚禮的熱門地點。值得推薦的是旁邊的宮
廷樂室(Hofmusikkapelle)，這裡是維也納少年合唱團的搖
籃，現在每逢週日9:15(9月中旬到6月)或宗教節日，維也
納少年合唱團都會在此唱詩歌。有機會的話，可以免費來
聆聽天籟般的歌聲。

阿爾貝蒂納宮 Albertina
🏠Albertinaplatz 1　📞(01) 534830　🕐10:00~18:00(週三、
週五至21:00)　💲成人€18.90、優待票 €14.90、持維也納卡
€16.90，19歲以下免費　🌐www.albertina.at

　　阿爾貝蒂納宮的名稱來自於收藏者阿爾貝特公爵(Albert
of Saxe-Teschen, 1738~1822)，自從公爵和瑪莉亞·泰瑞莎
的女兒瑪莉亞·克莉詩汀(Marie Christine)結婚後，收藏更增
加許多。這裡收藏的書畫藝術品包括6.5萬幅畫、3.5萬冊
藏書、約1百萬本印刷品，還有1920年收集的前奧匈帝國
圖書館的版畫，以及魯道夫二世向藝術家後代收購而來的
著名雕刻與畫作。著名藏品如杜勒的《野兔》和魯本斯為
其幼子描畫的素描肖像，以及克林姆於1913年創作的《少
女》、《水蛇》等鉛筆素描。

內城區Innere Stadt

MAP ▶ P.68D4

卡普欽修會教堂

Kapuzinerkirche/Capuchin Church

哈布斯堡皇室的墓園

🚇 地鐵U1、U3號線Stephansplatz站，步行約5分鐘 🏠 Tegetthoffstraße 2 📞 (01) 5126853-88 🕐 10:00~18:00(最後入場17:30)；英語導覽週一、週三、週六15:00 💲 教堂免費；皇室墓園全票€8.50、優待票€7.50、19歲以下€5、持維也納卡€7 🌐 www.kapuzinergruft.com ❗ 導覽行程需事先預約

教堂由卡普欽修會創立於1617年，自1633年起成為哈布斯堡家族的墓園，在長達3個世紀的歷史中，位於地下室的皇室墓園(Kapuzinergruft)共容納了12位皇帝、17位皇后及數十位皇太子、大公的遺體，但其中並不包括末代皇帝卡爾一世。

這些靈柩中最顯眼的要屬瑪莉亞·泰瑞莎女皇及其配偶的棺木，上方裝飾著華麗的巴洛克浮雕，夫妻兩人的雕像端坐上方彼此深情凝視，他們的孩子約瑟夫二世長眠於一旁。法蘭茲約瑟夫皇帝於1916年下葬於此，他的妻子伊麗莎白在1898年於日內瓦遭到暗殺後也安置在他身邊。

哈布斯堡家族葬儀

面對族人的去世，哈布斯堡家族習慣將人的遺體分為三處下葬，他們先將往生者送往奧古斯特教堂，取出內臟與心臟分別放置於青銅匣和銀壺中，心臟放置於奧古斯特教堂的心臟禮拜堂(Herzgruft)中，內臟送往聖史蒂芬教堂的地下墓穴保存；遺體在聖史蒂芬教堂完成葬禮儀式後，移至卡普欽修會教堂長存。

內城區Innere Stadt

MAP ▶ P.68D2

聖彼得教堂

Peterskirche/St. Peter's Church

內部裝飾華麗充滿戲劇性

🚇 地鐵U1、U3號線Stephansplatz站，步行約3分鐘 🏠 Petersplatz 📞 (01) 5336433 🕐 週一至週五8:00~19:00，週六至週日9:00~19:00 💲 免費 🌐 www.peterskirche.at

這座綠色橢圓形圓頂的教堂位於格拉本大街延伸出的小廣場上，擁有「環城大道內最美麗的巴洛克式教堂」的美譽，教堂歷史可回溯到西元9世紀卡爾大帝時期，不過教堂的修建歷史漫長，直到1733年才成為現今的樣貌。教堂內部裝飾華麗，高大的巴洛克式側道和採用偽眼法的頂棚繪畫，替聖彼得教堂的高度帶來戲劇性效果。最引人注目的藝術品則是位於華麗鍍金講道壇對面的St. John of Nepomuk雕刻，出自Lorenzo Matielli之手，描述聖約翰被幾名惡霸拋下布拉格查理大橋的情景。

內城區Innere Stadt

MAP ▶ P.68C2

費爾斯特宮

Palais Ferstel/Ferstel Palace

古典風格拱頂購物街道

🚇 地鐵U3號線Herrengasse站，步行約2分鐘 　Strauchgasse 4

費爾斯特宮的歷史可追溯至1651年，現今樣貌由奧地利建築設計師Heinrich von Ferstel打造，於1860年啟用作為奧匈帝國的國家銀行與證券交易所，當時更設有中央咖啡廳、沙龍與交際舞廳，成為上流社會的社交場所。

宮內的拱廊現在改建為華麗的購物街道Ferstel Passage，巧克力專賣店、咖啡廳、小型商店林立。漫步至中庭可欣賞優雅的多瑙河人魚噴泉(Donaunixenbrunnen)，底層是三位愉悅起舞的美人魚，中層是商人、漁夫及造船者，頂端為手持小魚的多瑙河女性，沐浴於從天井灑落的自然光中，格外優美。

內城區Innere Stadt

MAP ▶ P.69F2

美麗的燈街

Schönlaterngasse/Beautiful Lantern Alley

傳奇色彩的可愛小巷

🚇 地鐵U1、U3號線Stephansplatz站，步行約10分鐘

這條洋溢著巴洛克情調的蜿蜒小巷通往聖十字堂(Heiligenkreuzer Hof)，在中世紀原被稱作「聖十字紳士街」，在1780年才正式取名為美麗的燈街，其名稱的由來源自6號地址上的街燈，原物收藏在維也納博物館(Wien Museum)，現在設置的為1971年製作的複製品。

燈街上最知名的建築就位在街燈正對面，壁面上的壁畫描述著當地廣為流傳的傳說：據說1212年6月26日的早晨，在原為麵包坊的現址井中，發現了能以眼神致人石化的翼蜥(Basilisk)，正當群眾不知所措之時，麵包師傅勇敢地將鏡子對向井口，終於順利讓它石化。小巷中還有多處值得一看的建築，亦有多間餐飲店進駐，可享受美麗燈街上的浪漫用餐時光。

內城區Innere Stadt

MAP ▶ P.69E1

音樂之鐘

Ankeruhr/Anchor Clock

人偶伴隨音樂整點報時

🚇地鐵U1、U3號線Stephansplatz站，步行約5分鐘
🏠Hoher Markt

這座由青銅和黃銅打造的時鐘，就位於連接安卡保險公司兩棟大樓間的迴廊上，於1911年由該公司委託Franz Matsch所設計。音樂鐘每逢整點報時，並會隨著鐘聲出現歷史人偶，包括羅馬皇帝奧理略、查理曼大帝、魯道夫一世、歐根親王、瑪麗亞泰瑞莎、海頓等人，1點出現一個，2點出現兩個，中午12點12個人偶會一同報時，吸引觀光客紛紛聚集於此，屏氣凝神等待人偶一一現身。而每位人偶出場時所伴隨的音樂，從十字軍東征的號角聲到海頓的交響曲，都代表了該人偶所屬的時代。

內城區Innere Stadt

MAP ▶ P.69F3

莫札特紀念館

Mozarthaus Vienna

費加洛婚禮的創作誕生地

🚇地鐵U1、U3號線Stephansplatz站，步行約5分鐘　🏠Domgasse 5 ☎(01) 5121791 ◑10:00~18:00 ㊡週一 💲成人€12、持維也納卡€10、19歲以下€4.50 🌐www.mozarthausvienna.at

位於隱密巷內的莫札特紀念館，又暱稱為「費加洛之家」，是莫札特1784~1787年的居所，這段期間是他經濟比較安定的時期，也因此譜出眾多樂曲，膾炙人口的《費加洛婚禮》(The Marriage of Figaro)就是在此時完成的。目前幽靜的居所已經改建為莫札特紀念館，裡面收藏莫札特的樂譜、親筆信、肖像等。

內城區Innere Stadt

MAP ▶ P.69E3

丁形廣場

Stock-im-Eisen-Platz

製鎖學徒插鐵釘傳說

🚇地鐵U1、U3號線Stephansplatz站，步行約1分鐘

位於聖史蒂芬廣場、格拉本大街、克爾特納大街的交會處，據說過去要到德國學製鎖的學徒路過此處，都會在這裡插一根鐵釘，因此而

得名。廣場旁有一座哈斯大廈(Haas-Haus)，於1990年由奧地利建築師霍連恩(Hans Hollein)所設計完成，這棟由玻璃與大理石組成不規則外型的建築物，恰巧與對面的聖史蒂芬教堂大異其趣，當時完成後，曾經引起維也納人的公憤，不過，現在維也納人也慢慢接受衝突的美感了。

內城區Innere Stadt

MAP ▶ P.68D5

維也納國家歌劇院

Wiener Staatsoper/Vienna State Opera

國際級大師的榮耀殿堂

🚇地鐵U1、U2、U4號線Karlsplatz站,步行約3分鐘 🏠Opernring 2 📞(01) 514442423 🕐45分鐘導覽行程10:00~16:00每小時一場,詳細時間、場次請至網站確認 💲導覽行程成人€13、優待票€7,持Vienna Pass或Flexi Pass免費;音樂會票價視節目而異 🌐www.wiener-staatsoper.at ❶導覽行程建議直接線上購票

這是全球公認第一流的歌劇院,國際知名的作曲家、指揮家、演奏家、歌唱家、舞蹈家等,莫不以在此表演為畢生榮幸。每年有將近300場演出,包括古典歌劇中的所有劇目,最了不起的是:節目沒有一天是重覆的。

國立歌劇院屬於新文藝復興風格建築,1869年5月25日首場演出是莫札特的《唐·喬凡尼》(Don Giovanni),從此揭開璀璨的音樂聖殿時代。歌劇院平時開放遊客參觀,可以欣賞到內部豪華的樓梯、貴賓接待室及有14座著名作曲家半身雕像的藝術走廊。

環城大道周邊Around Ringstrasse

MAP ▶ P.69E6

音樂協會大樓

Musikverein

一票難求的金色大廳

🚇地鐵U1、U2、U4號線Karlsplatz站,步行約5分鐘 🏠Bösendorferstraße 12 📞(01) 5058190 🕐45分鐘英語導覽行程每日10:00及12:00,詳細時間請至網站查詢 💲導覽行程成人€10;音樂會票價視節目而異 🌐www.musikverein.at

這棟文藝復興式建築可說是愛樂者的天堂,頂棚繪有阿波羅和繆斯女神,裡頭有多個音樂廳,包括可容納1,745個座位的金色大廳(Goldener Saal),以及可容納601個座位的布拉姆斯廳(Brahms Saal)等,和國家歌劇院一樣都是維也納最受歡迎的音樂藝術表演殿堂,經常一票難求。

1867年由「音樂之友」(Friend of Music/Gesellscheft der Musikfreunde)協會所創建的音樂協會大樓,是維也納愛樂管弦樂團(Wienen Philharnonkier Drehester/Vienna Philharmonic Orchestra)和維也納莫札特樂團(Wienen Mozart Orchester)的總部所在,也是每年維也納元旦

音樂會(Neujahrskonzert in Wien/New Year's Concert in Vienna)舉行的地點。

「金色大廳」是音樂協會大樓裡最大的音樂廳,因為包廂是用塗上金箔的18根柱子所支撐而得名,透過巧妙的建築原理,能夠讓聲音產生「黃金般的音色」,成為全世界音樂之友最嚮往的地方。

環城大道周邊Around RIngstrasse

MAP ▶ P.68C6

中央市場

Naschmarkt

MOOK Choice

物美價廉的食物採買天堂

🚇地鐵U1、U2、U4號線Karlsplatz站,步行約5分鐘可達;或地鐵U4號線Kettenbrückengasse站,步行約1分鐘 🏠從分離派會館前一路延伸到地鐵U4號線的Kettenbrückengasse站前 🕐各店不一,大致週一至週五6:00~19:30、週六6:00~17:00 🚫週日 🌐www.naschmarkt-vienna.com

　　中央市場以販售豐富多樣的食品著稱,可以買到各種新鮮蔬果、醃製橄欖、鮮魚和烤雞。許多土耳其人與中國人也會在此販售家鄉傳統食物,如沙威瑪、中東烤雞、蛋糕、煮熟的章魚、醃製貝類等,樣樣便宜又美味,在高物價的維也納簡直就是採買食物的天堂。市場上還林立多間餐廳、咖啡館和啤酒屋,由於鄰近中國城,因此也可發現中國、越南、日本等亞洲菜色。諸多餐廳都有在走道上設置露天座位,洋溢悠閒的氣氛。

裝飾藝術先峰 奧圖華格納

　　奧圖・華格納(Otto Wagner, 1841~1918)為維也納分離派的代表人物之一,是奧地利知名的建築師與城市設計師,其分離派建築為其家鄉維也納的市景增添不少光彩,主要作品包括卡爾廣場地鐵站、奧地利郵政儲蓄銀行、彩釉磁磚大樓等,其創作理念與風格也深深影響後世。

環城大道周邊Around Ringstrasse

MAP ▶ P.68D5

卡爾廣場地鐵站

Karlsplatz Stadtbahn-Pavillons/ Karlsplatz Stadtbahn Station

分離派大師的代表作

🚇地鐵U1、U2、U4號線Karlsplatz站,步行約3分鐘 🏠Karlsplatz 1

◎ **奧圖華格納紀念館Otto Wagner Pavillon Karlsplatz**
📞(01) 5058747-85180 🕐3~10月10:00~13:00、14:00~18:00 🚫週一、週五 💲成人€5、持維也納卡€4;19歲以下、每月首個週日免費 🌐www.wienmuseum.at
❀4~10月每月首個週日免費

　　這個地鐵站是19世紀末相當重要的作品,以玻璃和金屬組成的閣樓式建築可以看到分離派細膩的裝飾藝術功力,採用與克林姆相似的金黃色系,帶著世紀末的華麗與蒼涼。

　　入口處的巴洛克風格花飾護板為奧圖華格納(Otto Wagner)以工廠成批生產後,再裝配到金屬架上,取代過去以手工來製造。地鐵站西側是奧圖華格納紀念館,東側則是一間小咖啡館。

MAP ▶ P.69E6

卡爾教堂

MOOK Choice

Karlskirche/St. Charles's Church

華麗的巴洛克建築

🚇地鐵U1、U2、U4號線Karlsplatz站，步行約8分鐘 🏠 Kreuzherrengasse 1　☎(01) 5046187　🕐週一至週六 9:00~18:00，週日及假日11:00~19:00　💲成人€9.50、優待 票€5，10歲以下免費　🌐karlskirche.eu

　　卡爾教堂(也稱為查理教堂)是維也納最重要的 巴洛克式建築，起建於1713年，在那之前鼠疫 曾流行了一段時間，當時的皇帝卡爾六世於是立 下重誓，要蓋一座華麗的教堂獻給制服鼠疫的聖 人聖查理波洛美(St. Charles Borromeo)。鼠疫 結束後，卡爾六世實現諾言，為新教堂公開招 標，並由當紅設計師埃拉什(Johann Bernhard Fischer von Erlach)取得設計資格，然而埃拉什 還來不及完成卡爾教堂就過世了，最後由他的兒 子接續完成。

　　卡爾教堂的興建耗時25年，建築風格相當多 元，正面是古希臘神廟式樣，站在門口柱廊山 牆頂端的正是聖查理波洛美的雕像；邊廂採用義 大利文藝復興風格，最特別的是教堂兩旁的凱旋 柱，靈感來自羅馬皇帝圖拉真的紀念柱，上方鏤 刻著聖查理波洛美的一生行蹟。

　　教堂內處處都是名家傑作，祭壇上的浮雕是描

繪聖查理波洛美死後升天的場景；拱頂的壁畫繪 於1725~1730年，這是畫家Johann Michael Rottmayr生前最後一件作品，同樣讚美著向三 位一體祈求鼠疫消失的聖查理波洛美。教堂內部 還設有一部賞景電梯，能直達圓頂就近欣賞壁 畫。另外，遊客們也能爬上階梯前往頂端，一探 維也納的市區風光。

環城大道周邊Around Ringstrasse

MAP ▶ P.68D6

MOOK Choice

分離派會館

Secession

與古典分道揚鑣的藝術革新

🚇 地鐵U1、U2、U4號線Karlsplatz站，步行約5分鐘　🏠 Friedrichstraße 12　☎(01) 5875307　🕐10:00~18:00　🈶週一　💲成人€12、優待票€7.50(含特展)，持維也納卡語音導覽免費；另有導覽行程請至網站查詢　🔗www.secession.at

　　1898年，由一群對抗舊派建築師與宮廷貴族的藝術家所建，主要由奧圖華格納的學生奧布里希(Joseph Maria Olbrich)設計，為20世紀初的藝術革新留下見證。最大的特徵就是那顆金色圓頂，以一片片金色月桂葉組成。當時曾遭保守勢力取笑為「鍍金的大白菜」，白色四方形的會館外牆有淺浮雕花飾壁，立面飾有貓頭鷹與女妖美杜沙的頭像，三角楣上刻著分離派運動的主張：「每個時期都有它自己的藝術，藝術有它的自由」(Der Zeit ihre kunst, der Kunst ihre Freiheit)。

　　分離派會館曾在二次大戰期間遭到破壞，於1973年才又翻新，內部有克林姆著名的壁畫展示，以及維也納新銳藝術家的作品展。

　　關於分離派的運動，最為人所知的就是1902年的分離派第14屆藝展，這次展覽是分離派成員表現的顛峰，展覽主題是「天才音樂家貝多芬」，展出內容包括克林姆的壁畫、德國藝術家克林格(Max Klinger)的雕塑、建築師約瑟夫·霍夫曼(Josef Hoffmann)的室內設計，還有音樂家馬勒(Gustav Mahler)改編了貝多芬第9號交響曲第4樂章，在揭幕式當天指揮演奏。目前遺留在分離派會館的只有克林姆的壁畫，至於克林格的雕塑現存於德國萊比錫音樂廳。

　　克林姆於大廳的四面牆上繪製壁畫，總長度達34公尺，壁畫共有5個重點，分列於兩邊牆壁的上方：一是「渴望幸福」，以飛翔的人為象徵；二是「弱者的苦難」，跪在地上的夫妻哀求著全副武裝的騎士；三是「敵對力量」，畫著巨人迪飛(Giant Typhoeu)與3個蛇髮魔女(Gorgons)，他們象徵著疾病、瘋狂與死亡；第二道牆上繪著第4個重點：飛翔的人與彈豎琴的女人，象徵詩與音樂把人類帶向幸福；最後是一群婦女與天使唱詩班簇擁著一對夫妻，表現人類在藝術的殿堂中發現了喜悅、快樂與愛，這是從貝多芬第9號交響曲「快樂頌」的大合唱中引申出來的：「愉悅而美麗的火花，親吻整個世界」。除了克林姆著名的壁畫外，館內也時常舉辦維也納新銳藝術家的作品特展。

華麗情慾大師 克林姆

出生在雕金師之家的古斯塔夫·克林姆 (Gustav Klimt, 1862~1918)，從小在工藝學校學習，也就此展露藝術上的天分。從工藝學校畢業後，克林姆開始參與環城大道末期的重要工程，一是宮廷劇院中以戲劇為主題的壁畫，另一項是維也納藝術史博物館的壁畫，這兩件作品讓他順利躋身維也納藝術家的行列。

35歲時，克林姆加入改革的「維也納分離派」(Wiener Secession)，並與好友一起創立了維也納藝術工坊(Wiener Werkstätte)，希望從工藝的角度創作生活商品，以WW為標誌，設計了卡片、家具、珠寶、玻璃、服裝等。這個時期的作品已經脫離了古典風格，藉由非寫實的手法，將各種形而上的內容用搶眼的線條來表現，被評為19世紀末奧地利藝術的代表作。

1903年，克林姆到義大利小鎮拉溫那(Ravenna)旅行，見識到義大利工匠精緻的玻璃藝品，深受鑲嵌技術下玻璃所產生的絢麗色彩和光影所吸引，進而將這種技巧轉化到油畫創作，於是畫面中產生大量華麗的金屬或黃金色的裝飾圖案，且多以女性肖像畫為主題；其中，最受大眾歡迎的《吻》堪稱巔峰之作，目前收藏於上貝維德雷宮的奧地利美術館畫廊 (Österreichische Galerie Belvedere)。

向來風格強烈的克林姆，1898年跳脫了慣用的肖像主題，開始創作風景畫，同時也反映了當時克林姆居住在亞特湖畔的心境，在溫柔體貼的艾蜜莉(Emilie Flöge)陪伴下，充分享受湖濱小鎮的寧靜生活。到了1910年後的晚期作品，則

充滿生與死交替的寓意，不論是《新娘》、《少女》、《死與生》或《亞當與夏娃》，都捨棄了金色顏料，以鮮豔的色彩和主題來詮釋人生的過程。

環城大道周邊Around Ringstrasse

MAP ▶ P.67B4

彩釉瓷磚大樓

MOOK Choice

Majolikahaus/Majolica House

分離派風格樓房

🚇 地鐵U4號線Kettenbrückengasse站，步行約1分鐘 📍 Linke Wienzeile 38 & 40

這兩棟位於中央市場對街的公寓，於1899年由奧圖華格納所設計，最大特色是色彩鮮麗的彩釉瓷磚立面，非常典型地呈現維也納分離派在裝飾上的功力。位於38號的公寓(完成時間與分離派會

館同年)，立面以女頭像、金棕櫚葉、金藤蔓裝飾，而40號則貼滿了紅花、綠葉、欄杆等彩釉瓷磚，構成兩幅美麗的圖案，在街上分外亮麗搶眼。

MAP ▶ P.68B4B5

MOOK Choice

維也納博物館區
MuseumsQuartier Wien(MQ)

小型藝術城中城

🚇地鐵U2號線Museumsquartier站，或地鐵U2、U3號線Volkstheater站，步行皆約2分鐘 🏠Museumplatz 1/5 ☎(01) 5235881 💲除了個別門票外，亦有針對區內不同館廳組合的聯票，可上網查詢。 🌐www.mqw.at

這是歐洲最大的博物館區，佔地9萬平方公尺，規劃有60家藝術廳、劇院、美術館、建築中心、兒童博物館等文化設施，宛如一處綜合性的社區，提供了藝文音樂娛樂中心。整個博物館區由建築師Laurids與Manfred Ornter主導，設計成一座小型的都市，讓遊客親身體驗各種藝術的創作歷史與內涵。

李奧波特藝術館 Leopold Museum

☎(01) 525700 🕙10:00~18:00 ❌週二 💲成人€15、優待票€11、19歲以下€2.50，持維也納卡€12.50 🌐www.leopoldmuseum.org/en

這棟藝術館由眼科醫生李奧波德所建，展覽的全是他的畢生收藏。進到館內，會發現所有照明都使用自然光，背景顏色也是讓眼睛不會疲勞的大理石材，明亮柔和的光線讓人在欣賞畫作時更加舒適。館方最自豪的，是這裡擁有全世界最大的埃貢席勒收藏，在多達38幅席勒畫作中，包括多幅《自畫像》及備受爭議的情慾作品。其他像是克林姆的《死與生》與柯克西卡的《坐著的少女》等名畫，也是此地的鎮館之寶。

現代美術館 MUMOK／Museum of Modern Art

☎(01) 525000 🕙週二至週日 10:00~18:00（週三至20:00）❌週一 💲成人€15、優待票€11.50、持維也納卡€12；27歲以下每週三€7.50（限櫃檯購票）；持Vienna Pass、19歲以下免費 🌐www.mumok.at/en

現代美術館的建築物本身就是一個傑作，立面由灰色的玄武岩築成，內部則以鑄鐵、玄武岩、鋼鐵、玻璃組成，極具未來感設計，館藏包括經典的現代主義作品、普普藝術、照片寫實作品、維也納行動主義，是中歐最大的當代藝術展示場。

維也納藝術廳 Kunsthalle Wien

☎(01) 521890 ◷週二至週六12:00~18:00(週四至21:00) ⊗週日、週一 ⓢ常設展成人€8，優待票、持維也納卡€6；常設展＋特展成人€12，優待票、持維也納卡€9；持Vienna Pass、每週四17:00~21:00免費 ⓦwww.kunsthallewien.at

蒐集國際當代作品，展現了橫跨各學科之間的藝術表現方式，尤其是擴大了20世紀以來快速發展的科技藝術，如攝影、錄影機、電影與實驗建築  等。維也納藝術廳致力於陳列現代藝術與現代流行的風格，期望在摩登與傳統的藝術手法上提供一個連結空間。除了上述的幾個藝術展示重點，另外還有表演廳、音樂會、電影欣賞室等設備。

兒童博物館 ZOOM Kindermuseum／Children's Museum

☎(01) 5247908 ◷週二至週五10:00~14:00，週六至週日及假日9:30~18:00；需上網預約時段 ⊗週一 ⓢZOOM Exhibition、ZOOM Ocean兒童及1位陪同成人€5，持維也納卡€4.50；ZOOM Studio兒童及1位陪同成人€7，持維也納卡€6 ⓦwww.kindermuseum.at

這是維也納第一個專為兒童設計的博物館，設有永久展示廳與全年度的活動空間，提供親子可以共同參與、探索的活  動，並有一個給幼兒遊戲的區域稱為「海洋」。除了隨時變化的展覽，也設有許多小實驗室與工作室，讓兒童盡情玩樂、培養創意。

建築中心 Architekturzentrum Wien／Architecture Museum

☎(01) 5223115 ◷10:00~19:00 ⓢ成人€9，優待票、持維也納卡€7；6歲以下、5/1、10/26免費；27歲以下每週三17:00~19:00免費 ⓦwww.azw.at

這裡每年策劃4~6個主題展覽，介紹建築的演變軌跡，以及新興的建築作品給一般民眾認識。其他還有建築講座、建築導覽之旅、相關出版品等，中心內還附設一座建築圖書館。

表現主義代表 席勒

席勒(Egon Schiele, 1890~1918)的父親在奧地利國家鐵路局工作，為了讓席勒能接受良好的教育，在他11歲時就把他送到維也納北方就學。在席勒14歲時，父親因精神錯亂很快便去世了，父親之死對他產生很大的打擊；相反地，席勒卻極度討厭他的母親；而他與妹妹吉緹(Gerti)之間有亂倫的嫌疑，由於成長中對女人抱持複雜的情愫，影響了他日後的畫風。

年輕的席勒將他的作品送給克林姆過目，克林姆大為激賞並對他照顧有加。1909年，席勒自己創建工作室，開始對年輕少女產生極大興趣，他繪製一系列的少女作品。這些作品極為煽情，同時期，自戀的席勒也畫了大量的自畫像。席勒獨一無二的畫作風格，主要以黃、紅及黑色表達畫作的情緒，瘦長的人物身形與扭曲的肢體線條，展現強烈的不安定感，流露出頹廢而壓抑的氣息。

1911年，席勒遇到17歲的華莉(Wally Neuzil，她也曾經跟克林姆有特殊關係)，兩人為了避開沉悶的維也納，搬到距離維也納半小時火車車程的小城Neulengbach，很快地，席勒的工作室又變成翹家青少年的聚集處，後來席勒因為誘拐少女被捕，並因繪製色情圖片而被監禁。

席勒的自戀、表現狂與被迫害情結在他的繪畫中發揮得淋漓盡致，攀登聲譽顛峰的席勒運氣異常順遂，即使在戰時，他的名聲依舊搏扶搖直上，被視為奧地利年輕一輩藝術家的翹楚。不過，席勒的好運並未持續下去，1918年10月，他有孕在身的妻子伊蒂絲因感染流行感冒病逝，他也在被感染3天後去世。

環城大道周邊Around Ringstrasse

MAP ▶ P.68C5

藝術學院附設藝廊

Akademie der bildenden Künste Wien/Academy of Fine Arts Vienna

培育知名畫家的搖籃

🚇地鐵U1、U2、U4號線Karlsplatz站，步行約6分鐘 🏛Schillerplatz 3 ☎(01) 588162201 ⏰10:00~18:00 ⊗週一 💰成人€9，優待票、持維也納卡 €6，25歲以下 €5，19歲以下免費 🌐www.akademiegalerie.at

這棟龐大的新文藝復興式建築於1876年由建築師Theophil von Hansen設計，大門正對著德國著名詩人兼劇作家席勒的雕像。藝術學院創立於1692年，目的在於維護傳統、培育優秀的藝術人才，因為得到拿破崙一世資助，成為奧地利著名的藝術教育機構，許多奧地利知名畫家均畢業自該校，包括分離派精神人物克林姆和表現主義代表者埃貢席勒等，就連希特勒也曾試圖報考此校。

藝術學院內附設一座小型藝廊，展出昔日繪畫教材以及畢業生的作品，館藏年代橫跨14~19世紀，最引人注目的是波希的三聯祭壇畫《最後的審判》，由左到右分別描繪「樂園」、「地獄」以及「最後的審判」情景，筆法幽默獨特。其他如林布蘭、提香、波提切利等大師的作品，也在館藏之列。

環城大道周邊Around Ringstrasse

MAP ▶ P.68B4

維也納自然史博物館

Naturhistorisches Museum Wien/ Natural History Museum

礦石與標本的豐富收藏

🚇地鐵U2號線Museumsquartier站，步行約4分鐘可達；或地鐵U2、U3號線Volkstheater站，步行約2分鐘 🏛Burgring 7 ☎(01) 52177-0 ⏰週四至週一9:00~18:00(週三至20:00) ⊗週二 💰成人€16，優待票、持維也納卡€12、19歲以下免費 🌐www.nhm-wien.ac.at

博物館成立於1889年，館內的展出品原是位於霍夫堡皇宮與員維德雷宮內、專供王公貴族把玩的自然收藏，在環城大道建立後，才將這些物品移出，置於此處。館藏以歷史文物、礦物學、古生物學、人類學、動植物學的化石與標本為主，分為6個展示區，包括全世界最大的人類頭蓋骨、重達100多公斤的黃玉原石、以1,500顆鑽石和1,200顆寶石打造的花束、約24,000年歷史的維納斯塑像，以及150年前的巴西鳥標本等。

MOOK Choice

維也納藝術史博物館

Kunsthistorisches Museum Wien/Art History Museum

哈布斯堡家族藝術寶庫

🚇 地鐵U2號線Museumsquartier站，步行約3分鐘 🏠 Maria-Theresien-Platz ☎(01) 52524-0 🕐週五至週三 10:00~18:00(週四至21:00) 💲成人€21、持維也納卡€21、 優待票€18，19歲以下免費 🌐www.khm.at

這是全世界第四大藝術博物館，於1891年開幕，館裡陳列著哈布斯堡王朝數百年來的歐洲藝術珍品，完整保留古希臘、羅馬、埃及文化到文藝復興時期的雕塑與畫作，其中包括席勒、拉斐爾、提香等藝術家作品。

博物館與對面的自然史博物館像是建築孿生子，都由建築師Gottfried Semper所設計，同屬新文藝復興式風格。館內大廳中央由一座階梯連結所有樓層；天花板上的壁畫由Mihály von Munkácsy所繪製，師法文藝復興時期風格；三角檐與石柱旁的繪畫則由克林姆兄弟Gustav與Ernst Klim在1890~1891年完成，以新古典手法創作《古希臘》與《古埃及》壁畫、雅典娜女神和埃及女神塑像。走上2樓就是哈布斯堡王朝珍藏品的主要展示廳。

在「希臘羅馬館」裡，涵蓋了西元前3000年~1000年的瑪瑙、貝殼裝飾品與考古文物，其中包括來自塞普勒斯的Votive雕像、亞馬遜河石棺、Bacchanalibus的青銅桌，以及薩爾斯堡的Theseus馬賽克拼貼畫等。「雕刻裝飾藝術館」有魯道夫二世(Rudolf II)的收藏，他在三十年戰爭(1618~1648年)的混亂中，把珍品從布拉格千里迢迢運往維也納。

「繪畫館」展示利奧波德威西姆大公的重要收藏，包括17世紀他擔任尼德蘭(現在的荷蘭)首長時收集的1,400幅畫作，以文藝復興時期威尼斯畫派作品為主，包括提香、維絡那、提托雷，以及布勒哲爾的《農民的婚禮》和《雪中獵人》；此外，

也有15~17世紀法蘭德斯(今日比利時與法國東北邊)時期，魯本斯、林布蘭、梅維爾等人的作品。而「埃及&中東館」的文物多是19~20世紀開挖出來的古王國時期遺跡，涵蓋埃及象形字、壁畫、女神畫像、石棺等約12,000件典藏。

環城大道周邊Around Ringstrasse

MAP ▶ P.68C2

宮廷劇院

Burgtheater/Court Theater

世界級演員榮獲最高評價的表演地

🎵 地鐵U2號線Schottentor站，步行約5~6分鐘 🏠 Universitätsring 2 ☎(01) 514444545 ◆導覽行程週四、週五15:00，週六、週日及假日11:00；英文導覽僅於7~8月提供，其他導覽為德文但提供英文簡章 ⑤導覽行程成人€8、優待票€7、27歲以下€4；音樂會票價視節目而異 🌐www.burgtheater.at ❗導覽時間易有變動，請至網站確認

　維也納號稱「音樂與戲劇的聖殿」，大小劇院分布各地，其中最著名的就是宮廷劇院。據說宮廷劇院的德語是德語地區中最標準的，許多世界級演員都曾在此客座演出，對於他們而言，能夠在宮廷劇院表演就是對其藝術成就的最高肯定。

　宮廷劇院原址在聖米歇爾廣場，原是泰瑞莎女皇於1741年所建，1888年時遷至市政廳正對面，成為環城大道上的一份子，並改建為現在的義大利文藝復興式建築，其入口上方的雕塑則是「太陽神阿波羅與悲劇中的繆斯」。

　劇院階梯上的天頂可見一系列以戲劇為主題的畫作，最著名的是《莎士比亞劇場》，克林姆把自己和弟弟都畫入畫中的包廂下，這是他現存畫作中唯一的自畫像。1887年，宮廷劇院在泰瑞莎女皇的命令下拆除重建，克林姆被委託在新劇院中將舊劇院畫下來，這幅畫在1890年讓克林姆得到皇帝獎(Emperor's Prize)的殊榮，成為奧地利知名的畫家。

環城大道周邊Around Ringstrasse

MAP ▶ P.68B2

國會大廈

Parlament/Parliament

古希臘建築風格的議會殿堂

🎵 地鐵U2號線Rathaus站，或地鐵U2、U3號線Volkstheater站，步行皆約5~6分鐘 🏠Dr. Karl Renner-Ring 3 ☎(01) 4011011 ◆免費導覽於每日 10:45~15:45 舉行，每場約85分鐘 🌐www.parlament.gv.at ❗免費導覽需事先上網預約

　現在是奧地利國民議會與奧地利聯邦議會所在地，1874年由建築師奧費爾·漢森(Theophil Hansen)設計，由於漢森在希臘雅典接收建築教育，為了象徵其民主來自希臘，他大量引用古希臘的建築風格，如立面使用柯林斯式柱頭，三角形的屋頂雕刻則是法蘭茲·約瑟夫一世(Franz Josef I)向17個民族頒發憲法的場景。

　國會大廈原是哈布斯堡王朝的奧地利國會，在1919年奧地利共和國建立後，即成為共和國的國會，奧地利國會分為上議院與下議院，下議院每4年改選一次，真正主導法案訂立，上議院則由奧地利9個省份的代表組成。

　廣場前高達4公尺的噴泉雕塑由設計師卡爾·庫德曼(Carl Kundmann)所設計，噴泉雕塑的頂端矗立著象徵智慧的雅典娜女神，基座上的四尊塑像分別象徵奧匈帝國的四大河流——多瑙河、萊茵河、易北河、摩爾多瓦河。

環城大道周邊Around Ringstrasse

MAP ▶ P.68B1

市政廳

Rathaus／Vienna City Hall

塔頂鐵人雕塑純手工打造

🔵 地鐵U2號線Rathaus站，步行約2分鐘　🔼 Friedrich-Schmidt-Platz 1

維也納市政廳興建於1872~1883年，由皇帝法蘭茲約瑟夫一世邀請德國建築師Friedrich von Schmidt負責設計。這座新哥德式建築高達99公尺，據說是因為附近的感恩教堂塔高100公尺，基於世俗不能高過上帝的原則，所以刻意矮了1公尺。建築尖塔頂端有尊高3.4公尺的「市政廳鐵人」雕塑，這座鐵人全副武裝、手持長矛，以純手工的工法打造而成。市政廳前的廣場全年都會舉辦各種活動，其中以5月初的維也納藝術節與年終的音樂會最為精彩。

環城大道周邊Around Ringstrasse

MAP ▶ P.68B1

維也納大學

Universität Wien／University of Vienna

人才輩出的德語教育聖殿

🔵 地鐵U2號線Schottentor站，步行約3分鐘　🔼 Universitätsring 1

維也納大學成立於1365年，是繼布拉格大學之後全世界第二所日爾曼語系的大學，曾培育出眾多傑出名人，像是佛洛伊德、都卜勒、馬克斯韋伯等，都是維也納大學的校友。

新文藝復興風格的校舍於1884年改建完成，由建築師費爾斯特所設計，以義大利文藝復興時期的風格為基礎，隱含人文科學取代中世紀宗教統治勢力的意義。而克林姆也曾經替大學的天花板進行多幅壁畫設計，其中一幅名為《哲學》的畫作在1990年3月揭幕，卻因為交織的裸體人像而遭到87位保守派教授抨擊，他們連署請願要求取下這幅壁畫，此舉反而在兩個月內吸引上萬名觀眾前來欣賞，後來克林姆也收回這幅畫並退回酬勞。然而，這幅作品後來卻在二戰戰火中遭到燒毀。

樂聖 貝多芬

被後世尊稱為「樂聖」的貝多芬(Ludwig Von Beethoven, 1770~1827)雖出生於德國波昂，然而一生中大部份時間都居住在維也納，再加上師承海頓，也因此在談到奧地利的古典樂時，總不免提及貝多芬。

貝多芬的祖父和父親都是宮廷樂師，從小就展現音樂才華的貝多芬深受祖父寵愛，可惜祖父在他3歲時就去世了，而酗酒的父親為了想讓貝多芬成為「莫札特第二」以獲取名利，從小就嚴格要求他練習各種樂器，動輒打罵之下，養成了貝多芬孤僻的個性。1778年，8歲的貝多芬在科隆展開第一次演奏會，贏得了眾多掌聲，10歲即成為宮廷樂師；17歲的貝多芬前往維也納拜見莫札特，其音樂才華讓莫札特讚賞有加。

3年後貝多芬再度前往維也納，在海頓門下學習，造就了他早期的創作風格。不過海頓保守的個性和創作方式讓貝多芬很不以為然，然而初期他還是完成了許多嚴謹的古典鋼琴奏鳴曲，如家喻戶曉的《月光奏鳴曲》，直到後來的第一號交響曲，貝多芬才開始釋放他豐富的情感，成就了膾炙人口的九大交響曲。在第九號交響曲中，貝多芬達到了創作的極致，歌頌對上帝、人類、自然之愛，原本在田園交響曲中想用到的人聲合唱，在第九號交響曲中的最後樂章運用到了，以人聲合唱出席勒譜的詩作《快樂頌》，熱情地劃下完美的句點。

環城大道周邊Around Ringstrasse
MAP ▶ P.68C1

貝多芬之家

Beethoven Pasqualatihaus/
Beethoven Pasqualati House

創作無數知名樂曲的住所

地鐵U2號線Schottentor站，步行約3分鐘 Mölker Bastei 8 (01) 5358905 10:00~13:00、14:00~18:00 週一 成人€5，優待票、持維也納卡€4，19歲以下免費 www.wienmuseum.at/en

這棟屋子位於維也納大學附近，大約建於1791~1798年間，從樓頂往窗外眺望，最遠可以看到維也納森林。生性暴躁孤僻的貝多芬因為許多怪異的生活習慣，讓他常被房東驅趕，光是在維也納就曾換過30處居所。他於1804~1815年住在這裡，是貝多芬居住時間較長的一處住所，雖然中間一度離開，但最後又回到此地。當貝多芬住在這裡時，正是他創作的顛峰期，許多著名樂曲都是在這裡譜出的，包括第4、5、7、8號交響曲及歌劇《費德李奧》等。目前這裡仍保留不少知名樂譜，以及貝多芬贊助者的畫像，遊客也可以拿起耳機欣賞經典旋律，藉由樂音想像貝多芬當年在此創作時的情景。

環城大道周邊Around Ringstrasse
MAP ▶ P.67B3

感恩教堂

Votivkirche/Votive Church

哥德式雙塔高聳入雲

地鐵U2號線Schottentor站，步行約5~7分鐘 Rooseveltplatz 8 (01) 4061192 教堂週二至週五10:00~18:00(週六至19:00)、週日 9:00~13:00；博物館週二至週五 15:00~17:00(週六14:00起)，需電話預約 週一 教堂免費；博物館成人€8、優待票€7、14歲以下免費 www.votivkirche.at

話說1853年2月18日，奧皇法蘭茲約瑟夫一世在附近散步時遇到刺客襲擊，正當危急之際，一名路過的屠夫當場制服刺客救了奧皇一命。為感謝上帝拯救皇帝的恩典，皇弟費迪南大公開始籌資興建教堂，這便是感恩教堂的由來。教堂落成於1879年，也是由名建築師費爾斯特所設計，因為擁有兩座高聳的哥德式尖塔，故又稱為「雙塔教堂」。教堂裡面的禮拜堂供奉著奧地利的聖人與戰爭英雄，其中最重要的是維也納圍城戰中的抗土名將Niklas Salm的石棺。

環城大道外圍Outer the Ringstrasse

MAP ▶ P.67C4

維也納藝術館

KunstHaus Wien/Museum Hundertwasser

收藏百水創作的專屬空間

🚇地鐵U1、U4號線Schwedenplatz站，轉搭電車1號至Radetzkyplatz站，步行約4分鐘 🏠Untere Weissgerberstrasse 13 ☎(01) 7120491 📱www.kunsthauswien.com/en/ ⏰閉館維修中，預計2024年初重新開放

距離百水公寓不遠，有棟專門展覽百水畫作的維也納藝術館，三層樓高的建築，從外到內都是百分百的百水。展出作品從平面繪畫到廢物利用的創作，或是他設計過的各種產品，讓人由衷欽佩他永不枯竭的創意。特別的是，這裡還收藏了百水另一種畫風的宣紙畫，署名是他的日本老婆幫他取的名字「丰和百水」。

而從放映室播放的影片中，可以看到可愛的百水隨興不羈的真實生活，還有他與心愛的雨天號航行在大海上，或是陪著他在雪地上發呆。離開前，記得到一樓的禮品店逛逛，保證不會讓你空手而返，百水的創意在這裡化成各式各樣的商品，穿的、用的、裝飾的，通通都有。

這棟藝術館在改建之前曾經是維也納著名的家具行，因此樓下種滿綠色植物的餐廳，使用的都是之前販賣的家具，每張桌椅都不一樣，連地板也是起伏不平的。這裡可以品嚐到典型的奧地利食物，像是南瓜湯、維也納豬排或匈牙利水煮牛肉等，每份套餐會以主食配上沙拉，足夠飽餐一頓。

藝術頑童 百水

愛好和平且提倡環保的百水(Friedensreich Hundertwasser, 1928~2000)，原名Friedrich Stowasser，生於奧地利維也納，雖然只在維也納藝術學院待過3個月，但他源源不絕的靈感創造出眾多作品，成為奧地利近代知名藝術家。

百水認為水是一切生命的泉源，因此把自己的名字改為百水；他喜愛航海，甚至將自己的船也取名為「雨天號」，畫中經常出現大小不同的雨滴，在建築物中也會設計跟水相關的噴泉或造景。

他從1949開始遊歷世界，足跡遍及摩洛哥、突尼西亞、巴黎、托斯卡尼、日本、非洲、大洋洲等地。1951年第一次辦畫展，當時畫的還是抽象畫，直到1953年，百水開始以螺旋迴轉作為中心思想，以螺旋的迴轉代表生與死，開始一連串令人驚奇的創作。1961年再婚，對東方文化著迷的他娶了日本老婆。1984年起長住在紐西蘭，2000年卒於紐西蘭。

反對直線、喜愛曲線的百水，將他所有的理念都透過建築的細部呈現出來：黃金色的洋蔥頭屋頂，各種形狀和顏色的窗戶，柱子上大小不同的圓球，如丘陵般高低不平的木頭地板，牆壁上大小不同且鮮豔的磁磚拼貼，其建築的每個曲線都像微笑，讓人看了打從心底綻放笑容。

百水曾參與超過50個充滿個人風格的建築，從公寓、教堂、超級市場、高速公路餐廳、休息站、購物中心、學校附設醫院到垃圾焚化爐等，主要分布於奧地利和德國，在日本、西班牙及紐西蘭也有他的作品。

歌曲之王 舒伯特

　　舒伯特(Franz Seraphicus Peter Schubert, 1797~1828)出生於維也納近郊，雖然只活了短短的31年，但累積了超過600首歌曲的驚人創作數量，因此得到「歌曲之王」的稱號。舒伯特的父親為學校校長兼業餘音樂家，1808年進入帝國音樂學校，為其打下深厚的音樂根基。1815年，舒伯特譜出了其經典之作《魔王》，而後作品更源源不絕地產生，代表作包含鋼琴五重奏《鱒魚》、源於民間音樂的《菩提樹》、《流浪者》等。而在他創作正旺盛之時卻染上了惡疾，健康逐漸惡化，生命的最後幾年都與疾病對抗，最後於1828年病逝，1888年將他的墳墓遷至維也納中央公墓，與小約翰史特勞斯之墓為鄰。

環城大道外圍Outer the Ringstrasse

MAP ▶P.67D6

中央公墓

Zentralfriedhof/Central Cemetery

知名畫家音樂家在此安息

🚃搭乘電車6、71號線至Zentralfriedhof 2.Tor站，步行約10分鐘 🏠Simmeringer Hauptstraße 234 ☎(01) 5346928405 🕐7:00~19:00 🌐www.friedhoefewien.at

　　這座墓園自1874年起成為許多藝術家、畫家、詩人、雕塑家、音樂家的埋葬之所，裡面分為新猶太人、新教徒、回教徒、舊猶太人、第一次世界大戰紀念碑等區域，墓園正中央則是1907年為了紀念維也納市長卡爾·魯艾加(Karl Lueger)的魯艾加教堂。從第二門口進入後，往教堂的方向走一小段路，左手邊就是第32A區，這裡有許多著名音樂家的墓地，如貝多芬、舒伯特、布拉姆斯、史特勞斯父子，中央還立著未能葬在此處的莫札特紀念碑。

環城大道外圍Outer the Ringstrasse

MAP ▶P.67B2

垃圾焚化爐

Spittelau

讓垃圾處理變得生意盎然

🚃地鐵U4、U6號線Spittelau站，步行約1分鐘 🏠Heiligenstädter Straße 31

　　垃圾焚化爐(Spittelau)是維也納市區著名景觀，

這座垃圾焚化爐是強調環保的藝術家百水在他的好友擔任維也納市長時完成的，維也納有三分之一的垃圾都經過這座彩色焚化爐處理，每年約可處理約25萬噸垃圾。

　　在百水的巧思包裝下，灰暗的外牆上生出了冒著圈圈的紅色蘋果，窗戶頂多了加冕的王冠，陽台在綠樹掩映下生機蓬勃，位於100公尺高、金黃色的圓球煙囪是焚化爐的控制中心，色彩絢麗、外型前衛。

環城大道外圍Outer the Ringstrasse

MAP ▶ P.67A5

熊布朗宮

MOOK Choice

Schönbrunn/Schönbrunn Palace

哈布斯堡家族的華麗夏宮

🚇 地鐵U4號線Schönbrunn站，步行約10分鐘　🏠
Schönbrunner Schlossstraße　📞(01) 81113-0　🕐皇宮4~10
月8:30~17:30、11~3月8:30~17:00，花園6:30~21:00；開
放時間每年異動，詳見官網公告　💲皇宮(Imperial Tour)成人
€24、25歲以下€20、6~18歲€17；全覽(Grand Tour)成人
€29、25歲以下€24、6~18歲€21；Classic Pass(含熊布朗宮
全覽行程、3座花園和樓閣)成人€34、持維也納卡€32、6~18歲
€27；Sisi Ticket(含熊布朗宮全覽行程、西西博物館、銀器館和
皇帝寢宮)成人€44、持維也納卡€40.50、6~18歲€30；另有多
種套票詳見網站　🌐www.schoenbrunn.at

　從18世紀到1918年之間，熊布朗宮一直是
奧地利最強盛的哈布斯堡王朝家族的官邸，
由Johann Bernhard Fischer von Erlach和
Nicolaus Pacassi兩位建築師設計，希望成為一
座超越法國凡爾賽宮的宮殿，建築風格融合了瑪
莉亞·泰瑞莎式外觀，以及充滿巴洛克華麗裝飾
的內部，成為中歐宮廷建築的典範。

　這座哈布斯堡家族的「夏宮」曾經因為財力問
題而停止興建，後來在瑪莉亞·泰瑞莎刪減規模
下完成，建築本身加上庭園及1752年設立的世

界第一座動物園，讓熊布朗宮成為奧地利最熱門
的觀光勝地之一。為了仔細保存這個反映中歐最
強盛時期的輝煌史蹟，從1972年起設立基金會
從事修建維護的工作，1996年列入世界遺產名
單之後，每年吸引670萬遊客前往參觀。

　名稱意思為「美泉宮」的熊布朗宮，總房間數
多達上千間，如今只開放一小部分供遊客參觀，
包括莫札特7歲時曾向瑪莉亞·泰瑞莎一家人獻
藝的「鏡廳」、裝飾著鍍金粉飾灰泥以4千根蠟
燭點燃的「大廳」、被當成謁見廳的「藍色中
國廳」、裝飾著美麗黑金雙色亮漆嵌板的「漆
廳」、高掛奧地利軍隊出兵義大利織毯畫的「拿
破崙廳」、耗資百萬裝飾成為熊布朗宮最貴廳房
的「百萬之廳」，以及瑪莉亞·泰瑞莎、法蘭茲·
約瑟夫一世等人的寢宮。

　宮殿後方的庭園佔地1.7平方公里，林蔭道和
花壇切割出對稱的幾何圖案，位於正中央的海神
噴泉充滿磅礴氣勢，由此登上後方山丘，可以抵
達猶如希臘神殿的Gloriette樓閣，新古典主義的
立面裝飾著象徵哈布斯堡皇帝的鷲，這裡擁有欣
賞熊布朗宮和維也納市區的極佳角度。此外，花
園中還有一座法蘭茲·約瑟夫一世時期全世界最
大的溫室，裡頭種植著美麗的植物。

駿馬房Rösselzimmer

在19世紀作為餐廳之用，房內擺置著晚宴餐具的桌子稱為將軍桌(Marshal's Table)，為軍隊高級統領及官員等人用餐的地方，依照法蘭茲·約瑟夫一世(Franz Joseph I)之時的傳統，帝王並沒有與他們同席用餐。牆上掛飾著多幅書畫，這些皆來自法蘭茲·約瑟夫一世第二任妻子Wilhelmine Amalia的時期，駿馬房也因此得名。

大廳Große Galerie

大廳位居熊布朗宮建築中心，是宮殿內最豪華絢爛的處所。壁面上裝飾著洛可可風格的塗金及純白色灰泥，營造出極致奢華感，天井則繪有三幅巨大彩色畫像，皆出自義大利畫家Gregorio Guglielmi之手，中間的畫作描繪出瑪麗亞·泰瑞莎(Maria Theresia)統治下的幸福生活，正中間為瑪麗亞·泰瑞莎及法蘭茲一世(Franz I)，周邊則圍繞著對其歌功頌德的圖畫。

大廳過去主要作為接待賓客以及舞廳、宴會之用，近代亦不時用於演奏會與接待貴賓，1961年美國總統約翰·甘迺迪(John F. Kennedy)與蘇聯最高領導人赫魯雪夫(Nikita Khrushchev)就曾在此會面。

樓閣咖啡廳Café Gloriette

☎(01) 8791311 🕐9:00~日落；西西自助早餐每週六、週日及假日9:00~11:30(需提前至少4週預定) 💲西西自助早餐成人€39、13~17歲€26、2~12歲€16 🌐www.gloriette-cafe.at/en

這座閣樓因規模為全世界最大而相當知名，1775年依Johann Ferdinand Hetzendorf von Hohenberg的設計所打造，建造之時，瑪麗亞·泰瑞莎要求要做出讚頌哈布斯堡權力及正義戰爭的建築，並下令使用Schloss Neugebäude城堡廢墟的石頭為建材。而後成為法蘭茲·約瑟夫一世(Franz Joseph I)的用餐處兼舞廳，在第二次世界大戰時遭受嚴重損毀，於1947年及1995年經兩度大幅修建。現在頂層有觀景台可俯瞰維也納，裡面則設有樓閣咖啡廳。

由於法蘭茲·約瑟夫一世經常在此用早餐，Café Gloriette特地推出「西西自助早餐」(Sisi Buffet Breakfast)，每逢週六、日和假日早上供應，內容相當豐盛。

羅莎房Rosa-Zimmer

三間相連的羅莎房，名稱來自藝術家Joseph Rosa，牆上精緻細膩的風景畫皆出自他手，其中也有哈布斯堡王朝發源地——瑞士南部鷹堡(Habichtsburg)的繪畫以及瑪麗亞·泰瑞莎肖像畫。在大羅莎房中掛有Joseph Rosa繪製的法蘭茲一世(Franz I)全身肖像畫，身旁桌上擺放的物品反映出他對藝術、歷史與自然科學的濃厚興趣。

環城大道外圍Outer the Ringstrasse

MAP ▶ P.67C4

貝維德雷宮

Schloss Belvedere/Belvedere Palace

17世紀維也納最美宮殿

🚋搭電車D號線至Schloss Belvedere站，步行約6分鐘 🏠 Prinz-Eugen-Straße 27 ☎(01) 79557-0 🕐上貝維德雷宮9:00~18:00、下貝維德雷宮10:00~18:00 💲上貝維德雷宮成人€17.7、持維也納卡€16.2、優待票€14.4；下貝維德雷宮成人€15.6、持維也納卡€14.1、優待票€11.9；上下宮聯票成人€26.30、持維也納卡€23.80、優待票€22 🌐www.belvedere.at

貝維德雷宮分為上、下兩區，是17世紀末奧地利抗土耳其名將尤金大公(Prince Eugene)的府邸，中間以對稱、整齊的法式花園連接，由當時著名的建築師希德布蘭特(Heldebrandt)所設計。

上貝維德雷宮現在是19和20世紀美術館，收藏了克林姆、梵谷、席勒等現代藝術家的作品，還有奧地利平民藝術最蓬勃的畢德邁雅時期(Biedermeier)作品，而克林姆最著名的作品《吻》(Kuss)就典藏於此。大廳中以大公為題材的頂棚壁畫也相當引人注目。走出上貝維德雷宮，面對的是遼闊的法式花園，這是法國人傑拉德(Girard)的傑作，從巨大的花壇、噴泉、雕像設計可嗅出17世紀的花園造景特色。

而下貝維德雷宮原是尤金大公的私人活動場所，現在設立巴洛克藝術與中世紀藝術博物館，最知名的是大理石廳(The Marble Hall)，臉部扭曲的雕像是最大特色，尤其是玻璃廳(Hall of Mirrors)及怪誕廳(Hall of Grotesques)的怪誕壁畫，絕對必看。

💡 上貝維德雷宮重要展品

《吻》(Kuss)，1908~1909年

上貝維德雷宮的奧地利美術館畫廊(Österreichische Galerie Belvedere)收藏了眾多克林姆的作品，尤其是他在「黃金時期」所創作的《吻》，可說是奧地利鎮國之寶，許多人來這裡就是為了一睹原畫的真面目。

《拿破崙穿越大聖伯納山口》(Napoleon on the Great St. Bernhard Pass)，1801年

拿破崙為了提高自己的形象並美化武力進犯，因此向法國畫家賈克-路易·大衛(Jacques-Louis David, 1748~1825)訂購繪上自己英姿的巨幅畫作，這幅畫展現出拿破崙於1800年穿山越嶺、揮軍前往義大利時的英勇果決，相當美化。

海里根施塔特

MOOK Choice

Heiligenstadt

追尋貝多芬的足跡

MAP ▶ P.67A2

🚇地鐵U4號線Heiligenstadt站下

　　海里根施塔特德語是「聖城」的意思，位於維也納市區北方，曾經是個溫泉小鎮，19世紀末溫泉逐漸乾涸，1892年被劃歸維也納的轄區之一。1802年，貝多芬曾經在此居住，當時他正遭逢耳聾日趨嚴重的痛苦，所以寫下遺書給他的兄弟，心情沮喪甚至提到自殺的念頭。不過在此修養了半年之後，又恢復了活力，邁向他創作的另一階段。

貝多芬遺囑之家Beethoven Wohnung Heiligenstadt／Beethoven Museum

🚇地鐵U4線Heiligenstadt站，轉搭往Leopoldsberg方向的38A巴士，在Armbrustergasse站下 🏠Probusgasse 6 ☎66488950801 🕐10:00~13:00、14:00~18:00 ⊗週一、1/1、5/1、12/25 💶成人€8，優待票、持維也納卡€6，19歲以下、持Vienna Pass免費 🌐www.wienmuseum.at

　　1802年，深為耳疾所苦的音樂家貝多芬，在醫生建議下遷到幽靜的海里根施塔特居住，貝多芬一方面為這裡田園的美麗與寧靜所吸引，另一方面，由於逐漸喪失聽力，悲憤之餘，留下一封他寫給兩個兄弟的信；這封信從來就沒有寄出過，如今仍然完好地被保存在這裏。穿過小巧的中庭上到2樓，這間保留著他居住原貌的房子，已經被闢為貝多芬的紀念館之一，收藏著當初貝多芬的親筆遺囑及樂譜。

貝多芬小徑Beethovengang

🚇地鐵U4線Heiligenstadt站，轉搭往Leopoldsberg方向的38A巴士，在Armbrustergasse站下，沿著Armbrustergasse往上走，沿途經過Eroicagasse和Zahnradbahnstr.，就可以看見貝多芬小徑的指標。從貝多芬遺囑之家步行約8~9分鐘

　　這條風光明媚的小徑就位於貝多芬住家不遠處的維也納森林中，貝多芬十分喜愛在這裡散步，著名的田園交響曲，就是在此段時期醞釀出來的。再往前走約10分鐘，會到達一個小廣場，廣場中有座貝多芬的半身塑像。

MAP ▶ P.67A3

西妥會修道院

MOOK Choice

Stift Heiligenkreuz/Heiligenkreuz Abbey

混合風格的修道院

🚌 從維也納的Wien Meidling搭火車前往巴登(Baden)，再轉搭巴士前往西妥會修道院，兩段車程各約20分鐘 🏠Markgraf-Leopold-Platz 1, 2532 Heiligenkreuz im Wienerwald ☎(0) 22588703-0 🕐週一至週六09:00~11:30、14:00~17:15，週日及假日14:00~17:15(冬季開放時間可能有異動，依官網公告為準) 💲成人 €11.30、兒童及學生 €6.80，門票含語音導覽 🌐www.stift-heiligenkreuz.org/besichtigung-fuehrungen/english

西元976年，巴伐利亞貴族巴登堡(Babenberg)家族的利奧波德(Leopold)開始統治奧地利，直到1246年最後一任君王斐德烈二世(Frederick II)戰死，沒有留下任何子嗣。經過一連串爭戰，1278年魯道夫戰勝馬扎爾人，接收巴登堡的土地，開始了哈布斯王朝統治歐洲600年的歷史。

這座建於1133年的修道院就是源自於巴登堡時期，當時巴登堡邀請了12位法國西妥會(The Cistercian)的僧侶來此成立修道院。由於僧侶來自於勃艮地(Burgandy)，因此修道院外觀不像同時期的奧地利建築，反而融合羅馬式和歌德式建築風格。西邊建築立面上三足鼎立的窗戶是西妥會修道院建築的特色。從入口進入之後，18世紀的天花板溼壁畫描繪聖本篤(St. Benedict)和聖貝爾納德(St. Bernard)跪在聖母瑪莉亞前的景象。

連接修道院內房間的迴廊主要建於13世紀初，北邊的羅馬式圓弧拱形迴廊和東邊的歌德式尖拱型迴廊建於不同時期，前者樸實、沉穩，起先是為了讓苦修的僧侶能夠集中精神在個人重生上，因此禁止繪畫、雕塑和濕壁畫，反而引導僧侶把注意力集中在建築上，創造出精緻華麗的歌德式風格建築。

另外，集會廳中的19世紀彩繪玻璃、18世紀文藝復興壁畫，及巴登堡斐德烈二世的人像大理石墓也不可錯過；建於1290年的噴泉屋，裡面的彩繪玻璃描繪巴登堡家族的成員，而噴泉則是典型文藝復興時期的作品；葬禮禮拜堂原為僧侶談話的場所，後來作為擺放待葬僧侶之處。

Where to Eat in Vienna
吃在維也納

編輯筆記

奧地利餐廳種類

　　維也納的飲食選擇相當多樣化，餐廳種類也不少，若在路上臨時想用餐，除了看店內用餐人數、設計裝潢等條件，如果想以餐廳等級或種類來挑選，也可以從店家德文名稱看出端倪：Bräu指英文的brew，為提供自家釀酒的餐廳，氣氛較熱鬧放鬆；Keller為地窖之意，Weinkeller則為葡萄酒窖，餐廳大多由歷史悠久的老建物改建。

　　Beisl與Gasthaus普遍為大眾化餐館，價格較平實，大多提供奧地利家庭料理；一般來説，Restaurant則是較高級的餐廳，菜色更為多元；Bäckerei、Eis與Konditorei分別是麵包店、冰店及糕點店，其他市區內較不常見的還有Heurige(新釀酒館)、stiftskeller(由修道院地窖改裝)等。

內城區Innere Stadt

MAP ▶ P.69E2	**Figlmüller**

🚇地鐵U1、U3號線Stephansplatz站，步行約4~5分鐘　🏠Wollzeile 5　☎(01) 5126177　🕐11:00~22:30(供餐至21:30)　🌐www.figlmueller.at

　　這家創立於1905年的餐廳，如今為維也納最著名的炸肉排(schnitzel)專賣店，用餐時間總是大排長龍，通常必須等上1個小時，最好提前預約或避開尖峰。總店設於建築之間的廊街，儘管已在附近另開分店，人潮依然洶湧。

　　餐廳已傳至第四代，他們堅持採用最好的肉搭配獨家烹飪方式，將肉片放入平底鍋中，使用蔬菜油煎30秒後起鍋。炸肉排雖然薄卻很大片，胃口不大的人可以兩人共享一份。最正統的維也納炸肉排應該採用上等牛肉，不過為了迎合顧客口味，Figlmüller也提供豬肉、羊肉和雞肉等選擇。這裡也供應清燉牛肉和匈牙利燉牛肉(Gulasch)。

內城區Innere Stadt

MAP ▶ P.69F3	**Plachutta Wollzeile**

🚇地鐵U3號線Stubentor站，步行約1分鐘　🏠Wollzeile 38　☎(01) 5121577　🕐11:30~23:30(供餐至23:00)　🌐www.plachutta-wollzeile.at

　　維也納最著名的精緻餐廳，提供道地奧地利料理，招牌菜為清燉牛肉。餐廳強調不過度烹調，並嚴格把關食材，採用在奧地利出生、百分百自然方式養成的牛隻，做出一道道美味的牛肉料理。清燉牛肉的湯頭鮮美，其細緻的肉質口感在口中慢慢化開，令人回味無窮。

內城區Innere Stadt

MAP ▶ P.68D4	**Palmenhaus**

🚇地鐵U1、U2、U4號線Karlsplatz站，步行約7~8分鐘　🏠Burggarten 1　☎(01) 5331033　🕐週一至週五10:00~23:00，週六、週日及假日9:00~23:00(供餐至21:30)　🌐www.palmenhaus.at

　　1822年，霍夫堡的花園中出現一座立面長達128公尺的玻璃溫室；1901年，建築師Friedrich Ohman受命將它改建為一座棕櫚屋，棕櫚屋落成後深受市民喜愛，卻在1988年因崩塌而關閉，10年後才整修成今日的同名餐廳。餐廳挑高的圓拱屋頂下依舊裝點著棕櫚樹和熱帶植物，人們喜歡在此享用美味餐點，或喝杯咖啡、葡萄酒；面對皇宮花園的露天座位，擁有欣賞池塘和綠意的景觀，天氣晴朗時總是座無虛席。

內城區Innere Stadt

MAP ▶ P.69F1	**Griechenbeisl**

🚇地鐵U1、U4號線Schwedenplatz站，步行約2~3分鐘　🏠Fleischmarkt 11　☎(01) 5331977　🕐12:00~23:00(供餐至22:00)　🌐www.griechenbeisl.at

　　創立於15世紀的Griechenbeisl，是維也納最古老的餐廳之一，拜訪過這裡的名人無數，包括貝多芬、舒伯特、馬克吐溫、華格納等人，在它其中一間餐室裡從牆壁到天花板填滿了名人的親筆簽名。這裡也是17世紀情歌歌手Augustin譜寫和歌唱世界知名歌曲《Oh du lieber Augustin, alles is'hin》的地方。Griechenbeisl高塔狀的建築是舊城牆的一部分，在它入口旁的街道上還可以看見昔日為避免酒醉馬車夫撞上房屋或磨損建築外牆而設立的突石。

內城區Innere Stadt

MAP ▶ P.69E3 **Ribs of Vienna**

🚇 地鐵U1、U3號線Stephansplatz站，步行約5~6分鐘 🏠 Weihburggasse 22 ☎(01) 5138519 🕐 週一至週五12:00~15:00(供餐至14:30)、17:00~24:00，週六、週日及假日12:00~24:00(供餐至22:30) 🌐 www.ribsofvienna.at

Ribs of Vienna受到許多亞洲背包客推薦，不僅交通便利、價格平實，尤其是它招牌的肋排更讓嚐過的人念念不忘。餐廳由1591年建的地窖改裝而成，一磚一牆都顯露悠久歷史，昏黃復古得相當有味道。餐廳供應奧地利經典菜餚，招牌肋排的口味有近20種，包括辣勁十足的Chili、酸甜開胃的Orange等，隨餐還會附上炸薯條。最推薦的點法就是來個Mixed，一次享用3種自選口味，上菜後就豪邁地以手拿起大口地吃，滋味鮮美濃郁，再點杯Kaiser Premium或Gösser Naturradler，止渴又解膩。

環城大道周邊Around the Ringstrasse

MAP ▶ P.68A4 **Pizzeria Osteria da Giovanni**

🚇 地鐵U2、U4號Volkstheater站，步行約6分鐘 🏠 Sigmundsgasse 14 ☎(01) 5237778 🕐 16:00~23:00 🚫週二 🌐 dagiovanni.at

隱身在小巷中的Pizzeria Osteria da Giovanni，是處氣氛溫馨樸實的小餐館，最便宜的披薩從€6.60起跳，價格也相當親民。料理使用馬茲瑞拉起司(Mozzarella Cheese)、芝麻葉(Rucola)等傳統義式素材，加以正統義式烹調法製作，成就出桌上一道道色香味俱全的披薩、沙拉與義大利麵。

內城區Innere Stadt

MAP ▶ P.69F3 **Pürstner**

🚇 地鐵U3號線Stubentor站，步行約4分鐘 🏠 Riemergasse 10 ☎(01) 5126357 🕐 11:30~23:30(供餐至22:30) 🌐 www.puerstner.com

提供奧地利傳統菜餚的Pürstner，廣闊的用餐區以鋪木地板及木造桌椅裝潢，再加上充滿歷史感與當地風情、色彩的裝飾物，流露出最為道地濃厚的蒂洛爾風格。Pürstner充份展現出家庭餐館的熱情友善，餐點價格相當平實，份量也很實在，再點上一杯地產啤酒暢快下肚，就是飽足而心滿意足的一餐。

環城大道周邊Around the Ringstrasse

MAP ▶ P.68A4 **Amerling Beisl**

🚇 地鐵U2、U3號線Volkstheater站，步行約6~8分鐘 🏠 Stiftgasse 8 ☎(01) 5261660 🕐 12:00~凌晨2:00 🌐 www.amerlingbeisl.at

Amerling Beisl位在維也納第7區的Spittelberg，這處浪漫小巷交錯的地區造有許多畢德麥爾式(Biedermeier)建築，也就是當時中產階級發展出的藝術品味，散發出的獨特情調吸引許多咖啡館、酒吧與餐廳等店家進駐。

這裡是許多年輕人聚會、約會的首選場所，裡頭充滿老房子的韻味，最具風情的就是中庭的露天用餐空間，每到夏季滿滿綠意染上枝葉，成為最美麗的天然遮陽棚；冬天雖只剩枯枝，但仍然風情獨具，日夜間更是呈現出截然不同的氛圍。菜單的選擇十分多樣化，在這裡，無論是想品嚐正統奧地利菜餚，還是想小酌一杯，都可滿足需求。

環城大道周邊Around the Ringstrasse

MAP ▶P.68A5 | 7 Stern Bräu

🚇地鐵U2、U3號線Volkstheater站，步行約8分鐘 🏠 Siebensterngasse 19 ☎(01) 5238697 ⏰週三至週六 11:00~23:00(供餐至22:00)，週日至週二11:00~22:00(供餐至 21:00) 🌐www.7stern.at

7 Stern Bräu是位於維也納市中心的傳統風味啤酒餐廳，地窖式的建築空間相當開闊，吧台區中央擺有釀酒銅鍋，引誘著來客盡情暢飲。從人潮就可看出餐廳的高人氣，是當地人相約小酌的最佳聚會場所，自家啤酒採用頂級麥芽、啤酒花(hop)及維也納高品質水源，以天然工法釀製，是當店最自豪的產品，餐點的美味也讓人讚譽有加，是能全面享受維也納美食與情調的絕佳餐廳。

內城區Innere Stadt

MAP ▶P.69E2 | Zanoni & Zanoni

🚇地鐵U1、U3號線Stephansplatz站，步行約4~5分鐘 🏠 Lugeck 7 ☎(01) 5127979 ⏰7:00~24:00 🌐www.zanoni. co.at

臨近熙來攘往的史蒂芬廣場，以義式冰淇淋為主打的 Zanoni & Zanoni總是聚集滿滿人潮，這間維也納名店中的名店，從冰淇淋點餐櫃台前的列隊長龍以及坐滿顧客的附設用餐區，就可感受其超高人氣。經典的冰淇淋口感綿密、滋味細膩，每日約供應35種口味，另外還可在此享用早餐、點心及咖啡飲料。

編輯筆記

德文冰品口味小辭典

奧地利人相當喜愛吃冰，不分寒暑冷熱都要來上一支，因冰品口味標示大多為德文，一般只能請店員推薦、試吃或從顏色來猜測味道，以下介紹幾個常見的口味：

德文	中文	德文	中文
Apfel-Minz	蘋果薄荷	Vanille	香草
Kaffee	咖啡	Schokolade	巧克力
Pistazie	開心果	Erdbeere	草莓
Haselnuss	榛果	Himbeere	覆盆莓
Marille	杏	Johannisbeere	黑醋栗
Stracciatella	巧克力脆片	Birne	洋梨
Zitrone	檸檬	Mango	芒果

環城大道周邊Around the Ringstrasse

MAP ▶P.68B6 | Eis-Greissler

🚇地鐵U2號線Museumsquartier站，步行約6分鐘 🏠 Mariahilfer Straße 33 ⏰週一至週四11:00~21:00、週五至週日11:00~22:00 🌐www.eis-greissler.at

Eis-Greissler在維也納及格拉茲共有5間分店，位在瑪利亞希爾夫大道上的這間分店，裝潢風格是一貫的藍白格子與白色壁面，融入了一點仿歌德式拱頂的味道。Eis-Greissler的冰淇淋健康有機又美味，相當受到當地民眾喜愛，屏除一切人工添加物，亦不使用雞蛋，原料嚴選自家有機牧場產的新鮮牛奶及本地水果，每口都能嘗到天然無負擔的美味。這裡每日提供近20種口味選擇，味道濃郁不膩、口感細緻，店門前不時可見排隊人潮。

環城大道外圍Outer the Ringstrasse

MAP ▶P.67C4 | Salm Bräu

🚇搭路面電車71號至Unteres Belvedere站，步行約1分鐘；或從貝維德雷宮下宮的側門出去右轉，步行約2分鐘 🏠 Rennweg 8 ☎(01) 7995992 ⏰11:00~23:30(供餐至22:30) 🌐www.salmbraeu.com

緊鄰貝維德雷宮(Belvedere)下宮的Salm Bräu，是當地的美食名店之一，好口碑在網路上廣為流傳，人氣之高往往在開店不久後就會客滿，建議儘量避開用餐尖峰時段造訪或事先預約。

Salm Bräu的釀酒廠與啤酒餐廳分別開設於1924及1994年，改建自Wilhelmina Amalia的修道院的建築相當有歷史情調，夏季則會開放露天用餐區，綠意點綴的環境、觥籌交錯的歡暢氛圍，十分放鬆舒暢。除了必點的自家釀造啤酒之外，菜單的內容也相當豐富，其中尤以豬腳及肋排最為經典，超大份量的豬腳皮酥脆肉鮮嫩，肋排則令人吮指回味。

內城區Innere Stadt

MAP ▶ P.69E3 **Österreichische Werkstätten**

地鐵U1、U3號線Stephansplatz站，步行約2分鐘 ⌂Kärntner Straße 6 ☎(01) 5122418 ●週一至週五10:00~18:00(週六至18:30) ⊗週日 ⓤoew.at

Österreichische Werkstätten的口號是「Form+Function」，為了延續「維也納藝術工坊」(Wiener Werkstätte)的精神，將藝術融入生活，在1948由創立「維也納手工藝作坊」之一的約瑟夫·霍夫曼(Josef Hoffmann, 1870~1956)開設這家店，他創作的椅子、沙發和玻璃器皿，至今仍是膾炙人口的藝術珍品。3層樓的店裡展示著1903年以來的眾多藝術創作，還有新開發的商品，讓使用者可以在生活中體驗新藝術的簡約與精巧。

內城區Innere Stadt

MAP ▶ P.68D2 **Julius Meinl**

地鐵U1、U3號線Stephansplatz站，步行約4分鐘 ⌂Graben 19 ☎(01) 5323334 ●週一至週五8:00~19:30、週六9:00~18:00 ⊗週日及假日 ⓤwww.meinlamgraben.eu

1862年，Julius Meinl在維也納市區開設了第一家雜貨店，出售綠咖啡和香料，它是第一家創造出混合咖啡，同時提供新鮮烘烤咖啡豆的店家，也因為商品可信賴的品質，讓它成為高品質商品的代名詞。如今這個專門出售高級食材的大型食品店，在全世界超過70多個國家設立了無數分店。

這間位於格拉本大街和菜市場大街交會口的Julius Meinl，是遊客必訪的朝聖地點，堆滿貨架的巧克力、葡萄酒、咖啡豆、香料等，沒有人能夠抵抗其魅力空手離開。

內城區Innere Stadt

MAP ▶ P.69E4 **Confiserie Heindl**

地鐵U1、U3號線Stephansplatz站，步行約5分鐘 ⌂Kärntnerstrasse 35 ☎(01) 5128241 ●週一至週六10:00~19:00、週日11:00~18:00 ⓤwww.heindl.co.at

在奧地利擁有超過30間分店的Heindl，是採購奧地利風格巧克力的好去處。堅持品質與新鮮，使用頂級原料，同時更著重產品的創新與傳統兼容，研發出各種美味巧克力。店內不只有販售知名的莫札特巧克力，還可見到西西皇后巧克力及外盒印有精緻圖案的各款商品，不同季節還會推出當季口味的商品。

內城區Innere Stadt

MAP ▶ P.69E4 **J.& L.Lobmeyr**

地鐵U1、U3號線Stephansplatz站，步行約5分鐘；或地鐵U1、U2、U4號線Karlsplatz站，步行約6分鐘 ⌂Kärntner Straße 26 ☎(01) 51205080 ●10:00~18:00 ⊗週日及假日 ⓤwww.lobmeyr.at

奧地利生產的水晶舉世聞名，許多世界知名的歌劇院和宮殿的水晶吊燈都是來自於此，金碧輝煌的店面裡販售著高價位的水晶產品，不過也有打折的精緻葡萄酒杯，有機會可以挖到物美價廉的寶貝。店裡三樓設有一座小型的水晶博物館，收藏了眾多閃亮的水晶，開放遊客免費參觀，包括以嶄新手法呈現的青年風格藝術作品，以及極具歷史價值的波西米亞玻璃水晶製品。

內城區Innere Stadt

MAP ▶ P.69E2 **Manner**

地鐵U1、U3號線Stephansplatz站，步行約2分鐘 ⌂Stephansplatz 7 ☎(01) 5137018 ●10:00~21:00 ⓤwww.manner.com

奧地利人從小吃到大的Manner巧克力夾心餅乾，起源可追溯至1890年Josef Manner I所建立的點心王朝，當時巧克力還是奢侈品，一般工作階層要花兩天的薪水才買得起一片，為了讓所有人都可輕鬆享用，而有了Manner品牌的誕生。

Manner從1898年推出巧克力夾心餅乾至今，依舊是奧地利人從小吃到大的人氣點心。現在在維也納與薩爾斯堡都有實體店鋪，除了自家招牌點心與他牌Dragee Keksi等當地巧克力點心，更有Manner自家品牌服飾與包包。

內城區Innere Stadt

MAP ▶ P.69E2 **Haas & Haas**

🚇地鐵U1、U3號線Stephansplatz站，步行約3分鐘 🏠Stephansplatz 4 ☎商店(01) 5129770；茶館(01) 5122666 🕐商店週一至週五9:00~18:30(週日至18:00)；茶館週一至週六8:00~20:00、週日9:00~18:00 🌐www.haas-haas.at/en

　　位在史蒂芬教堂後方的Haas & Haas，歷史超過30年，是由Eva與Peter Haas夫妻創立的茶葉品牌，店內散發淡雅的芬芳茶香，商品以紅茶及花草茶為主，包括大吉嶺、錫蘭、阿薩姆等茶葉，輔以與茶相關的商品，像是果醬、茶壺、茶杯、糖果等，還有特殊的莫札特茶，種類多樣且包裝典雅，不管是自用或是送禮都相當合適。一旁則有附設餐廳，可來段優雅的午茶時光。

內城區Innere Stadt

MAP ▶ P.68D2 **Engel Apotheke**

🚇地鐵U3號線Herrengasse站，步行約2分鐘 🏠Bognergasse 9 ☎(01) 5334481 🕐週一至週五8:00~18:00(週六至12:00) 🌐週日及假日

　　Engel Apotheke為「天使藥局」之意，是從16世紀營業至今的藥局老舖，然而比起購物，更吸引眾人目光的是它的觀光價值，1902年為遷到現址而拆除重建，由奧地利建築設計師Oskar Laske操刀改裝重建，成為現在維也納分離派的樣貌，上頭的天使壁畫尤其出名，成為遊客拍照留影的重要景點。

內城區Innere Stadt

MAP ▶ P.69E3 **Petit Point**

🚇地鐵U1、U3號線Stephansplatz站，步行約3~4分鐘 🏠Kärntner Straße 16 ☎(01) 5124886 🕐週一至週五10:30~18:00(週日至17:00) 🌐週日 🌐www.petitpoint.eu

　　Petit Point已在克爾特納大街佇立近百年的時光，是大道上最古老的店家之一。Petit Point專賣「點刺繡」商品，這個流傳數世紀的手工藝是於巴洛克時期所衍生出來，在奧地利各地廣為流行，就連瑪麗亞‧泰瑞莎也於閒暇之時從事這項精細工藝。店內販售的點刺繡種類包含晚宴包、錢包、手鏡與畫作等適合收藏家或上流社會的商品，精美的用色與細膩的做工讓人驚艷不已，但因為相當耗費心力與時間，所以售價也不便宜。

內城區Innere Stadt

MAP ▶ P.69E3 **Mostly Mozart**

🚇地鐵U1、U3號線Stephansplatz站，步行約4分鐘 🏠Kärntner Strasse 20 🕐週日至週五10:00~21:00(週六至18:00)

　　Mostly Mozart是採買紀念品與伴手禮的好去處，無論吃的、實用的還是裝飾的都應有盡有，店裡擺滿莫札特巧克力、設計T恤、克林姆杯盤、造型磁鐵等，種類繁多且氣勢驚人，在克爾特納大街上就有兩間分店，絕對不會錯失採購的機會。

編輯筆記

美妝產品哪裡買

　　超過30年歷史的BIPA在奧地利擁有超過500間的分店，是國內規模最大的藥妝連鎖店；美妝產品除了可在BIPA購買外，也可從連鎖店Müller及dm入手，前者販售的種類相當多元，有化妝品、文具及玩具等生活用品，後者則可見到許多有機食品與醫療保健產品。人氣美妝產品與品牌包括德國卡蜜兒(Kamill)護手霜、克奈圃(Kneipp)、薇莉達(Weleda)等，都可在上述店鋪中找到。

編輯筆記

奧地利的超市

在物價昂貴的奧地利，能以最划算的價格入手商品的地方當屬超市，各種茶包、點心零食、調味包、當地飲料等商品集中，可在此找到許多好物。當地有許多連鎖超市，如分店數量最多的BILLA、販售許多點心類商品並賣小菜的SPAR、售價普遍較便宜的Hofer等。另外，超市的營業時間與一般商店相同，通常是週一至週五約營業至20:00，週六約至下午18:00，週日則休假；但在車站內的超市為了服務來往人潮，營業時間往往較長，其中像Praterstern站內的BILLA週日也會營業。

內城區Innere Stadt

| MAP ▶ P.69E2 | **Leschanz - Wiener Schokolade König** |

🚇地鐵U1、U3號線Stephansplatz站，步行約3分鐘 🏠Freisingergasse 1 ☎(01) 5333219 🕐10:00~18:00 🚫週日及假日 🌐www.leschanz.at

店名代表「維也納巧克力之王」，原址是皇家御用的衣釦專賣店，後來改裝為這間巧克力店，因此店內飄著濃濃的舊日風情，當初裝衣釦的櫃子也完整保存下來。店老闆曾在薩赫咖啡及德梅爾咖啡任職，販賣的巧克力也相當有質感，最具特色的就是鈕釦巧克力及醃紫羅蘭巧克力，不僅看來秀色可餐，嘗來更是綿密細滑，的確是頂級美味。

環城大道周邊Around the Ringstrasse

| MAP ▶ P.68B5 | **Butlers** |

🚇地鐵U2號線Museumsquartier站，步行約4分鐘 🏠Mariahilfer Straße 17 ☎(01) 5857108 🕐週一至週三9:00~20:00，週四至週五9:00~20:30，週六9:00~18:00 🚫週日 🌐www.butlers.at

源自德國的家居雜貨店，販售各種家飾、家具、廚房用品、居家雜貨等多元化商品，在歐洲擁有160間以上的分店，是規模相當龐大的企業。Butlers明亮彩色的招牌彷彿具有魔力般，不僅吸睛，整個人更是不自覺地被吸引過去，商品的陳列方式相當能勾起購買慾，可愛繽紛的商品羅列架上，即使大型家具跟電器都帶不走，但光是各式生活雜貨就能讓人挑選許久，可以在此大肆挖寶。

環城大道周邊Around the Ringstrasse

| MAP ▶ P.68A6 | **Brandy Melville** |

🚇地鐵U2號線Museumsquartier站，步行約5分鐘 🏠Mariahilfer Straße 29 ☎(01) 5811919 🕐週一至週三10:00~19:00、週四至週五10:00~19:30、週六10:00~18:00 🚫週日 🌐www.brandymelville.com

瑪利亞希爾夫大道上可見許多知名服飾大品牌，而這間來自義大利的Brandy Melville，人氣比起其他大廠牌可是一點都不遜色，兩層的空間以樓中樓的方式呈現，讓占地不大的店面也能擁有開闊感；木質地板營造出鄉村樸實風情，服飾則走L.A.的美式簡單率性風，是Miley Cyrus、Audrina Patridge等眾多好萊塢女星愛穿的品牌之一。藥妝、雜貨、家飾、服飾等各類商家，可以一舉買齊所有想要的東西。

內城區Innere Stadt

| MAP ▶ P.68C2 | **Xocolat** |

🚇地鐵U3至Herrengasse站，步行約3~4分鐘 🏠Freyung 2 ☎(01) 5354363 🕐10:00~18:0 🚫週日及假日 🌐www.xocolat.at

坐落於費爾斯特宮(Palais Ferstel)內的拱廊購物街，Xocolat巧克力專賣店被喻為是維也納最美味的巧克力店之一，還曾被雜誌《Travel + Leisure》評選為2013年全球最可口的甜點，美味實力不容小覷。店內大型木櫃陳列超過400種品項，囊括歐洲各地及自家手工製作的巧克力，除了玻璃櫃內那一顆顆飽滿的巧克力球，店內的貓舌巧克力、擁有趣味包裝的商品等也值得一嘗。

Where to Stay in Vienna
住在維也納

內城區Innere Stadt

MAP ▶ P.68D4	維也納薩赫飯店 Hotel Sacher Wien

🚇 地鐵U1、U2、U4號線Karlsplatz站，或地鐵U1、U3號線Stephansplatz站下車，步行皆約5~7分鐘 🏠 Philharmonikerstraße 4 ☎(01) 514560 🌐www.sacher.com/en/vienna

薩赫咖啡館經營成功後，在1876年興建了一幢華麗的飯店，至今仍是維也納市中心最豪華的飯店，可以感受到哈布斯堡王朝時代尊貴的氣勢。飯店共有149間客房或套房，分成數種裝潢風格，皆配備優雅的家具、珍貴的骨董和繪畫擺飾，以及先進的現代化設施。此外，地理位置亦很便利，靠近霍夫堡皇宮、維也納國家歌劇院以及聖史蒂芬教堂等重要景點與核心地帶。

內城區Innere Stadt

MAP ▶ P.69E5	Hotel Bristol

🚇 地鐵U1、U2、U4號線Karlsplatz站，步行約2分鐘 🏠 Kärntner Ring 1 ☎(01) 515160 🌐www.hotelbristolwien.com

位於國家歌劇院旁、開幕於19世紀末的Hotel Bristol，散發一股懷舊的奢華氛圍。四處高掛的肖像畫、懸掛著枝狀吊燈的挑高天花板、以華麗織品為材質的扶手椅、大理石地板、擺設古董家具的客房等，整座飯店猶如皇宮般精緻，大廳中不時傳來的現場鋼琴演奏，讓人想起維也納之所以稱為「音樂之都」的原因。打從營業開始，這裡就是維也納藝文界和商務人士最優雅的會面場所。

環城大道周邊Around the Ringstrasse

MAP ▶ P.68A4	Hotel Sans Souci Wien

🚇 搭乘地鐵U2、U3至Volkstheater站下車，從Burggasse出口出站步行約1分鐘可達。 🏠Burggasse 2 ☎(01) 5222520 🌐www.sanssouci-wien.com

Hotel Sans Souci Wien改建自1872年的百年建築，外觀保留歷史古典原貌，內部裝潢則請來飯店及住宅專業設計團隊yoo操刀，63間客房及套房都是不同的設計，寬闊優雅的空間風格與明快的用色，並裝飾有藝術家的原畫，富含城市的現代時尚感。飯店全區提供免費無線上網，大型SPA區裡頭有室內游泳池、蒸氣浴室及三溫暖，還附設有健身房、La Véranda餐廳及酒吧。除了鄰近知名景點之外，飯店旁就有大型超市SPAR，市區觀光、購物飲食及採買伴手禮都相當方便。

© Austria Trend Hotels

環城大道外圍Outer the Ringstrasse

MAP ▶ P.67A5	Schloss Schönbrunn Grand Suite

🚇 地鐵U4號線Schönbrunn站，步行約10分鐘 🏠 Schönbrunner Schlossstraße 47 ☎(01) 87804-0 🌐www.austria-trend.at/en/hotels/schloss-schonbrunn-suite

Schloss Schönbrunn Grand Suite屬於Austria Trend Hotels的一員，就設立在熊布朗宮頂樓的一隅，享有管家式的尊榮服務，而且位置非常隱密，連在宮裡工作的服務人員都不一定知道。至於早餐和晚餐，可以選擇到不遠處的同系統飯店Parkhotel Schönbrunn內享用，也可安排專人到府服務(套房裡附設專屬的廚房)。

MAP ▶ P.113C1

克雷姆斯

MOOK
Choice

Krems

瓦豪最東端的歷史古城

🚗 從維也納的Spittelau或 Franz-Josefs-Bahnhof火車站搭乘火車可達，車程約1小時 📱www.krems.info

　　位於多瑙河北岸的克雷姆斯，緊鄰著它的雙子城斯坦(Stein)，是多瑙河畔最早有人居住的地區之一，出土文物歷史可追溯到32,000年前；大約於13世紀開始形成村鎮，目前是瓦豪地區人口最多的城市，且擁有中歐保存最完整的舊城區，包括哥德式教堂、13世紀的城堡等。克雷姆斯的城門通道十分特別，穿過城門下的通道，走進去之後就是克雷姆斯最熱鬧的街道，兩旁都是商店和餐廳，可以在古色古香的街道上逛街購物。穿梭在狹窄的巷弄間，一步一腳印地追尋久遠的歷史，別有一番浪漫情懷。

　　這裡也是多瑙河著名的酒區，鎮上有許多新釀酒酒館，夏季時分，遊客可在此品飲從多瑙河畔孕育出的香醇佳釀。走上克雷姆斯的山坡，可以見到連接對岸小鎮Mautern的鐵橋，以及遠方山丘上的巴洛克修道院Gottweig。

瓦豪小圓麵包Wachauer Laberl

　　瓦豪地區的人很愛吃一種小小的圓麵包，名為Wachauer Laberl，外脆內軟，散發著天然發酵的麥香。這是由杜倫斯坦街上一家叫做Schmidl的麵包店所發明的，打從1905年至今，秉持著一貫的獨家配方，雖然後來也有不少同業爭相仿效，但當地人最愛的仍是超過百年的正宗口味。目前Schmidl已取得專利，麵包背面有S字樣的才是正字標記，瓦豪一帶的餐廳多半都有供應；剛好路過店家的話不妨買來嘗嘗。

🏠Dürnstein 21 ☎(02711) 2240
🕐週一至週六7:00~17:00(週日8:00起)
📱www.schmidl-wachau.at

MAP ▶ P.113B1

杜倫斯坦

MOOK
Choice

Dürnstein

藍色巴洛克式教堂與紅屋瓦的絕美

🚗 從維也納的Spittelau或Franz-Josefs-Bahnhof火車站，搭乘火車到達克雷姆斯後，再轉搭前往杜倫斯坦的列車，約10分鐘可達 📱www.duernstein.at

　　這座被山丘與綠意圍繞著的小鎮，已經成為瓦豪河谷的代表畫面，藍色的巴洛克式教堂矗立在紅色屋瓦中，遠方的山丘上有座中世紀的古堡遺跡。

　　1193年，英王獅心王理查(Richard the Lion-Hearted)曾經被禁錮於這座古堡中。據說當時他正從第3次十字軍東征返途中，因為巴登堡的利奧波德五世和英格蘭國王之間的恩怨而在維也納附近被捕，最後被送到這棟城堡中囚禁。後來，英國付了贖金將獅心王理查贖回，才結束了他近3個月的獄中生活。

MAP▶P.113B1

史匹茲
Spitz

葡萄園包圍的河畔酒鄉

🚊從維也納的Spittelau或Franz-Josefs-Bahnhof火車站，搭乘火車到達克雷姆斯後，再轉搭前往史匹茲的列車，克雷姆斯至史匹茲約30分鐘可達 🌐www.spitz-wachau.at

這座迷人的小鎮，簡直就是被包圍在葡萄園之中！鎮中心的廣場上矗立著15世紀的教區教堂，哥德式晚期的尖塔成為醒目的地標，而四周文藝復興式或巴洛克式的民宅幾乎都是世代種植葡萄的釀酒商。背後的千斗山(Thousand-Bucket-Hill)，葡萄園像階梯一般層層疊疊，據說收成好時一年可以採收56,000公升的酒；舊城堡的遺跡高踞蓊鬱的山頂上，而多瑙河就像一條腰帶環繞在山腳下，令人驚喜發現多瑙河比傳說中的還要詩情畫意、美不勝收。

這裡也是瓦豪河谷遊船的中間站，如果時間不多，也可以只買克雷姆斯或梅克到史匹茲的船票。另外，這裡的河上沒有橋，所以往來兩岸得靠渡船。

MAP▶P.113B1

阿格斯坦城堡
Burgruine Aggstein

MOOK Choice

古堡登高眺望多瑙河風光

📍3642 Aggsbach Dorf ☎(02753) 8228-1 ▼9:00~18:00 💰成人€7.90、6~16歲€6.90 🌐www.ruineaggstein.at

奧地利最有名的城堡遺跡，高踞在150公尺高的多瑙河谷上，來到城堡最高點，蜿蜒的多瑙河與一望無際的葡萄園盡在眼前。城堡最早是12世紀由三世公爵所建，目前僅存「Pürgel」

和「Stein」兩塊遺址。1429年，在原有遺址上，由五世公爵(Duke Albrecht V)委託侍衛長(Jörg Scheck vom Wald)重建。1529年為了抵禦土耳其人而加建，1606年城堡易主且擴建，1903年再度易主。

城堡長達120公尺，每個部份都是要塞，守衛著東方唯一的入口，而其中最堅固的地方則是前方和後面的城牆，保護著城堡中央。昔日的城堡廚房目前為夏季開放的咖啡館。

MAP▶P.113B2

梅克
Melk

歷史悠久的可愛小鎮

🚊從維也納的西火車站(Wien Westbahnhof)搭乘火車到達梅克，車程約1.5小時 🌐www.visitmelk.com

梅克就位於聞名的梅克修道院山腳下，是座歷史悠久的可愛小鎮，大多數的房子都建於16~17世紀。最早在羅馬時代就已經有碉堡在此地建立，中世紀時是巴登堡王朝(Babenberg)的居住地，巴登堡的利奧波德二世(Leopold II)在1089年將山丘上的城堡捐給本篤會(Benedictine)的僧侶，城堡於是

被改建為梅克修道院，後來曾經毀於大火，在1702~1736年，經由多位藝術家的努力重建為現貌。記得到梅克旅客中心拿張「紅色路線」(Der Rote Faden)導覽地圖，照著上面羅列的古蹟走一圈，能對梅克的歷史演進有初步了解。

梅克修道院
Stift Melk
規模懾人的巴洛克建築

🚶 從梅克火車站步行約10分鐘可達。 🏠Abt-Berthold-Dietmayr-Str. 1, A-3390 Melk ☎(02752) 555-0 🕐修道院4~10月9:00~17:30；11~3月週一至週五僅限導覽行程11:00、13:30、15:00，週末及假日10:00~16:30；英語導覽行程5~9月10:55、13:55、14:55，4月及10月10:55、14:55，11~3月11:00、13:30、15:00；詳細開放時間請見官網 💲修道院全票含導覽€16、不含導覽€13，27歲以下含導覽€9.50、不含導覽€6.50；花園全票€4.50，27歲以下€3.50、6~16歲€1 🌐www.stiftmelk.at

歷史超過900年的梅克修道院，是巴洛克建築的經典，建築師Jakob Prandtauer將它與自然完美地融為一體，成為藝術傑作。1908年起，由城堡改建的修道院成為本篤會僧侶們修行的地方，並成為當地教育與宗教中心，在此他們宣揚並保存基督教的教義與文化。現在的梅克修道院不僅是教育中心，更成為多瑙河地區最熱門的觀光景點。修道院幅員廣大，除了著名的大理石廳、圖書館和教堂外，還設有博物館，館內收藏眾多珍寶，儼然就是一部梅克修道院的歷史。此外，修道院裡還有廣大的花園，東側樹木濃密，而充滿巴洛克風格的亭閣位於較開放的西側花園。

大理石廳 Marble Hall

大理石廳作為舞廳與餐廳之用，只有門框和門上的山牆是大理石做的，其他都是灰泥畫，這些畫作全出自於Gateano Fanti之手。天花板的濕壁畫出自Tyrolean Paul Troger之手，描繪希臘神話中的大力士海克力斯(Hercules)，是為了取悅喜歡神話故事的哈布斯堡皇族(尤其是查理六世)。

圖書館 Library

這座圖書館擁有藏書10萬冊，其中最古老的書籍可回溯至9世紀。天花板的濕壁畫同樣是1731~1732年由Tyrolean Paul Troger完成。

教堂Stiftskirche

教堂強而有力的雙塔高聳入天，建於1738年的雙塔帶著洛可可式的風格。教堂裡大量使用金色、橘色、赭紅色、綠色和灰色等色調，讓人忍不住為華麗的殿堂驚嘆連連。教堂中央的壁畫完成於1722年，出自薩爾斯堡的繪畫大師Johann Michael Rottmayr之手，描繪聖本篤(St. Benedict)升天的畫面。

精緻的管風琴旁邊的鴿子形像來自Benedicit，傳說他姐姐在他死時化作鴿子，在他之前飛入天堂。至於教堂兩旁的祭壇由義大利劇場設計師Antonio Beduzzi所建，以精美雕刻與塑像表現聖人的生活。

薩爾斯堡

薩爾斯堡
Salzburg

以「鹽」為名的薩爾斯堡，其發展歷史和採鹽息息相關。西元前8世紀，開始有人在薩爾河（原意「鹽河」）的上游採集鹽礦，因此逐漸形成聚落。羅馬人統治時期，該城因為位於軍事及南北道路的要衝而掌握了行政地位。羅馬帝國瓦解後，薩爾斯堡一度沒落，直到西元7世紀，巴伐利亞公國入侵，主教在此創立了聖彼得修道院才勾勒出薩爾斯堡的雛形。富可敵國的大主教統治薩爾斯堡直到19世紀拿破崙進攻為止，而後在維也納會議的決議下，薩爾斯堡正式成為奧地利的國土。

薩爾河蜿蜒流過城市中央，將城市切割成上下兩塊，左岸是最精華的舊市區，右岸的新城雖發展較晚，卻擁有許多高人氣景點。薩爾斯堡是音樂神童莫札特的故鄉，除了吸引世界各地慕名而來的遊客，每年音樂節時來自全球的大卡司，更讓各大表演廳和劇場一票難求。

改編自真人真事的電影《真善美》也為該地帶來觀光人潮，電影自1965年上映至今已將近60年，由於多首歌曲膾炙人口，人們只要聽到電影中的美妙配樂，腦海中總浮現薩爾斯堡動人的湖光山色與經典畫面，連同近郊的聖吉爾岡和鹽湖區都成了熱門景點。

117

INFO

基本資訊

人口：約15萬
面積：65.678平方公里

如何到達——航空

　　薩爾斯堡的莫札特機場(Salzburg Airport W.A. Mozart)位於Innsbrucker Bundesstraße上，在舊城區以西約3公里處。

🌐www.salzburg-airport.com

◎機場巴士

　　可搭乘Obus 2號從機場前往薩爾斯堡中央車站，平日10~20分鐘一班車，週日和假日20分鐘一班車，車程約20分鐘。也可搭乘10號從機場前往薩爾斯堡市區，週一至週六10分鐘一班車，車程約15分鐘。

　　預先上奧地利國鐵網站購買車票可享更優惠的價格，車票也可以在書報菸攤、自動售票機、ServiceCenter或直接向司機購買。薩爾斯堡卡則可在機場內的Reisebörse旅遊訊息中心、市區的飯店櫃台等處購買。

💲單程成人€2.10(車上購票€3)、15~18歲€1.50、6~14歲€1.10；車上僅限購買成人票

🌐www.salzburg-verkehr.at

◎計程車

　　從機場搭乘計程車前往薩爾斯堡中央車站(Salzburg Hauptbahnhof)約15~20分鐘。

◎租車

　　租車中心位於航站對面，從第一航廈經行人道步行到停車大樓的一樓處，即可找到以下租車公司櫃檯。

Avis/Budget
📞(0662) 877278
🌐www.avis.at

Europcar
📞18661650
🌐www.europcar.com

Hertz
📞(0662) 852086
🌐www.hertz.de

Sixt
📞(0810) 977424
🌐www.sixt.at

如何到達——火車

　　Salzburg Hauptbahnhof是薩爾斯堡的中央車站，無論是往來於維也納、茵斯布魯克、格拉茲等地，都是在此站上下車，車程依城市地點遠近而不同，從2~4小時不等。票價及時刻表請於下列網址查詢。

🌐www.oebb.at

如何到達——長途巴士

　　可搭乘郵政巴士(Postbus)從維也納、茵斯布魯克、格拉茲等地前往薩爾斯堡，時間各約需3小時、2小時、5小時20分。巴士總站位於薩爾斯堡中央車站前的Südtiroler Platz廣場。票價及時刻表請於下列網址查詢。

📞(0) 51717

🌐www.postbus.at

市區交通

◎巴士Autobus

　　薩爾斯堡市中心的景點很集中，多數能步行前往；不過，中央車站與市中心之間仍有一小段距離，必須搭乘巴士才能抵達。巴士是遊賞薩爾斯堡新舊城區和市郊的主要交通工具，行駛時間約是5:00~24:00。

　　為了服務夜歸者，Obus 1、3、4、5、6、7、9、10、25、28號公車於每週五、週六、國定假日前夕推出夜間巴士(NachtStern)，發車時間23:15~1:00，班距為30分鐘，往來於Rathaus、Hanuschplatz和Theatergasse等地。另外還有巴士計程車(BusTaxi)，從Hanuschplatz或Theatergasse出發，沿著12條固定路線行駛，除往來於薩爾斯堡市區外，也穿梭於郊區，沿途可任選下車處。週五、週六、國定假日前夕發車時間23:30~3:00，週日至週四發車時間23:30~1:30，每30分鐘一班，車資固定每人€4.50。

◎大眾交通票券

　　巴士是薩爾斯堡最便利的大眾交通工具，除了單次車票外，也可購買各式周遊券。第一次使用周遊券時，必須在車上的打卡機上打卡，上面會秀出使用的時間。雖然在這裡搭乘大眾交通工具不太會驗票，但是如果被抽查到沒買票，則罰款數倍，千萬不要以身試法。

薩爾斯堡市公車服務中心
📞0662632900
💲單程成人€2.10(車上購票€3)；24小時周遊券成人€4.50(車上購票€6.40)；myRegio 7天周遊券成人€39
🌐www.salzburg-verkehr.at

◎計程車Taxi

　　薩爾斯堡沒有流動計程車，特別是市區內許多地方禁止計程車進入，因此必須透過計程車招呼站或以無線電叫車的方式搭乘，車資按表計費，詳情請上網查詢。

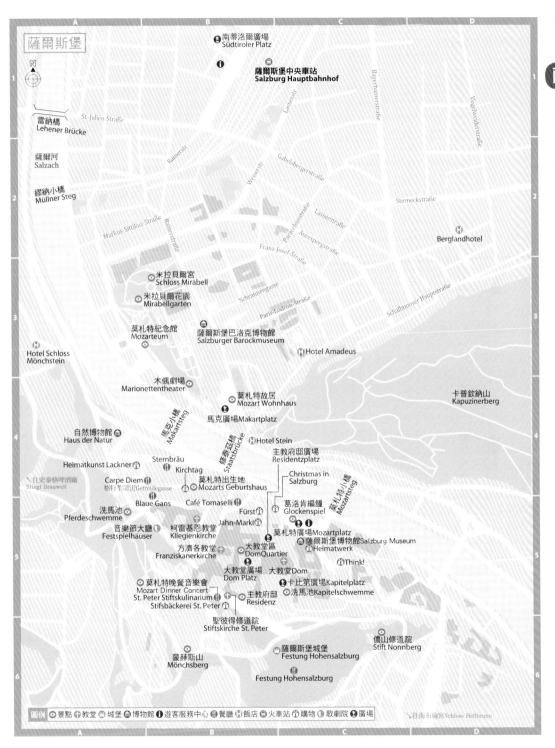

薩爾斯堡

優惠票券

◎薩爾斯堡卡Salzburg Card

　　結合交通工具和景點門票的薩爾斯堡卡，是旅遊薩爾斯堡最大的利器，擁有這張卡片不但可以免費單次進入薩爾斯堡多數的景點和博物館，還可自由搭乘市區巴士，以及免費單次利用城堡山纜車、薩爾河遊船、郊區的蒙赫斯山纜車(Mönchsbergaufzug)等交通工具，在薩爾斯堡暢行無阻。

　　薩爾斯堡卡分為24、48、72小時三種，可在網站、遊客中心、地鐵站的自動販賣機、路邊的書報煙攤或飯店櫃台購買。開始使用薩爾斯堡卡時別忘了先在卡片上寫下使用者姓名、使用日期與時間，卡片效期是以開始使用的時間計算，而非日期。

🅢1~4月、11~12月24小時卡€27，48小時卡€35，72小時卡€40；5~10月24小時卡€30、48小時卡€39、72小時卡€45

🆆www.salzburg.info/en/hotels-offers/salzburg-card

觀光行程

◎隨上隨下觀光巴士Hop On Hop Off

　　這是一日之內可以自由上下車遊覽的巡迴巴士，車上共有13種語言的語音導覽可供選擇，沿途還能聽到景點解說。從起始點米拉貝爾宮廣場/莫札特紀念館出發，一路停靠莫札特小橋、海布倫宮及中央車站等處，一次走遍新舊城區與市區的《真善美》拍攝場景。詳細路線及時刻表請上官網查詢，車票則可在起始站時上車向司機購買，或直接到官網購買。

☎(0662) 881616

🅢一日券成人€26起、6~14歲兒童€13起；網路購票可享有優惠

🆆www.salzburgsightseeing.at

◎真善美之旅Sound of Music Tour

　　到薩爾斯堡想要來一趟「真善美之旅」，重溫電影《真善美》的經典場景嗎？最方便的方式就是參加Salzburg Sightseeing Tours的行程，詳細資訊請

薩爾斯堡音樂節

　　創立於1920年的薩爾斯堡音樂節，是全世界水準最高、享譽盛名的音樂慶典，當初是專為演奏莫札特作品而設立的節慶，此後，一系列著名的指揮家擔任音樂節的指揮，例如卡拉揚曾親自領導與指揮音樂節長達30多年，使得薩爾斯堡音樂節名氣搏扶搖直上。每年7月底至9月初音樂節期間，音樂節大廳、大教堂、莫札特音樂學院、州立劇院、米拉貝爾宮等都有音樂活動。

© Tourismus Salzburg GmbH

見P.130。

旅遊諮詢

◎薩爾斯堡旅遊局

🆆www.salzburg.info

中央車站遊客中心

📍Südtiroler Platz 1

🕐4~5月、9~10月9:00~18:00，6~8月8:30~18:00，11~3月週一至週六 9:00~18:00，週日 9:00~17:00

☎(0662) 8898734

莫札特廣場遊客中心

📍Mozartplatz 5

🕐1~3月週一至週六 9:00~17:00，4~5月、12月9:00~17:00、6~9月 9:00~18:00、10~11月週一至週六 9:00~17:00

☎(0662) 88987330

城市概略City Guideline

舊城區(Altstadt)位於薩爾河左岸,是最初主教公國統治的領地,以聖彼得修道院為核心擴展到主教府邸和山頭的城堡,富麗堂皇的教堂與宮殿、狹小曲折的街道以及大大小小的廣場,匯聚成遊客必訪的精華景區。新城區(Neustadt)位於薩爾河右岸,雖然開發較晚,但著名的莫札特故居、米拉貝爾宮、薩爾斯堡火車站等,都在這裡。

近郊的薩爾茲卡莫古特(Salzkammergut)通稱「鹽湖區」,距薩爾斯堡約1小時車程,區內有許多名聞遐邇的湖濱小鎮,如聖沃夫岡、巴德伊舍、聖吉爾根及哈爾施塔特等,是相當熱門的旅遊區,非常適合展開一日遊。而沃夫岡湖、蒙特湖等景點,也因經典電影《真善美》的取景一炮而紅。

薩爾斯堡散步路線
Walking Route in Salzburg

薩爾斯堡非常適合散步,主要的景點大都聚集於左岸的舊城區,而莫札特受洗的①**大教堂**就位於左岸的中心,由此展開旅程,往南經過卡比第廣場,欣賞新藝術作品及洗馬池,接著朝山上小徑走去,抵達山頂

的②**薩爾斯堡城堡**,繞著城牆遊逛眺望,然後下山來到薩爾斯堡最初的發源地③**聖彼得修道院**。你可以在修道院附設的麵包店購買傳承好幾世紀配方的麵包,或是在昔日酒窖改建的餐廳裡大啖奧地利料理。

休息後前往④**主教府邸**,參觀裝飾華麗的廳房和展示主教收藏的藝廊,再到⑤**方濟各教堂**,觀賞高挑的肋拱形成非常獨特的祭壇結構。繼續往西走,抵達薩爾斯堡音樂節最重要的表演場所⑥**音樂節大廳**,音樂節大廳前方的道路走到底,就是彩繪著馬匹英姿的⑦**洗馬池**;走過當地最熱鬧的⑧**格特萊第街**,最後至⑨**莫札特出生地**追憶這位作曲家的生平。

距離:約2公里
所需時間:約1.5小時

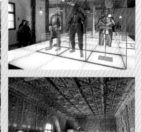

舊城區Altstadt

MAP ▶ P.119B6

薩爾斯堡城堡

MOOK Choice

FestungHohensalzburg/Hohensalzburg Castle

昔日防禦堡壘今日城市地標

🚠 從卡比第廣場(Kapitelplatz)附近搭纜車前往,約1分鐘 🏠 Mönchsberg 34 ☎(0662) 842430-11 🕐城堡10~4月9:30~17:00,5~9月8:30~20:00 (部分設施9:00~19:00);纜車1~3月及11月9:00~17:00,4月9:00~18:00,5~9月8:30~21:30,10月及12月9:00~20:30 💰城堡通票(含來回纜車、城堡內部和語音導覽)成人€17.40、6~14歲兒童€6.60,城堡通票(含下行纜車、不含城堡內部)成人€14、6~14歲兒童€5.70,網路購票可享優惠;持薩爾斯堡卡可免費搭來回纜車及單次進出城堡 🌐城堡www.salzburg-burgen.at、纜車www.5schaetze.at/en/festungsbahn

高高聳立在山丘上的薩爾斯堡城堡建於1077年,大主教Gebhard為了抵禦巴伐利亞公爵的侵犯而建,從此,每位上任的大主教都會為這座城堡添磚加瓦,直到16世紀為止。

從卡比第廣場(Kapitelplatz)附近可搭乘纜車上山,這是前往城堡最快速又不費力的方式。薩爾斯堡城堡周遭可自由參觀,沿著城牆繞一圈,可以俯瞰整個市區全景。沿途可以看見形成城堡大致規模的主教Leonhard von Keutschach的象徵「甜菜」(beetroot)徽章,還能看見代表城牆的獅子手抓甜菜的徽章。

城堡裝飾華麗的內部也值得參觀,天花板和門框綴滿晚期哥德式木雕的Fürstenzimmer,還有一座16世紀管風琴;Burgmuseum中陳列著主教的盔甲及刑具,包括罪犯執刑時被迫戴上的「羞恥面具」(Schandmasken);Rainer-Regiments博物館則展出1945年之前的步兵團部署情況;此外還有一間木偶博物館(Marionettenmuseum)。

舊城區Altstadt

MAP ▶ P.119A5、119C5

洗馬池

Schwemme

以雕像壁畫展現馬匹的靈動美感

在舊城區中總共有兩處洗馬場,分別位於卡比第廣場的Kapitelschwemme和音樂節大廳旁卡拉揚廣場上的Pferdeschwemme。Kapitelschwemme出現於中世紀,不過今日的噴泉是1732年所設計,方便馬匹上下的斜坡通往中央的海神雕像,Neptune騎坐在海馬身上,頭頂皇冠、手持三叉戟;在它的壁龕上方裝飾著重建這座噴泉的主教Leopold Firmian的徽章。Pferdeschwemme更能顯現昔日洗馬場的歷史,無論是馴馬師調教馬匹的雕像,或是後方出自18世紀宮廷畫家之手的壁畫,都展現出純種馬靈動的美感。

舊城區Altstadt

MAP ▶ P.119B5

方濟各教堂

Franziskanerkirche/Franciscan Church

混血建築展現多樣化風貌

從莫札特廣場遊客中心步行約5分鐘 Franziskanergasse 5 6:45~19:45，彌撒時不對外開放參觀 自由捐獻 www.franziskanerkirche-salzburg.at

教堂歷史可回溯至11世紀，經過多次整修重建，成為擁有羅馬式正門、文藝復興式主殿、哥德式混雜巴洛克式祭壇的多元建築。

哥德式肋拱挑高的屋頂令人印象深刻，半圓形的唱詩班席猶如堂中之堂，位於祭壇中央的聖母是晚歌德時期風格的傑作，而她懷中的《幼年耶穌像》是19世紀末才新增的作品。9間粉飾灰泥的小禮拜堂環繞半圓形主殿後方，大量的雕像和壁畫點綴其中。位在通往講道壇階梯旁的大理石獅子是方濟各教堂最古老的藝術作品，出現在12世紀。

舊城區Altstadt

MAP ▶ P.119B5

音樂節大廳

Festspielhaus/Festival Halls

薩爾斯堡音樂節的表演場地

從莫札特廣場遊客中心步行約7~10分鐘 Hofstallgasse 1 (0662) 80450 參觀內部須參加導覽行程(英文及德文)，約50分鐘；導覽行程每天14:00、7~8月每天9:00，如遇彩排和演出則取消，請見官網公告 導覽行程每人€7、6~12歲兒童€4、6歲以下免費，持薩爾斯堡卡免費參加一次 www.salzburgerfestspiele.at

音樂節大廳從1960年起做為薩爾斯堡音樂節的表演會場，1926年由昔日的冬季馬術學校改建。廳內

舊城區Altstadt

MAP ▶ P.119A4B4

格特萊第街

MOOK Choice

Getreidegasse/Grain Lane

穿梭於迷宮般街道欣賞特色招牌

從莫札特廣場遊客中心步行約5分鐘

格特萊第街若以意譯則指「糧食胡同」，這條大街最迷人的地方是一個個纖美扭曲的鑄鐵招牌，每家商店招攬客人的招數彷彿都用在懸掛門外的招牌上。狹長的道路兩旁全是精品店、餐廳、咖啡屋，逛著逛著，很容易被迷宮般彎曲的石板路及大大小小的廣場搞得昏頭轉向。

設有兩座大型音樂廳和一座2006年紀念莫札特的小型音樂廳「Haus für Mozart」。

Grosses Festspielhaus大音樂廳可容納2,179個觀眾，舞台、表演空間與維也納國家歌劇院相同，設備世界級水準；岩石騎術學校(Felsenreitschule)音樂廳則是露天劇場，可容納1,549個觀眾，其前身是大教堂的採石場，1693年被改建成舞台，還將岩壁裝飾成一道道圓拱，當作貴族包廂，如今卻成為舞台美麗的背景。

舊城區Altstadt

MAP ▶ P.119B5

薩爾斯堡大教堂區
DomQuartier

1,300年歷史風華再現

🚶 從莫札特廣場的遊客服務中心步行約2分鐘　🏠 Residenzplatz 1 & Domplatz 1a　📞(0662) 80422109　⏰10:00~17:00(7~8月至18:00)　💶全票成人€13、學生€8，6歲以下免費，皆含語音導覽。持薩爾斯堡卡免費單次進出　🌐www.salzburg.info/en/sights/top10/domquartier-salzburg

　　占地15,000平方公尺的館區內收藏了2,000件珍貴作品，從歷史、藝術與建築等多重面向，引領遊客一探當時主教的生活。以巴洛克建築為主的薩爾斯堡，城市景觀的基礎可說是由Guidobald Graf von Thun主教所打下，他在1654~1668年的執政期間建造了大教堂廣場、主教府邸廣場，聖彼得修道院的70公尺長畫廊等，除了為薩爾斯堡的浪漫歷史街景打下根基，也成就了今日的薩爾斯堡大教堂區。

　　全區動線從主教府邸展開，沿途參觀主教府邸國家廳(Prunkräume)、主教府邸畫廊(Residenzgalerie)、大教堂露台、大教堂博物館(Dommuseum)、聖彼得博物館(Museum St. Peter)、方濟各教堂(Franziskanerkirche)等景點，一票就將薩爾斯堡1,300年的風采盡收眼底。

舊城區Altstadt

MAP ▶ P.119B5

主教府邸
Residenz/Residenz Palace

裝潢華麗的歷任主教居住地

📞(0662) 80422118　⏰💶同薩爾斯堡大教堂區

　　這座龐大的複合式建築是歷任主教自1120年起居住的地方，幾世紀以來不斷擴建，現在的建築落成於1619年，內部裝潢以巴洛克與古典式為主，擁有約180個房間和3座寬敞的中庭。主教府邸二樓部份房間供遊客參觀，首先進入眼簾的侍衛廳(Carabinierisaal)可回溯到1600年，天花板的彩繪象徵風、水、火、土四大元素，過去主要供大主教護衛所用，亦作為劇院和宴會廳；國家廳(Prunkräume)是主教舉辦儀式的地方，天花板壁畫出自Michael Rottmayr和Martino Altomonte之手。

　　莫札特11歲時曾在騎士廳(Rittersaal)獻藝，當時他的父親是主教管絃樂隊的指揮，這間音效良好的廳房如今仍不時舉辦音樂會；至於他6歲時初登場的地方是議事廳(Ratszimmer)。最漂亮的謁見廳(Antecamera)象徵教會至高無上的權力；帝王廳則展出歷任哈布斯堡皇帝的肖像。

　　府邸外的廣場是市民集會場地，1587年，好大喜功的年輕主教沃爾夫將廣場挪出來興建主教教堂，中央的噴泉雕塑建於1659年，高達15公尺，是全世界最大的巴洛克雕像。

舊城區Altstadt

MAP ▶ P.119C5

大教堂
Dom/Cathedral

坐擁彩繪壁畫的巴洛克建築

🕙1~2月及11月8:00~17:00，3~7月、9~10月及12月8:00~18:00，8月8:00~19:00，週日均為13:00起開放；午間音樂會每天約12:04；導覽行程每天14:00 💰入場€5、午間音樂會€6、導覽行程€9、語音導覽€3，18歲以下免費 🔻www.salzburger-dom.at

教堂歷經無數次戰火摧毀與重建，至今擴建成高210呎、寬105呎的巴洛克風格教堂。天花板的彩繪由各國的專家完成，教堂的鐘直到1962年又重新掛上，這也是中歐教堂裡最大的鐘；教堂的三座青銅門分別象徵「信」、「望」、「愛」三德，完成於1957~1958年，均出自名師設計。

教堂內裝飾大量壁畫，最漂亮的作品出現在中央圓頂四周；這裡也是莫札特受洗的地方，雕刻著獅爪的青銅洗禮台位於教堂左邊首間小禮拜堂中。教堂自1920年起就是薩爾斯堡音樂節重要的表演場地，廣場是傳統話劇《凡夫俗子》(Jedermann)的表演舞台。

舊城區Altstadt

MAP ▶ P.119B5

聖彼得修道院和墓園
Erzabtei St. Peter & Friedhof/St Peter's Monastery & Cemetery

洛可可華麗裝飾與古老墓園

🚶從莫札特廣場遊客中心步行約5分鐘 🚌St. Peter Bezirk 1 ☎(0662) 844576 🕙教堂週一至週五8:00~18:30；墓園4~9月6:30~20:00、10~3月6:30~18:00；地下墓穴5~9月10:00~18:00、10~4月10:00~17:00 💰地下墓穴全票€2、半票€1.5；持薩爾斯堡卡可免費單次進出 🔻www.stift-stpeter.at

7世紀末，來自德國法蘭克尼亞(Franconia)的傳教士Rupert，在薩爾斯堡創立了這間德語區歷史最悠久的修道院，連同周遭的區域也被認為是薩爾斯堡最初的起源。教堂中央的頂棚濕壁畫以聖彼得的生平事跡為主題。兩座巨大的文藝復興式青銅燭臺，是大主教Wolf Dietrich在1609年送給教堂的禮物，而在1783年，莫札特還曾經以教堂的管風琴表演著名的《C小調彌撒曲》。

教堂後方有座美麗的墓園Petersfriedhof，隱

身於薩爾斯堡城堡的峭壁下，許多當地知名的藝術家、學者和商人都在此安息，包括莫札特的姊姊Maria Anna Mozart、海頓的弟弟Michael Haydn、歌劇家Richard Mayr等。這裡還有直接鑿進岩壁中的地下墓穴，堪稱薩爾斯堡最古老的墓地，裡頭可以看見早期的基督教起源。

舊城區Altstadt

MAP ▶ P.119B4

莫札特出生地

MOOK Choice

Mozarts Geburtshaus/Mozart's Birthplace

遺物保留最完整的地方

🚶 從莫札特廣場遊客中心步行約5分鐘 🏠Getreidegasse 9 ☎(0662) 844313-75 ⏰7~8月8:30~19:00，9~6月9:00~17:30；最後入場閉館前30分鐘 💰成人€13.50、15~18歲€4.50、6~14歲€4，與莫札特故居聯票成人€20、15~18歲€6.50、6~14歲€5.50，6歲以下免費，附語音導覽；；持薩爾斯堡卡可免費單次進出 🌐www.mozarteum.at

莫札特出生在這棟房子的4樓，在此居住到17歲為止。莫札特的父母共生了7個小孩，其中只有莫札特與他姊姊安娜存活，這處莫札特的故居之一，是全世界保留其遺物最完整的地方，可以想像小莫札特在閣樓上反覆地練琴，從窗口無聊地凝望薩爾河的景象，他那時大概也想不到這座城市將因他而榮耀。

一、二樓有莫札特的相關照片展示，三樓是莫札特家族的住家，廚房、家具、信件、樂譜、畫作均完整地保留著，其中最珍貴的收藏是一把莫札特幼兒時練習的小提琴，以及他生平最後一幅肖像。

舊城區Altstadt

MAP ▶ P.119B5

莫札特晚餐音樂會

Mozart Dinner Concert

穿越莫札特的年代

🚶 從莫札特廣場遊客中心步行約10分鐘 🏠Sankt-Peter-Bezirk 1/4 ☎(0662) 902900 ⏰每晚19:30 💰成人€78~108、4~26歲€63~74 🌐www.mozart-dinner-concert-salzburg.com

莫札特晚餐音樂會提供遊客在建於1790年的巴洛克風格音樂廳中，享用精緻的三道式燭光晚

餐，同時欣賞室內樂團和歌手演唱莫札特名曲。晚宴中從樂手到侍者均穿著古代服裝，連餐點也是參考傳統配方做成的宮廷美食。

音樂會所在的聖彼得餐廳(St. Peter Stiftskulinarium)屬於聖彼得修道院的一部分，過去是修士所經營的酒窖餐廳，餐廳內部的巴洛克風格大廳，在莫札特年代即舉辦過無數燭光音樂晚宴，從莫札特姐姐的日記中可以得知，莫札特一家人也曾來此用餐。透過沉浸式體驗身歷其境感受莫札特的音樂和生活背景，彷彿也穿越時空，回到了莫札特的年代。

莫札特

莫札特(Wolfgang Amadeus Mozart, 1756~1791)是一個震古鑠今的音樂天才, 1756年1月27日出生於奧地利的薩爾斯堡, 從6歲就開始作曲, 他的父親利奧波德‧莫札特本身也是一個音樂家, 是薩爾斯堡大主教宮廷內的音樂副指揮, 所以莫札特從小即耳濡目染, 並且常隨著父親到處旅行表演, 也因此接觸了許多不同類型的音樂風格, 後來也成為主教的樂師, 常常在主教府邸或米拉貝爾宮為顯貴名流表演。

莫札特1781年離開薩爾斯堡大主教的宮廷, 來到了維也納, 開始了自由藝術家的生涯。最令人激賞的是, 莫札特作品類型非常多元, 有24首輕歌劇、17首彌撒、50首交響曲及眾多小夜曲、室內樂、教堂樂曲、鋼琴與小提琴協奏曲; 他有一種天賦, 能巧妙地結合傳統與當代的風格, 創造出屬於他獨一無二的音樂特色。

短短35年生涯, 莫札特為世人留下許多膾炙人口的作品, 例如, 《魔笛》、《費加洛婚禮》、《唐喬凡尼》等, 被視為音樂史上偉大的作曲家。1791年12月5日在維也納去世, 當時, 他正在寫著名的遺作安魂曲。莫札特死後葬於維也納的聖馬克思墓園。

新城區Neustadt

MAP ▶ P.119B4

莫札特故居

MOOK Choice

Mozart-Wohnhaus/Mozart Residence

記錄音樂神童全家的生活景況

從莫札特廣場遊客中心步行約10分鐘 Makartplatz 8 (0662) 874227-40 7~8月8:30~19:00, 9~6月9:00~17:30; 最後入場閉館前30分鐘 成人€13.50、15~18歲€4.50、6~14歲€4, 與莫札特故居聯票成人€20、15~18歲€6.50、6~14歲€5.50, 6歲以下免費, 附語音導覽; 持薩爾斯堡卡可免費單次進出 www.mozarteum.at

隨著孩子紛紛長大成人, 莫札特一家再也無法擠在格特萊第街的舊宅, 因而搬到了這處「新家」, 位於新城區的三位一體教堂(Holy Trinity Church)旁邊。在母親過世、莫札特前往維也納定居以前, 1773~1780年那段期間他擔任薩爾斯堡主教的樂師, 全家人住在這棟樓房的二樓, 不過原本的建築在二次大戰時被炸毀, 只剩下部份結構保留下來, 如今這棟房子是重建的結果, 當成展示廳使用, 記錄這棟房子的歷史與莫札特一家的生活狀況。

新城區Neustadt

MAP ▶ P.119B3

莫札特紀念館

Mozarteum

史料作品保存最完整的基金會

從莫札特廣場遊客中心步行約10~12分鐘 Schwarzstrasse 26 (0662) 88940-0 圖書館週一至週五9:00~13:00, 14:00~17:00, 需事先預約 www.mozarteum.at

莫札特紀念館是國際莫札特基金會(International Mozarteum Foundation)的大本營, 紀念館中擁有兩間表演廳, 是莫札特生日和莫札特週的表演場所, 來自世界各地的知名音樂家在莫札特音樂節期間, 展開為期十天的表演活動, 從2006年的「莫札特年」開始, 表演更擴展到分析莫札特生平與作品的各類當代表演模式, 包括文學、舞蹈、藝術等。

此外, 館內還有一間全世界最大的莫札特圖書館, 收集了將近35,000本與莫札特相關的著作, 以及莫札特的樂譜手稿、與家人之間的原版書信, 更整理出莫札特所有的樂譜, 並收錄了125件, 除了當場借取, 也可免費上網下載。

電影《真善美》6大經典場景巡禮

1965年美國好萊塢的歌舞片《真善美》轟動全世界，這齣經典電影的成功，除了劇中真摯的親情與愛情動人心弦外，童話般的湖光山色與古堡教堂是製造美麗夢幻的最大功臣，這些場景正是在薩爾斯堡取景，多數是在薩爾斯堡市區，而部份山區湖畔的景色則靠近郊外的鹽湖區。

《真善美》故事及背景

故事開始於第一次世界大戰前，活潑愛玩的修女瑪麗亞到喪妻的軍官家裡擔任家庭教師，個性嚴肅的上校以斯巴達式教育管理7個小孩，不過，這群頑皮的小孩已經氣走許多保母，瑪麗亞來了之後，全面進行「愛的教育」。他們唱歌、跳舞（即著名的《DO-RE-MI》），活潑的瑪麗亞也逐漸吸引上校的目光，兩人在一次家庭舞會中一舞定情，上校對瑪麗亞示愛的歌曲《小白花》(Edelweiss)已經成為家喻戶曉的情歌，這一家人還參加歌唱比賽，比賽地點就在市區的節慶大廳。

故事轉振點在1938年，德國希特勒佔領該地區，要求上校為德國作戰，上校不從並打算逃離德軍佔領的區域。於是請修道院的修女協助，從修道院中偷偷溜走，一家人越過高山向中立國瑞士走去。

《真善美》是根據瑪麗亞奧古斯塔崔普(Maria Augusta von Trapp，1905~1987年)的傳記《崔普家庭歌手們》(The Story of The Trapp Family Singers 1949年)，和一部德國電影《菩提樹》為藍本改編成的電影劇本，邀請1961年因《西城故事》獲得最佳導演獎的羅伯懷斯擔任導演，由茱麗安德魯斯(Julie Andrews)飾演修女瑪麗亞，她在前一年因主演《歡樂滿人間》(Mary Poppins，1964年)獲得最佳女主角獎，而《真善美》的票房記錄直到1978年才被《火爆浪子》(Grease)超越。

❶米拉貝爾花園Mirabellgarten

多次出現在電影場景中的米拉貝爾花園，最令人印象深刻的莫過於瑪麗亞帶領著孩子們演唱《真善美》中的經典歌曲《DO-RE-MI》，他們從米拉貝爾宮後方的小山丘往下走，經過飛馬噴泉，一路來到呈幾何對稱的花園。
➤P.119B3

❷Gazebo和海布倫宮

重新被安置在海布倫宮的玻璃屋Gazebo，就是電影中艦長的大女兒麗瑟(Liesl)和男朋友羅夫(Rolf)見面時，合唱《妳就要十七歲了》(Sixteen Going On Seventeen)的玻璃花

房，以及瑪麗亞和上校合唱《好事》(Something Good)的地方，該玻璃花房特別為劇情需求而建造。
➤P.131A2

❸崔拉普之家Schloss Leopoldskron

這座18世紀的湖畔宮殿就是電影中艦長的家，包括瑪麗亞來到此處教導7個小孩唱歌跳舞的場地、門口的湖水是小孩戲水划船的地方、宮殿裡的威尼斯房間就是電影中的宴客廳，而露台也是一家人喝Pink Lemonade的地方。
➤P.131A2

©Tourismus Salzburg Gmbh

❹儂山修道院Stift Nonnberg

　創立於西元714年的儂山修道院不但是電影場景,更是真實故事中女主角所待的修道院,以及1927年她和上校結婚的地方。電影中可以看到孩子們到此找瑪麗亞,要求她跟他們回去,這裡也是電影結尾時全家人試著逃往瑞士的地方。
🔺P.119C6

© Tourismus Salzburg Gmbh

❺聖吉爾根與沃夫岡湖St. Gilgen und Wolfgangsee

　這個著名的旅遊區是奧地利最受歡迎的旅遊勝地,也是電影《真善美》一開場的絕美場景。聖吉爾根是莫札特母親出生的地方,座落在沃夫岡湖的西北方,在前往聖吉爾根途中的福許湖(Lake Fuschi),可以在湖邊找到莫札特的故居。據說,曾經旅行過全歐洲的莫札特最喜愛的地區就是這裡。
🔺P.131B2

❻蒙德湖婚禮教堂Basilika St. Michael Mondsee

　電影中瑪麗亞和上校舉行婚禮的地方,就在這座蒙德湖畔的教堂,瑪麗亞走下教堂側廊和上校在祭壇相遇。這裡也出現在瑪麗亞帶小孩野餐的場景中。
🔺P.131B2

真善美之旅

Strasswalchen

阿特湖
Attersee

薩爾斯堡
Salzburg

蒙德湖
Mondsee

崔拉普之家
Schloss Leopoldskron

聖吉爾根St.Gilgen

海布倫宮
Schloss Hellbrunn

沃夫岡湖
Wolfgangsee

Bad Ischl

Bad Dürrnberg

---INFO---

OSalzburg Sightseeing Tours
〜真善美之旅〜

　想重溫《真善美》經典場景嗎?如果時間充裕,可以選擇搭乘公車,一站站參觀,而最方便省事的方式,就是參加Salzburg Sightseeing Tours的行程,在約4小時的行程中走訪玻璃屋、崔拉普之家、儂山修道院、聖吉爾岡與沃夫岡湖等經典場景。
🏠出發地點為米拉貝爾宮廣場(Mirabellplatz / Ecke Hubert-Sattler-Gasse 1)
📞(0662) 881616
🕐每天9:15、14:00各一場
💲成人€60、6~14歲兒童€30、5歲以下免費
🌐www.salzburgsightseeing.at

Where to Eat in Salzburg
吃在薩爾斯堡

舊城區Altstadt

MAP ▶ P.119B5 | **St. Peter Stiftskulinarium**

從莫札特廣場上的遊客服務中心步行約9~11分鐘 ⚑St. Peter Bezirk 1/4 ☎(0662)841268-0 ⏰週一至週五12:00~23:00，週六至週日10:00~23:00(10:00~13:00供應早午餐) ⚓www.stpeter-stiftskeller.at ❶早午餐需事先預約

St. Peter Stiftskulinarium是薩爾斯堡最古老的餐廳，創立於西元803年，屬於聖彼得修道院的一部份，昔日是修道院的酒窖，因此最初在此釀酒的人正是修道院中的修士，接待過的名人更是大有來頭，包括哈布斯堡家族的皇帝。餐廳巧妙地座落於洞穴中，充滿了中世紀的感覺，依空間切割成不同的區塊，部份座位直接塞在一處小洞中，帶來包廂般的隱密感，而位於中庭的露天座位更是天氣晴朗時的最佳選擇。

這裡提供正統的奧地利料理，其清燉牛肉非常美味，而當地的特色甜點薩爾斯堡舒芙蕾(Salzburger Nockerl)也是該餐廳的招牌，由於奧地利甜點基本上偏甜，如果不是非常嗜甜食者最好多人一同分享，並搭配咖啡或紅茶食用。這裡每晚19:30還會舉辦「莫札特晚餐音樂會」，享用精緻的三道式燭光晚餐，同時欣賞室內樂團和歌手演唱莫札特名曲，加上從樂手到侍者均穿著古代服裝，彷彿穿越時空，回到了莫札特的年代。(請見P.126)

舊城區Altstadt

MAP ▶ P.119B4 | **藍鵝Blaue Gans**

從莫札特廣場上的遊客服務中心步行約10分鐘 ⚑Getreidegasse 41-43 ☎(0662)8424910 ⏰12:00~24:00(最後點餐22:00) ⚑週日 ⚓www.blaue-gans.com

「藍鵝」名稱來自1525年農夫戰爭時流傳的一則故事：一位在砲火肆虐下冒失穿越Sigmundsplatz的市民，被一枚砲火擊中寬鬆的外套卻沒有受傷，當他發現自己的好運時，眼前看到的竟是一隻鵝。

藍鵝位於舊城最熱鬧的格特萊第街上，隸屬於同名飯店的它，有一條室內通道可通往洗馬池旁的卡拉揚廣場，並在該處設有露天座位，每當薩爾斯堡藝術節時總是擠滿了用餐人潮。餐廳提供傳統的奧地利料理，除了炸肉排(牛排或豬排)，也有隨季節變換的菜單，另有一處歷史長達660年的石拱洞穴，供特殊活動與派對使用。

舊城區Altstadt

MAP ▶ P.119C6 | **薩爾斯堡城堡景觀餐廳 Panorama Restaurant zur Festung Hohensalzburg**

搭乘纜車登上城堡，步行約3分鐘可達 ⚑Mönchsberg 34 ☎(0662)825858 50 ⏰10:00~21:30，每月營業時間不一，以官網公告為準；遇活動則延長營業時間(最晚至凌晨2:00)，若城堡音樂會取消則營業至18:30 ⚑1~2月休、3月每週一休 ⚓www.salzburghighlights.at/en/fortress-restaurant ❶建議提早預約

這間位於薩爾斯堡城堡中的餐廳，擁有一座俯瞰城市景觀的平台，從露天座位上可以欣賞到阿爾卑斯山的景色，以及電影《真善美》中當作上校一家住宅的背景地。食物以融合地中海風味的奧地利料理為主，復活節後到10月期間每晚均舉辦音樂會。

舊城區Altstadt

MAP ▶ P.119B4 | **Sternbräu**

從莫札特廣場上的遊客服務中心步行約7分鐘 ⚑Griesgasse 23 ☎(0662)842140 ⏰9:00~24:00(最後點餐23:00) ⚓www.sternbrau.at

位於莫札特出生地旁，這間啤酒餐廳由薩爾斯堡第二古老的釀酒廠經營，酒廠創業於1542年，和另一間老酒廠史泰格一樣，也號稱是莫札特的愛店之一。傳統釀造配方至今依舊深受喜愛。餐廳內部空間非常寬敞，每個用餐區的設計都不同，像是掛滿油畫的古典沙龍風，或是充滿設計感的時尚吧台，每次來都能有新鮮體驗。氣泡綿密的沁涼啤酒搭配奧地利傳統美食，像是燉牛肉、烤牛膝等風味最佳，要不就搭配當地手工製作的冷肉盤，享受大口喝酒、大口吃肉的快感。

舊城區Altstadt

MAP ▶ P.119B4 | **Café Tomaselli**

從莫札特廣場上的遊客服務中心步行約2分鐘 ⚑Alter Markt 9 ☎(0662)844488-0 ⏰週一至週六7:00~19:00，週日及假日8:00~21:00 ⚓www.tomaselli.at

創立於18世紀初，這間薩爾斯堡最古老的咖啡館是當地最熱門的約會地點，過去就連莫札特也曾多次造訪，時至今日擠滿前來朝聖的遊客。每日提供40種美味的甜點和蛋糕，是這間咖啡館最大的特色，完全採用新鮮的材料且不含任何添加物。

Where to buy in Salzburg
買在薩爾斯堡

舊城區Altstadt

MAP ▶P.119B5　Fürst

📍從莫札特廣場上的遊客服務中心步行約2分鐘 🏠Alter Markt, Brodgasse 13 ☎(0662) 881077 🕐週一至週六9:00~19:00，週日及假日10:00~17:00 💻www.original-mozartkugel.com

莫札特巧克力(Mozartkugel)正是由Fürst發明的，Paul Fürst於1884年創立了糕餅店，這位薩爾斯堡的皇家糕餅師，在1890年發明了這種以開心果、杏仁和巧克力製成的巧克力球，並以莫札特命名。1905年，他更以這項產品在巴黎的展覽會上獲得金牌。

儘管這種巧克力已不再是Fürst的專利，甚至有大廠牌以機械生產行銷全國，不過Fürst始終堅持以純手工製作，並只在薩爾斯堡開設分店，除了這裡之外，別的城市買不到以銀色紙包裝、上頭印著藍色莫札特頭像的巧克力球。此外，Fürst還研發出貝多芬、海頓等知名音樂家巧克力。

舊城區Altstadt

MAP ▶P.119B5　Stiftsbäckerei St. Peter

📍從莫札特廣場上的遊客服務中心步行約4分鐘 🏠Kapitelplatz 8 ☎(0662) 847898 🕐7:00~17:00、週六7:00~13:00，現烤麵包週一至週二約8:45出爐、週四至週六約7:45出爐 🚫週三、週日 💻www.stiftsbaeckerei.at

這間附屬於聖彼得修道院的麵包店，位於水車的旁邊，歷史可追溯至12世紀，是薩爾斯堡最古老的麵包店。這裡採用歷史悠久的烤爐，以及傳承了好幾個世紀的配方，加上自家培育的天然酵母，美味吸引許多遊客慕名而來，讓每天生產近200公斤麵包的Stiftsbäckerei St. Peter依舊供不應求，晚了就買不到了。

舊城區Altstadt

MAP ▶P.119C5　Think!

📍從莫札特廣場上的遊客服務中心步行約3分鐘 🏠Pfeifergasse 9 ☎(0662) 829916 🕐週一至週五10:00~18:00，週六10:00~16:00 🚫週日 💻thinkshoes.com

從維也納發祥的鞋子品牌，不僅在奧地利開設多家分店、進駐HUMANIC等鞋子專賣店，更進軍德國、日本及南非等國家。Think!販售的鞋款大多走休閒風，貼心的寬闊走道讓顧客能輕鬆選購，商品中可見許多涼鞋與娃娃鞋，提供顧客舒適好穿又好走的鞋子。

舊城區Altstadt

MAP ▶P.119B4　Kirchtag

📍從莫札特廣場上的遊客服務中心步行約6分鐘 🏠Getreidegasse 22 ☎(0662) 841310 🕐週一至週五9:30~18:00，週六9:30~17:00 💻www.kirchtag.com

商店門口高掛的一把把雨傘和櫥窗中琳瑯滿目的皮包陳設，相當引人注目，不過Kirchtag最自豪的則是自家生產的長柄雨傘。這間百年老店最初以生產雨傘和枴杖為主，如今傳到第三代，依舊堅持手工製傘技術。由於每把手工雨傘需要花5小時製作，因此每年只能生產300~350把傘。Kirchtag的雨傘柄和骨架是由同一根木頭製成，店內共有25種木頭可供選擇，此外，還採用向米蘭紡織廠獨家訂購的布料，而且每把傘擁有自己的編號，如此精緻的代價讓每把傘的定價都從€180起跳。

舊城區Altstadt

MAP ▶P.119C5　Christmas in Salzburg

📍從莫札特廣場上的遊客服務中心步行約2分鐘 🏠Judengasse 11 ☎(0664) 5357111 🕐週一至週六10:00~19:00，週日及假日10:00~18:00 💻www.christmas-in-salzburg.at

在這間聖誕節和復活節商品專賣店中，一年四季都可以買到相關的裝飾品，對於無緣一探奧地利聖誕市集的人來說，或許能有點小小的彌補作用。店內的復活節彩蛋多得令人眼花撩亂，個個繪製著精美的圖案，此外外罩玻璃的聖誕球飾也非常受歡迎。

舊城區Altstadt

MAP ▶P.119B4　Heimatkunst Lackner

📍從莫札特廣場上的遊客服務中心步行約5分鐘 🏠Getreidegasse 47 ☎(0662) 842385 🕐週一至週五11:00~17:00，週六11:00~15:00 🚫週日 💻woodart.at

這間家族經營的奧地利木飾專賣店創立於1894年，專門製作各種聖誕節人偶，以及聖誕飾品等，氣氛溫馨的店裡一年到頭都像在過節。除了人偶之外，各種具有薩爾斯堡代表性的生活用品，像是傳統造型瓶酒杯、古董雜貨等也都能找到，由於鄰近黑森林地區，製作精美的咕咕鐘也是店內的人氣商品。

H Where to stay in Salzburg
住在薩爾斯堡

新城區Neustadt

MAP ▶ P.119B4 Hotel Stein

🚌 從中央車站搭乘巴士1、3、6號至Makartplatz站下車，步行約5分鐘；從莫札特廣場上的遊客服務中心步行約7分鐘 🚏 Giselakai 3-5 ☎(0622) 8743460 🌐 www.hotelstein.at

座落於修泰茲橋(Staatsbrücke)位於新城區的那端，Hotel Stein擁有欣賞舊城的絕佳景觀位置，尤其是位於這棟7層樓高建築頂樓的咖啡酒吧，能夠將薩爾斯堡城堡以及大教堂、聖彼得修道院、市政廳等建築尖塔盡收眼底，而它設在戶外的露天座位，更能俯瞰薩爾河及兩岸熙來攘往的街景。

新城區Neustadt

MAP ▶ P.119C3 Hotel Amadeus

🚕 從中央車站搭乘計程車前往，約10分鐘可達；從莫札特廣場上的遊客服務中心步行約12~14分鐘 🚏 Linzergasse 43-45 ☎(0662) 871401 🌐 www.hotelamadeus.at

這間傳統的小旅館座落在新城區市中心的徒步區，融合古董家具和現代裝潢的客房提供溫馨舒適的環境，擁有兩間獨立客房的公寓適合家庭下榻，價格相當划算。

舊城區Altstadt

MAP ▶ P.119A3 Hotel Schloss Mönchstein

🚕 從中央車站搭乘計程車前往，約15分鐘可達 🚏 Mönchsberg Park 26 ☎(0662) 848555-0 🌐 www.monchstein.at

這間奢華的五星級城堡飯店，聳立於蒙西斯山丘上，四周圍繞著廣達14,000平方公尺的私人花園，擁有絕佳的景觀和遺世獨立的悠閒感。除了24間裝潢典雅的客房及套房外，飯店還擁有SPA中心以及舉行婚禮的教堂，如果預算足夠，甚至能夠租下整座城堡。

新城區Neustadt

MAP ▶ P.119A2 Bergland Hotel

🚶 從中央車站步行約12~14分鐘 🚏 Rupertgasse 15 ☎(0662) 872318 🌐 www.berglandhotel.at

創業於1912年，這間家庭旅館於2008年時經過重新整修，位於新市區的北邊，步行前往新市區約10分鐘可抵達。當地新鮮食材製作的美味早餐、合理的價格與舒適的環境是這間旅館吸引人的地方，此外，旅館屋頂還設有小露台可以曬太陽。

編輯筆記

提前規劃行程！

名滿天下的薩爾斯堡音樂節，舉辦時間大約在每年7月底到9月初，為期長達近一個半月；而在11月底到12月底，整個奧地利都籠罩在聖誕市集的狂歡氣氛下。打算在這段期間造訪，最好提早訂房，不過房價當然也會比較貴。

薩爾茲卡莫古特(鹽湖區)
薩爾茲卡莫古特
Salzkammergut

薩爾茲卡莫古特的德文由Salz(鹽)與Kammergut(皇家領地)組合而成,開採鹽礦的歷史相當悠久,後因成為哈布斯堡家族的御用鹽倉而蓬勃發展。距離薩爾斯堡約1小時車程的薩爾茲卡莫古特,層疊山巒間點綴著76個大小澄澈湖泊,舉目所及盡是自然優美的絕景,是能忘卻塵囂的世外桃源,豐富的自然資源也讓此處成為人氣鼎沸的度假勝地。

區域內有著許多聞名遐邇的可愛湖濱小鎮,就靜靜地安躺於群山與湖泊的懷抱中,像是最具盛名的聖沃夫岡、溫療養地巴德伊舍、莫札特母親出生地的聖吉爾根、如夢似幻的哈爾施塔特等。因為此處自然保存與人文發展的和諧共存,讓這一帶幾乎全劃入世界遺產,以輕慢的腳步,最能咀嚼出其獨到的韻味。

MAP ▶ P.136A2

聖沃夫岡

St. Wolfgang

悠閒的湖畔度假小鎮

MOOK
Choice

🚌 從薩爾斯堡中央車站前的Südtiroler Platz站牌F處搭乘巴士150號，至Strobl站下車，轉乘巴士546號至St. Wolfgang in Salzk. Markt等站下車即達，全程約1.5小時；或從薩爾斯堡中央車站前的Südtiroler Platz搭乘巴士150號至St. Gilgen站，再轉乘渡船前往(渡船票價及時刻表請上網查詢www.5schaetze.at/de/wolfgangseeschifffahrt)，全程約3小時。亦可從巴德伊舍、哈爾施塔特等地直達，時間各約需35分鐘、1.5小時，票價及時刻表請見www.postbus.at

　美麗的聖沃夫岡依山傍水，南臨湛藍的沃夫岡湖，北倚阿爾卑斯山夏夫堡，優美如畫的自然景致也為此地帶來豐富的旅遊資源，夏日可從事潛水、風帆、游泳等水上活動，冬天則可滑雪、玩雪鞋登山(snowshoeing)等，有適合初學者的平緩寬敞坡道，也有讓高手能大展身手的雪道，夏天至冬天間都熱鬧非凡，是當地人熱愛的休閒度假勝地。聖沃夫岡的名字起源，可追溯至雷根斯堡的主教聖沃夫岡在976年興建教堂，整座城鎮以這間朝聖教堂為中心，周邊商店、旅館及餐廳林立，尤其不可錯過白馬飯店以及鮮嫩鱒魚。

聖沃夫岡朝聖教堂
Pfarrkirche St. Wolfgang／Pilgrimage Church

從遊客中心步行約10分鐘　Markt 18　(06138) 2321　夏季8:00~19:00，冬季8:00~17:00　免費　www.dioezese-linz.at/stwolfgang　內部禁止拍照

建於976年的教堂高聳於小鎮中心，據說當年聖沃夫岡從蒙德湖的本篤會修道院前往亞伯湖(Abersee，現在的沃夫岡湖)，在Falkenstein修行期間決心建造一座教堂，以榮耀上帝並作為隱居處，便從Falkenstein投擲斧頭讓上帝決定地點，3天後在山丘上找到了斧頭，現址也成為教堂的落腳處，也因此其雕像左手執木杖、右手持斧頭。

教堂在1429年遭燒毀，後於1477年重建成後哥德式建築，內部在1679年整裝為巴洛克風格，其中最知名的便是Michael Pacher耗費10年製作的Pacher-Altar，擁有兩個向內及兩個向外展的側翼，上頭彩繪著工作日、禮拜日等宗教圖，有著精緻高超的雕刻技術與富麗堂皇的裝飾。其他包括Meinrad Guggenbichler的耶穌受難雕像，被譽為是奧地利最美的巴洛克木雕，還有風琴、以雕刻孩童聞名的Meinrad Guggenbichler所造的講壇等珍貴文物。

夏夫堡登山火車 SchafbergBahn／Schafberg Mountain Railway

從遊客中心步行約18分鐘　Markt 35　(06138) 2232-0　4月底~11月初行駛(每年時間略為不同)，St. Wolfgang Schafbergbahn站上山8:50~16:30，約每小時一班；Schafbergspitze站下山10:00~17:05，約40~60分鐘一班　至終點Schafbergspitze站來回成人€47.60、6~14歲兒童€23.90；至Schafbergalm站來回成人€38.30、6~14歲兒童€19.10；持薩爾茲卡莫古特冒險卡有部分優惠　www.5schaetze.at/en/schafbergbahn

聖沃夫岡北側的夏夫堡也是熱門景點，登山火車於1893年開始營運，每年只在4~10月間行駛，從聖沃夫岡一路向1,783公尺的海拔高度攀登，延伸5.85公里，是奧地利境內最陡的蒸氣齒軌鐵路。火車穿梭於壯闊的阿爾卑斯山脈中，單趟約35分鐘，路途中的山色絕景讓人屏息，登頂後更可瞭望高山湖泊與達赫斯坦因冰川(Dachstein Glacier)。

© bab_aschingervilese_see_rundorfer2010

Dorf-Alm

從遊客中心步行約15分鐘　Markt 123　(06138) 20145　11:00~23:00(廚房11:30~14:00、17:00~21:00)　週二　www.dorf-alm.at

由Falkensteiner家族經營的餐廳於2010年4月開幕，從小屋的外觀到內部裝潢都充滿著山間小屋及鄉村風格，讓遊客能在此感受鄉間的獨特情調。餐點是道地的手做傳統料理，像是維也納炸肉排、燉牛肉等，並提供多樣的飲品及酒類選擇，親切優質的服務也相當為人所稱道。餐廳座位分隔為禁菸及吸菸區，在溫暖的季節則會開放露天用餐區，從中午到深夜都可見這裡聚集許多人潮。

白馬飯店 Romantik Hotel Weisses Rössl

🚶 從遊客中心步行約8分鐘　🏠 Markt 74　☎ (06138) 2306　ℕ www.
weissesroessl.at

　　因電影《真善美》而聲名大噪的聖沃夫岡，是高人氣的賞
景地，同時也是冬夏休閒活動的天堂。其中歷史悠久的白馬
飯店建於1878年，1930年Ralph Benatzky編寫的輕歌劇《白馬
亭》的故事便是以此地為背景，講述男侍者與旅館女主人的
愛情故事，1960年翻拍成電影時亦在此取景。四星級的頂級
飯店內設施相當齊全，美容SPA、健身房、湖畔露台、附設餐
廳、游泳池等一應俱全。

　　飯店附設的白馬湖濱餐廳（Seerestaurant im Weissen
Rössl），緊鄰湖畔而建，窗外是波光粼粼的沃夫岡湖，不時
可見優雅的白天鵝緩緩游過，勾勒出詩意的動人景致。餐廳
提供奧地利特色菜餚，來到湖區尤其要嘗湖產鱒魚，肉質細
緻柔嫩，加上烹飪與調味都恰到好處，齒頰留香的美味讓人
難忘。

Hotel Furian

🚶 從St.Wolfgang im Salzk. Markt巴士站步行約7分鐘　🏠 Markt/
Sternallee 196　☎ (06138) 8018　ℕ www.wasserskihotel.at

　　四星級的Hotel Furian為家族經營的飯店，夏夫堡登山火車
站、渡船乘船處及巴士站都在徒步不到10分鐘的距離，周邊
也開設了多間餐廳與酒吧，機能相當便利。Hotel Furian分別有
湖景及山景房，充滿家庭溫馨感的佈置讓人感到親切，每間
客房設有寬敞的陽台，可以沐浴在微風與陽光之中，盡情享
受旅途中的優閒時光。若想慵懶地一整天待在飯店，飯店內
附設有餐廳、酒吧，有露天用餐區也有擺設著百年壁爐的室
內用餐區，喜歡哪種氛圍皆可任君選擇。

　　經過了晚冬及初春的沉寂，隨著夏日的腳步來到，全聖沃
夫岡也開始迎接最熱鬧的季節，在Hotel Furian也不例外，
飯店有自家專屬的湖岸，可付費參加滑水及水上滑板的課
程，上岸後也可以在岸邊酒吧及咖啡廳點杯飲料，在湖畔曬
太陽賞湖景。

MAP ▶ P.136B2

巴德伊舍
Bad Ischl

淳樸的河畔溫泉小鎮

🚆 從薩爾斯堡搭乘火車到Attnang-Puchheim站，再轉乘火車至Bad Ischl站，全程約需2小時。從哈爾施塔特火車站可直達，約25分鐘。票價及時刻表請見www.oebb.at

　　巴德伊舍位處薩爾茲卡莫古特的中心地帶，這處擁有高含鹽量泉質的溫泉小鎮，從19世紀初鹽水開始用於醫療用途後，便一躍成為熱門的溫泉療養度假區，克萊門斯・梅特涅、法蘭茲・卡爾大公等名人貴族紛紛前來造訪，喜愛此處的法蘭茲・約瑟夫一世更於1849年在此建立夏宮，皇室每年皆前來避暑、狩獵，除此之外，這裡更是法蘭茲・約瑟夫一世與西西公主相遇及訂婚之處。規模不大的小鎮以徒步的方式即可遊覽全景，有條特勞恩河(Traun)流瀉其中，為純樸的景色更添一股怡然自得的氛圍。主街道Pfarrgasse上可享咖啡廳與購物樂趣，隨處還可見到多間名流別墅；也可在Eurothermen Resort泡湯放鬆。

凱撒別墅 Kaiservilla

🚶 從Bad Ischl站步行約10分鐘 🏠Jainzen 38 ☎(06132) 23241 🕙10~1月初及4月10:00~16:00，5~9月9:30~17:00；每年時間略為不同，詳見官網公告 ❌2月及3月 💲花園成人€6、7~16歲兒童€4.50，花園+凱薩別墅成人€21、7~16歲兒童€9(票價含導覽，時間約45分鐘)，花園+凱薩別墅+攝影博物館成人€27、7~16歲兒童€13；持薩爾茲卡莫古特冒險卡有部分優惠 🌐www.kaiservilla.at

　　法蘭茲・約瑟夫一世和西西公主的故事就從巴德伊舍展開，兩人在此相識、訂婚，這棟別墅正是母親蘇菲(Sophie)送給兩人的結婚禮物。法蘭茲・約瑟夫一世與皇室家族在其婚後的60年間幾乎每年都會前來避暑，直到1914年7月28日，他在此簽屬文件正式對塞爾維亞宣戰，開啟了第一次世界大戰，隔天他離開巴德伊舍後便再也沒重返此地。別墅內的房間裝潢與家具從19世紀完整保存至今，跟隨導覽的腳步遊走其中，皇室的歷史與生活歷歷在目。

Konditorei Zauner

🚶 從Bad Ischl站步行約6~7分鐘 🏠Pfarrgasse 7 ☎(06132) 23310-20 🕙8:30~18:00 🌐www.zauner.at

　　Zauner是巴德伊舍最富盛名的咖啡廳，法蘭茲・約瑟夫一世的侍醫Dr. Wirer邀請維也納的糕點師傅兼葡萄酒商Johann Zauner前去巴德伊舍，為每年在當地居住約半年時間的皇室提供糕點，1832年Johann Zauner開設了自己的店舖，響亮的名氣吸引許多名人前往品嘗，喜愛甜食的西西公主也曾多次來訪。Zauner現在擁有兩間店面，位在Pfarrgasse上的本店彷彿還殘存著當年的風華餘韻，散發著高貴典雅的氣息，250種蛋糕及60類巧克力中以Zaunerstollen最具名氣，再點上一杯傳統的Melange咖啡，以舌尖的美味感受百年前的美好時光。

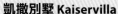

茵斯布鲁克

茵斯布魯克
Innsbruck

名稱來自於「茵河上的橋樑」，坐落在奧地利西部邊境的茵斯布魯克，靠近德國南部，打從古羅馬時期以來就是歐洲重要的交通要衝，掌管著東西南北歐命脈。

從茵斯布魯克的市中心就能看到圍繞的阿爾卑斯山，白雪暟暟的山頂，把小鎮舊城妝點得宛如一個被隔絕的仙境。事實上，在1363年之前，茵斯布魯克所屬的蒂洛爾(Tirol)，是一個獨立的公國，因為哈布斯堡家族的魯道夫四世(Rudolf IV)聽聞蒂洛爾公爵過世，便假造文書欺瞞公爵夫人說要將蒂洛爾轉交，就這樣陰錯陽差地，蒂洛爾成為哈布斯堡家族的領地，並在邁克西米里安大帝(Maximilian I, 1459~1519)的時代，成為神聖羅馬帝國的首都。

由於邁克西米里安對茵斯布魯克的喜愛與建設，小鎮快速蓬勃發展，成為奧國境內僅次於維也納的重要城市；即使到1665年首都遷出之後，哈布斯堡的歷代皇族仍常在茵城停留避暑。二次大戰之後，曾經舉辦過兩次冬季奧運的茵斯布魯克，不但是歐洲的滑雪勝地，也是夏季登山活動的熱門景點。

INFO

基本資訊

人口：約12萬5千人
面積：104.9平方公里

如何到達──航空

　　台灣沒有直飛茵斯布魯克的班機，但是從維也納或薩爾斯堡等奧地利重要城市，每天都有國內航班飛往茵斯布魯克，從維也納飛往茵斯布魯克約需1小時。
🌐www.innsbruck-airport.com

◎機場巴士

　　機場位於茵斯布魯克市中心西方4公里處的Kranebitten，可搭乘每30分鐘一班的F號巴士前往市中心和火車站，車程約20分鐘；也可搭乘計程車前往市區。
💲巴士單程€2.80
🌐www.vvt.at

如何到達──火車

　　從維也納Westbahnhof火車站每兩小時約有一班火車前往茵斯布魯克中央車站，車程約5小時20分鐘。從薩爾斯堡Hauptbahnhof火車站每天約有11班火車前往茵斯布魯克，車程約2小時。票價及時刻表請於下列網址查詢。
🌐www.oebb.at

◎中央車站到市中心交通

　　中央火車站位於茵斯布魯克東邊的Südtirolerplatz，距離舊城區(Altstadt)步行約10分鐘距離。巴士站位於火車站的南面。

市區交通

　　茵斯布魯克的大眾交通工具包括巴士與電車，基本上市區內景點間距離相去不遠，非常適合徒步觀光，如果想前往安博拉斯宮等郊區景點，搭乘循環巴士是最方便的方式。巴士預先購買會比在車上買便宜，另外蒂洛爾邦推出推出電子巴士APP，可查詢班次並線上購票，請在各系統查詢VVT Tickets下載。
📞(0512) 561616
💲循環巴士單程€2.80、24小時券€6.10，6歲以下免費
🌐www.vvt.at

優惠票券

◎茵斯布魯克卡Innsbruck Card

　　在茵斯布魯克旅遊，最方便的方式就是購買一張茵

斯布魯克卡，不但可以免費或以特惠票價進出茵斯布魯克最重要的旅遊景點，包括霍爾和施華洛世奇水晶世界，還可免費搭乘大眾運輸系統及觀光巴士，往來於茵斯布魯克市內和霍爾、Igls、Natters、Mutters等地，經濟實惠又方便。可在茵斯布魯克旅遊局官網、遊客服務中心、主要觀光景點及合作飯店購買。
💲成人24小時卡€53、48小時卡€63、72小時€73，6~15歲兒童半價。
🌐www.innsbruck.info/en/sightseeing/innsbruck-card

◎茵斯布魯克歡迎卡Welcome Card

　　只要在茵斯布魯克的合作旅館住宿，即可向櫃檯取得一張歡迎卡，住宿三晚可得到Welcome Card plus，持卡可免費搭乘滑雪巴士和纜車、免費溜冰，以及各種戶外設施的折扣，適合計畫到茵斯布魯克登山或健行的旅客。亦可付費升級至Welcome Card unlimited，享有茵斯布魯克周邊景點設施的優惠。
💲免費向合作旅館索取；Welcome Card unlimited成人€83、4~14歲€41.50
🌐www.innsbruck.info/en/destinations/accommodation/welcome-card

舊城區Altstadt

MAP ▶ P.144B2

黃金屋頂

MOOK Choice

Goldenes Dachl/Golden Roof

鍍金銅瓦覆蓋下的皇室紀念雕刻

🚋搭乘電車1、3、6號，或巴士O、C、J、A、R號可達 🏠 Herzog-Friedrich-Straße 15 ☎(0512) 53601441 ⏰展覽館5~9月10:00~17:00，10~4月週二至週日10:00~17:00 💶全票€5.30、優待票€2.80，持因斯布魯克卡免費 🌐www.innsbruck.gv.at/goldenesdachl

　　黃金屋頂堪稱茵斯布魯克的地標，這座晚期哥德式建築以2657塊鍍金的銅瓦覆蓋屋頂，是為了紀念邁克西米里安大帝(Maximilian I)的第二次婚姻(畢安卡皇后Bianca Maria Sforza)，於1497~1500年建造。現在的金屋頂內部為邁克西米里安的展覽館，珍藏著肖像、盔甲、勳章及首飾。

　　在二樓陽台上，雕刻著代表著匈牙利、德國、神聖羅馬帝國的紋徽，而在三樓陽台則可看到邁克西米里安的兩任妻子的雕塑：雙手交叉的為第一任妻子瑪麗亞(Maria von Burgund)，手拿金蘋果的則為第二任妻子畢安卡；昔日大帝夫婦就是坐在這個陽台觀賞廣場上的劍擊及舞蹈，表演精彩的人可獲得金蘋果的獎賞。

　　金屋頂斜對面的黑柏林屋(Helblinghaus)，原是15世紀的哥德式建築，立面於1730年被裝飾成晚期巴洛克風格，十分醒目；而位於黑柏林屋隔壁的哈布之屋(Happ)，正面彩繪與茵斯布魯克相關的人物，像是手握黑鷹的邁克西米里安大帝，左下角的魯道夫四世以及右下角的斐德列四世。

舊城區Altstadt

MAP ▶ P.144B2

城市塔樓

MOOK Choice

Stadtturm/Town Tower

登高瞭望全城與山景

🚋搭乘電車1、3、6號，或搭巴士O、C、J、A、R號可達；從從黃金屋頂步行約1分鐘 🏠Herzog-Friedrich-Straße 21 ☎(0664) 88654338 ⏰10:00~17:00 💶持因斯布魯克卡免費

　　高約60公尺的城市塔樓興建於1440年，昔日是火災警戒塔，綠色洋蔥式的圓頂建於16世紀。順著133個台階登上離地31公尺高的瞭望塔，能將茵斯布魯克的舊城小巷以及遠處的雪白山脈一覽無遺。

舊城區Altstadt

MAP ▶ P.144B2

聖雅各大教堂

MOOK Choice

Dom zu St. Jakob/Cathedral of St. James

展現洛可可透視法的美麗壁畫

🚶從黃金屋頂步行約2分鐘 🏠Domplatz 6 ☎(0512) 583902
🕐5/1~10/25週一至週六10:15~18:30(週日12:30起)，
5/26~5/2週一至週六10:15~19:30(週日12:30起) 💲免費

大教堂的前身是聖雅各(St. Jakob／St. Jacque)教堂。16世紀末到17世紀初，茵斯布魯克經歷了兩次規模不小的地震，因此將原本的哥德式建築於1717年拆除，重建成今日所見的巴洛克風格。新的大教堂由當時著名的宗教畫家阿薩姆兄弟(Asam)設計，運用混合了黑、白、粉紅三色的大理石來裝飾，因擁有一座美麗的天頂壁畫，當地人就直呼它為圓頂。

主祭壇

祭壇中央有一幅聖母抱著聖子的畫像，不同於其他高高在上的聖母像，這幅畫給人一種平靜祥和的感受。其實這幅畫為老盧卡斯·克拉納赫(Lucas Cranach)在德勒斯登(Dresden)繪製的作品，風格受其朋友馬丁路德、杜勒的影響，身為人文主義畫家的他，筆下的宗教畫流露出世俗氣息。李奧波特五世(Leopold V,1618~1632)前去德勒斯登作客時得到這幅畫像，之後被帶回茵斯布魯克置放於此。

講經台

精緻輝煌的講經台底部，可以看到代表信仰、愛與希望的3位天使，這座講台曾在二次大戰期間被炸成碎片，之後再重新拼回原本的模樣。

天頂壁畫

熟知洛可可技巧的畫匠運用了透視畫法，使得平頂的天花板，呈現了圓頂的視覺效果。在這幅有名的壁畫上，可看到聖雅各跪在聖母前方虔誠地祈禱，而上帝之子則背著十字架，於是天父、天子、聖人，三位一體的概念便在此體現。

舊城區Altstadt

MAP ▶ P.144B2

霍夫堡皇宮

MOOK Choice

Kaiserliche Hofburg/Imperial Palace

見證哈布斯堡王朝的輝煌

🚃搭乘電車1號在Museumstraße站下，或巴士F號在Congress站下；從黃金屋頂步行約2分鐘 🏠Rennweg 1 ☎(0512)58718619 ⏰9:00~17:00(最後入場16:30) 💲皇宮全票€9.50、優待票€7，永久展全票€7.50、優待票€5，皇宮+永久展全票€15、優待票€10；18歲以下、持因斯布魯克卡免費 ㊒每年略不同，請見官網公告 🌐www.burghauptmannschaft.at/Betriebe/Hofburg-Innsbruck/Museum

©Innsbruck Tourismus

皇宮位於黃金屋頂的右側與後方，當邁克西米里安於1493年被封為皇帝時，正值哈布斯堡輝煌歷史的開端，於是大張旗鼓地擴建皇宮。皇宮原建於16世紀，他的孫子斐迪南一世(Ferdinand I)更進一步地擴建，18世紀時瑪莉亞‧泰瑞莎女皇再次改建成巴洛克風格。

皇宮內有20多個房間，每間皆以牆壁浮雕及壁畫展示了為數不少的皇族成員肖像，見證哈布斯堡王朝在歐洲興盛的過程。其中最受矚目的是一組網狀的化石、瑪麗安東尼的畫像(瑪莉亞‧泰瑞莎的小女兒，後來成為法國皇后)，以及邁克西米里安時代的廚房，裡面還保留著當時的家具。

巨人廳

因為這裡展示許多巨幅的皇族成員肖像，於是命名為巨人廳，其中最引人注目的莫過於瑪麗亞女皇、她的夫婿法蘭茲和長子約瑟夫二世(Josef II)的連續肖像。另外還有瑪麗亞的其他子女肖像，她的女兒幾乎都與歐洲其他皇室聯姻，像是嫁給法王路易十六的瑪麗安東尼，因此女皇又被暱稱為「歐洲的丈母娘」。

巨人廳天井畫

這幅巨人廳頂上的壁畫，展示了哈布斯堡政治聯姻的寓意，皇族成員位在中央，蒂洛爾的常民生活則圍繞四周。

禮拜堂

以黑白兩色裝飾的禮拜堂，是在女皇夫婿法蘭茲一世過世後改建的，中間可以看到聖母懷抱著耶穌的雕像，傳達了女皇的悲痛心情。

Andrea Hofer之房

位在房間中央的寶座，是瑪麗亞女皇謁見時坐的位置，房間以蒂洛爾英雄Andrea Hofer為名，在房內可看到苦命的西西公主(Empress Elisabeth暱稱Sisi，1837~1898，是德國巴伐利亞的公主)，和她被謀殺的夫婿約瑟夫一世(Franz Josef I，哈布斯堡最後一位皇帝)的肖像。

舊城區Altstadt

MAP ▶ P.144B3

MOOK
Choice

皇宮教堂
Hofkirche/Court Church
巨形銅像環繞石棺的大帝墓園

🚊搭乘電車1號在Museumstraße站下，或巴士F號在Congress站下；從黃金屋頂步行約2分鐘 🏛Universitätstraße 12(入口同蒂洛爾民俗博物館) ☎(0512)59489514 🕐週一至週六9:00~17:00(最後入場16:30)，週日和假日12:30~17:00 💰全票€8、優待票€6；聯票全票€12、優待票€9 (可參觀蒂洛爾州立博物館、武器博物館、蒂洛爾民俗博物館、皇宮教堂及Tirol Panorama)；19歲以下、持因斯布魯克卡免費 🌐www.tiroler-landesmuseen.at

　皇宮教堂內最特別的是邁克西米里安的墓地，他非常喜愛茵斯布魯克，原本策畫製造40座高達2公尺的家族銅像作為守靈象徵，但直至他臨終，銅像才做好8座，當時在茵城找不到適當的墓園，只好將大帝移靈至維也納郊區安葬。

　邁克西米里安的孫子斐迪南一世(Ferdinand I)為了完成祖父心願，從1553年開始建造皇宮教堂。教堂混合了哥德式與文藝復興式，正門由粉紅色大理石構成，內部以黑白為主，中央置放一具仿古希臘風格的大理石石棺，四周是24塊記述

皇帝生平的浮雕，圍繞石棺的28尊巨形銅像分別是邁克西米里安的祖先及後代。

　事實上，守護銅像僅完成28座，大帝最終仍留在維也納新城，展示在教堂裡的只是空墓。反倒是大帝的曾孫斐迪南二世(Ferdinand II)和他的平民妻子菲麗蘋(Phillippine Welser)，被安葬在主殿旁的小禮拜堂。

舊城區Altstadt

MAP ▶ P.144C2

蒂洛爾民俗博物館
Tiroler Volkskunstmuseum/Tyrolean Folk Art Museum
從館藏文物中窺探蒂洛爾人生活軌跡

🚶從黃金屋頂步行約2分鐘 🏛Universitätstraße 12 ☎(0512)59489510 🕐9:00~17:00(最後入場16:30) 💰全票€8、優待票€6；聯票全票€12、優待票€9(可參觀蒂洛爾州立博物館、武器博物館、蒂洛爾民俗博物館、皇宮教堂及Tirol Panorama)；19歲以下、持斯布魯克卡免費 🌐www.tiroler-landesmuseen.at

　與皇宮教堂相連的蒂洛爾民俗博物館改建自修道院，豐富館藏擁有高度的文化與歷史典藏價值。全館依主題區分為多個展區，包含藝術與工藝、宗教性民俗藝術、模型小屋(krippen)等，巴洛克時期至近代的模型小屋，主要以復活節及聖誕為主題，從呈現的內容、背景環境及人物服裝等細節都反映出當時的文化與信仰，重現了蒂洛爾生活環境的小屋則可看出其隨時代遷移，風格亦從哥德式到巴洛克、洛可可的轉變。還有48具展示蒂洛爾傳統及節慶服飾的手工雕刻人偶、過去生活用的木器與陶器，及反映出人民對生死的不安感、對來世想法的近代文物等。

舊城區Altstadt

MAP ▶ P.144C3

蒂洛爾州立博物館

Tiroler Landesmuseen/Tyrolean State Museum

古今全觀蒂洛爾歷史文化

🚶從黃金屋頂步行約6分鐘 🏠Museumstrasse 15 ☎(0512)59489180 ⏰10:00~18:00 🈺週一 💲全票€8、優待票€6；聯票全票€12、優待票€9 (可參觀蒂洛爾州立博物館、武器博物館、蒂洛爾民俗博物館、皇宮教堂及Tirol Panorama)；19歲以下、持因斯布魯克卡免費 🌐www.tiroler-landesmuseen.at

蒂洛爾州立博物館亦稱作斐迪南博物館(Ferdinandeum)，以法蘭茲・斐迪南大公(Franz Ferdinand)為名，建於1823年，館藏見證從石器時代橫跨現代的3萬年時光，收藏涉足考古、音樂、科學、自然與藝術史等領域，多元種類含括畫作、雕塑、照片、手稿、徽章、武器等；尤其不可錯過黃金屋頂上的浮雕真跡、Jakob Stainer製作的小提琴等館藏。現代藝術收藏中包括奧地利知名畫家作品，如克林姆、Albin Egger-Lienz, Max Weiler、Alfons Walde等，令人感受當地豐沛的創作活力。

舊城區Altstadt

MAP ▶ P.144B4

MOOK Choice

安娜柱／凱旋門

Annasäule/Triumphpforte

熱鬧大街中最顯眼的兩座地標

🚶從黃金屋頂步行約4分鐘 🏠位在Maria Theresia Straße上

安娜柱和凱旋門都位在最熱鬧的瑪麗亞・泰瑞莎大道上，也是茵斯布魯克最顯眼的兩座地標。

建於1704~1706年的安娜柱，是為了紀念蒂洛爾人在1703年成功擊退巴伐利亞而建，柱上刻有聖母、聖安娜和蒂洛爾保護神的雕像。

凱旋門建於1765年，本來是為了慶祝瑪麗亞・泰瑞莎女皇的次子李奧波特二世(Leopold II)與西班牙公主的婚禮，但女皇夫婿法蘭茲在婚宴中暴斃，喜劇突然變成悲劇。於是凱旋門南面的浮雕刻畫歡樂婚禮，北面雕刻則為悲傷喪禮。

MAP ▶ P.143B3

修道院展覽館

Stiftskirche Stiftsmuseum Wilten／
Monastery Church and Museum Wilten

聆聽巨人海蒙的贖罪傳說

🚃搭電車1、6號或觀光巴士可達。 📍Klostergrasse 7 ☎(0512) 583048 ⏰7:30~18:00；參觀前需先預約 🌐www.stift-wilten.at

　　修道院隸屬於普萊蒙特教團，這個教團創立於1138年，在1665年建造了修道院教堂。傳說有兩個來自北日耳曼的巨人——海蒙和達琉斯，因為海蒙不小心失手打死了達琉斯，為了贖罪而興建這座教堂。在教堂裡可以看到與海蒙同比例的等身塑像，手上還握著龍的舌頭，龍暗示氾濫成災的西爾河，代表海蒙為民除害的事蹟。教堂屬於早期巴洛克風格，主體面西，祭壇面東，黑色的高級檜木和白色的浮雕，形成強烈的視覺對比，並以金色修飾，小小的壁龕供奉著祭壇，還有畫鑲在裡頭。

MAP ▶ P.143A3

威爾頓教堂

Basilika Wilten／Wilten Abbey

用色鮮明天頂壁畫透視感超強

🚃搭電車1、6號或觀光巴士可達 📍Haymongasse 6 🌐basilika-wilten.at

　　據說羅馬人曾在此紮營，豎立一座瑪麗亞塑像，在兵營撤走時把塑像埋在4棵松樹之間，到了6世

MAP ▶ P.143A2

鑄鐘博物館

Glockenmuseum／Bell Museum

認識銅鐘的演進過程

🚃搭乘電車1、6號；或巴士K、S、J號及觀光巴士可達；從黃金屋頂步行約20分鐘 📍Leopoldstraße 53 ☎(0512) 5941637 ⏰10:00~16:00 🚫週日、11~4月每週六 💰成人€9.50、6~14歲兒童€5，持因斯布魯克卡免費 🌐www.grassmayr.at

　　大約從10世紀開始，歐洲人意識到可以把鐘作為和上帝交流的方式，於是，許多教堂的最高處都造為鐘樓，也因此促進了鑄鐘業的發展。博物館所在的建築有405年歷史，展示從銅礦到銅鐘的演進過程。博物館前身是一個鑄鐘家族的工作室，家族出身的師傅至今仍運用世代傳承的技巧，為城裡的教堂大鐘調音。

紀才被農民發現，因此為這座塑像蓋了這間教堂。傳說中的瑪麗亞具有神力，因此這座教堂在阿爾卑斯山脈頗具知名度，吸引不少信徒，教堂主教並由羅馬教皇直接派遣，在正門上可看到代表教皇的紋徽。

　　教堂在1755年被修建成今日的面貌，呈現晚期巴洛克建築，甚至接近洛可可風格。教堂的浮雕律動感很強，以白、粉紅、奶油等明快色彩來裝飾，天頂壁畫更為大幅，透視感超強，跟早期巴洛克式的修道院展覽館相比，威爾頓的視覺效果要明亮許多。

MAP ▶ P.143A1

北山纜車

MOOK Choice

Innsbrucker Nordkettenbahnen/Nordkette Cable Cars

20分鐘從市區直抵山嶺

🚶 從黃金屋頂步行約8分鐘 🏠Rennweg 3(Congress站) ☎(0512) 293344 ⏰Hungerburg(Congress站至Hungerburg站)7:15~19:15(週末8:00起)、Seegrubenbahn(Hungerburg站至Seegrube站) 8:30~18:30、Hafelekarbahn(Hafelekar站至Seegrube站)9:00~18:00；每15分鐘一班 💲Innsbruck至Hungerburg站成人單程€6.90、來回€11.40，Innsbruck至Seegrube站成人單程€23.80、來回€36.90，Innsbruck至Hafelekar站成人單程€26.40、來回€44；持茵斯布魯克卡可免費單次往返，其他詳細票價請參考官網 🌐www.nordkette.com

2007年啟用的北山纜車，讓四面環山的茵斯布魯克與山岳更加親近，從市區的Congress站到海拔高度2256公尺的終點站Hafelekar只需20分鐘，如此輕易就可直奔阿爾卑斯山的懷抱，讓此處成為戶外活動天堂，冬天是滑雪勝地，夏天則成為登山健行的熱門景點，還可見到玩滑翔翼的民眾，一年四季都熱鬧非凡，就算不從事戶外活動，光是這片壯闊絕美的山景就已值回票價。

Congress、Loewenhaus、Hungerburg及Alpenzoo纜車站，特殊相當造型，這是由建造伊澤山跳台的建築師札哈・哈蒂所設計。各纜車站外型隨其所處的地形、周遭環境而有所差異，流線的外型與淡淡的粉藍色彩，彷彿漂浮於地面之上的流冰。

若計畫在山上用餐，那麼Seegrube站旁的餐廳是絕佳的選擇，1樓是自助式餐廳，只想簡單吃點東西果腹可在此解決；2樓的餐廳可一邊優雅地用餐一邊透過落地窗飽覽層巒疊嶂，十分寫意。

MAP ▶ P.143B1

Tiroler Abend Familie Gundolf

充滿歡笑的家族娛樂表演

🚋 搭電車1號至Innsbruck Messe/Zeughaus站，或從黃金屋頂步行約10分鐘 🏠Alpensaal an der Messe (EXPO), Kapuzinergasse 11 ☎(0512) 263263 ⏰20:30~約22:00(晚餐可選19:00或20:30)，5~10月每晚、11~4月每週三及週六；詳細時刻表見官網公告 💲表演含飲料成人€33、6~14歲小孩€10；表演加晚餐成人€58、6~14歲小孩€20；持茵斯布魯克卡可享折扣 🌐www.tiroler-abend.com

過了晚上6、7點的茵斯布魯克，除了餐廳之外幾乎都已打烊歇息，只留下冷清空蕩的街道，若不想早早入睡，那麼就來點新鮮熱鬧的，欣賞一下當地的傳統歌舞表演吧。這項表演始於1967年，全員皆由Gundolf家族成員所構成，有趣的是：每個人在白天都各自從事不同的工作，入夜下班後大家才聚在一起，因此演出走的是同樂會般輕鬆趣味的路線，內容結合蒂洛爾民族音樂、傳統舞蹈及民歌、擊鞋舞(shoe-slapping)、約德爾唱法(yodeling)等，還有豎琴、鋸琴等樂器演奏，節目相當精彩豐富，讓人不自覺沉浸在詼諧趣味的時光中。

茵斯布魯克近郊Outskirts of Innsbruck

MOOK Choice

MAP ▶ P.145B1

施華洛世奇水晶世界

Swarovski Kristallwelten／Swarovski
Crystal Worlds

閃亮奇幻水晶天地

🚗 開車走A12高速公路，從Wattens下交流道沿指標可抵達。從茵斯布魯克搭乘接駁巴士直達水晶世界，可在Hauptbahnhof火車站或Congress／Hofburg兩處上車，約每兩小時發一班車車資成人單程€7、來回€11、17歲以下免費；持茵斯布魯克卡免費搭乘 🏠Kristallweltenstraße 1, Wattens ☎(05224) 51080 🕐9:00~19:00(最後入場18:00) 💶成人€25、6~17歲€7、語音導覽€2，線上購票可享優惠；持茵斯布魯克卡免費 🌐www.kristallwelten.swarovski.com

100多年前，一位波西米亞人丹尼爾·施華洛世奇(Daniel Swarovski)來到蒂洛爾地區，以水晶為素材創作珠寶。施華洛世奇之所以不辭千里來奧地利製作水晶，是因為當時波西米亞的玻璃工業競爭相當激烈，本地正好有充沛的電力及水源可以支援，於是他和3名工匠在此開始了水晶事業。經過世代變遷，施華洛世奇從小工作室擴張成龐大的跨國企業；1995年，施華洛世奇水晶世界在總工廠旁正式開放，成為世界上最美麗的水晶博物館。

水晶世界由藝術家安德烈·海勒(André Heller)一手設計、英國建築師康任(Sir Terrance Conran)的事務所規劃內部空間，不只以多種角度展示水晶作品，更透過不同建築師和藝術家的創意，來營造水晶與人之間的心靈對話。從水晶行星、水晶大教堂、水晶劇院，再到以藝術表現的水晶森林、變形走廊，或以文學表現的水晶書法、飄動的詩句等，處處展現了水晶的多重面貌。

水晶世界的入口是一個龐大的瓦登巨人頭像，代表他守護水晶世界的象徵意念。他一雙雄糾糾的大眼全以水晶打造，在不同光線下折射出不同的光芒，旁邊則有一座以他的手型製作的草地迷宮。走進入口大廳，價值1千萬歐元的水晶寶藏牆閃閃發光，這裡展示著全球最大的施華洛世奇切割水晶(30萬克拉)，旁邊陳列著最小的0.00015克拉水晶，作為對照。在參觀行程的終點，將看見一片掛在天花板上的森林，由視覺藝術家Fabrizio plessi所設計，以火、水和水晶裝飾成魔幻世界。

155

MAP ▶ P.143B3

安博拉斯宮

MOOK Choice

Schloss Ambras

斐迪南二世的肖像畫收藏珍品

🚋 搭乘電車3、6、C、M號，或從茵斯布魯克車站搭乘Postbus 540號前往，車程約30分鐘。 🏠 Schlossstraße 20 ☎(0152) 5244802 🕙10:00~17:00，肖像畫廊僅4~10月開放參觀 🈲11月 💶4~10月全票€16、優待票€12，12~3月全票€12、優待票€9，19歲以下、持因斯布魯克卡免費；導覽行程€5 🌐 www.schlossambras-innsbruck.at

斐迪南二世(Ferdinand II)受父親菲力普(Philipp de Schone)之命來掌管蒂洛爾，為了隱藏他擁有一位平民皇后的事實，他在1565年下令將郊區一座城堡改造成安博拉斯宮，定居於此。

當時的哈布斯堡皇朝數度透過政治聯姻擴張權勢，已是橫跨歐陸的超級帝國，但斐迪南卻在波西米亞擔任都督時，愛上平民女孩菲麗蘋(Phillippine Welser)，並堅持娶她為妻。菲力普國王雖對斐迪南的大逆不道十分生氣，但也莫可奈何，唯一條件就是斐迪南必須另娶貴族為妃，而菲麗蘋所生的孩子不得繼承王位。

斐迪南二世是文藝復興史上重要的收藏家之一，因此安博拉斯宮的展示就以肖像畫、珊瑚和盔甲著稱，雖然許多收藏已被移至維也納，但這裡的展品在質量方面還是相當驚人。

吸血鬼原畫

令人意外的是，大名鼎鼎的吸血鬼原畫竟然收藏在此宮裡。畫裡的人是瓦拉契公爵(Duke Vlad Dracul of Wallachia)的孫子，名為瓦拉德四世(Vlad IV Tzepesch)，也就是《吸血鬼》小說中根據的真人原型。

西班牙廳

西班牙廳是安博拉斯宮最有名的大廳，建於1569~1572年，陳列蒂洛爾歷代大公的肖像，共計27幅，現在作為音樂廳，開放外界租借使用。

肖像畫廊

畫廊展示多幅逼真的人物畫像，邁可西米里安和第一任妻子瑪麗亞勃艮地(Maria von Burgundy)的婚姻，讓他得以加入金羊毛騎士團，在他脖子上的項鍊是為證據。

騎士的中世紀晚餐
Restaurant Ritterkuchl

既然來到霍爾，如果沒參加這趟中世紀晚餐，你可會大呼遺憾！首先主人會幫每個客人圍上格子餐巾，接著選出一位國王、一位皇后和兩個奴隸，然後就能參與這個邊吃邊玩的中世紀遊戲。

用餐的時候比照古代，所以只使用一個木製小鉆板和一把小刀，前菜由Schwarz Brot全麥麵包搭配洋蔥、菜肉凍和沾醬，接著有以胡蘿蔔、馬鈴薯、香菇、麥片等多種材料煮成的雜糧湯；接下來還有烤豬肉配酸菜和酸起司醬的主菜，以及蛋汁肉桂蘋果炸片作為甜點。

標準的中世紀晚餐就是這4道菜餚，由於份量甚多，味道極佳，所以吃得十分過癮。別忘了搭配啤酒或開胃蜂蜜酒Met，乾杯時要説中世紀的古語「Auf die Gesundheit」(祝你健康)才算上道哦！

🏠Salvator Gasse 6, 6060 Hall in Tirol ☎(05223) 53120 ⏰週四至週六18:00~24:00 💲中世紀晚餐(含5道菜餚)每人€45起，6~10歲兒童半價 🌐 www.ritterkuchl.at

茵斯布魯克近郊Outskirts of Innsbruck

MAP ▶ P.145A1

霍爾
Hall in Tirol
以製鹽和造幣聞名的典雅小鎮

🚆從茵斯布魯克車站搭S4或S5火車約9分至霍爾火車站，或搭乘開往霍爾的504巴士，約30分鐘至Hall in Tirol Unterer Stadtplatz站可達。 🌐www.hall-wattens.at

以古鹽山著名的霍爾，是一座位在茵斯布魯克附近的典雅小鎮，舊城源於12世紀，15世紀的西格蒙皇帝(Sigmund der Munzreiche)在此打造了世界第一枚錢幣，之後邁克西米里安大帝迎娶第二任妻子時，婚禮也在此舉行。

本地因製鹽和造幣帶來不少財富，也造就不少歷史古蹟，其中最值得一看的首推市政廳(City hall)，它是1406年由哈布斯堡公爵李奧波特四

世(Leopold IV)受命建造的，內部的雕刻及玻璃裝飾出自威尼斯工匠之手，至今它仍是市政廳，並開放讓新人在此舉行婚禮。

在霍爾的舊城區還有聖尼可拉斯教堂(St. Nikolaus Church)和海瑟碉堡(Castle Hasegg)值得造訪。前者的哥德式尖頂、蜂巢狀玻璃窗和巴洛克式主祭壇均相當華麗，左側的小禮拜堂置放了不少聖人的頭骨，吸引信眾前來致敬；後者建於1306年，是為了保護容易受潮的鹽業而建，15世紀因為造幣業由南蒂洛爾轉至霍爾，海瑟堡也變成製幣廠，直到1809年才停業。

格拉茲
Graz

格拉茲是施泰爾馬克邦的首府,也是奧地利的第二大城,因為在舊城區擁有珍貴的中世紀建築群,在1999年被聯合國教科文組織(UNESCO)登錄為世界文化遺產,更在2003年當選為歐洲的文化之都。

格拉茲的地理位置在奧地利東南方,離首都維也納只有2.5小時車程,地處東歐與巴爾幹半島間交接處,孕育了豐富多元的文化色彩,西部接鄰阿爾卑斯山山腳,莫爾河(Mur)流經市中心,周圍盡是廣闊的綠地,素有「花園城市」之稱,加上3所大學裡超過5萬名學生,讓它同時是奧地利著名的大學城。

INFO

基本資訊
人口:約29萬
面積:127.6平方公里

如何到達——航空
格拉茲機場(Flughafen Graz)位於市中心南方9公里處,由維也納到格拉茲,每天有數班國內定期航班,飛行時間約30分鐘;也有往返於德國法蘭克福、慕尼黑、柏林、瑞士蘇黎世、土耳其伊斯坦堡等地間的國際航班。
🌐www.flughafen-graz.at
◎**機場巴士**
每30~60分鐘一班,約20分鐘就可抵達市中心,巴士沿途停靠站有Hauptbahnhof、Jakominplatz、Griesplatz。
💶單程票價€2.70
🌐www.flughafen-graz.at

如何到達——火車
從維也納每天有密集的火車班次前往格拉茲,車程約2.5小時,另外也可搭乘在Bruck an der Mur轉車的班車。薩爾斯堡每天有5班火車前往格拉茲,車程約4小時10分鐘;茵斯布魯克每天有3班火車前往格拉茲,車程約6小時15分鐘。
格拉茲中央車站位於城市的西邊1.7公里處,步行約需22分鐘可抵達市中心的郝普特廣場(Hauptplatz),可搭乘1、3、6、7號電車前往。
🌐www.oebb.at

市區交通
市中心範圍不大,徒步就能輕鬆遊覽,也可以搭乘四通八達的電車(tram),交通十分便利。電車車票可以在香煙攤、旅遊中心或電車大站的售票機購買,電車地圖可以在旅遊服務中心免費索取。
◎**格拉茲公共交通諮詢中心Mobil Zentral**
🏠Jakoministraße 1
☎(050) 678910
🕐週一至週五8:00~18:00,週六9:00~13:00
💶單程車票€3(1小時內無限次數搭乘)、24小時票€6.40
🌐www.verbundlinie.at/en

優惠票券
◎**格拉茲卡Graz Card**
格拉茲卡在有效期限內不但可以免費或以特惠票價進出格拉茲的博物館,還可自由搭乘101區內的大眾運輸(包括機場巴士)、免費單次利用城堡山纜車及電梯,以及參加舊城區的導覽行程。分為24、48、72小時三種票卡,可在網站、遊客中心、火車站及合作飯店購買。
💶成人24小時卡€26、48小時卡€34、72小時€39
🌐www.graztourismus.at/en/getting-there-and-public-transport/graz-card
◎**Joanneum 24-hour & 48-hour ticket**
約翰大公(Archduke Johann)在格拉茲設立了Joanneum,只要在購票時開始的24或48小時內,

格拉茲

圖例 ●景點 ✚教堂 🏛博物館 🏨飯店 ◐歌劇院 🏰城堡 ◍公園 ☕咖啡廳
　　 ●廣場 ⓘ遊客服務中心 🛍購物 🏬百貨 ●酒吧 ⬙建築 🍴餐廳

城堡山 Schlossberg
🍴 Skybar Schlossberg
莫爾河 Mur
鐘樓 Glockenturm
城堡山纜車 Schlossbergbahn
Kaiser-Franz-Josef-Kai
Mariahilferstraße
🏨 Hotel Schlossberg
時鐘塔 Uhrturm
城堡山廣場 Schlossbergplatz
市立博物館 Stadtmuseu
Karmeliterpl.
市立公園 Stadtpark
E-Fischer-Allee
● Karmeliterpl.
階梯之塔 Treppenturm
Mariahilfkirche
Kastner & Öhler(K & Ö)
莫爾河之島 Island in the Mur
Café König
Sonnentor Hofbäckerei糕餅店
大靈廟 Mausoleum
Erzherzog-Johann-Allee
Burgtor
Kwirl
Thomas Sabo
Gigasport
Amorino
艾格樓房 Luegghaus
舊城區 Altstadt
大教堂 Dom
Romantik Parkhotel Graz
Freiblick
Bärenland
Hotel Erzherzog Johann
Eckstein
音樂鐘廣場 Glockenspielplatz
現代美術館 Kunsthaus Hauptbrcke
Blue Tomato
Humanic
Vom Fass
Glöckl Bräu
Delikatessen Frankowitsch
Hotel Drei Raben
Tribeka
Franziskanerkirche
郝普特廣場 Hauptplatz
Hotel Zum Dom
Gasthaus Stainzerbauer
Belgiergasse
Tegetthoffbrucke
el Gaucho
邦政廳 Landhaus
繪畫房屋 Gemaltes Haus
Der Steirer
Hotel Das Weitzer
Landhauskeller 餐廳
市立教堂 Stadtpfarrkirche
Burggasse
Marburgerkai
武器庫 Zeughaus
Temmel
格拉茲歌劇院 Oper Graz
Joanneum Landesmuseum
凱撒・約瑟夫廣場市集 Kaiser-Josef-Platz market
Gösser Bräu
約翰博物館區 Joanneumsviertel
Hotel Gollher
Girardigasse
F-Graf-Al
F-Graf-Al

都可以盡情參觀所有隸屬在Universalmuseum Joanneum下的博物館，包含武器庫、現代美術館、Museum im Palais、艾根堡等，是參觀格拉茲博物館時的省錢好幫手。此優惠票券不包含博物館內的導覽行程。
💰24小時卡成人€17、27歲以下學生€7，48小時卡成人€22、27歲以下學生€9，19歲以下皆免費
🌐www.museum-joanneum.at

旅遊諮詢
◎格拉茲旅遊服務中心
📍Herrengasse 16
☎(0316) 8075-0

🕐1~3月10:00~17:00，4~12月10:00~18:00
🌐www.graztourismus.at

城市概略City Guideline

　　格拉茲中央車站位在舊城區以西約2公里處，主要利用路面電車進入舊城區。格拉茲的主要觀光景點都位於舊城區內，以最熱鬧的郝普特廣場為中心向外延伸，幾乎所有的旅館、餐廳和商店都錯落於此區中，因此以步行方式就能解決生活所需。

舊城區Altstadt

MAP ▶ P.159B4

邦政廳

Landhaus

奧地利最美的文藝復興建築

從郝普特廣場步行約2分鐘 Herrengasse16

這座3層樓高的義大利文藝復興式建築，建於1557~1565年，由軍事建築師多蒙尼可‧德‧阿里歐(Domenico dell'Allio)所建造，有「奧地利最優美的文藝復興建築」之稱，現在是施泰爾馬克邦議會開會的所在地。明亮的黃色牆面、綴滿花卉的半圓形拱廊窗戶及灑滿陽光的穿廊，庭院西北邊有座禮拜堂，廣場中間還有一口古老的水井，以青銅鑄成的欄杆上裝飾著精美手工雕花，夏日時這裡會擺滿了咖啡座椅，是露天音樂會和歌劇表演的最佳場所。

舊城區Altstadt

MAP ▶ P.159C3

音樂鐘廣場

MOOK
Choice

Glockenspielplatz

定時輕歌漫舞的可愛鐘樓

從郝普特廣場步行約3分鐘 Glockenspielplatz 4

位於音樂鐘廣場中的這棟可愛房子，除了建築物的立面有金黃色壁畫外，最迷人的時刻為每天11:00、15:00及18:00，每當時間一到，這座建於1903~1905年的時鐘就會自動打開兩扇門，同時出現一對穿著傳統服飾的男女，隨著音樂的旋律翩翩起舞。音樂鐘廣場的周圍為小酒館和餐館的集中地，是格拉茲夜生活的重鎮。

1278年，哈布斯王朝的魯道夫一世擊退波西米亞，將屬於波西米亞的格拉茲收入版圖，同時也取得維也納及林茲等地。1377年，哈布斯王朝的利奧波多王朝(Leopoldine)居住在此地。1440年，施泰爾馬克邦的斐德列三世(Frederick III)在格拉茲興建居所，並在

1452年加冕為神聖羅馬帝國的皇帝，格拉茲自此成為帝國城市，皇宮(Burg)和大教堂(Graz Cathedral)就在此時期完成。

為了抵禦土耳其的入侵，從13世紀開始就建築了眾多碉堡。1543年由斐德列一世(Frederick I)下令製造的武器庫，完成於義大利建築師多蒙尼可‧德‧阿里歐(Domenico dell'Allio)之手。

舊城區Altstadt

MAP ▶ P.159C3

大靈廟

Mausoleum

精緻雕刻與壁畫相伴的皇室陵墓

🚶從郝普特廣場步行約7~8分鐘 🏠Burggasse 3 ☎(0316)8041890 🕘9:00~17:00 🚫週一 🌐graz-dom.graz-seckau.at

這座寺廟是為了紀念菲德列二世(Frederick II)所建造，因為藉由巴洛克晚期的建築形式來表達羅馬建築的風格，被譽為「格拉茲的王冠」。1614年，菲德列二世請來宮廷建築師Giovanni Pietro de Pomis為他設計陵墓，但是建築師還

來不及完工就過世了，在1633年由另一位義大利建築師皮耶托‧伐尼格(Pietro Valnegro)接手，終於在1636年完成外觀；內部裝飾則到了1687年才完成。

進門前方的壁畫及祭壇是格拉茲的巴洛克大師Johann Bernhard Fischer von Erlach的作品；入口上方壁畫描繪1683年對抗土耳其人的史事；面對祭壇右手邊的圓拱房間裡則是菲德列二世母親的陵墓，以木頭材質仿作的紅色大理石圓柱幾可亂真。墓室裡有菲德列二世和他第一任妻子的大理石墓，以及存放菲德列二世及其家族心臟的神龕。

舊城區外圍Outer Altstadt

MAP ▶ P.159B1

城堡山

MOOK Choice

Schlossberg/Castle Hill

登上木造時鐘塔欣賞城市風光

🚶 從郝普特廣場步行約14分鐘可達山腳下，接著搭纜車、電梯或步行上山 🏠 纜車站：Kaiser Franz Josef Kai 38，電梯：Schlossbergplatz ☎ (0316) 8873391 🕐 纜車9:00~24:00(週五至週六至2:00)，電梯8:00~24:30 💲 纜車1小時券成人€3、15~18歲€1.90、6~14歲兒童€1.50(時間內可無限搭乘)，電梯成人€2。20、6~14歲€1.60；持格拉茲卡免費 🌐 www.holding-graz.at/en/activities/schlossberg

格拉茲的名字來自斯洛維尼亞語的「Gradec」，指的是小城堡、堡壘，整座城市也是圍繞著城堡山所修建，這座建於10世紀中期的建築就位於城堡山上，1544年由義大利建築師Domenico dell'Allio擴建為大型的防禦堡壘，1809年遭拿破崙軍隊大肆破壞，格拉茲市民為了保存時鐘塔及鐘樓而付了大筆贖金，所以原本的堡壘現在只留下時鐘塔和鐘樓供遊人憑弔。

 城堡山滑梯 The Slide Graz

好不容易爬上城堡山，格拉茲現在新添了比搭電梯還要快速的下山方式，就是乾脆坐溜滑梯一路飆滑下山！城堡山滑梯長175公尺，是全世界最長的通道滑梯，以及第二長的溜滑梯。雙腳套上布袋後，在工作人員指示下向後一躺，旋即以25~30公里的時速，從將近32層樓的高度滑到山腳，大約40秒的時間內心跳指數破表，雖然刺激到冷汗狂冒，但還是忍不住想再玩一次。

💲 含到城堡山頂電梯，成人€8.20、兒童€7.60；含到城堡山入口電梯，成人€7.50、兒童€7.20
🌐 www.schlossbergrutsche.at

視野極佳的城堡山充滿著綠意，加上可以免費上山，所以這裡無分平假日都是野餐、約會、闔家出遊的好去處，在商店打烊的週日更顯熱鬧，不僅可賞景賞古蹟，山上更開設了多間餐廳與咖啡廳。另外還有運用第二次世界大戰打造的地下通道空間規劃的表演場所「Dom in Burg」，以及世界第二長的溜滑梯，推薦可在此停留半天，享受一下悠閒時光。

時鐘塔Uhrturm

鐘面直徑超過5公尺、塔高28公尺的木造時鐘塔是格拉茲最顯著的地標，從市區各個角度都可看到它。塔樓在13世紀原作為軍事用途，1712年加上了時鐘而有了報時功能，到了1948年成為電動時鐘，最特別處在於它的時針是長的，分針是短的，這是因為當初設計時只有時針，分針是後來才加上去的。

鐘樓Glockenturm

34公尺高的鐘樓建於1588年，由查理二世大公(Archduke Charles II)下令打造，裡面的大鐘「Liesl」是格拉茲最有名、同時也是施泰爾馬克第3大的鐘，直徑197公分、重達4,633公斤。Liesl每天到7:00、12:00及19:00時就會敲101下，據傳這是因為它是由相同數量的土耳其軍砲彈鑄造而成，才會衍生出這項傳統。

城堡山倉庫舞台Schlossbergbühne Kasematten

這裡原本用於放置武器或是做為俘虜的休息空間，在1809年遭拿破崙的軍隊推毀後，於1937年搖身一變成為城堡山上最具情調的表演場所，每年都會有音樂、戲劇表演在此上演。開放式的寬敞空間，設有電動遮雨棚與專業的音響設備，750平方公尺的表演空間可容納1310名觀眾，尤其在活動最多的夏季，可見到爵士、古典、流行樂等豐富表演在此輪番上演，相當有夏日風情。

城堡山纜車及電梯Schlossbergbahn &Schlossberglift

纜車搭乘處位在Kaiser Franz Josef Kai街道上，從市中心走到城堡山廣場後再繼續往前走約1~2分鐘即可抵達。城堡山纜車的前身最早出現於1528年，當時用於運送建築堡壘的建材，1595年退役後，直到1893年才建造了現在的纜車，並於隔年對外開放。纜車行駛時間約3分鐘，最大爬坡度為60%，上下山時可將城市景色盡收眼底，而紅色的車加上兩側的綠意顏色對比相當顯眼，非常值得一搭。另外，相當有趣的是，纜車司機是駕駛兼收票員，所以纜車行駛時售票處會空無一人，而上山與下山的車廂會同時出發，並且同時抵達中間軌道相互錯身而過。

相較於歷史悠久的纜車，由建築師Reiner Schmid設計的透明玻璃電梯於2000年啟用，其最大的特色，就是經過第二次世界大戰時的隧道，30秒就可以直達山頂，一出來即可看到時鐘塔。

水槽Zisterne

經1554~1558年4年時間完成的水槽，同樣出自Domenico dell'Allio的設計，為了預防圍城時水源不足，因此下挖94公尺以引入莫爾河的地下水，共有5個井道，每個裡頭的儲水槽直徑達3.6公尺，蓄水量為90萬公升，現在則為防火用儲水。

黑克獅像Hackher-Löwe

這座獅子銅像是為了紀念大法蘭茲·黑克(Major Franz Hackher)所打造。1809年拿破崙率3千大軍進犯，長期的侵襲都是由他領導軍隊對抗(據說只有17個官員與896個兵力)，雖然最後城堡還是被攻破，但因讓拿破崙久攻不破，所以英名遠播。為了感念大法蘭茲·黑克的英勇奮戰，卻因無法得知他的面貌所以最後造了這個獅像以紀念他。原本的銅像由Otto Jarl造於1909年，在第二次世界大戰時贈予希特勒而遭到熔解，現在的獅子則是在1965年經Wilhelm Gosser複製重造而成。

舊城區外圍 Outer Altstadt

MAP ▶ P.159A3

現代美術館

Kunsthaus Graz/Graz Art Museum

太空怪獸般的藍色扭曲建築

🚇 從郝普特廣場步行約4~5分鐘 🏠 Lendkai 1 ☎ (0316) 8017-9200 ⏰ 10:00~18:00；英語導覽每週日14:00 🚫 週一 💰 成人€11、19~26歲€4.5，19歲以下、持格拉茲卡免費；導覽行程另加€3 🌐 www.museum-joanneum.at/en/kunsthaus-graz

格拉茲當選為2003年歐洲文化之都後，在城

裡興建6座特別的建築物，其中現代美術館及莫爾河之島最受矚目，是結合藝術之美與公眾空間的代表作。現代美術館寶藍色的外觀在舊城區的紅屋頂中顯得格外醒目，由英國建築師彼得·庫克(Peter Cook)與克林·佛奈爾(Colin Fournier)合力設計，長60公尺、高16公尺，被當地人暱稱為「友善的外星人」。這個充滿未來主義風格的建築物，是由一片片藍色的塑膠玻璃拼接而成。館內除了不定期展出各種現代藝術，也有明亮的咖啡館提供歇腳，並販售充滿設計感的禮品及現代藝術相關書籍。

格拉茲近郊 Outskirts of Graz

MAP ▶ P.159A3

艾根堡

MOOK Choice

Schloss Eggenberg

遊心十足的宇宙城堡

🚇 從格拉茲中央火車站搭乘路面電車1號，約15分鐘可達Eggenberg站，下車後往回走到下個路口，再左轉進入。 🏠 Eggenberger Allee 90 ☎ (0316) 8017-9532 ⏰ 國事廳僅開放導覽行程參觀，4~10月10:00~16:00、5~9月10:00~17:00，每小時一場；庭園3月中~10月8:00~19:00、11~3月中8:00~17:00 🚫 週一 💰 國事廳成人€17、19~26歲學生€7、19歲以下免費 🌐 www.museum-joanneum.at/en/palace-and-gardens-schloss-eggenberg

　Hans Ulrich von Eggenberg在1625年時為自己建造的巴洛克式城堡，運用宇宙天文為設計主題，4座塔、每層31個房間、24間大廳共

有52扇門、365道窗戶……在在象徵了一年的四季、星期、天數、小時與分鐘。宮內最著名的景點為地球廳(Planetensaal)是所有大廳的起點與終點，廳內環繞裝飾的油畫為Hans Adam Weissenkircher的作品，代表著四大元素、黃道十二宮與7個古典行星。有興趣的話也可以一訪此處的庭園，春天花卉競艷、秋天樹葉轉成浪漫金黃，四季呈現全然不同的風采，還可見到孔雀悠閒地漫步其間。

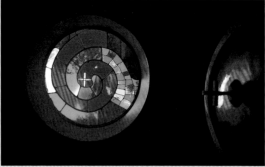

格拉茲近郊Outskirts of Graz

MAP ▶ P.159A3

聖芭芭拉教堂

MOOK Choice

St. Barbarakirche/St. Barbara Church

顛覆教堂印象的百水創作

🚃 由格拉茲中央火車站搭乘GKB民營火車，約50分鐘可達貝恩巴赫，抵達小鎮的火車站後，沿著車子的主要道路右轉，會通過一座鐵道上的橋，往北方步行前進約20分鐘，到Piberstrasse左轉，再直走約3分鐘可達。🏠 Piberstraße 15, 8572 Bärnbach ☎(03142) 62581 夏季8:00~20:00、冬季8:00~18:00，禮拜或婚禮慶典時不開放參觀 💲參加導覽成人€3、兒童€1.5，沒參加導覽則自由捐獻 🌐www.katholische-kirche-steiermark.at/goto/instvisitenkarte/633/Pfarre_B__rnbach

　距離格拉茲約1個小時車程的小鎮貝恩巴赫(Bärnbach)，除了盛產玻璃工藝品，還有一座全世界最可愛的聖芭芭拉教堂，這可是奧地利藝術頑童百水(Hundertwasser)的傑作，因此也稱為「百水教堂」(Hundertwasserkirche)。

　這座被毀於二次大戰的教堂，經由鎮民投票通過讓百水來設計，1987年開始興建，1988年在百水的巧思下蛻變出新面貌，建築物的裡裡外外完全顛覆了一般教堂中規中矩的樣子。百水在

教堂裡大量運用了他慣用的建築元素，如以色彩繽紛的大小圓球作成的圓柱，或是充滿童心的裝飾；不規則又彎曲的紅屋頂上畫了大小不同的綠點點；教堂的鐘樓放上了「開始」和「結束」的符號，看起來像個開懷笑臉，旁邊還以磁磚拼貼出他最愛的船與船錨，百水代表性的柱子和窗戶更是處處可見。

　整座教堂連十字架都以大膽的風格呈現，以綠黃白磁磚拼貼的光芒簇擁著十字架上的耶穌，讓教堂呈現出特殊的風情。其中有一幅以彩色瓷磚拼貼而成的窗戶，從外面看有如盛開的花朵，走入教堂之內，發現窗戶的另一面更令人讚嘆：光線透著彩繪玻璃映照在十字架上，讓人有了信仰上帝的衝動。

　教堂旁的小公園環繞著12道拱門，每道門以象徵性的圖騰來代表全世界主要的宗教信仰或文化，如伊斯蘭教、基督教等，其中一扇稱為「Ur-gate」的門，百水用3顆圓石來表達史前時代的信仰，另一扇沒有任何圖案的門，則代表著「無信仰」。

捷克

捷克

The Czech Republic

捷克，是許多人夢想一生必訪的旅遊地，卡夫卡、史麥塔納、德弗札克、木偶劇、黑光劇、波西米亞水晶，這些全與捷克有著深刻的聯結，但都只能勾勒出捷克的一小部份。

雖然曾是共產國家的一員，但捷克呈現出迥異於其他東歐國家樂天開朗的個性，原因之一在於捷克人總是被經典藝術圍繞，美麗的東西看久了，心情就保有純真愉悅的一面。

捷克擁有豐富的文物史蹟和藝術創作，自中世紀開始，布拉格就被封為歐洲最美的城市，觸目所及全是歷史悠久的教堂和建築，耳中聽到的是悠揚的鐘聲或人群爽朗的笑聲，遊賞布拉格，無遺是一趟完整的藝術、音樂、建築和文學之旅。

捷克的交通網路非常便利，除了布拉格之外，也可以輕易前往其他城鎮，像是到卡羅維瓦利泡泡溫泉，到庫倫洛夫欣賞童話般小鎮風情，或是到皮耳森暢飲道地啤酒，都會讓你對這個國家留下深刻美好的印象。

捷克之最Top Highlights of Czechia

布拉格
聖維塔大教堂、查理大橋、舊城市政廳及提恩教堂，一座座高聳入雲的哥德式尖塔，構築出「百塔之都」的天際線。這裡不分晝夜四季，總是吸引數以萬計的遊客慕名而來。(P.174)

人骨教堂
雖然庫特納霍拉只是個21,000人的小鎮，但是擁有芭芭拉大教堂和人骨教堂兩大景點，其中人骨教堂使用大量人骨製成聖物及裝飾，絕對令人震撼。(P.233)

溫泉鄉「喝」溫泉
來到著名溫泉鄉——瑪麗亞溫泉鎮，不妨以溫泉杯品啜溫泉，漫步於美麗的溫泉迴廊，體驗19世紀最流行的休養模式。(P.236)

皮爾森
捷克的啤酒馳名歐洲，別錯過皮爾森的Pilsner啤酒釀造所，一探黃金啤酒的製造之旅，以及療癒身心的啤酒SPA。(P.217)

庫倫洛夫
1992年列入世界遺產的美麗中古小鎮，建築形式與色彩充分表現波西米亞式的浪漫，穿梭於舊城區與城堡區之中，彷彿真的闖進童話世界。(P.223)

How to Explore Czechia
如何玩捷克各地

布拉格Praha／Prague

　　布拉格的主要景點集中於舊城區，包括舊城廣場、查理大橋、火藥塔都在這裡，在舊城廣場周邊有不同時期的建築值得欣賞，在附近的餐廳用餐更能感受熱鬧的氣氛。接著可以把腳步延伸至猶太區、新城區，以及伏爾塔瓦河左岸的城堡區和小區。城堡區是遊逛布拉格的另一個重點區域，布拉格城堡從9世紀起就是布拉格王室的所在地，可以從馬提亞斯城門開始入內參觀，因為景點眾多，建議花半天以上的時間遊覽。

瑪麗亞溫泉鎮
Mariánské Lázně／
Marienbad

　　比起另一個溫泉鄉卡羅維瓦利，這裡算是後起之秀，更加人工、商業化。來到這裡同樣不能錯過到溫泉迴廊，用溫泉杯品嘗溫泉的獨特樂趣。

布傑約維采
České Budějovice／Ceske Budejovice

　　市面上常見的百威啤酒的名稱就是來自這裡，這裡以Budweiser Budvar啤酒與皮爾森名列兩大波西米亞啤酒釀造城。因此，建議不要錯過百威啤酒酒廠的導覽解說，以百威啤酒做招牌的啤酒餐廳也很推薦。

庫特納霍拉Kutná Hora／Kutna Hora

14~15世紀時，這個城市因為開採銀礦而成為歐洲最有錢的城市，如今仍散發著迷人的中世紀魅力。城內最重要的景點莫過於聖芭芭拉大教堂，這裡也是欣賞庫特納霍拉景致的好地方；而若說到庫特納霍拉絕不能錯過的景點，則首推位於東北郊外的人骨教堂。

皮爾森Plzeň／Pilsen

皮爾森最出名的就是歷史超過600年的皮爾森啤酒，推薦參加皮爾森啤酒釀造所的導覽行程，雖然費用並不便宜，但絕對值回票價，參觀後更能品飲新鮮啤酒；另外，當地的啤酒餐廳也很推薦，搭配傳統捷克美食最對味。舊城區北邊還有一間啤酒博物館，讓大家更了解捷克第一啤酒的製造過程。

卡羅維瓦利
Karlovy Vary
黑普Cheb
布拉格
Praha
波西米亞
Bohemia
庫特納霍拉Kutná Hora
瑪麗亞溫泉鎮
Mariánské Lázně
皮爾森
Plzeň
塔波
Tábor
特奇Telč
摩拉維亞
Morava
奧洛穆茨Olomouc
布爾諾Brno
布傑約維采
České Budějovice
哲諾伊模Znojmo
庫倫洛夫
Český Krumlov

庫倫洛夫
Český Krumlov／Cesky Krumlov

庫倫洛夫字面的意義是「河灣中的淺灘」，非常逼真地描述了小鎮的環境。小城鎮被U形的河套區隔成兩個部分：位於北邊山丘上的城堡區，以及河套中央被河流包圍成圓形的舊城區。這裡景色相當優美，在捷克是相當受歡迎的城鎮。

奧洛穆茨Olomouc／Olomouc

位居摩拉維亞中樞的奧洛穆茨，有「北摩拉維亞最美城市」的稱譽。漫步街頭，可以同時感受現代清新和傳統古樸的不同風貌，除了被列為世界文化遺產的聖三位一體紀念柱，還有7座巴洛克式噴泉，來到這裡一定要好好觀賞，才不虛此行。

● 布拉格

布拉格
Praha/Prague

布拉格早在5世紀時就有了城市的雛形，當時歐洲人慣稱此地為波西米亞(Bohemia)，居民統稱為波西米亞人(Bohemian)。幾世紀以來，波西米亞國王、捷克新教組織、羅馬天主教勢力及來自奧地利的哈布斯堡家族不斷在這裡投注心血，將布拉格打造成歐洲耀眼的都市，其中功勞最大的要算是14世紀波西米亞國王兼神聖羅馬帝國皇帝的查理四世，他大興土木建設了聖維塔教堂、查理大橋、舊城市政廳、提恩教堂等，高聳入雲的哥德式尖塔讓布拉格有了「百塔之都」的美稱。

今日的布拉格以美麗的風光、優雅的建築吸引眾人目光，特別是在高消費的歐洲，這座「百塔之城」比起巴黎、倫敦、米蘭等歐洲其他首都不但毫不遜色，相形之下消費來得更為輕鬆，也因此成為遊客的最愛。

INFO

基本資訊

人口：約131萬
面積：市區496平方公里；大都會區6,977平方公里。
時區：歐洲中部時間比台灣慢7小時；夏令時間(3月最後一個週日~10月最後一個週日)比台灣慢6小時。

如何到達——航空

　　布拉格瓦茨拉夫‧哈維爾機場((Václav Havel Airport Prague，機場代碼PRG)位於布拉格市中心西側10公里處，是布拉格唯一的國際機場，也是進出捷克的主要門戶，目前有4座航廈，請留意自己搭乘的航空公司是在哪個航廈起降(第1航廈以非申根區航班為主、第2航廈以申根區航班為主，第3航廈主要提供私人或包機服務，第4航廈則提供官方飛機起降)，以免找不到報到櫃台。
📞220 111 111
🌐www.prg.aero

◎巴士City Buses

　　如果要前往市區地鐵站，可於機場搭乘巴士100、119、191號和夜間巴士907、910號前往：
＊100號停靠地鐵B線Zličín站，約10~20分鐘一班，車程約16分鐘；
＊119號停靠地鐵A線Nádraží Veleslavín站，約3~10分鐘一班，車程約17分鐘；
＊191號停靠地鐵A線Petřiny站和B線Anděl站(連接Na Knížecí長途巴士站)，約5~30分鐘一班，車程約51分鐘；
＊夜間巴士907號(01:09~04:03發車)停靠地鐵B線Náměstí Republiky站，約1小時一班，車程約40分鐘；

布拉格搭車小筆記

上車前記得驗票！

　　捷克的公共運輸系統以時間計費，因此搭車前一定要驗票(validate)，也就是在車票上打上時間和日期，少做這個步驟被抓到的話會罰鍰1,000Kč喔！車站和車上都設有黃色或橘色的打卡機，除非是使用感應式支付，紙本車票都一定要驗票！

車票種類一覽

	全票 (15~70歲)	半票	行李票
30分鐘票券	30Kč	15Kč	20Kč
90分鐘票券	40Kč	20Kč	20Kč
一日券	120Kč	60Kč	免費
三日券	330Kč	——	免費

❗6~14歲、70歲以上免費，需出示證明文件；大於25×45×70公分的行李需額外購買行李票。

不必急著買多日套票

　　由於布拉格重要景點都相距不遠，彼此之間大多步行可達，購買多日票未必划算，遊客可依行程安排決定購買與否。建議不妨先以步行的方式遊逛景點較集中的地區，然後把需要搭乘大眾交通工具的行程再安排在同一天，一天之中只要搭車超過4趟以上，一日券就保證值回票價了。

＊夜間巴士910號(23:53~03:56發車)停靠地鐵C線I. P. Pavlova站，約30分鐘一班，車程約45分鐘。
　　從市區到機場，亦可從上述地鐵站搭乘巴士前往。車票可於機場大廳遊客中心(每日7:00~21:00)、書報攤或黃色售票機。部分售票機不接受信用卡，建議隨身攜帶一些零錢以備不時之需。
📞296 191 817 (每日7:00~21:00)
💲90分鐘票券全票40Kč、半票20Kč
🌐www.dpp.cz/en/public-transit-to-prague-airport
❗地鐵營運時間5:00~24:00

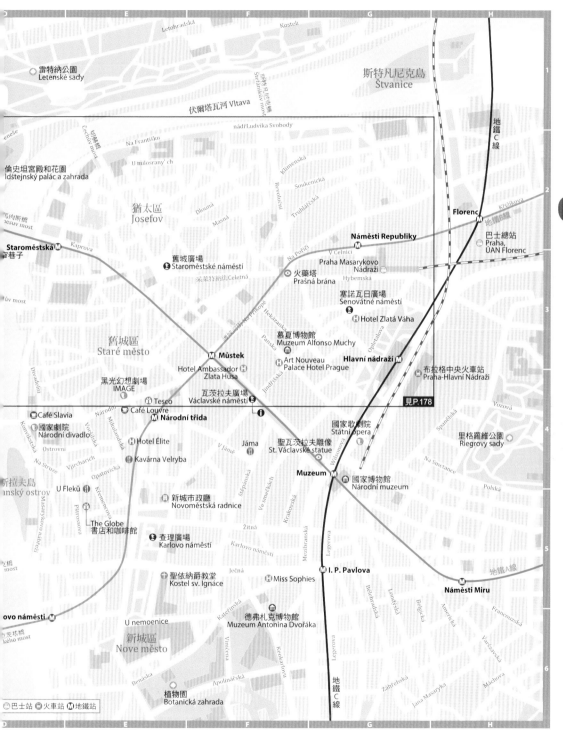

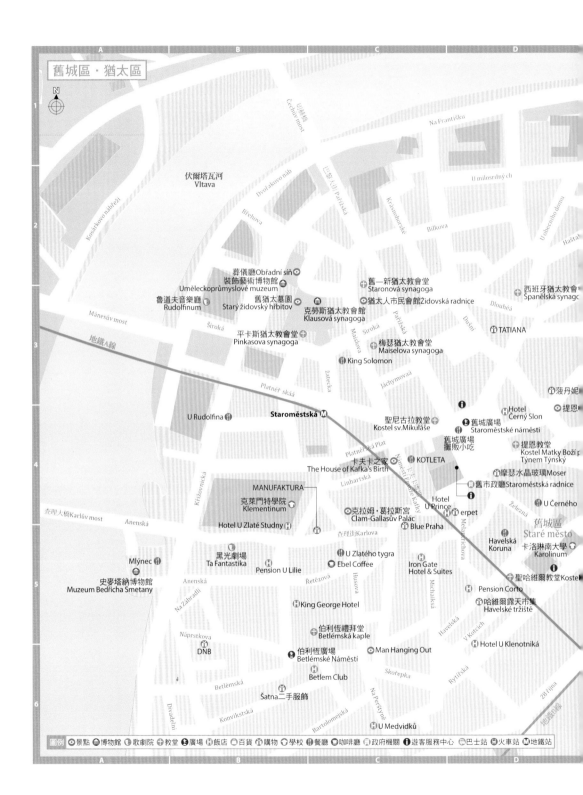

舊城區・猶太區

N

A B C D

伏爾塔瓦河
Vltava

Kosárkovo nábřeží

Čechův most

Dvořákovo náb

Na Františku

U milosrdný ch

U obecního domu

Haštal

Břehova

Krásnohorské

Bilkova

葬儀廳Obřadní síň
裝飾藝術博物館
Uměleckoprůmyslové muzeum
魯道夫音樂廳
Rudolfinum

舊猶太墓園
Starý židovský hřbitov

舊一新猶太教會堂
Staronová synagoga

猶太人市民會館Židovská radnice

西班牙猶太教會
Španělská synagc

Dlouhéá

Mánesův most

Široká

克勞斯猶太教會堂
Klausová synagoga

Maislova

Pařížská

Široká

Dušní

TATIANA

平卡斯猶太教會堂
Pinkasova synagoga

梅瑟猶太教會堂
Maiselova synagoga

King Solomon

žatecká

Jáchymováa

菠丹妮

提恩

地鐵A線

Platněř ská á

U Rudolfina

Staroměstská M

聖尼古拉教堂
Kostel sv.Mikuláše

Hotel
Cerný Slon

Hotel
Cerný Slon

舊城廣場
Staroměstské náměsti

提恩教堂
Kostel Matky Boží p
Týnem Týnský

查理大橋Karlův most

Anenská

Platněřská Plat

卡夫卡之家
The House of Kafka's Birth

Linhartská

Náměsti Franze Kafky

舊城廣場
攤販小吃

KOTLETA

摩瑟水晶玻璃Moser

Křížovnická

MANUFAKTURA

克萊門特學院
Klementinum

Hotel U Zlaté Studny

克拉姆・葛拉斯宮
Clam-Gallasův Palác
Blue Praha

Hotel
U Prince

erpet

舊市政廳Staroměstská radnice

U Černého

Melantrichova

舊城區
Staré město

卡洛琳南大學
Karolinum

Havelská
Koruna

Železná

Mlýnec

史麥塔納博物館
Muzeum Bedřicha Smetany

黑光劇場
Ta Fantastika

Pension U Lilie

Anenská

Řetězová

U Zlatého tygra

Ebel Coffee

Husova

Iron Gate
Hotel & Suites

Michalksá

Havelská

聖哈維爾教堂Koste

Pension Corto

哈維爾露天市集
Havelské tržiště

V Kotcich

Náprstkova

DNB

King George Hotel

伯利恆拜堂
Betlémská kaple

伯利恆廣場
Betlémské Náměsti

Man Hanging Out

Hotel U Klenotniká

Rytířská

28 Řína

Betlémská

Betlem Club

Šatna二手服飾

Skořepka

Na Perštyně

Dvadeiní

Konviktská

Bartolomejská

U Medvidků

圖例 ◎景點 博物館 歌劇院 教堂 廣場 飯店 百貨 購物 學校 餐廳 咖啡廳 政府機關 遊客服務中心 巴士站 火車站 地鐵站

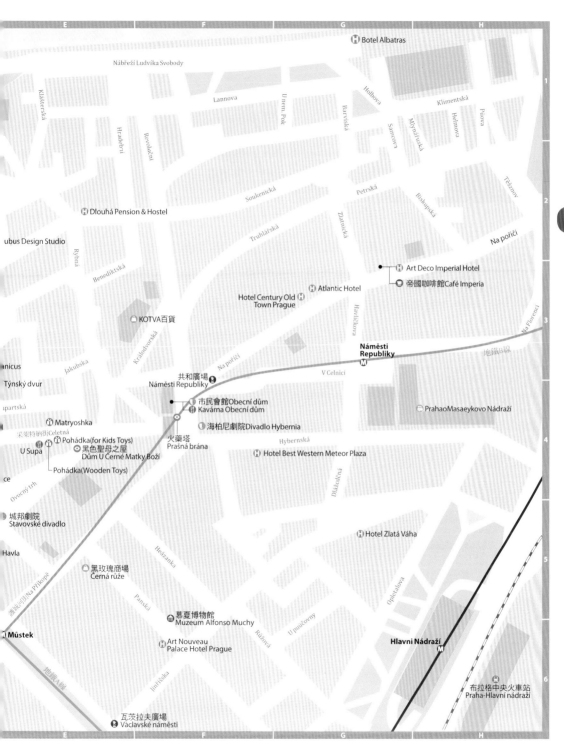

H Botel Albatras

Nábřeží Ludvíka Svobody

Klášterská

Hradební

Revoluční

Lannova

U nem. Pok

Barvířská

Holbova

Klimentská

Helmova

Púova

Těšnov

Soukenická

Petrská

Biskupská

Zlatnická

Samcova

Mlynářská

Na poříčí

H Dlouhá Pension & Hostel

Truhlářská

Benediktská

Rybná

ubus Design Studio

Art Deco Imperial Hotel

帝國咖啡館Café Imperia

H Atlantic Hotel

Hotel Century Old H
Town Prague

KOTVA百貨

Královodvorská

Havlíčkova

Na Florenci

Náměstí
Republiky

地鐵B線

anicus

Jakubská

Na poříčí

共和廣場
Náměstí Republiky

V Celnici

Týnský dvur

M

upartská

市民會館Obecní dům

PrahaoMasaeykovo Nádraží

Celetná

H Matryoshka

Kavárna Obecní dům

采栗特納街

Pohádka(for Kids Toys)

火藥塔
Prašná brána

海柏尼劇院Divadlo Hybernia

U Supa

黑色聖母之屋
Dům U Černé Matky Boží

Hybernská

Dlážděná

H Hotel Best Western Meteor Plaza

Pohádka(Wooden Toys)

Ovocný trh

ce

城邦劇院
Stavovské divadlo

H Hotel Zlatá Váha

Havla

Heršanka

黑玫瑰商場
Černá růže

Opletalova

Na Příkopě

Panská

U puučovny

Růžová

慕夏博物館
Muzeum Alfonso Muchy

Můstek

Art Nouveau
Palace Hotel Prague

Hlavni Nádraží

M

地鐵A線

Jindřišská

布拉格中央火車站
Praha-Hlavní nádraží

瓦茨拉夫廣場
Václavské náměstí

◎**機場快線Airport Express (AE)**

如果要前往中央火車站(Hlavní nádraží)，可搭乘機場快線，從機場直達中央車站，約30分鐘一班，車程約40分鐘。從火車站到機場，亦可搭乘機場快線前往。車票可於機場大廳遊客中心、火車站櫃檯或車上直接向司機購買(可刷卡)。

📞296 191 817 (每日7:00~21:00)

🕐05:30~22:00(末班車21:00自第1航廈發車)

💲全票100Kč、6~15歲50 Kč；行李票免費

🌐www.dpp.cz/en/travelling/transport-to-airport/ae-line

❗往中央火車站的班次不停靠第2航廈

◎**計程車Taxi**

搭計程車從機場至市區，約20~30分鐘可達。起跳價60Kč，每1公里加跳36Kč，等候紅綠燈時每分鐘加跳7Kč。強烈建議上車前要求司機跳表計價。

💲從機場往返市區單程約700Kč。

TICK TACK taxi

📞721 300 300　🌐ticktack.cz

FIX Taxi

📞722 555 525　🌐fix-taxi.com

如何到達——火車

火車是歐洲國家主要的交通工具之一，遊客可以經由歐洲其他城市，乘坐火車進入布拉格。

布拉格共有4大火車站，分別是北邊的Holešovice火車站、靠近市中心的Hlavní nádnaží中央車站、Masarykovo nádraží火車站，和西南方的Smíchovské nádraží火車站。其中最大的車站是中央車站Hlavní nádraží，許多國際列車和地方列車都由這個車站出發。

以上火車站皆可就近搭乘地鐵轉往市區，因此，從捷克其他城市或其他歐洲國家搭乘火車前往布拉格市區，也是十分方便。

Holešovice火車站：地鐵C線Nádraží Holešovice站

Hlavní nádraží中央車站：地鐵C線Hlavní nádraží站

Masarykovo nádraží火車站：地鐵B線Náměsti Republiky站

Smíchovské nádraží火車站：地鐵B線Smíchovské nádraží站

◎**捷克國鐵(České dráhy，簡稱ČD)**

📞840 112 113　🌐www.cd.cz

◎**歐洲鐵路**

🌐www.eurail.com

◎**火車通行證**

到捷克旅遊除了可購買單國火車票外，亦可視自己的需求選購多國火車通行證，購票及詳細資訊可洽詢台灣歐鐵火車票總代理飛達旅遊或各大旅行社。

📍台北市中山區南京東路三段168號10樓之6

📞(02) 8161-3456分機2

📧@gobytrain

🌐www.gobytrain.com.tw

如何到達——長途巴士

可從鄰近國家搭長途巴士到布拉格。布拉格最大的巴士總站為Praha, ÚAN Florenc，從這裡可搭地鐵B和C線從Florenc站到其他地方。

◎**捷克國家交通網**

🌐www.idos.cz

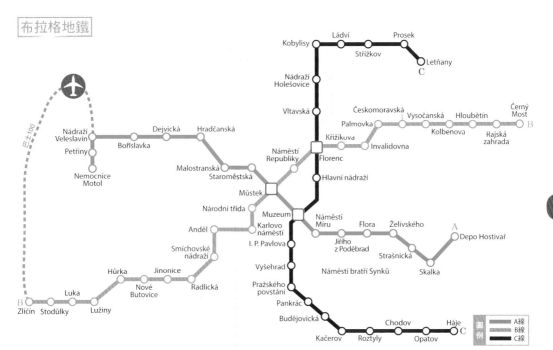

布拉格地鐵

捷克⋯⋯ **布** 拉格 Praha/Prague

◎Praha, ÚAN Florenc巴士總站

ⓦwww.uan.cz

市區交通

　　布拉格的地鐵、電車、巴士和纜車統一由交通局管理，車票可以通用。布拉格大眾交通工具搭乘路線和時刻表皆可於下列網址查詢。

　　車票可於地鐵售票處、售票機和市區書報攤、遊客服務中心購票，如果使用售票機購票，步驟與在台北、高雄捷運售票機買票方式雷同：先按票價按鈕，再投幣，接著取票和找零。

☎296 191 817 　Ⓢ見「布拉格搭車小筆記」(P.175)

ⓦwww.dpp.cz/en

◎地鐵Metro

　　地鐵是布拉格最主要的交通工具，搭乘地鐵再加上短程步行，便可抵達布拉格大部份景點。

　　布拉格地鐵共有3條線，分別是綠色的**A線**、黃色的**B線**和紅色的**C線**。地鐵車票為一張薄薄的紙，乘客進入地鐵站前，需先主動將車票朝箭頭方向插入驗票機

戳印後取回，雖然不驗票也可通過，但仍強烈建議乘客做好購票及驗票動作，搭霸王車在布拉格會受到罰鍰，千萬不要以身試法。另外，布拉格地鐵手扶梯速度很快，請小心站立。

🕐5:00~24:00，約2~10分鐘一班。

◎電車 Trams

　　由於車站附近沒有售票處，建議先多買幾張票備用，車票的啟用時間是由驗票機戳印後開始計算，因此上車後也請主動將車票朝箭頭方向插入驗票機戳印後取回。另外，電車站牌上白底藍字代表日車車號，藍底白字則表示夜車車號。

🕐日車(1~26號)5:00~24:00，尖峰時段8分鐘一班、離峰時段10~12分鐘一班(9、17、22號尖峰時段4分鐘一班、離峰時段5~10分鐘一班)；夜車(91~99號)24:00~5:00，30分鐘一班(週五~週日晚上20分鐘一班)；懷舊電車(23號)8:30~19:00，15~30分鐘一班。

◎巴士 City Buses

　　布拉格巴士大多通往郊區，遊客搭乘機會不多，購

票地點和使用方式與電車相同。

◎布拉格市區日車(100~299號)4:45~24:15，尖峰時段6~15分鐘一班、離峰時段10~30分鐘一班；布拉格市區夜車(901~916號)24:00~4:45，20~30分鐘一班。

◎計程車 Taxi

計程車費依里程計算，起跳價60Kč，每1公里加跳36Kč，等候紅綠燈時每分鐘加跳7Kč；郊區每1公里加跳25Kč。由於有時會發生司機詐騙乘客事件，上車前一定要要求司機跳表計價。

AAA Radiotaxi

☎222 333 222 ⓦwww.aaataxi.cz/en

TICK TACK taxi

☎721 300 300 ⓦticktack.cz

FIX Taxi

☎722 555 525 ⓦfix-taxi.com

優惠票券

◎布拉格旅遊通行證Prague Visitor Pass

「布拉格旅遊通行證」是布拉格旅遊局推出的官方旅遊票券，可以無限搭乘地鐵、電車、巴士、纜車和渡輪，也能免費乘坐機場快線。如果要參觀的景點較多，可以考慮購買一張布拉格旅遊通行證，選擇在48、72或120小時的期限內，以免費或優惠折扣參觀超過60個當地景點、博物館、美術館，甚至參加私人的布拉格市區之旅和伏爾塔瓦河游船。過買卡究竟划不划算沒有定論，還是要依自己的行程安排做決定，優惠或免費參觀景點可於下列網址查詢。

💲48小時全票2,100Kč、學生票1,600Kč、兒童票1,050Kč；72小時票全票2,800Kč、學生票2,100Kč、兒童票1,400Kč；120小時票全票3,600Kč、學生票2,700Kč、兒童票1,800Kč

ⓦwww.praguevisitorpass.eu

❶學生票15~25歲、兒童票6~14歲，需出示證明文件。

旅遊諮詢

◎布拉格旅遊局

☎221 714 714 ⓦwww.prague.eu

◎遊客服務中心(舊市政廳)

🅰P.178D4 🚇搭地鐵A線於Staroměstská站下，步行約3~5分鐘可達。 📍Staroměstské Náméstí 1 🕐9:00~19:00(週一11:00起)

◎遊客服務中心(佩特任觀景塔)

🅰P.176B4 🚡纜車站：搭地鐵A線於Malostranská站下，步行約15~20分鐘可達；或搭電車6、9、12、20、22、91號於Újezd站下，步行約2分鐘可達。 📍Pet ínské sady 🕐1~3月10:00~17:30、4~5月9:00~19:30、6~9月9:00~20:30、10~12月10:00~19:30

◎遊客服務中心(機場第1航廈及第2航廈)

🕐1~6月9:00~19:00、7~12月8:00~20:00

城市概略City Guideline

布拉格主要觀光區相當集中，伏爾塔瓦河(Vltava)東側從火藥塔經舊城廣場到查理大橋，都是舊城區(Staré Město)的範圍。這裡是布拉格的精華區，許多重要名勝都集中在這裡，因此不分日夜四季，總是擠滿數以萬計的觀光客。

舊城區北側為猶太區(Josefov)，這裡有很多猶太文化重要的歷史遺跡，20世紀初，政府重新整頓此處，仍完整保留這個民族獨有的精神和文化，是少數有規劃的猶太社區。

新城區(Nové Město)與舊城區相距不遠，但人潮較少，適合探究文化藝術風情與欣賞布拉格的幽靜之美。

伏爾塔瓦河的左岸便是城堡區(Hradčany)，從9世紀開始，布拉格城堡就是布拉格王室所在地，幾世紀來經過多次擴建，共涵蓋1座宮殿、3座教堂、1間修道院與花園及其他建築，遊客可以預留半天至一天的時間，慢慢遊覽多處景點。

同樣位於河左岸的小城區(Malá Strana)，則以具歷史價值的教堂建築和街道，吸引遊客駐足；貝特辛山綠意盎然，搭纜車上山可以欣賞週邊蓊鬱的森林風光。

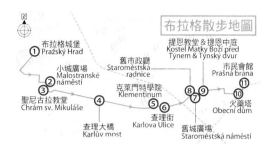

布拉格行程建議
Itineraries in Prague

◎如果你有3天

布拉格身為世界文化遺產城市，建議至少待上3天慢慢逛。第一天在東岸遊覽舊城區和猶太區，從市民會館和火藥塔開始，接著至舊城廣場欣賞不同時期的建築和教堂，並在附近的餐廳用餐，感受人潮熙來攘往的氣氛。接著前往猶太區，參觀猶太教會館、舊猶太墓園及猶太博物館。最後沿伏爾塔瓦河畔的大道南行，參觀克萊門特學院，並走上查理大橋，欣賞伏爾塔瓦河兩岸的美麗風光。

第二天首先參觀西岸的布拉格城堡，眾多景點足以花上半天遊賞。接著步行至蘿瑞塔教堂，再搭乘電車前往小城區廣場用餐，並走訪附近的聖尼古拉教堂。最後乘電車前往貝特辛山，到觀景塔上飽覽「百塔之城」美景。

第三天在新城區走逛博物館和購物，此區最受遊客歡迎的要屬國家博物館和慕夏美術館。參觀完博物館後，來到以聖瓦次拉夫雕像為中心的瓦茨拉夫廣場，廣場周圍各式餐廳、速食店和商店林立，還有許多平

價服飾品牌，是用餐和逛街的好去處。

◎如果你有5~7天

如果時間充裕，還可以至波西米亞地區的其他城市走走，像是列為世界遺產的庫特納霍拉、皮爾森啤酒發源地皮爾森、百威啤酒故鄉布傑約維采、以河景和城堡聞名的庫倫洛夫，或溫泉鄉卡羅維瓦利等，都適合搭乘火車或長途巴士展開一日遊。

布拉格散步路線
Walking Route in Prague

這條路線橫貫東西兩岸，可以一探布拉格不同時期的文化與建築之美，但距離比較遠、歷時比較長，因此需要多一點體力，尤其是穿梭於城堡區和小區之間，有時難免上上下下，然而沿途所經的風景保證值回票價。

行程從西岸的①**布拉格城堡**開始，城堡建於9世紀，長久以來就是王室所在地，具有重要的政經地位，直到現在仍是總統與公家機關所在地，許多精緻雄偉的建築物，都值得駐足觀賞。接著來到②**小區廣場**，這裡適合閒晃漫步，或找家咖啡館坐坐，感受異國情調，特別是廣場附近的③**聖尼古拉教堂**堪稱波西米亞巴洛克式經典建築，不容錯過。走過④**查理大橋**，無論橋上或橋下的風景都很迷人，不妨在此吹吹風，欣賞兩側成排的高大聖像。

過了橋，到⑤**克萊門特學院**走走，遙想卡夫卡當年在此求學的景象，穿過熱鬧的⑥**查理街**，就進入⑦**舊城廣場**，廣場上⑧**舊市政廳**的天文鐘是遊客必訪的獨特景點，另一側的⑨**提恩教堂與提恩中庭**有許多餐廳與商店，可暫時歇歇腳。再往東走約10分鐘，便能抵達11世紀城門之一的⑩**火藥塔**，以及成為布拉格新藝術經典之作的⑪**市民會館**。

距離：4.5公里
所需時間：約3小時

舊城廣場

地方發展部 Ministerstvo pro místní rozvoj CR
提恩中庭 Týnský dvur
石鐘之家 Dům u Kamenného zvonu
關諾斯基宮殿 Granovsky Palace
舊城廣場8號 House No.8
葛茲金斯基宮 Palác kinsky'ch
聖尼古拉教堂 Kostel sv. Mikuláše
胡斯銅像 Pomník Jana Husa
提恩教堂 Kostel Matky Boži před Týnem
舊市政廳 Staroměstská radnice
石聖母之屋 Štorchův dům
羅特屋 U Rotta
一分鐘之屋 Du'm U Minuty
石羔羊之家 Dům U kammenného beránka
西克斯特屋 Dům U Sixtů
小廣場 Malé náměsti
獨角獸之屋 Dům U Bilého Jednorozce
兩隻金熊之屋 Dům U Dvou Zlaty'ch medvědů

Parízská · Dlouha · Tynska · Platnerská · U radnice · Linhartova · Zelezna · Celetná · Maiselova · Melantrichova

舊城區 Staré Město

MAP ▶ P.178D4

MOOK Choice

舊城廣場

Staroměstské náměstí/Old Town Square

窺探世紀建築的人氣景點

🚇 搭地鐵A線於Staroměstská站下，步行約3~5分鐘可達。

　　來到布拉格，絕對不能錯過這個生氣蓬勃又饒富古意的舊城廣場。站在廣場中央，目光所及範圍有如一套完整的建築教材：巴洛克、洛可可、羅馬式、哥德式建築等，與周圍各種粉色系房屋相互輝映，布拉格的美讓人不敢逼視！廣場中央則是商鋪、攤位林立，販售著餐飲小吃和紀念品，活像個園遊會，只是因為位於整個市區最繁華的地方，價錢可都不便宜。

胡斯銅像 Pomník mistra Jana Husa/Jan Hus Memorial

　　廣場中央一座大型的青銅雕像，是為了紀念15世紀宗教改革家胡斯(Jan Hus)對抗墮落羅馬教廷的英勇精神而建，胡斯出身於波西米亞貧窮農家，憑著豐富的學養及過人的口才擔任布拉格查理大學校長一職，虔信基督教的胡斯因不滿天主教權勢者的貪污奢華，舉辦多場演講，招攬了許多信奉者，後來的人稱他們為胡斯派。

　　胡斯派大力抨擊天主教會的奢侈腐敗，形成一股清流，改革的呼籲更受到許多捷克貴族與農民的支持，但終究不容於羅馬天主教會，終於在1415年以異教徒的罪名被焚而死，成為捷克人尊崇的改革烈士。這座銅像於1915年，也就是胡斯逝世後500年，由捷克雕刻家拉吉斯拉夫·夏隆所做。

地方發展部 Ministerstvo pro místní rozvoj ČR/ Ministry for Regional Development

📍Staroměstské náměstí 6

這棟建築是新藝術建築的代表作之一，19世紀曾是一家防災保險公司，屋頂上有一個純金鋼盔，兩邊的雕像則敍述救災的消防員及受難者掙扎呼救的景象。現在屬於政府的地方發展部辦公廳。

舊城廣場8號 House No.8

📍Staroměstské náměstí 8

位在舊城廣場北側的房舍，在1882年時，卡夫卡的父親赫曼卡夫卡(Hermann Kafka)所經營的第一家商店在此開幕。那年他剛與卡夫卡的母親茉莉露露維(Julie Löwy)結婚，一年之後生下卡夫卡。

一分鐘之屋 Dům U Minuty/ The House at the Minute

📍Staroměstské náměstí 2

這棟擁有非常精細刮畫的建築，在1889~1896年之間是卡夫卡一家人的住所，他的三個姊妹都在此出生，最後都死於納粹的集中營。

一分鐘之屋的名字非常有趣，至於名稱從何而來已不得而知。牆壁上的刮畫製作於1615年左右，敍述聖經及各種古典神話的故事或傳說，雖然只有單色，但明暗深淺將人物表現得栩栩如生。牆角上有一個伸展前爪的獅像稱為白獅像(At the White Lion)，是1712年住進這棟建築的藥劑師請人加上去的，白獅藥局營業了130年才結束，屋主換成一位煙草商，然後是卡夫卡一家人住進來。

葛茲金斯基宮 Palác Kinských/Kinsky Palace

📍Staroměstské náměstí 12 📞224 301 122 🕐週二至週日10:00~18:00 📅週一 💲票價因展覽而異 🌐www.ngprague.cz

這一幢華麗的洛可可式建築，其基座原本是哥德式規模，後來改建成文藝復興式建築，最後幾經修飾，成為巴洛克晚期洛可可式樣的豪宅，從正面外牆上還可以看見留有色彩鮮豔的石灰粉飾。原先是18世紀葛茲伯爵的豪宅，後來被外交官金斯基購得，因而取名為葛茲金斯基宮。1948年捷克共產黨領導人在此發表演說，為之後的軍事政變埋下導火線。1949年後，葛茲金斯基宮成為布拉格國立美術館的分館，有不同展覽在此展出。

石鐘之家 Dům u Kamenného zvonu/ Stone Bell House

📍Staroměstské náměstí 605/13 📞224 828 245 🕐週二至週日13:00~20:00 📅週一 💲全票150Kč、10歲以下60Kč、65歲以上或學校團體每人20Kč、家庭票(2大人＋1~4位15歲以下孩童)250Kč；持布拉格旅遊通行證免費。🌐www.ghmp.cz

14世紀早期哥德式的作品，推測當時是皇室建築的一部分，被稱做石鐘之家，是因為在建築1~2樓的角落有個石鐘。

該建築曾在17世紀改成巴洛克風格，直到1975~1988年重新翻修時，才被改成原來的型式。現今是布拉格市立美術館(Prague City Gallery)展示場所，經常舉辦當代藝術展或音樂活動。

石聖母之屋
Štorchův dům/Storch
⊙Staroměstské náměstí 16

　這棟建築最引人注目的就是它突出的石窗台及牆面上的精緻壁畫，敘述聖瓦茨拉夫領著宗教軍團出征的情景。它建於19世紀末，是廣場上最豔麗的新文藝復興風格建築。該建築名稱來自屋角的一尊聖母雕像，聖母在波西米亞被當作避免黑死病的護身符。

獨角獸之屋
Dum U Bílého Jednorozce/
House at the Unicorn
⊙Staroměstské náměstí 20

　卡夫卡學生時代，曾在這裡參與一個哲學討論會，有點像現代的課後輔導或才藝班。主辦人是獨角獸之屋的女主人Berta Fanta——一位藥劑師的妻子，她招收了幾位與卡夫卡同年的學生在家裡研讀討論康德、黑格爾等人的哲學著作，卡夫卡在這段時間仍然是個安靜寡言的學生。

石羔羊之家
Dům U Kamenného beránka/
The House at the Stone Lamb
⊙Staroměstské náměstí 17

　獨角獸之家隔壁，門牌17號的石羔羊之家是一幢經典的波西米亞文藝復興式民房(事實上廣場南邊的整排房屋都是研究波西米亞建築的典範！)除了1樓保持哥德式建築特有的拱形走廊之外，2樓以上的牆面裝飾(façade)、窗台形狀乃至接近屋頂的三角階梯緣的山牆(gable)，都是以文藝復興建築形式為基調，融入波西米亞特色的作品，正門右上有牧羊女及獨角羔羊的浮雕。

小廣場
Malé náměstí/Little Square

　位於舊城廣場附近的小廣場，四周都是咖啡館圍繞，中央有一口古井，從1560年就存在這裡了，井口以雕塑精緻的金屬柵欄圍起，在卡夫卡的文章裡曾提到這個廣場：「當我經過消防廳前，聽到一些嘈雜的聲音從小廣場那兒傳來，我走近一探究竟，看到一個醉鬼倚在鐵欄杆前……」

羅特屋 U Rotta/Rott
⊙Malé náměstí 3/142

　羅特屋面對著小廣場的一口井，牆面是由19世紀大師阿列斯(Mikuláš Aleš)所繪製。

兩隻金熊之屋 Dům U Dvou
zlatých medvědů/The House
at the Two Golden Bears
⊙Kožná 1/475

　位在舊城廣場通往新城的主要道路上，一不注意就很容易錯過。名稱來自於它正面拱形入口上的裝飾，有兩隻金熊的標誌。這棟房子原本是哥德式建築，後來在16世紀時改建成文藝復興式房舍，進入大門後是一個中庭，還有一小段走廊，由仿希臘式及義大利式的廊柱組成，但內部不對外開放參觀。兩隻金熊之屋最精采之處就是拱門的雕刻，號稱全城最美的文藝復興式拱門裝飾。

西克斯特屋 Dům U Sixtů/Sixt
⊙Celetná 2

　在1888~1889年之間曾是卡夫卡一家人居住的地方。門上方刻有「1796」的字樣，但事實上房子建造的年代約在1220年左右。

MOOK Choice

舊市政廳
Staroměstská radnice／Old Town Hall
15世紀先進天文鐘

🚇搭地鐵A線於Staroměstská站下，步行約3~5分鐘可達。 🏛Staroměstské náměstí 1/3 ☎775 400 052、236 002 629 ⏰鐘樓1~3月週二至週日10:00~20:00(週一11:00起)、4~12月9:00~21:00(週一11:00起)；舊市政廳內部1~3月週二至週日10:00~19:00(週一11:00起)、4~12月9:00~19:00(週一11:00起) 💰全票300Kč，半票(26歲以下、65歲以上)200Kč，6歲以下免費；家庭票(2大人＋1~4位15歲以下孩童)650Kč；早鳥票(營業第一小時)享5折優惠，網路購票享9折優惠，持布拉格旅遊通行證免費。 🌐prague.eu/staromestskaradnice ❗可自行參觀，也可參加每日固定的英文導覽行程，相關時間請查詢官網。

　　舊市政廳是布拉格的地標，它最受遊客歡迎的地方是位於鐘樓上的大型天文鐘。此天文鐘最特別之處，除了顯示時間外，更準確模擬出地球、太陽與月亮間的軌道，注意看上面那個鐘，大圓圈顯示一天24小時的時間，藍色為白晝，紅色為夜晚；另一個較小的圓圈則顯示該時間太陽落在哪一個星座。

　　除了這些相當進步的儀器構造外，天文鐘最吸引人的是包括耶穌12門徒在內的活動木偶。每到整點，天文鐘上方的窗戶開啟，一旁的死神開始鳴鐘，耶穌的門徒在聖保羅的帶領下一一移動現身，最後以雞啼和鐘響結束。每到整點時分，舊市政廳前總是聚滿想一睹天文鐘機器人偶表演的人。

布拉格9塔聯票
The Towers of Prague

　　若你此趟布拉格之旅預計造訪以下9個景點，可以考慮購買這張聯票，一張票玩到底！
🏛舊市政廳鐘樓、新水塔(Novomlýnská vodárenská věž)、火藥塔、舊城區橋塔、小城區橋塔、聖尼古拉教堂鐘塔、佩特任觀景塔與鏡子迷宮、克萊門特學院 💰全票990Kč，半票(26歲以下、65歲以上)690Kč；6歲以下、持布拉格旅遊通行證免費

　　天文鐘是由15世紀天文學家漢努斯所修製，據說由於這個天文鐘備受讚譽，布拉格的市議員怕他再為其他城市製作類似的鐘，居然把他的眼睛弄瞎了。

　　旁邊幾幢建築物分別是舊議會堂和短期展覽場地，在1338年時，市政廳建築本來是獨立在廣場邊緣，後來幾經擴建，與西側的富商房舍米克斯之屋(Mikš House)、柯浩塔之屋(U Kohouta House)合併而有了現在的規模，這些建築都有哥德式建築的基礎，重建加蓋的部分則呈現文藝復興式風格。

舊市政廳禮拜堂
Kaple Staroměstské radnice／Old Town Hall Chapel

　　舊市政廳的二樓是聖母瑪利亞的禮拜堂，於1381年祝聖啟用，主要功能是舉行市政廳會議前的禮拜，以及為那些關押在此的犯人或處決前的死刑犯禱告。

　　入口的左側可以看到3幅牌匾，最左邊的牌匾可以追溯到1481年，掛在中間的紀錄了1857年的禮拜堂修繕工程，最右邊的則為19世紀的牌匾。禮拜堂中央擺放的是由Josef Mocker設計的三聯祭壇。祭壇中間畫的是耶穌與聖母瑪利亞，兩側分別為聖盧德米拉與聖瓦茨拉夫；上方還有一尊耶穌給予祝福的雕像，身旁站著聖彼得和聖普利西拉。這座祭壇曾在1945年被納粹毀損，直到2018年才完成修復，在超過73年之後才終於回到禮拜堂裡。

　　有沒有想過天文鐘機器人偶的精巧表演背後的運作機制嗎？不妨到禮拜堂一窺天文鐘內部構造，還可以看到12門徒如何「上台表演」到「下台休息」呢！

天文鐘細節

❶鐘塔頂端的兩扇門在整點會打開，出現兩位使者，然後以雞鳴鐘聲齊響。

❷象徵「虛榮」的人，他手持一面鏡子。

❸象徵「貪婪」的猶太人。

❹最外一圈是中古時代的阿拉伯數字，這是舊式的波西米亞時間，以一天24小時計算。

❺第二圈是羅馬數字，顯示一般計時方式，就是以12小時計算。

❻鐘面上較小的圓圈顯示該時間太陽落在哪一個星座。

❼象徵「死亡」的骷髏，它會手拉鈴鐺。

❽象徵「慾望」的土耳其人。

❾中間為舊城的紋徽。

❿第二圈是星座名稱。

⓫最外一圈以波西米亞農民的生活象徵12月份。

©Prague City Tourism

鐘樓
Věž Staroměstské radnice/Old Town Hall Tower

從市政廳旁的遊客服務中心進去，可以搭乘電梯登上鐘樓；鐘樓高69.5公尺，比火藥塔略高，是觀賞布拉格「百塔之城」的絕妙位置，花點門票錢欣賞這樣的美景，絕對值得。

①議會廳 Obecní síň/Municipal Hall

議會廳曾是整個市政廳的中心，市議員們在這裡討論布拉格的管理政策，這裡過去也常被用作結婚禮堂。

如今看到的議會廳是重新整修後的樣子，原來的文藝復興式大廳在1945年是徹底毀損，只有兩個入口保留了下來。牆上掛有4幅17~18世紀布拉格市長的肖像畫，還有一張巨大的現代掛毯，上面畫著布拉格市的徽章。

木製樓梯旁的小門則通往中世紀的監獄，這裡曾經囚禁不滿哈布斯堡王朝的27位革命領袖，他們於1621年在舊城廣場上被處決，當時的行刑地點現在以27個白色十字來紀念被處決的人。

② 舊議會堂 Stará radní síň/Old Council Hall

舊議會堂的室內裝潢是整個舊市政廳富中歷史最悠久的，被譽為歐洲最美的晚期哥德式大廳之一。這裡曾經被用作法院，可以從兩個地方看出：安置於天使支架上的耶穌受難像，上面寫著「公正裁判，人民之子」的拉丁銘文；角落壁爐旁的正義女神。巴洛克式的磁磚壁爐是全國體積最大的壁爐，為了不打擾議會的進行，這個壁爐只能從後面的房間打開。

入口懸掛著的一系列徽章，是布拉格市徽的演進——15世紀的哥特式、17世紀的巴洛克式，最近期的徽章於1928年完成，比捷克斯洛伐克共和國的成立晚了10年。而四周的盾型紋章是舊城手工行會的象徵，如三條魚代表漁夫大  會、黃金皇冠代表金匠、三隻鞋代表鞋匠，而陶匠的紋章採用亞當與夏娃的設計，是因為《聖經》裡亞當是神用泥土所創造。舊議會堂另一個亮點就是哥德復興式吊燈，這是捷克最早的電氣化照明設備。

③ 會議廳前廳 Předsálí zasedacího sálu/ Antechamber to the Assembly Hall

進入會議廳前廳時，必須先通過一道獨特的門。這道門於1619年完成，是布拉格少數的文藝復興式鑲嵌門之一，原屬於小城區市政廳，1854年被轉移到舊市政廳。鑲嵌門上半部畫的是正義的化身，下半部則是力量的化身。

牆上掛著兩幅半月型油畫《創立布拉格大學的查理四世》(1348年)及《在阿姆斯特丹市政廳的約翰·阿摩司·康米紐斯》(1348年)，是19世紀捷克著名畫家瓦茨拉夫·布勞吉克(Václav Brožík)的作品，上面展現了捷克歷史上的重要人物——查理四世與現代教育學之父康米紐斯(John Amos Comenius)。布勞吉克甚至把自己畫入《在阿姆斯特丹市政廳的約翰·阿摩司·康米紐斯》，畫裡最右邊、穿著白色領子黑外套的人就是他。

 藍色的塞夫爾(Sèvres)陶瓷花瓶，是巴黎1901年送給布拉格的禮物，花瓶底座採用新藝術風格，上面刻有兩座城市的標誌，由Antonín Balšánek設計，他也是市民會館的設計師之一，為捷克新文藝復興、新藝術風格建築的重要代表人物。

④ 布勞吉克會議廳 Brožíkův zasedací sál/Brožík Assembly Hall

布勞吉克會議廳於1879年建成，與舊市政廳其他廳堂相比，其面積最大，還有兩層樓高。第二次世界大戰結束前，布拉格市政府都在這這裡舉行會議，如今作為布拉格市長主持官方活動的地點。

和會議廳前廳一樣，這裡也有兩幅布勞吉克的巨大畫作，其中《康士坦斯大公會議上的揚·胡斯》描述了中世紀宗教改革家胡斯(Jan Hus)的最後時刻，他被康士坦斯大公會議判為異教徒並處以火刑。胡斯曾是布拉格查理大學的校長，被公認為語言改革的先驅，他簡化了捷克語的拼寫及語法，正因如此捷克語成為第一個使用變音符號的斯拉夫語言。另一幅畫為波傑布拉德的喬治(George of Poděbrady)競選波希米亞國王的場景，當年進行選舉的東北翼房間已不復存在。

這兩幅巨大的畫作有5公尺長、7.3公尺寬、約600公斤重，其中《康士坦斯大公會議上的揚·胡斯》價值6千萬捷克克朗。

⑤ 喬治會堂 Jiříkova síň/George Hall

喬治會堂以波傑布拉德的喬治命名，其半身雕像由Tomáš Seidan於1873年用卡拉拉大理石雕琢而成。牆上還殘留著一些15世紀的壁畫，入口處可以看到一部分的聖母瑪利亞和小耶穌，而16世紀的天花板則保存完整。會堂左側的油畫是Karel Liebscher的作品，描繪了1902年的布拉格皇城，新藝術風格的畫框上寫著「布拉格——波希米亞王國之頭」的拉丁銘文。窗外望出去就是著名的一分鐘之屋。

189

MAP ▶ P.178D4

舊城區 Staré Město

提恩教堂

Kostel Matky Boží před Týnem/ Church of the Virgin Mary before Týn

舊城廣場最古老建築

🚇 搭地鐵A線於Staroměstská站下，步行約3~5分鐘可達，入口處在Staroměstské náměstí 14的巷子。 🏠 Staroměstské náměstí 604 ☎222 318 186 🕐週二至週六10:00~13:00、15:00~17:00，週日10:30~12:00 🈺週一 💲自由樂捐，建議40Kč 🌐www.tyn.cz ❗彌撒舉辦期間不開放遊客參觀。

　　舊城廣場上最醒目的建築物就是提恩教堂，也可說是布拉格的地標，前身建於1135年，其中還附設提供外國商人住宿的設施。現今所看到的建築落成於1365年，以哥德式雙塔著稱，頂端裝飾著純金圓棒，總高度約為80公尺，是舊城廣場最古老的建築。

　　雖然提恩教堂已經成為一般人熟悉的名稱，但實際上這座教堂的原名是提恩(國稅局)前的聖母瑪麗亞教堂。15~17世紀初期提恩教堂扮演布拉格宗教改革的重要角色，胡斯派的主要聚集場所即為此地。

　　1620年之後，教堂外觀與祭壇的裝飾都增添不少巴洛克色彩，包括許多著名耶穌雕塑與繪畫。提恩教堂的前方坐落著提恩學院，遠看像是連成一氣的建築。提恩學院當初承襲巴黎的學校制度，是一所非常國際化的學校，而在建築方面，1樓的拱形迴廊是典型哥德式建築，而房屋正面的裝飾、屋頂前階梯狀的山牆又充分表現波西米亞文藝復興式的特色。提恩學院現在成為面對著舊城廣場的餐廳及咖啡館，戶外的露天咖啡座總是坐滿了觀光客，是欣賞舊城廣場不錯的位置。

提恩中庭
Týnský dvůr/Tyn Courtyard

　　位於提恩教堂後側巷弄中的提恩中庭原屬提恩教堂所有，在13世紀左右，中庭內興建起當作外國商旅宿舍使用的房舍，或客人來訪的招待所。建築規劃成圍繞中庭的封閉形式，前後有兩個拱門通道提供進出，房舍正面面對中庭，大部分建於13世紀之後，基座看得出是哥德式拱形造型，至於2樓以上大部分為後來改建，屬於文藝復興式及巴洛克式等樣式。現今中庭周圍的建築部分改建成餐廳、咖啡館、書店和家飾品，捷克著名的有機芳療保養品菠丹妮(Botanicus)也在這裡設有分店。

關諾斯基宮殿 Granovský palac/Granovský palác

🏠 Týnská Ulička 2

　　位置就在提恩中庭內，從前是修道院附設的客房之一，兩層樓的建築建於1560年，最吸引人的就是2樓圓拱形的迴廊，及牆壁上明暗對照的刻畫，畫的內容是敘述古典歐洲神話故事，現在依然清晰可見。這棟典型的文藝復興式建築是全城保存最好的。

舊城區Staré Město

MAP ▶ P.179F4

市民會館

Obecní dům/Municipal House

慕夏新藝術傑作

🚇搭地鐵B線於Náměsti Republiky站下，步行約3~5分鐘可達。🏠Náměstí Republiky 1090/5 ☎222 002 101 🕐售票處10:00~19:00，導覽行程時間每日不一(請上網查詢)。💲表演門票價錢依節目內容和座位不同；導覽行程全票290Kč，半票(26歲以下、60歲以上)240Kč，家庭票(2大人+1~3位18歲以下孩童)500Kč，10歲以下免費；持布拉格旅遊通行證免費 🌐www.obecnidum.cz/en ❶攝影費用另收55Kč

今日市民會館所在地是14、15世紀時皇室宮廷建築匯集的地方，然而在17世紀後半葉的一場布拉格大火，將這些宮廷建築付之一炬，當地荒廢了幾百年，一直到1912年，經過建築設計競賽，興建了現在這座市民會館。

市民會館是布拉格20世紀後新藝術建築的最佳代表，大門正上方的馬賽克壁畫是史畢勒的作品，名為《向布拉格致敬》；而正門門廊上的陽台附屬於市長廳(Lord Mayor's Salon)，其室內裝潢和中央表演廳——史麥塔納廳(Smetanova síň)一樣，都是捷克最著名的藝術家慕夏(Alfons Mucha)的傑作，讓這裡成為慕夏朝聖之旅的重要據點。

史麥塔納廳呈三角鑽形的結構，周圍圍繞著許多沙龍、廳堂、咖啡館等，成為現代布拉格最重要的文化活動場所；裡頭可容納1,500人，是每年「布拉格之春國際音樂節」(Prague Spring)的主要表演場地，而平時也幾乎天天有不同的音樂或戲劇表演，有興趣的人，可以在售票處索取節目單或購票；或是參加導覽行程，由專人帶領解說裡頭精采的慕夏作品。

捷克…布拉格 Praha/Prague

「布拉格之春」國際音樂節Prague Spring

通常提到「布拉格之春」，一般人會聯想到1968年發生在布拉格的政治事件，在這次事件中，大量的捷克作家、藝術家、詩人、知識分子受政治牽連，不是失業就是淪落冤獄或流亡海外。後來當選捷克總統的哈維爾，就是在當時向一位抗議者自焚的地點獻花而被捕入獄，為了紀念這次政治災難，捷克人將它稱作「布拉格之春」。

然而布拉格之春國際音樂節最早開始於二次世界大戰結束後的1946年，由當時的捷克斯洛伐克總統艾德瓦·貝內許(Edvard Beneš)推動成立，為了紀念史麥塔納，整個活動從他忌日當天——5月12日展開一連串音樂表演，並以他所寫的名曲《我的祖國》(My Country)作為開場，整個音樂盛會於6月3日結束。

布拉格之春國際音樂節每年都會有不同的主題及特色，民眾可以先到網站查詢節目表。而一旦開票之後，不接受退費、換票，遺失票券也不能退費賠償。剩餘的席位將在表演開場前1小時發售。由於首場表演或一些熱門的節目常一位難求，建議可以先上網購票。

🌐www.festival.cz/en

MAP ▶ P.178C4

聖尼古拉教堂

Kostel sv. Mikuláše/Church of St. Nicholas

常舉辦音樂會的美麗教堂

🚇搭地鐵A線於Staroměstská站下，步行約3~5分鐘可達。 🏠Staromestské námestí 1101 ☎224 190 990 🕐週一至週六10:00~16:00(週日12:00起) 💲免費 🌐www.svmikulas.cz

　　白色牆面與青銅色尖頂的聖尼古拉教堂原本屬於班尼迪克丁修道院(Benedictine Monastery)的一部份，在提恩教堂興建之前，這裡是舊城的信仰中心。在修道院拆除之後由著名的波西米亞建築師K.I. Dientzenhofer重建，中央正堂加上兩邊對稱的鐘塔、蔥形的塔頂、華麗的雕刻裝飾，成為波西米亞巴洛克式建築的代表之作，經過多次修建終於在18世紀初完成。歷經時代變

遷，第一次世界大戰時，軍隊曾駐紮在此，同時委託未上戰場的藝術家從事教堂重修工作，正面外牆上的雕像出於Antonín Braun之手筆，而莊嚴的圓頂壁畫則是Kosmas D. Asam的傑作。聖尼古拉教堂現在屬胡斯派的教堂，在布拉格之春及秋季音樂節時常常舉辦音樂會。

MAP ▶ P.179F4

火藥塔

Prašná brána/Powder Gate Tower

新哥德式經典建築

🚇搭地鐵B線於Náměsti Republiky站下，步行約3~5分鐘可達。 🏠Na Príkopě / Náměsti Republiky 5 ☎775 400 052 🕐1~3月、10~11月10:00~18:00，4~5月、9月10:00~19:00，6-8月09:00~21:00，12月10:00~20:00 💲全票190Kč，半票(26歲以下、65歲以上)130Kč，5歲以下免費；家庭票(2大人＋1~4位15歲以下孩童)380Kč；早鳥票(營業第一小時)享5折優惠，網路購票享9折優惠，持布拉格旅遊通行證免費 🌐www.prague.eu/prasnabrana ❗也可參考布拉格9塔聯票(P.187)

　　火藥塔是11世紀興建舊城時所建的13座城門之一，當時從銀礦產地庫納霍拉運來的貴重銀器及錢幣，就是從這個城門進入布拉格。另外，著名的國王加冕典禮遊行，也會從火藥塔經過。

　　火藥塔參照舊城橋塔搭建成哥德式風格，與典型的軍事防禦城門不同，反而以豐富的雕飾取勝，但是在1483年國王將皇宮遷到布拉格城堡

裡後，這項繁複浩大的工程只好停頓，只簡單地蓋上臨時屋頂就草草完工。

　　到了17世紀初，這裡成為存放軍火的地方，也從此得到火藥塔之名。1799年，原本華麗誇耀的哥德式裝飾漸漸剝落，整座塔顯得黯淡無光。1875~1886年之間，建築師Josef Mocker以新哥德式建築的形式重整火藥塔，現在拱門上的石雕及金屬雕像都是重建時新增的部分。

　　火藥塔內部有關於布拉格百塔建築的圖片和模型展覽，爬上186階則可登上塔頂飽覽舊城與新城的房舍街道。火藥塔高65公尺，分為3層樓，售票處在第1層樓，門票除了登塔費，也包括展覽的耳機導覽(含英語)。不過整體而言，這裡登高的視野不及市政廳鐘樓來得佳。

舊城區Staré Město

MAP ▶ P.179E4

采萊特納街

Celetná

通往舊城廣場重要商街

🚇 搭地鐵A線於Staroměstská站下，或搭地鐵B線於Náměstí Republiky站下，皆步行約6~10分鐘可達。

　　從火藥塔延伸到舊城廣場的采萊特納街，是布拉格舊城最主要、同時也是歷史最久遠的一條街道，早在布拉格建城之前，這裡就是中歐地區東西貿易往來的必經之路。11世紀之後捷克的貨幣從火藥塔入城沿著采萊特納街運往城堡，這條街的地位顯得格外重要，而國王加冕典禮的遊行更提昇了這條街的氣派。

　　今日，道路兩旁的建築大部分是商店兼住宅，賣的商品以捷克當地的特色商品為主，像是俄羅斯娃娃、水晶玻璃、西洋棋、手工藝品、相機店、明信片書報店……十分商業化，是觀光客必到之處。

　　另外，采萊特納街有各時期經典建築形式，每棟房子也有屬於它們自己的標誌鑲嵌在轉角或大門上方，如果仔細查看，會發現這些記號十分特別，如與Ovocný trh交界口的立體派建築黑色聖母之屋(Dům u Černé Matky Boží)，就可看到一座黑色聖母雕像嵌於三角牆角，是捷克立體派藝術家Josef Gočár的作品。

舊城區Staré Město

MAP ▶ P.178C4

MOOK
Choice

查理街

Karlova Ulice/Charles Street

可逛可看的藝術街道

🚇 搭地鐵A線於Staroměstská站下，步行約3~5分鐘可達。

　　連接舊城廣場和查理大橋的查理街，是條狹窄蜿蜒卻聚集許多舊城精華的街道，也是當時加冕御道的一部份，許多以往文藝復興和哥德式的建築，目前都改建為商店，在逛街購物之餘，不要忘了注意一下牆上的浮雕、壁飾，可能會有意外的收穫。

　　例如3號金井之屋(The House at the Golden Well)建於1600年左右，是典型的文藝復興式民宅，而立面上巴洛克風格雕刻裝飾，則是在100年後約1700年時才增添的部分，主要敘述聖人及守護神對抗瘟疫的神話故事；18號金蛇之屋(The House at the Golden Snake)曾是一間咖啡館，除了一般市民常在此辯論時事、交換新聞外，許多反政府的革命分子也常出入；還有22號上方的新藝術雕塑──被玫瑰圍繞的女神。

捷克⋯ **布** 拉格 Praha/Prague

MAP ▶ P.178D5

哈維爾斯卡露天市集

Havelské tržiště/Havelský Market

近舊城廣場的熱鬧市場

🚇搭地鐵A或B線於Můstek站下，步行約3~5分鐘可達。
🏠Havelská 13 ☎602 962 166 ⏰週一至週六7:00-
19:00，週日8:00~18:30 ⓦwww.prague.eu/cs/objekt/
mista/843/havelsky-trh

　　布拉格大約有5個露天市集，每天從清晨營業
到黃昏，販售新鮮蔬果與各種手工藝品，其中哈
維爾斯卡最靠近舊城廣場，位置就在聖哈維爾教

堂(Kostel sv. Havla)不遠處，商品價錢比一般商
店來得便宜一些，可以試著殺價，露天市集兩旁
也有一些工藝品商店值得逛逛。不要小看這個市
集，它的歷史從1232年就開始了！幾乎與布拉格
舊城同時發展起來。

MAP ▶ P.178A5

史麥塔納博物館

Muzeum Bedřicha Smetany/
Smetana Museum

史麥塔納最愛居所

🚇搭地鐵A線於Staroměstská站下，步行約4~6分鐘可達。🏠
Novotného lávka 1 ☎222 220 082 ⏰10:00~17:00 休週二 💲
全票50Kč、半票30Kč，15歲以下免費；導覽行程每人另收70Kč(最
多30人，需事先預約) ⓦwww.nm.cz/en/visit-us/buildings/
bedrich-smetana-museum

　　史麥塔納博物館坐落於伏爾塔瓦河岸，就在舊
城塔樓旁，由早期自來水廠改建而成。館內保存
許多史麥塔納的生平遺蹟，如樂譜作品、書信、
照片、鋼琴等，現場還布置了一個小型舞台，你
可以站在指揮台上先點選史麥塔納的作品，待音
樂播放後再拿起指揮棒指揮，非常有趣。

　　博物館屬新文藝復興建築，加上兩位19世紀捷
克知名畫家Mikoláš Aleš和Frantisek Ženíšek
錦上添花的布置設計，讓這個舊自來水工廠成為
充滿藝術氣氛的博物館。這裡同時可以清楚欣賞
潺潺伏爾塔瓦河、查理大橋、布拉格城堡與舊城
區，無怪乎史麥塔納生前最喜歡這個居所，並在
此完成不少創作。

波西米亞音樂之父：史麥塔納

　　史麥塔納(Bedřicha Smetana, 1824~1884)
是捷克最著名的音樂家之一，他的音樂對捷克的民
族復興運動有著極其深遠的影響，被視為捷克人的
驕傲。
　　史麥塔納為19世紀的捷克掀起國民樂派風潮，他
的作品都與鼓舞民族愛國精神有關，用民族樂曲旋
律激勵民心士氣。著名代表作包括歌劇《被賣出的
新娘》(Prodaná nevěsta)和細膩詮釋捷克歷史、故
事、景致的《我的祖國》(My Country)。

MAP ▶ P.178B4

克萊門特學院
Klementinum/Clementinum

重要的圖書館兼音樂會場

🚇 搭地鐵A線到Staroměstská站下，步行約3~5分鐘可達。
🏠 Křižovnická 190、Karlova 1、Mariánské nám. 5 ☎222 220 879 🕐4~9月9:00~21:00 💲導覽行程全票300Kč、半票200Kč、家庭票650Kč、6歲以下免費；也可參考布拉格9塔聯票(P.187) 🌐www.klementinum.com 🚫巴洛克圖書館大廳內部禁止攝影

位於伏爾塔瓦河畔的克萊門特學院面積廣大，包括4個中庭和5個教堂，當初為了建築這棟大型學院，不惜拆除了30棟民房及3間教堂！這龐大的建築群與對岸的布拉格城堡遙遙相望，成為17世紀布拉格兩大建築指標，常有人拿這兩座建築群相互比較，因而發現了一個共通性：它們都呈封閉式規劃，以高牆或連貫的房舍圍起，再向內發展次要建築。

學院在17、18世紀時是歐洲重要的學府，來自歐洲各國的學者在此就學或授課，學院內流通各國語言，與布拉格城堡內的外來政權呼應：但兩者(學術權威、政治權貴)都區隔於捷克本土文化之外，屬於強大的外來勢力，難怪建築本質與舊城其他地區的開放延展形式不同。此外，優美的巴洛克圖書館大廳、天文塔、子午線廳與鏡禮拜堂是付費導覽行程的參觀重點，此行程還可以登上塔樓，居高欣賞布拉格美景，全程約50分鐘。但要先做好心理準備，全程要爬172個台階喔！

聖薩瓦特教堂 Kostel sv. Salvátora/Church of St. Salvator

克萊門特學院最重要的建築包括聖薩瓦特教堂，它是1556年時斐迪南一世將耶穌會的勢力引進布拉格，希望藉由他們打壓捷克人的新教信仰轉而信奉羅馬天主教時所建立，耶穌會在克萊門特修道院的原址建造大群建築，這就是克萊門特學院的前身，而聖薩瓦特教堂就是當時第一座耶穌會教堂。

耶穌會在捷克歷史上留下污點也是在此時期：由於宗教及權力鬥爭，耶穌會在克萊門特學院與查理大學合併之後勢力坐大，不但拆除民房擴建自己的建築，還四處燒毀捷克文書籍。18世紀後期天主教與耶穌會分裂之後，耶穌會才終於被逐出布拉格。

巴洛克圖書館大廳 Barokní knihovna/Baroque Library

圖書館於1722年成立，為當時的耶穌會教堂大學的一部分，藏有超過2萬本神學著作，最早的書籍可追溯至17世紀，書背被塗上白漆和紅色記號的書籍代表它們自耶穌會時期就「住」在這裡了。

這裡仍保有將近5,000冊手工訂製的中世紀書籍，這些都是它最光輝時期收集自歐洲各國的藏書。同樣引人注目的置於圖書館中央的地球儀和天球儀，當中也包括Jan Klein設計的天文鐘，這些都是耶穌會時期的文物。卡夫卡迷們更不能錯過這裡，因為在1900年代，攻讀法律的卡夫卡曾在此修讀德國文學、藝術史及哲學，當然也免不了在圖書館中K書。

©Jan Kolman

天文塔 Astronomická věž/Astronomical Tower

天文塔也是建於1722年，有68公尺高。天文學一開始就是克萊門特學院的必修課之一，但天文台一直到1751~1752年在首任主任Joseph Stephling的推動下建成。塔樓上裝滿天文儀器，成為天文測量的主要場所——1775年開始記錄每日溫度、1804年開始進行降雨測量。今日所有的氣象觀測都在克萊門特學院進行，世界上最古老的測量點之一。遊客可以爬到的最高點是52公尺，這裡可以俯瞰整個布拉格舊城還有遠方的布拉格城堡。

塔頂之前還設有天文台的原始工作室，展示19世紀的小型天文學、地理物理學和氣象學的儀器，主要來自耶穌會學者和工程師的工作坊。除了天文和氣象觀測，這裡也會進行一些物理實驗。

舊城區Staré Město——猶太區Josefov

MAP ▶ P.178B2

巴黎大街

MOOK Choice

Pařížská

名牌時尚林蔭大道

🚇 搭地鐵A線於Staroměstská站下，步行約3~5分鐘可達。

這條從舊城廣場通往猶太區的道路，是布拉格最時尚、最頂級的一條購物大街，**Pařížská**是捷克文「巴黎」(Paris)的意思，這條街就像是巴黎的香榭里舍大道一樣，聚集了各種精品、名牌，如Cartier、Dior、Boss、Prada、Tod's、Hermes、LV、Burberry、Moschino、Salvatore Ferragamo等，絕對是讓敗家男女大傷荷包的地方。

此外，從**Široká**後進入猶太區的這一段，林立著許多漂亮的露天咖啡座，坐在樹蔭下喝杯飲料，看街上許多像明星、模特兒的帥哥美女經過，也是感受這條巴黎大街魅力的好方式。

猶太區Josefov

MAP ▶ P.178C4

卡夫卡之家

Kafkův dům / Kafka House

卡夫卡的出生地

🚇 搭地鐵A線於Staroměstská站下，步行約2~3分鐘可達。🏠 Nám. Franze Kafky 1

1883年7月3日，卡夫卡(Franz Kafka)在布拉格舊城區與猶太區交界的這棟房子2樓誕生了，一週之後，依猶太教傳統在此舉行割禮。房舍興建於1717~1730年之間，原本作為聖尼古拉教堂神職人員的辦公室，後來在1787年時因約瑟夫二世下令改善猶太區環境而改為一般住宅。

卡夫卡一家人住在這間公寓的時間並不長，隔年5月就搬走了。而整棟房子在1887年時曾遭大火燒毀，直到1902年才依原樣改建完成。1965年雕刻家Karel Hladík製作了一個卡夫卡的頭像，鑲嵌在屋子的轉角，使得它儼然卡夫卡的朝聖中心。這裡同時也是猶太區的參觀起點，如今這幢建築前的地址已經乾脆改為卡夫卡廣場(náměstí Franze Kafky)，倒是這棟建築看起來和一般的樓房沒什麼兩樣。

存在主義先驅：卡夫卡

法蘭克・卡夫卡(Franz Kafka，1883~1924)在文學史上具有舉足輕重的地位，被譽為20世紀存在主義的先驅。卡夫卡出生於1883年7月3日，是家裡的長子，他有3個妹妹，父親屬於中產階級的猶太商人，對他的父親而言，擁有好工作、家庭，成為主流社會的一份子，就是幸福的生活。父親對卡夫卡影響深遠，幾乎滲透到他的人生與作品中。從《父親手札》(Brief an den Vater)可以看出纖細、敏感、不善表達感情的卡夫卡，與他那強壯、控制慾強的父親之間的複雜情感。

當時布拉格官方語言是德語，所以卡夫卡在德語學校就讀，並在布拉格的德語大學完成法律博士學位。畢業後，他在一家私人的保險公司就業。這份工作提供卡夫卡穩定的收入與固定的工作時間，於是他能利用傍晚從事寫作，從日記中可知他非常熱衷於寫作，常常不眠不休地寫作後直接去上班。雖然卡夫卡的捷克文說寫都非常流利，但他始終使用德文創作。

不過在卡夫卡有生之年，他都只是默默無名的作家。他生前發表的作品非常少，只在一些純文學的小型刊物上發表而已。卡夫卡開始創作的時間非常早，不過早期作品都被他自己銷毀，首次作品出版於1907年，大多數的作品在他死後才付梓，由他的好友馬克思博得(Max Brod)出版。他不算多產型的作家，比較重要的著作如《美國》、《蛻變》、《審判》和《城堡》。

卡夫卡生於布拉格，多數時間住在舊城區附近，只有在戰爭前後搬到布拉格的城堡區，一生甚少離開過家鄉，最後長眠於布拉格的猶太墓園。後人也只能藉由一些景點走進他孤單的世界。

猶太區Josefov

MAP ▶ P.178C2

舊──新猶太教會堂

Staronová synagóga/
Old–New Synagogue

MOOK Choice

歐洲最古老的猶太教會堂

🚇搭地鐵A線於Staroměstská站下,步行約3~5分鐘可達。 ⌂Cervená 2 ☎224 800 812 ⏰冬季9:00~17:00、夏季9:00~18:00;週五安息日提早休1小時 🚫週六、猶太教節日(請上網查詢) 💰全票220Kč、半票(26歲以下)150Kč、6歲以下免費;持布拉格旅遊通行證免費 🌐www.synagogue.cz/en

猶太區中最具代表性的教會堂就是「舊──新猶太教會堂」,它興建於13世紀中期,是歐洲最古老的猶太教會堂。當初原名為新猶太教會堂,一直到16世紀,因其他的猶太教會堂陸續建立後,才改為現名「舊──新猶太教會堂」,除了歷史上的意義外,教會堂的大廳也是唯一從中古時期留存至今的建築。

舊──新猶太教會堂並不屬於布拉格猶太博物館的一部分,目前仍是舉行猶太教禮拜式的主要場地之一。教會堂中最重要的是高掛在會堂中央的猶太旗幟,上方有著著名的大衛之星,此外會堂中央的拱形支柱,也是從中古時期保留至今的建築遺跡。

猶太區聯票

猶太城聯票Prague Jewish Town
⌂舊猶太墓園、舊──新猶太教會堂、西班牙猶太教會堂、梅瑟猶太教會堂、平卡斯猶太教會堂、克勞森猶太教會堂、葬儀廳、Robert Guttmann美術館(限特展) 💰全票550Kč,半票(26歲以下)400Kč,6歲以下免費

猶太博物館聯票Jewish Museum in Prague
⌂梅瑟猶太教會堂、西班牙猶太教會堂、平卡斯猶太教會堂、舊猶太墓園、克勞森猶太教會堂、葬儀廳、Robert Guttmann美術館(限特展) 💰全票4000Kč、半票(26歲以下)300Kč,6歲以下免費;持布拉格旅遊通行證免費 🌐www.jewishmuseum.cz/en/info/visit/admission/

猶太區Josefov

MAP ▶ P.178B3D3

猶太博物館

MOOK Choice

Židovské museum/
Jewish Museum in Prague

豐富的猶太遺跡和藝術收藏

🚇搭地鐵A線於Staroměstská站下,步行約2~5分鐘可達。 🏠
U Staré školy 1 ☎222 749 211 🕐1~3月10:00~16:30、
4~10月9:00~18:00、11~12月9:00~16:30(詳情依官網為主)
🚫週六、猶太教節日(請上網查詢) 💲見猶太區聯票(P.197) 🔗
www.jewishmuseum.cz

　　成立於1906年的布拉格猶太博物館,是猶太
區最重要的歷史和文化遺產,由歷史學家Hugo
Lieben與捷克猶太復興運動代表Augustin
Stein,為保存珍貴的布拉格猶太教會堂文物而設
立。1939年後因納粹占領波西米亞和摩拉維亞而
暫時關閉,直到1942年,在有心人士的奔走下,
納粹答應成立中央猶太博物館,來收藏波西米亞
和摩拉維亞的猶太相關文物。

　　二戰後,猶太博物館在共黨的強制下轉為國
有,卻也限制了它的發展,經過1989年政權的和
平轉移,中央猶太博物館在1994年10月分歸布拉
格的猶太區以及屬於整個捷克的猶太聯盟所有,
布拉格猶太博物館自此成立。

　　這裡是全世界猶太藝術收藏最豐富的博物館之
一,包含4萬件收藏品與10萬冊書籍,分布在博
物館所屬的6個猶太教會堂和墓地,每個猶太教
會堂的建築和收藏物都有不同特色,可以在任一
參觀點購買聯票,細細瀏覽。

梅瑟猶太教會堂
Maiselova synagóga/
Maisel Synagogue

🏠Maiselova 10

　　梅瑟猶太教會堂建於1590年,並於
1592年完工,以文藝復興式為主要建築
設計,由猶太長老梅瑟出資興建,因此
以他的名字命名。梅瑟猶太教會堂1689
年毀於大火,重新改建為巴洛克式建
築,最後在18世紀末、19世紀初再度修
建為哥德式設計。目前是布拉格猶太博
物館的主要展覽場地。

　　梅瑟教會堂最主要的展覽品為各種珍
貴的猶太文物,從10世紀到18世紀末期
的宗教聖器,如皇冠、盾飾、法杖、燭
台、婚禮用品等文物。

西班牙猶太教會堂
Španělská synagóga/
Spanish Synagogue
🏠 Věze ská 1

西班牙猶太教會堂的原址是布拉格第一所猶太教會堂——舊學院(Starý škola)的所在地，於1868年時興建了現在的西班牙猶太教會堂。設計走摩爾式(Moorish)風格，室內廊廳為鐵骨結構，多樣錯綜的灰泥圖飾、風格獨具的東方主題，是最具代表性的室內設計裝飾，且多運用於牆上，其他如色彩豐富的玻璃窗、欄杆設計與門的裝飾等，都是建築師A. Baum和B. Munzberg在1893年完成的作品，捷克國歌作曲者Frantisek Skroup，曾在1836~1845年間於此擔任演奏管風琴的工作。

平卡斯猶太教會堂
Pinkasova synagóga/Pinkas Synagogue
🏠 Široká 3

一走進平卡斯猶太教會堂，最引人注目的就是牆上密密麻麻的花紋，可不要誤以為那是教會堂特有的壁飾，仔細一看，其實這些都是在1942~1944年間，於特雷津(Terezín)集中營中遭納粹屠殺的猶太人姓名，約有8萬人之多。

平卡斯猶太教會堂由平卡斯興建於1479年，後來由他後人Aaron Meshullam Horowitz改建，第二次世界大戰後，成為紀念大戰期間死於納粹人手下的猶太人紀念館，並在牆上刻滿這些受害者的姓名和生平等個人資料。1968年平卡斯猶太教會堂因地下水滲透而暫時關閉，卻在工程整修期間意外發現地下古牆，以及猶太人儀式所用之浴池。

平卡斯猶太教會堂2樓還有紀念特雷津集中營的展覽，收集了4千餘幅生活於特雷津集中營中的兒童繪畫，當時有超過1萬名15歲以下的兒童受困於集中營，其中的8千名後來被遞解出境送往東方，僅有242名兒童得以倖存。

克勞森猶太教會堂
Klausová synagóga/Klausen Synagogue
🏠 U Starého hřbitova 3a

克勞森猶太教會堂原文「Klaus」在德文中是「小建築物」之意，Klausov是Klaus的複數形，代表克勞森猶太教會堂原本是由3座小建築物組成，分別作為教育、祈禱以及猶太儀式所用，但是在1689年大火時付之一炬，1694年克勞森猶太教會堂在原址上重建，呈現現今的巴洛克式外貌。

克勞森教會堂是現今保存猶太教文物最重要的地方之一，許多宗教儀式上的寶物和文件，在此都有詳細的收藏和說明，如果想對猶太教的生活方式有更進一步的認識，從出生、婚禮、家居的種種習俗和儀式，都可在這裡的展出中一探端倪。

一旁的紀念館是猶太喪葬協會(Obradni síň)，提供喪葬的宗教儀式與各種慈善工作。

火藥塔
Prašná věž/Powder Tower

　　這裡的火藥塔與舊城廣場的火藥塔一樣，原本都是作為守城護衛的要塞，後來則移為存放火藥之用。16世紀時，國王讓術士居住於此研究煉鉛成金之術，18世紀後改為儲藏聖維特大教堂聖器的地方，現在則是展出中古藝術、天文學和煉金術文物的博物館。

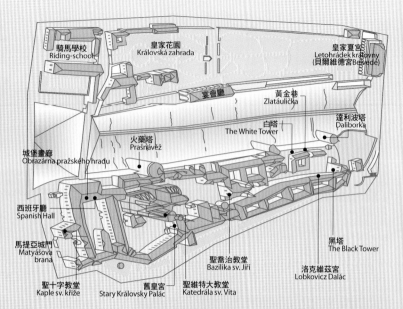

騎馬學校 Riding-school
皇家花園 Královská zahrada
皇家夏宮 Letohrádek královny (貝爾維德宮Belvedé)
夏會廳
黃金巷 Zlatáulička
火藥塔 Prašnávěž
白塔 The White Tower
達利波塔 Daliborka
城堡畫廊 Obrazárna pražského hradu
西班牙廳 Spanish Hall
黑塔 The Black Tower
馬提亞城門 Matyášova brana
聖喬治教堂 Bazilika sv. Jiří
洛克維茲宮 Lobkovicz Dalác
聖十字教堂 Kaple sv. kříže
舊皇宮 Stary Královsky Palác
聖維特大教堂 Katedrála sv. Vita

舊皇宮
Starý královský palác/The Old Royal Palace

💲已包含在巡堡參觀票內；6歲以下、持布拉格旅遊通行證免費

　　16世紀前，舊皇宮一直是波西米亞國王的住所，歷任在位者對不同部份進行修繕。整個皇宮建築大致分為3層；入口進去是挑高的維拉迪斯拉夫大廳(Vladislavský Hall)，這個華麗的哥德式肋形穹窿建於1486~1502年，此大廳大到足以讓騎士騎馬入內進行箭擊表演；位於上層的國事紀錄廳有許多早期國事紀錄以及各貴族家徽圖像；下層有哥德式的查理四世宮殿，和仿羅馬式宮殿大廳，大多數的房間在西元1541年的大火中遭到焚毀，部份是後來重建的遺跡。在入口左側的小空間「綠色房間」，現在為紀念品商店，可以買到別處買不到的布拉格精品、紀念品。另外，城堡故事文物展(The Story of Prague Castle)則是永久展覽。

聖喬治教堂
Bazilika sv. Jiří/St. George's Basilica

💲已包含在巡堡參觀票內；6歲以下、持拉格旅遊通行證免費

　　教堂是捷克保存最好的仿羅馬式建築，也是布拉格建築中第二老的教堂，西元920年依照古羅馬會堂的形式完成中央的主要結構，之後又整修許多次。1142年後興建了南、北塔(兩座塔的寬度並不一致)，中廳的後部空間升高，並以兩道階梯通往擁有半圓形屋頂及拱柱的唱詩堂，這裡有精美的壁畫。屋頂架高並設置了木製天花板，兩旁的翼廳也擴建達到今日規模。

　　14世紀時增建了聖路得米拉廳(St. Ludmila)，1671年重建了正面的裝飾牆面，至今仍可在南側入口的大門上方看到石刻的浮雕像，敘述聖喬治降服龍的傳說。19世紀末至20世紀初則將教堂內南邊的翼廳作為展館。布拉格之春國際音樂節期間，聖喬治教堂也是表演場地，音響效果據說是城中教堂之冠。

黃金巷
Zlatá ulička/Golden Lane

💲已包含在巡堡參觀票內；6歲以下、持布拉格旅遊通行證免費

　　黃金巷在聖喬治教堂與玩具博物館之間，是城堡內著名景點，觀光客的擁擠程度與查理大橋不相上下，卡夫卡曾在22號居住。這裡原本是僕人工匠居住之處，後因聚集為國王煉金的術士而得名，19世紀後這裡逐漸變成貧民窟。20世紀中期重新將房舍規劃為店家，販售不同種類的紀念品和手工藝品。

達利波塔 Daliborka

　　走到黃金巷巷底，會看到一個砲塔稱做「達利波塔」，從15世紀末開始，這裡是布拉格城堡北邊的防禦要塞，不過也曾經被當成監獄一直到1781年，「達利波」就是第一個被關進來的犯人。

聖維特大教堂 Katedrála sv. Vita/St Vitus's Cathedral

🕐4~10月9:00~17:00(週日12:00起)、11~3月9:00~16:00(週日12:00起)；景觀塔4~10月10:00~18:00、11~3月10:00~17:00 💲已包含在巡堡參觀票內，6歲以下、持布拉格旅遊通行證免費；大教堂景觀塔150Kč，持布拉格旅遊通行證75Kč

　　這座地標性的教堂蓋了將近700年，中間歷經了多位建築師，整座教堂基本上就是歷代建築特色的展示廳。第一任的法蘭西哥德式建築師，先完成東側的建築，但因中途遭遇胡斯戰爭而中斷，西側建築直到19~20世紀才又陸續動工，最後於1929年正式完工。這座布拉格最大的教堂，讓決定興建教堂的皇帝查理四世名留青史。

　　主要塑造聖維特大教堂形貌的兩位建築師，分別是阿拉斯的馬修(Matthias of Arras)與繼任的彼得‧巴勒(Petr Parléř)，馬修讓聖維特大教堂成為長方形式的Basilica教堂風格(最大特色是中庭有兩排石柱以支撐屋頂的重量)，馬修在建造的8年內蓋了8座禮拜堂，而最重要的祭壇則由彼得‧巴勒完成的。教堂的基本模樣在14世紀中已大體確定。

　　查理四世在1356年時將彼得‧巴勒召喚到布拉格接續聖維特的建築工程，他的傑作集中在金色大門，你可以仔細觀看，彼得‧巴勒在結構上細膩的處理方式，他把哥德式建築的長處發揮到爐火純青的境界。

　　教堂內的21尊砂岩雕塑完成於14世紀，這些都是捷克的宗教或政治聖人，其中瓦茨拉夫(St. Wenceslas)的雕塑尤為特出，由彼得‧巴勒的侄子所創作。彼得‧巴勒逝世於1399年，由他的兒子繼續接替20年，雖然最高的鐘塔始終未完成，不過其驚人的高度(接近40公尺)已足以傲視當代。

城堡區Hradčany

MAP ▶ P.176B2

史瓦森堡宮

Schwarzenberský palác/
Schwarzenberg Palace

搶眼的佛羅倫斯風格建築

🚇 搭地鐵A線於Malostranská站下，再搭電車22號於Pražský hrad站下，步行約6~10分鐘可達；或從查理大橋散步緩行，經過聖尼可拉斯教堂，轉向涅魯達瓦街，再從一旁的階梯拾級而上，約20分鐘可達。🏠Hradčanské náměstí 2 ☎224 301 122、220 397 311 🕙10:00~18:00(週三至20:00) 休週一 💲門票價格依展覽而定 🌐www.ngprague.cz

位在城堡廣場(Hradčanské náměstí)的南邊，史瓦森堡宮最特別的地方在它的建築外觀，是義大利建築師在16世紀中所建，因此與周圍其他建築大不相同，充滿佛羅倫斯風格。從外觀看起來，史瓦森堡宮的外牆似乎是中央突起的立體石塊，但事實上那是利用石膏塗刮造成的視覺效果，牆面本身非常平坦。

史瓦森堡宮後來經過翻修成為國家藝廊(National Gallery)，3層樓的空間主要展示上百件16~18世紀有關波西米亞的晚期文藝復興和巴洛克藝術作品，可以欣賞到許多精采的雕塑與繪畫。

城堡區Hradčany

MAP ▶ P.176B2

史坦伯格宮

Šternberský palác/Sternberg Palace

古典至巴洛克時期作品藝廊

🚇 見史瓦森堡宮。 🏠Hradčanské náměstí 15 ☎224 301 122、220 397 311 🕙10:00~18:00(週三至20:00) 休週一 💲門票不一依展覽而定 🌐www.ngprague.cz

城堡廣場的北側則是史坦伯格宮，這是一座具有巴洛克風格的代表性建築，約於1697年後由史坦伯格伯爵Václav Vojtěch下令建造，後來數度易主，最後收歸國有。

1946年，這裡進行翻修，並和史瓦森堡宮一樣成為國家藝廊(National Gallery)的分部。這裡主要展示歐洲從古典時期至巴洛克時期的藝術作品，像是古希臘和羅馬時代、14~16世紀義大利傑作。其中有關16~18世紀德國和奧地利的繪畫在1樓，同時也有一些素描和工藝品展示；2樓是參觀重點，在這裡可以看到不少16~18世紀的大師級作品，如哥雅(Goya)、魯本斯 (Rubens)、梵迪克(Van Dyck)、林布蘭(Rembrandt)、丁托列托(Tintoretto)、提也波洛(Tiepolo)、埃爾葛雷柯(El Greco)等。

這裡不僅是欣賞繪畫之美的好去處，建築本身也值得一看。

城堡區Hradčany

MAP ▶ P.176A2

蘿瑞塔教堂

Loreta/Loreto Church

精緻的天主教建築

🚇 搭地鐵A線於Malostranská站下，再搭電車22號於Pohořelec站下，步行約4~6分鐘可達。 🏠Loretánské námestí 7 ☎220 516 740 ⏰10:00~17:00 💲全票210Kč、70歲以上160Kč、學生票130Kč、6~15歲100Kč、家庭票(2大人+15歲以下小孩)450Kč；6歲以下、持布拉格旅遊通行證免費 🌐www.loreta.cz

　蘿瑞塔教堂是布拉格所有天主教建築中，最精巧細緻的一個。它起建於1626年，直到1750年才全部完工。正面鐘塔上的27個鐘，每到整點時刻，就會響起「瑪麗亞之歌」，音調高低不同的

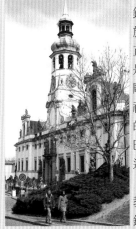

鐘聲互相交織出美麗的旋律傳遍城堡區。進入正門，佇立在中庭的就是神聖之家，它的建築雕刻完全仿造義大利的神聖之家，不但外牆上的雕刻令人讚嘆，內部巴洛克式的壁畫裝飾更達到繁複華麗的極致。

　周圍建築的2樓是宗教寶物陳列室，有各種鑲滿寶石的頭冠、手杖、披風等，其中最令人讚嘆的莫過於一個鑲了6,222個鑽石的耶穌聖像。

城堡區Hradčany

MAP ▶ P.176A3

斯特拉霍夫修道院

Strahovský klášter/
Strahov Monastery

MOOK Choice

15世紀先進天文鐘

🚇 搭地鐵A線於Malostranská站下，再搭電車22號於Pohořelec站下，步行約3~5分鐘可達。 🏠Strahovské nádvorí 1/132 ☎233 107 752 ⏰9:00~12:00、12:30~17:00 💲全票150Kč、半票80Kč、家庭票(2大人+3位15歲以下孩童)300Kč、拍照許可(不可使用閃光)50Kč；畫廊+圖書館組合票全票280Kč、半票140Kč、家庭票500Kč、拍照許可(不可使用閃光)80Kč 🌐www.strahovskyklaster.cz

　位於城堡區最西邊的斯特拉霍夫修道院內，坐

落著最華麗的中古世紀圖書館，共有兩間依藏書種類區分為「哲學室」與「神學室」的圖書室。圖書館建築的外觀非常質樸，與整個修道院出世的淡然氣氛融為一體；然而圖書室的內部卻令人意外地華貴絢麗！兩旁的牆壁從地面到屋頂都是高級木材製作的書架，擺滿各種中世紀以來的藏書，哲學室的藏書估計有5萬冊，其中還包括拿破崙第二任妻子瑪麗露意絲所贈送的書籍，屋頂壁畫則是維也納洛可可畫家的傑作。

　神學室比較吸引人的是它拱形的屋頂，以浮雕及壁畫讚嘆討論知識的過程。中央有一座地球儀及天球儀，製於1750年左右，是當時用來認識世界的工具。

城堡區Hradčany

MAP ▶ P.176B2

MOOK
Choice

涅魯達瓦街

Nerudova Ulice/Nerudova Street

耐人尋味的建築與標記

🚇搭地鐵A線於Malostranská站下,步行約8~10分鐘可達;或搭地鐵A線於Malostranská站下,再搭電車22號於Pohořelec站下,步行約3~5分鐘可達;或搭電車12、20、22、91號於Malostranské náměstí站下,步行約1~2分鐘可達。

　　布拉格城堡到查理大橋之間的區域,有許多保存良好的精美建築和特色房舍,特別是涅魯達瓦街,位於查理大橋步行前往布拉格城堡的必經之途,雖然大多數是商店和餐廳,但其中有不少有趣的建築特色值得玩味。

　　漫步其中記得特別注意大門上的標記,在1770年阿拉伯數字引進前,這裡利用不同圖案取代門牌號碼作為標記,像是門牌6號是一隻紅色老鷹;34號有聖瓦茨拉夫的騎馬雕像;46號是隻可愛的綠色龍蝦;49號有漂亮的白天鵝。最常被人提及的則是12號和47號:12號稱為「三把

提琴之家」(dům U Tří housliček),門口有漂亮的三把小提琴圖案,該建築物創立於1764年,原為哥德式,後來改建成文藝復興風格,過去住的是做提琴的家族,傳說每逢月圓之時,這裡還會傳出小提琴樂音。47號稱做「兩個太陽之家」(dům U Dvou sluncủ),它是一棟早期巴洛克式建築,捷克著名的詩人和文學家Jan Neruda曾於1845~1891年居住此地,兩個太陽圖案的左上方,還有他的生平碑誌和雕像。

　　這條街上還有許多壯觀的巴洛克式建築,像是20號的Thun-Hohenstein Palace,現在是義大利大使館;5號的Morzin Palace,則是羅馬尼亞大使館。

小城區Malá Strana

MAP ▶ P.176B2

小城廣場

Malostranské náměstí/Malá Strana Square

布拉格第二大廣場

🚇搭地鐵A線於Malostranská站下,步行約6~10分鐘可達;或搭電車12、20、22、91號於Malostranské náměstí站下,下車即達。

　　走下查理大橋後順著人潮往前走,一定會來到小城廣場,它是布拉格的第二大廣場,面積僅次於舊城區的舊城廣場。這裡也是電車的主要停靠站,從布拉格其他地方來的人,幾乎都在這裡下車,如果不想用腳征服小城區和城堡區其他景點的人,也可以考慮從這裡搭乘電車前往。

　　小城廣場以聖尼古拉教堂(Chrám sv. Mikuláše)為中心區分為兩塊,許多古老的建築現在都成了商店和餐廳,環繞於廣場四周,每逢天氣晴朗時,戶外雅座坐滿喝咖啡、看風景的人,充滿人氣與活力。

　　小城廣場的開發歷史很早,相傳10世紀便已有建築坐落於此;目前除了前述的聖尼古拉教堂外,15世紀興建的舊市政廳(Malostranská beseda)也位於此處的21號。

小城區Malá Strana

MAP ▶ P.176C3

MOOK Choice

聖尼古拉教堂

Kostel sv. Mikuláše/Church of St. Nicholas

布拉格音樂節主場

🔵 見小城廣場。 🏠 Malostranské námestí 🔵 257 534 215
🔵 9:00~17:00，開放時間每月不一，請至官網確認。 🔵 全票
100Kč、半票(26歲以下，65歲以上)60Kč；10歲以下免費、
持布拉格旅遊通行證免費 🌐 www.stnicholas.cz

　　小城區的聖尼古拉教堂是波西米亞巴洛克式
建築的經典之作，波西米亞建築師Christoph
Dientzenhofer為布拉格興建了許多別具特

色的巴洛克建築，其中也包含了聖尼古拉教
堂，但是他並沒有完成，而是由他的兒子K.I.
Dientzenhofer花了15年的時間完工。他最大的
成就，就是設計教堂的三面向空間，在頂端以圓
頂覆蓋，周圍以挑高的壁柱支撐，壁柱上還裝飾
著華麗的雕像、浮雕等，而教堂角落則規劃了一
座高74公尺的鐘塔，登上鐘塔不但可以捕捉查理
大橋與舊城的風景，還可以遠眺布拉格城堡。

　　1787年莫札特曾在此演奏管風琴，而當他去世
時，世界第一個悼念彌撒就是在此舉行，現在每
年春秋舉辦的布拉格音樂節，聖尼古拉教堂仍是
音樂會表演的主要場所之一。

小城區Malá Strana

MAP ▶ P.176C3

史瓊伯恩宮殿

Schönbornský palác/Schönborn Palace

昔日卡夫卡租處

🔵 搭地鐵A線於Malostranská站下，步行約10~12分鐘可達；
或搭電車12、20、22、91號於Malostranské námestí站下，
步行約3~5分鐘可達。 🏠 Tržiště 365/15

　　因為1621年「白山之役」擁護天主教的哈布
斯堡家族貴族們紛紛在小城區建造官邸，使得
該區裡有許多豪華的住宅都以宮殿命名，而現在
這些官邸大部分都當作各國的大使館或布拉格的

市政辦公室使用。其中
比較引人注目的是史
瓊伯恩宮殿，在1917
年3月，卡夫卡曾經在
Tržiště大道斜坡上的史
瓊伯恩宮殿2樓租下一
層公寓當作住所，當時
他從這裡往返城堡內黃
金小巷22號的妹妹住
處，在那兒寫作直到深
夜，才回到這裡休息。

現在史瓊伯恩宮殿為美國大使館，不開放參觀。

小城區Malá Strana

MOOK Choice

MAP ▶ P.176C2

華倫史坦宮殿和花園

Valdštejnský palác a zahrada/
Wallenstein Palace & Garden

17世紀的將軍宅邸

🚇 搭地鐵A線於Malostranská站下，步行約2~3分鐘可達。
🏠 Valdštejnské nám. 4　☎ 257 075 707　🕐 4~10月週一至週五7:00~19:00(週五~週六09:00起)　💲 免費　🌐 www.senat.cz/informace/pro_verejnost/valdstejnska_zahrada

從Malostranská地鐵站出來，不遠處便看到一個偌大的巴洛克式花園，裡頭綠意盎然、百花爭妍，精雕細琢的希臘神話雕像、拱門、噴泉和修剪整齊的花圃，共築一個充滿古典風情的美麗庭園，迴廊上有著關於特洛伊戰爭史詩的繪畫，一旁還有仿鐘乳石洞穴裝飾，不論是觀光客和當地人，甚至是學生們的校外教學，都喜歡前來此地，這個地方就是小城區著名的華倫史坦花園，為華倫史坦宮殿的一部份。

華倫史坦宮殿原屬曾參與17世紀「三十年戰爭」的哈布斯堡將軍艾伯契・凡・華倫史坦(Albrecht von Wallenstein)所有，1624年，他重金邀請米蘭建築師Andrea Spezza親自設計這所宮殿，耗時6年終於完工，內部共有23個廳房、3個花園，極盛時期光是僕人就超過700位，今日站在宮殿前方，也不難想像當時的華倫史坦家族，是過著何等尊貴奢華的生活。目前華倫史坦宮殿已成為捷克參議院所在。

小城區Malá Strana

MAP ▶ P.176B4

佩特任山

MOOK Choice

Petřín/Petrin Hill

布拉格最大度假綠地

🚠纜車站：搭地鐵A線於Malostranská站下，步行約15~20分鐘可達；或搭電車9、12、20、22號於Újezd站下，步行約2分鐘可達。

纜車Lanová dráha na Petřín／Petřín Funicular
☎296 191 817 ⏰8:00~23:00，每10~15分鐘一班 💲單程票60Kč，15歲以下、65歲以上、持布拉格旅遊通行證免費
🌐www.dpp.cz

鏡迷宮Zrcadlové bludiště na Petříně／Mirror Maze
☎775 400 052 ⏰10~3月10:00~18:00、4~5月9:00~19:00、6~8月9:00~20:00、9月9:00~19:00 💲全票120Kč，半票(26歲以下、65歲以上)80Kč，5歲以下、持布拉格旅遊通行證免費；鏡迷宮＋觀景塔全票260Kč、半票170Kč；鏡迷宮＋觀景塔＋天文台全票300Kč、半票200Kč 🌐www.prague.eu ⏰也可參考布拉格9塔聯票(P.187)

　　Petřín來自拉丁語，是「岩石」的意思。在過去，這裡扮演提供布拉格城內眾多哥德和文藝復興式建築石材原料的重要角色，現在則是老少咸

宜的度假勝地，自然清新的風光，不論何時都可看到不少人健行、漫步、賞景，戀人們也大大方方談情說愛，讓人充分感受歐洲人浪漫悠閒的生活型態。

　　你可以用走路的方式緩緩爬上山丘，也可以搭纜車上山，纜車班次多，沿途可欣賞蓊鬱的森林風光，中途會先在Nebozízek餐廳下車，第二站才是目的地。來到山上，你可以騎馬遊園，也可以到以修剪整齊的樹木建成的鏡迷宮玩玩，這是個讓大人和小孩都充滿歡笑的地方。

斯特凡尼克天文台 Štefánikova hvězdárna/Štefánik Observatory

🏠Strahovská 205 ☎257 320 540 ⏰開放時間不一，請至官網確認；10~7月每週一休 💲全票90Kč，半票(3~15歲、70歲以上)70Kč，3歲以下、持布拉格旅遊通行證免費 🌐www.planetum.cz/stefanik_observatory

　　自1928年以來，斯特凡尼克天文台就已經佇立在佩特任山上了，這也是布拉格歷史最悠久的天文台，目前看到的外觀設計可以追溯到1970年代進行的大規模整修。這裡除了可以觀看白天和夜晚的天空，還有天文學相關的常設展覽以及天文台設備的導覽行程。

佩特任觀景塔 Petřínská rozhledna/Petřín Lookout Tower

🏠Petřínské sady ☎775 400 052 ⏰1~3月10:00~18:00、4~5月9:00~20:00、6~9月9:00~21:00、10~12月10:00~20:00 💲全票220Kč，半票(26歲以下、65歲以上)150Kč，5歲以下、持布拉格旅遊通行證免費；電梯全票150Kč，持布拉格9塔聯票、65歲以上、5歲以下兒童陪同者50Kč，5歲以下免費 🌐www.prague.eu

　　佩特任觀景塔是於1891年仿巴黎艾菲爾鐵塔(Eiffel Tower)的形式所建，雖然高度僅約60公尺，比真正艾菲爾鐵塔規模小得多，但加上了佩特任山的高度，居高臨下所能看到的美景，也不遑多讓。

　　不過，要爬上299個台階的觀景塔，是要有點體力才行，加上它是以堅固的鋼骨製成，又沒有牆壁，爬愈高風就愈大，怕高的人可能走一下就腳軟了；或者，你也可以選擇付費搭電梯喔！電梯可帶你直達觀景平台，輕鬆登高。塔頂的美景絕對讓人大呼值得，可以輕易將小城區、城堡區、甚至舊城區的美景一網打盡，如果攝影鏡頭夠廣，甚至可以將聖維特大教堂和查理大橋同時納入鏡頭。

MAP ▶ P.177F3

慕夏博物館

Muzeum Alfonse Muchy/ The Mucha Museum

深入新藝術大師世界

🚇搭地鐵A或B線於Mùtesk站下，步行約3~5分鐘可達。　🏠
Panská 7/890　☎224 216 415　🕐10:00~18:00　💲全票
350Kč、半票280Kč、家庭票(2大人＋2小孩) 950Kč；專業導
覽另收1,000Kč　🌐www.mucha.cz/en

　慕夏(Alfons Mucha)是捷克最著名的藝術家之
一，他對於新藝術的影響相當深遠，不僅是一位
傑出的畫家，也是一位裝飾藝術家，他懂雕塑、
珠寶和室內設計，現在仍可在布拉格買到出自他
手筆的名信片與月曆。他最大的成就在於對布拉
格新藝術畫風的貢獻，也是新藝術派風格的重要
代表畫家。

　慕夏作品中最大的特色在於女性描繪，其次是
十二宮月曆的設計。慕夏豐沛的創造力形成「慕
夏風格」，這種特殊的風格對於當時的布拉格藝
術圈造成相當的影響。他一貫使用長髮美女，四
周以樹葉、水果、埃及圖騰裝飾，這種風格幾乎
與新藝術(Art Nouveau)同義。

　慕夏博物館收藏的慕夏作品分為5個部份，包括

新藝術派代表：慕夏

　慕夏(Alfons Mucha, 1860~1939)於1887年畢業於
德國慕尼黑的美術學校，原本是以宗教和歷史性
的大型壁畫和油畫為主力創作，然而在27歲前往
巴黎進修時，因助學金遭停止，不得不以日曆設
計、書和雜誌插畫等多種方式賺取生活費，漸漸
形成獨特的繪畫風格。在一次臨時工作中，慕夏
為當時著名的巴黎女演員Sarah Bernhardt及她的
劇院描繪海報，受到她本人與無數影迷的喜愛，
慢慢奠定慕夏在巴黎新藝術領域的地位。

　1904年，慕夏以歐洲最重要的裝飾藝術家身
份，獲邀前往美國教學；1910年，他來到布拉
格，繪製一連串的作品《Slovanská Epopej》，不
過當時並未受矚目；直到1960年，各界才開始重
視慕夏的藝術成就。

　不過，即使慕夏的作品曾在世紀交界時深深地
影響藝術走向，慕夏依然深怕他的裝飾藝術太過
輕挑花俏，1910年後，慕夏開始致力於繪製斯
拉夫民族的歷史文化。1939年7月14日慕夏因肺
炎死於巴黎，他的遺作是《斯拉夫統一的誓言》
(The Slav's oath of Unity)。

繪畫創作、在巴黎與捷克設計的海報作品、設計草
圖等。裝飾氣息濃厚的新藝術繪畫，如美麗的女
體、裝飾性的花朵、流水般的長髮，以及顏色鮮豔
又不失和諧的色彩運用，都是慕夏繪畫的特色。

©Mucha Trust 2016

新城區Nové Město

MAP ▶ P.177F4

瓦茨拉夫廣場

Václavské náměstí/Wenceslas Square

時髦的商業大道

🚇 搭地鐵A或B線於Můstek站下，或搭地鐵A或C線於Muzeum站下，出站即達。

大約在1344年時，舊城人口超過負荷，住宅擁擠衛生條件降低，因此波西米亞國王查理四世決定於1348年3月26日起修築新城。新城是在舊城圍牆外重新規畫出的扇形土地，面積約為舊城3倍大，道路規畫以通往舊城3大城門的通道為主軸做放射及環狀交叉，以新城原來作為牛市、馬市、乾貨市場的三大廣場——瓦茨拉夫廣場、卡婁弗廣場(Karlovo náměstí)、聖諾法斯廣場(Senovážné náměstí)為中心建設房舍，其中瓦茨拉夫廣場成為時髦的商業中心。

瓦茨拉夫廣場兩側有許多購物商店和賣場。狹長的廣場中央，有適合漫步憩息的綠地和座椅，也有無數的餐廳和速食店，另外也有攤子，賣便宜的三明治、香腸、飲料。

聖瓦茨拉夫雕像
St. Václavské statue/Statue of St. Wenceslas

廣場上的聖瓦茨拉夫騎馬雕像，完成於1912年，用來紀念波西米亞第一位國王聖瓦茨拉夫。雕像下有位年輕人的照片及許多獻花，這又是另一段故事。1968年在「布拉格之春」倡導的人性化社會主義被蘇聯軍隊鎮壓擊潰後，興起許多遊行及抗議，隔年1月16日，名為Jan Palach的大學生在雕像前自焚以示捍衛國家主權的決心，事件發生後反對政府的聲浪更高，而鎮壓手段也越激烈，後來當選捷克總統的哈維爾，就是在當時向自焚者獻花而被捕入獄。

新城區Nové Město

MAP ▶ P.177F5

德弗札克博物館

Muzeum Antonína Dvořák/
Antonin Dvorak Museum

聽見斯拉夫舞曲

🚇 搭地鐵C線於I.P. Pavlova站下，步行約3~5分鐘可達。🏠 Ke Karlovu 20 ☎ 774 845 823；導覽行程預約724 412 276 ⏰ 10:00~17:00 🈺 週一 💲 全票50Kč，半票(18歲以下、65歲以上)30Kč，15歲以下免費；導覽行程每人另收70Kč(最多30人，需事先預約) 🌐 www.nm.cz/en/visit-us/buildings/antonin-dvorak-museum

這座建於18世紀的巴洛克建築，現為德弗札克博物館，德弗札克是捷克最著名的作曲家之一，在這座紀念他的博物館中有許多關於他生平和作品的展覽，其中包括一些未曾發表的曲目。1樓主要展覽他的圖片和大事紀，2樓則有更多與德弗札克生平相關的文物，像是手稿、海報、私人用品等；這裡同時設有小演奏廳，定期有音樂會表演；博物館後方有漂亮的小花園。

國民樂派作曲家：德弗札克

德弗札克(Antonín Dvořák, 1841~1904)是一位抒情作曲家，其作品的旋律中幾乎都帶著民族固有的風味。他很少直接引用民歌旋律，但民族風味油然而生，那種發自靈魂深處對祖國的感情，幻化為音符，最能牽動人們心底悠悠的共鳴與感動。

德弗札克出生於布拉格附近的一個鄉村，由於波西米亞人一直就以愛好音樂、富有天份著稱，處於這種環境下的德弗札克自小就是一個樂迷。因為父親反對他學音樂，曾送他去當過屠夫學徒，然而他對音樂的狂熱打動了父親，在16歲時一償夙願進入風琴學校，接受正規音樂教育。

他的音樂受布拉姆斯、華格納和捷克民間音樂的多重影響，他創作了交響曲、合唱曲、室內樂曲、歌劇、鋼琴曲、協奏曲等，尤以交響曲和室內樂居多，不僅民族氣氛濃厚，樂風更充滿明朗浪漫的詩情。最膾炙人口的是德弗札克在客居美國時所作的《新世界交響曲》(New World)；另一個代表作品《斯拉夫舞曲》(Slavonic Dances)則充分表現出捷克人民的歡樂和哀痛。

Where to Eat in Prague
吃在布拉格

舊城區Staré Město

MAP ▶ P.178D3 | **Havelská Koruna**

🚇搭地鐵A或B線於Můstek站下，步行約3~5分鐘可達。 🏠
Havelská 21 a 23 📞224 239 331 🕐10:00~20:00 🌐www.
havelska-koruna.cz

位於哈維爾斯卡露天市集附近，Havelská Koruna是家
不太一樣的傳統捷克餐廳。它採用如學生餐廳、IKEA般
的開放式廚房，在挑選餐點的同時也可以看到廚師們
準備料理。Havelská Koruna每天提供約40道傳統捷克料
理，其中25道是每週固定菜色，其餘的則是當天或當週
的特色菜，每週不一；價格也平易近人，每道料理價格
平均在135Kč上下。啤酒與捷克料理可說是絕配，這裡
提供的生啤為10° Gambrinus和12° Pilsen Prazdroj。

舊城區Staré Město

MAP ▶ P.178C6 | **U Medvídků餐廳與迷你釀酒廠**

🚇搭地鐵A或B線於Můstek站下，步行約3~5分鐘可達。 🏠Na
Perštýně 7 📞736 662 900 🕐週一至週六11:30~23:00(週日至
22:00) 🌐umedvidku.cz/en/restaurant

U Medvídků的起源可以追
溯到1466年，一開始是啤
酒釀酒廠，後來是布拉格第
一家歌舞廳的原址，到了
19世紀則被改造成布拉格
最大的餐酒館之一。深受當
地人和遊客喜愛的原因，除
了傳統的捷克美食和百威啤
酒，還有就是歷史感十足的
室內裝潢。

新城區Nové Město

MAP ▶ P.177E5 | **U Fleků**

🚇搭地鐵B線於Karlovo Náměstí或Národní třída站下，皆步行約2~5分鐘可達。 🏠
Křemencova 11 📞224 934 019 🕐10:00~23:00，12/24休息；啤酒博物館(限預約)週一至週六
10:00~16:00 🌐en.ufleku.cz

創立於1499年的U Fleků是布拉格老字號啤酒館之一，目前仍堅持以祖傳釀法，釀造著
名的U Fleků 13度黑啤酒，來此一定要多喝幾杯才痛快。現場還有精采的手風琴演奏或歌
舞表演，更添歡樂氣氛。

舊城區Staré Město

MAP ▶ P.178B4 | **U Rudolfina**

🚇搭地鐵A線於Staroměstská站下，步行約2~3分鐘可
達。 🏠Křížovnická 10 📞222 328 758 🕐週一至週五
11:00~23:00、週六和週日12:00~23:00 🌐www.urudolfina.
cz

位於魯道夫大音樂廳的斜對
面的U Rudolfina是一家很受
當地人歡迎的啤酒屋兼餐
廳，擁有寬敞的地下室空
間，又因為就在克萊門特學
院附近，所以大學生特別
多。只是對外國人來說，服
務人員聽不太懂英語，店內
又不提供英文菜單，溝通起
來困難度頗高。若只是想
要喝杯啤酒、感受一下當地人喝酒的熱鬧氣氛，就問題
不大；如果很想在這裡用餐，那麼門口貼有一張英語菜
單，不妨先用手機拍下來比較方便點菜。

猶太區Josefov

MAP ▶ P.178C3 | **King Solomon**

🚇搭地鐵A線於Staroměstská站下，步行約2~3分鐘可達。
🏠Široká 8 📞224 818 752 🕐週日至週五11:00~22:00，週六
採預約制 🌐www.kosher.cz/en

位於猶太博物館旁，是當地非常知名的猶太菜餐廳，
據說光建築就有500年歷史，跟美食一樣有話題。用餐
環境如教堂般典雅靜謐，牆上掛著昔日布拉格猶太區的
老照片，幾張餐桌後面是漂亮的長形中庭花園，空間幽
靜優美極了。這裡提供典型中歐猶太菜系，特別講究食
材的新鮮和乾淨；這裡
也供應猶太美食文化中
不可或缺的酒，有來自
捷克、以色列和法國、
匈牙利的佳釀佐餐。當
然，在此用餐的價格並
不便宜。

Where to Buy in Prague
買在布拉格

舊城區Staré Město
MAP ▶P.178D3 **菠丹妮Botanicus**

🚇搭地鐵A線於Staroměstská站下,步行約4~6分鐘可達。🏠Týn 3 ☎702 207 096 ⏰10:00~19:00 🌐www.botanicus.cz

菠丹妮以各式各樣的天然植物、水果製造的香皂、按摩油、洗髮精、香料、健康茶等商品為主,是布拉格最大的天然植物製品連鎖店,在台灣也有菠丹妮的分店,但同樣產品在捷克買,有的可能1/3的價格就可以買到,超級划算!

舊城區Staré Město
MAP ▶P.178C5 **MANUFAKTURA**

🚇搭地鐵A線於Staroměstská站下,步行約3~5分鐘可達。🏠Karlova 26 ☎601 310 605 ⏰10:00~20:00 🌐www.manufaktura.cz

MANUFAKTURA雖然名氣沒有菠丹妮來得大,但同樣強調是本土品牌、原料來自天然植物。一進店面,撲面迎來的芳香氣息就令人身心舒暢,1樓陳列各式芳療保養品,如護手霜、香皂、精油、洗髮精……每款採自不同的花草配方,可以直接使用現場提供的試用品,精挑細選出自己喜歡的產品;2樓則有不少手工藝品,如木製玩具、復活節彩蛋、鍛壓玻璃、草編飾品等。

舊城區Staré Město
MAP ▶P.178D4 **erpet**

🚇搭地鐵A線於Staroměstská站下,步行約3~5分鐘可達。🏠Staroměstské náměstí 481/22 ☎224 229 755 ⏰10:00~23:00 🌐www.erpetcrystal.cz

開業已20年的erpet是買捷克特產水晶必逛的名店,它是捷克最大的水晶店。捷克知名的水晶品牌在這裡都看得到,另外還有部分玻璃

和珠寶飾品,如Moser、Ševčík、Šafránek等。不過千萬別以為erpet高檔到讓人難以親近,1樓店面也有不少物美價廉的水晶或玻璃餐具、燈飾、飾品。

舊城區Staré Město
MAP ▶P.179E4 **Pohádka**

🚇搭地鐵A線於Staroměstská站下,或搭地鐵B線於Náměsti Republiky站下,皆步行約6~10分鐘可達。🏠Celetná 32 ☎224 239 469 ⏰10:00~19:00 🌐www.ceskehracky.cz

Pohádka在街上有兩間相鄰的店鋪,店名是捷克文「童話」的意思,其中一間就是專為小朋友打造的玩具店,2層樓有種各種娃娃玩偶、木製玩具,而且全是純手工製作,尚稱精緻。另一間店面則販售琳瑯滿目的木製俄羅斯娃娃、西洋棋、魔術方塊……強調以手工製成,品質也不錯。

舊城區Staré Město——新城區Nové Město
MAP ▶P.179E5 **護城河街Na Příkopě**

🚇搭地鐵A或B線於Můstek站下,或搭地鐵B線於Náměsti Republiky站下,皆步行約1~5分鐘可達。

護城河街上有家黑玫瑰商場(Černá růže),還有Mexx、H&M、Mango、Zara、ecco、Adidas、Puma、Swatch……等歐美的平價時尚品牌都集中在這條街上,比較特別的是一家Benetton專賣店,倒不是因為衣服款式特別多或價錢比較便宜,而是它的建築外觀相當吸引人,在商店內外都有金色的美麗雕飾,挑高賣場中的金色華麗旋梯,一進門就是視覺的最大焦點。這裡各式餐廳、咖啡

館也很多,稱得上是一條好逛好買的購物商街。而即使不消費,壓壓馬路或是Window Shopping,也可感受布拉格資本主義的一面。

新城區Nové Město
MAP ▶P.177E5 **The Globe書店和咖啡館**

🚇搭地鐵B線於Karlovo Náměstí或Národnítřída或站下,皆步行約2~5分鐘可達。🏠Pštrossova 6 ☎222 934 203 ⏰書店週一10:00~22:30、週二至週四

10:00~23:00、週五10:00~24:00、週六9:30~24:00、週日9:30~22:00;咖啡廳週一至週五10:00~21:00(週六至週日9:30起) 🌐www.globebookstore.cz

創立於1993年,這間結合書店、咖啡館和藝廊的The Globe,一直以來都是作家、藝術家、學生和遊客喜歡消磨時光的角落。該書店為英文書專賣店,書籍偏向文學藝術類,另外還有卡夫卡書籍專區。店內放著Lounge Music,附設的咖啡館提供飲料、點心和簡餐服務。

皮爾森

梅茲河 Mze

市政廳Radnice

地下博物館
Plzeňské historické podzemí
啤酒博物館Pivovarské muzeum

Na Parkánu

水塔Vodárenská Věž

皮爾森啤酒釀造所
Plzeňský Prazdroj

Na Spilce

Courtyard Marriott Pilsen hotel

Hotel Central

U Salzmannů

聖巴特羅米天主堂Chrám Sv. Bartoloměje

瘟疫紀念柱與皮爾森馬當那
Morový Sloup a Plzeňská Madonna

共和廣場
náměstí Republiky

Hotel U Zvonu

猶太教大會堂
Velká synagoga

Hotel Rous

聖安娜教堂

Angelo Hotel Pilsen

←往皮爾森巴士站

西波希米亞博物館
Západočeské muzeum

路面電車站

Hotel Slovan

皮爾森中央車站
Plzeň Hlavní Nádraž

←往Hotel Plzeň

圖例 ○景點 ⊞博物館 ✝教堂 ◎廣場 ⊕飯店 ⊕餐廳 ⊞火車站 ⊕遊客服務中心

往 Purkmistr啤酒飯店

如何到達──長途巴士

　　從布拉格Praha, Zličín巴士站到皮爾森Plzeň, CAN巴士站每天有多班直達車往返，車程約1小時。從Plzeň, CAN巴士站到共和廣場步行約15~20分鐘可達，亦可搭2號電車前往(於Náměstí Republiky站下車)。正確班次、詳細時刻表及票價可上網或至巴士總站查詢。

🌐www.idos.cz

市區交通

　　可以步行遊覽大部份景點。

旅遊諮詢

◎遊客服務中心

📍Náměstí Republiky 41(位於市政廳內)

📞378 035 330

🕐週一至週六 9:00~18:00，週日9:00~15:00

🌐www.visitpilsen.eu

住宿資訊

◎**Courtyard by Marriott Pilsen**

🗺P.218C2 📍Sady 5. kvetna 57

📞373 370 100

🌐www.marriott.com/hotels/travel/prgpz-courtyard-pilsen

◎**Hotel Central**

🗺P.218B2 📍Nám. Republiky 33

📞377 226 757 🌐www.hotelcentral.cz

◎**Hotel Rous**

🗺P.218B2 📍Zbrojnická 7

📞602 350 294 🌐www.hotelrous.cz

◎**Hotel Slovan**

🗺P.218A3 📍Smetanovy sady 1

📞377 227 256 🌐hotelslovan.pilsen.cz

MAP ▶ P.218B2

共和廣場 &
市政廳

MOOK
Choice

Námestí Republiky & Radnice/
Republic Square & City Hall

富商房舍圍繞精緻華麗各具特色

🚇 從火車站步行約12~15分鐘

　共和廣場是皮爾森主要的觀光文化中心，中央有聖巴特羅米天主堂，登上教堂鐘塔可以展望廣場全景。圍繞廣場的建築幾乎都是當地富商的房舍，高度雖統一，但建築形式以及外牆顏色各顯特色。位於北邊的市政廳，於1554~1559年由魯道夫二世國王下令修築，由義大利建築師Giovanni de Statia設計完成。17世紀時又新增屋頂上的小塔裝飾，而到了1907~1912年更大肆裝飾正面牆上的雕刻細節，完成今日這般華麗的樣式。

　廣場東邊的建築群大多建於17世紀，呈現波西米亞巴洛克的建築風格，有許多咖啡館面對廣場，廣場南北兩邊有路面電車經過，交通繁忙，南邊有巴士站可通往火車站。2010年廣場3個角落新增了3個金色噴泉，噴泉分別以市徽上的3個圖案——天使、駱駝和灰狗為塑像，格外吸引人。

MAP ▶ P.218B2

聖巴特羅米天主堂

Chrám Sv. Bartoloměje/
St. Bartholomew's Cathedral

旋轉木梯登上鐘塔眺望市容

🚇 從火車站步行約12~15分鐘可達　🏠 Námestí Republiky（位於共和廣場）　☎ 377 236 753　🕐 天主堂週一至週五10:00~18:00，週六至週日13:00~18:00，鐘塔週一至週日10:00~18:30(售票至18:00)　💲 鐘塔全票90Kč、半票60Kč　🌐 www.visitpilsen.eu/location/st-bartholomews-cathedral

　聖巴特羅米天主堂是皮爾森建城後首個修築的大型建築，推測早在1295年左右就已動工。而真正的歷史記載是從14世紀初開始，1507年的一場大火將教堂燒成平地，之後的30年又再重建。

　教堂最引人注目的是高約103公尺的鐘塔，它是目前捷克的第一高塔，它在1835年前比現在規模更大更高，只可惜當年一場大火造成鐘塔全毀。事實上教堂不但經歷幾次重建工程，而且這些工程一直都沒有結束過。最近一次的重建工程持續到1994年才算完工。1993年5月31日，若望保祿二世宣布新的皮爾森主教轄區成立，聖巴特羅米才正式成為天主教教堂。

　登上高16公尺的塔頂是一大挑戰，301階的木製階梯在狹窄的空間繞著中柱往上盤繞，其間沒有照明設備，因此有一段距離伸手不見五指。遇上對面來的遊客一定得靠邊貼著壁才能通過，然而登上塔頂後豁然開朗，可以眺望全城景觀。教堂外東南側的金屬柵門上，依序嵌了數個天使頭像，其中有一個天使被稱做「Pilsen Angel」，已被摸到發亮，據說摸了會帶來好運。

MAP ▶ P.218B2

瘟疫紀念柱與
皮爾森馬當那

Morový Sloup a Plzeňská Madonna/
The Plague Column & The Pilsen Madonna

聖母顯靈消滅瘟疫的神蹟見證

🚶 從火車站步行約12~15分鐘可達　🏠Námestí Republiky(位於共和廣場)

　　共和廣場上的瘟疫紀念柱落成於1681年，為了感謝聖母瑪麗亞保護皮爾森全鎮的健康，讓猖獗一時的瘟疫即時消滅且沒有擴大死亡的人數。立於紀念柱頂端、造型特別的石雕像稱為「皮爾森馬當那」，這座高134公分、哥德式雕像完成的時間，比紀念柱建造的時間還要早上300年，推測是1390年時的作品，後來才被拿來當作紀念柱

頂端的裝飾。但目前看到的這座雕像是仿品，真品放置於聖巴特羅米天主堂內。

　　至於為什麼用皮爾森馬當那當作主要雕像呢？據說鎮上有一個瞎子，從來沒接觸任何與藝術相關的工作，直到有一天，聖母瑪麗亞顯現在他面前，要他雕刻馬當那像，給了他基本的雕刻工具並指揮他的手開始雕刻，最後完成了這件傑作，聖母瑪麗亞覺得很滿意，便賜給他視力讓他得以重見光明並欣賞到自己的作品。

MAP ▶ P.218C1

Na Parkánu

豬腳搭啤酒超完美組合

🚶 從共和廣場步行約3~5分鐘可達　🏠Veleslavínova 59/4　📞724 618 037　🕐週一至週三11:00~23:00、週四11:00~24:00、週五至週六11:00~1:00、週日11:00~22:00　🌐www.naparkanu.com/en

　　餐廳布置充滿昔日皮爾森小酒館的風情，在這裡可以喝到最新鮮純正的皮爾森啤酒，有些甚至是平常難以品嘗到，像是未經過濾或是酵母啤酒。來這裡喝啤酒時可以搭配店內招牌美食「烤豬腳」，捷克豬腳看起來和德國豬腳有些類似，也搭配酸白菜，但這裡有用皮爾森啤酒下去料理，皮吃起來則比較硬；重點是同樣美味份量也很大塊，兩個人吃綽綽有餘。

MAP ▶ P.218B2

U Salzmannů

痛快吃肉喝酒的平價餐廳

🚶 從共和廣場步行約2~5分鐘可達　🏠Pražská 8　📞702 298 850　🕐週一至週四11:00~23:00、週五至週六11:00~24:00、週日11:00~22:00　🌐www.usalzmannu.com

　　U Salzmannů是皮爾森啤酒在舊城區直營的餐廳，幾乎天天爆滿，必須在門口排隊等候入座。餐廳創業於1637年，建築屬於傳統的波西米亞式房舍，一進入大門後，穿傳統服裝的服務生就會前來熱情地招待你，在這裡你可以大口喝酒大口吃肉，因為價格便宜，而以肉類為主的波西米亞餐點配上冰涼啤酒更是過癮！

MAP ▶ P.218D3

MOOK Choice

Purkmistr啤酒飯店

**Purkmistr Pivovarský dvůr Plzeň/
Purkmistr Brewery Hotel**

啤酒餐廳、飯店還有啤酒SPA

🚋 從中央車站步行約10分鐘至U Radbuzy站，搭乘13號無軌電車至Generála Lišky站再步行約5分鐘。 🏠 Selská náves 21/2 ☎ 377 994 311 ⏰ 釀酒廠導覽行程需事先預約 💲 釀酒廠導覽行程10人以下每人250Kč、11人以上每人200Kč，啤酒試飲70Kč 🌐 www.purkmistr.cz

SPA
☎ 377 994 366 ⏰ 10:00~21:00 💲 啤酒浴單人1,100Kč、雙人2,200Kč；水療＋身體按摩組合1,670Kč起 ❗ 建議事先預約www.purkmistr.cz/en/spa/reservations

餐廳
☎ 377 994 312 ⏰ 週一至週四11:00~23:00、週五至週六11:00~24:00、週日11:00~22:00

位於皮爾森郊外20分鐘車程的的Purkmistr啤酒飯店，別看它名字寫著「飯店」二字，它也是一家餐廳、微型釀酒廠以及SPA！飯店設有32間鄉村風客房，均配備現代化設備和上網服務，房型分為2~4人房。其釀酒廠規格雖不如皮爾森啤酒釀造所大，但也擁有正統的銅製釀酒系統，有

興趣的話也可以與飯店預約導覽行程。在捷克的觀光區逛累了，不妨到這個安靜的市郊度過悠哉的一兩晚。入住後，先來一頓道地的捷克料理和啤酒，隔天安排啤酒浴與按摩療程，身心都充飽電，再繼續趴趴走！

乾杯還有SOP要遵守？！

捷克語中的「乾杯」為Na Zdraví，大意為「為你的健康而喝」，但並不是碰杯這麼簡單喔！舉起酒杯後，一定要看著所有同行人的眼睛說Na Zdraví，且注意啤酒不可灑出杯子、手也不能和他人交錯，最後酒杯輕碰桌面才能送到嘴邊；不遵守的話，據說會遭遇7年的霉運或房事不順。

MAP ▶ P.218D2

皮爾森啤酒釀造所

Plzeňský Prazdroj / Pilsner Urquell

UNESCO評選最有價值體驗

🚇 從中央車站步行約6~8分鐘可達;從共和廣場步行約13~15分鐘可達。 🏠 U Prazdroje 7 ☎ 377 062 888 🕐 09:00~18:00,導覽時間請至官網預約查詢 💲 導覽行程全票380Kč、半票(6~15歲、70歲以上)300Kč、3~6歲50Kč、家庭票(2大人+3小孩) 1,050Kč 🖱 www.prazdrojvisit.cz/en/tours/pilsner-urquell-brewery-tour

一如皮爾森啤酒的廣告詞:「世界原本一片黑暗,1842年之後開始發光。」那是因為皮爾森創造了世界第一的黃金啤酒,在皮爾森啤酒釀造所裡,你可以透過導遊解說了解百年前的製酒古方,以及現代科技融入後的作業流程,這趟啤酒製造之旅甚至被聯合國教科文組織選為最有價值的體驗之一!來這裡一定要參加導覽行程,雖然參觀的費用比一般博物館貴,但絕對值回票價,何況你還能在參觀後品啜工廠出品的新鮮啤酒!

Na Spilce

☎ 724 617 355 🕐 11:00~22:00 🔞 www.naspilce.com/en

位於皮爾森啤酒釀造所內的Na Spilce,開業於1992年,由於擁有獨特的傳統酒窖,很多人參觀完釀造所之後,就會直接來這裡享受美味的啤酒和料理。啤酒除了皮爾森(Pilsner)是招牌選項外,還有同屬皮爾森啤酒Gambrinus也值得一嘗。這裡也提供傳統捷克美食,舉凡豬腳、烤鴨、燉牛肉等當地熱門佳餚,搭配啤酒都對味。

庫倫洛夫

庫倫洛夫
Český Krumlov/Cesky Krumlov

維也納最初是座凱爾特人的村莊，曾歷經各個民族的入侵，並逐漸發展出城市規模，然而直到13世紀哈布斯堡家族將其根據地遷往維也納，才為這座城市帶來真正的繁榮與開發。

庫倫洛夫(Český Krumlov)字面的意義是「河灣中的淺灘」，非常簡潔且逼真地描述了這個小鎮的環境特色。小城鎮被U形的河套區隔成兩個部分：位於北邊山丘上的城堡區，以及河套中央被河流包圍成圓形的舊城區。

根據歷史記載，從13世紀南波西米亞的貴族維提克家族(Vitek)開始建城，14世紀時讓渡給最強大的貴族羅森堡(Rožmberk)家族，此後在該家族的豐富藝術涵養薰陶下，這裡逐漸發展成一座精緻的小鎮。18世紀後，出身德國的史瓦森堡(Schwarzenberg)家族買下城堡主權，直到二次世界大戰後，德裔居民被驅逐出境，才結束城堡神秘的身分。

末代史瓦森堡貴族對當地的貢獻不只是城堡宮廷建築，城堡下的拉特朗區、河對岸的舊城區，都在他們獨到的藝術眼光下修建得精緻耀眼，讓這個位於捷克南方的小鎮，1992年被登錄為世界遺產，成為眾人千里迢迢也必定造訪的地方。

INFO

基本資訊
人口：約1萬4千人　**面積**：22.16平方公里

如何到達——火車
從布拉格搭火車前往庫倫洛夫需先在布傑約維采(České Budějovice)轉乘，布拉格的中央車站到布傑約維采每天約有19班直達車，車程約2小時；從布傑約維采到庫倫洛夫每天約有10班直達車，車程約50分鐘。從火車站到協和廣場步行約20~30分鐘可達。

正確班次、詳細時刻表及票價可上網或至火車站查詢，購票可至火車站櫃台或先於台灣向飛達旅遊購買。
捷克國鐵 www.cd.cz
歐洲鐵路 www.eurail.com
飛達旅遊 www.gobytrain.com.tw

如何到達——長途巴士
從布拉格Praha, ÚAN Florenc巴士總站到庫倫洛夫巴士站(Ceský Krumlov, aut. nádr.)每天約有6班直達車，車程約4小時。另外也可從布拉格Praha, ÚAN Florenc巴士總站先行搭車到布傑約維采巴士站(České Budějovice, aut. nádr)，再轉車到庫倫洛夫巴士站。布傑約維采與庫倫洛夫之間每天幾乎每20~45分鐘就有一班直達車，車程約30~45分鐘。從長途巴士站到協和廣場步行約10~15分鐘可達。

正確班次、詳細時刻表及票價可上網或至巴士總站查詢。
 www.idos.cz

市區交通
可以步行遊覽大部份景點。

優惠票券
◎庫倫洛夫卡Cesky Krumlov Card
持「庫倫洛夫卡」可以免費參觀庫倫洛夫城堡

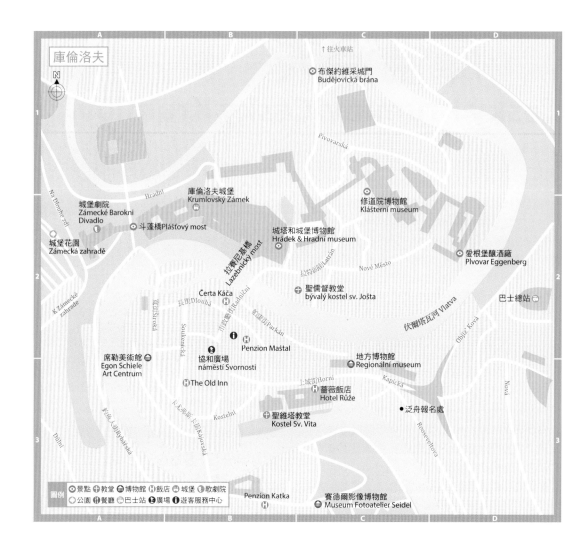

內的城塔(Castle Tower)和城堡博物館(Castle Museum)、席勒美術館(Egon Schiele Art Centrum)、地方博物館(Regional Museum)、賽德爾影像博物館(Museum Fotoatelier Seidel)和方濟各會修道院博物館(Monastery Museum)共5個景點。此卡可在遊客服務中心或上述景點購買。

💲全票400Kč、半票200Kč、家庭票(2大人＋3小孩)800Kč ⓌⒸwww.ckrumlov.info/en/single-entry-to-5-museums/

旅遊諮詢
◎遊客服務中心

Ⓐ Náměstí Svornosti 2 ☎ 380 704 622
🕐 週日至週四9:00~17:00，週五至週六9:00~18:00；週末及假日12:00~13:00午休
Ⓦ www.ckrumlov.info

住宿資訊
◎The OLDINN
Ⓐ P.224B3 Ⓝ Náměstí Svornosti 12
☎ 388 288 888 Ⓦ www.hoteloldinn.cz
◎薔薇飯店Hotel Růže
Ⓐ P.224C3 Ⓝ Horní 154
☎ 380 772 100 Ⓦ www.hotelruze.cz/en

MAP ▶ P.224C1C2

布傑約維采城門&
拉特朗街

Budějovická brána & Latrán ulice／
Budějovice Gate & Latrán Street

在熱鬧街道發現特色建築

從火車站步行約12~15分鐘可達

　　城堡下的拉特朗街是庫倫洛夫最古老的兩個平民市街之一，街道起點就是布傑約維采城門。19世紀以前市鎮周圍本有座城牆，後來因交通及工業發展而拆除，布傑約維采城門是9個城門之一，也是與外界流通最主要的出入口，建於1598~1602年之間。拉特朗街通往城堡與舊市街，許多應貴族邀請來的藝術家、工匠、煉金術士都居住在此，現在也是熱鬧的街道，商店餐廳林立。

拉特朗街1號

　　拉特朗街1號位在通往城堡的階梯旁，1樓保留了14世紀哥德式建築的拱形樣式，這裡曾是貴族理髮師的住所。

39號騎士之屋

　　牆上除了有常見的文藝復興式方格狀紋飾，還有非常生動的騎士繪畫。

15號畫家之屋

　　在羅森堡家族時代，這棟房屋是畫家Gabriel de Blonde的住所，不但正面牆上有文藝復興式格子紋飾，內部還有許多哥德式壁畫，內容都是關於聖人的行跡。16世紀這棟房舍成為貴族宅邸，特地用石頭作為建築材料，而1樓仍保持拱形落地門，20世紀時這裡改為咖啡屋，著名畫家席勒常常在此喝咖啡。

46號新藥局

　　由於城堡內有一棟藥局設立年代較早，因此稱拉特朗街上的這棟為新藥局，原本是羅森堡家族親戚的宅邸，後來轉賣給醫生世家，牆上有文藝復興式的裝飾花紋，西側通往修道院的通道上還築有拱形橋廊。

拉賽尼基橋
Lazebnický most／
Lazebnický Bridge

　　這座木造橋是連接拉特朗街與舊城區的主要通道，是遊客取景的熱門地點。

第一庭院I Zámecké nádvoří／1st Courtyard

第一庭院周圍的建築原本是作為馬房、騎士房舍、釀酒場、藥房、監獄、倉庫等用途，建築風格從哥德式、文藝復興式到巴洛克式都有，現在遊客最常光顧的是拱門右側的遊客中心，可在此購票參觀城堡，並詢問城堡內導覽行程的時間，旁邊還有網咖，非常便利。

第二庭院II Zámecké nádvoří/2nd Courtyard

進入第二庭院前會經過一個深溝，溝底飼養著兩頭熊，據說這是因為羅森堡家族與義大利的Orsini家族有淵源，而Orsini的義大利語意就是熊的意思。

MAP ▶ P.224B2

庫倫洛夫城堡

MOOK Choice

Krumlovský Zámek/Krumlov Castle

充滿藝術涵養的貴族城堡宮殿

🚉從火車站步行約20分鐘可達 🏠Zámek 59 ☎380 704 721 ⏰1號英文導覽行程6~8月週二至週日9:00~17:00、9~10月週二至週日9:00~16:00，2號英文導覽行程7~8月9:00~17:00、9月週六至日9:00~16:00；開放時間每年變動，建議事先到官網確認 💲1號英文導覽行程全票240Kč、優待票(18~24歲、65歲以上)190Kč、6~17歲70Kč；2號英文導覽行程全票 220 Kč、優待票(18~24歲、65歲以上)180Kč、6~17歲80Kč🌐www.zamek-ceskykrumlov.cz/en

　　城堡位在山頂頂端，由40棟建築組合而成，城堡的規模僅次於布拉格城堡。根據歷史記載，從13世紀南波西米亞的貴族維提克家族(Vitek)開始建城，14世紀時讓渡給捷克最強大的貴族羅森堡家族(Rožmberk)，此後300年在羅森堡家族的豐富的藝術涵養薰陶之下，庫倫洛夫逐漸成為一個精緻的貴族小鎮。

　　之後捷克的哈布斯堡家族與愛根堡家族(Eggenberg)相繼成為領主，最後由出身德國的史瓦森堡家族(Schwarzenberg)買下了城堡的主權，經營將近200年，直到二次世界大戰之後，德裔居民被驅逐出境，才結束了城堡的神秘身分。

　　想參觀城堡內部各廳堂一定要參加導覽行程，分成兩條路線：1號導覽行程含城堡內部的聖喬治禮拜堂、愛根堡廳、化妝廳；2號導覽行程則以史瓦森堡家族歷史景點為主，行程皆約55分鐘。

城塔和城堡博物館Hrádek & Hradní muzeum/Castle Tower & Castle Museum

⏰6~8月9:00~17:30，9~10月9:00~16:30，11~12月週二至週日9:00~15:30 💲全票180Kč、優待票(18~24歲、65歲以上)140Kč、6~17歲50Kč；持庫倫洛夫卡免費

　　進入第二庭院內最著名的就是城塔(Hrádek)，它是整座城堡建築中最古老的一部分，同時也是本城的地標，不但從任何角度都可以看到，夜晚打上燈光更是顯得華麗耀眼。城塔最初以哥德式風格建造，在13世紀後修築成文藝復興式，並飾有磚紅與粉綠相間的花紋及繪畫，登上塔頂可以一覽庫倫洛夫的全景，絕對不能錯過！

　　2011年，在城塔還建立了一座「城堡博物館」，裡頭展示了庫倫洛夫城堡在過去幾個世紀，在不同貴族領主的統治下保留至今的珍貴文物。

第五庭院V
**Zámecké nádvoří/
5th Courtyard**

🔽 城堡劇院英文導覽行程6~10月週二至週日10:00~15:00，時間約45分鐘；開放時間每年變動，建議事先到官網確認 💲 城堡劇院英文導覽行程全票280Kč、優待票(18~24歲、65歲以上)220Kč、6~17歲80Kč

第五庭院最受矚目的就是建於17世紀巴洛克式的城堡劇院(Baroque Castle Theatre)。劇院保存了300座繪於18世紀的舞台布景，可以多層次地展現軍營、監獄、教堂等場景，而後台變換場景的全是木造的齒輪、滑車，非常專業而壯觀，另外還收藏了600件以上手工縫製的戲服，堪稱是捷克的國寶！每到夏季8月份在劇院中舉辦國際音樂節，讓遊客能真正體驗貴族們的藝術品味及享受。

第三庭院、第四庭院III & IV
**Zámecké nádvoří／
3rd & 4th Courtyard**

圍繞第三庭院與第四庭院的建築則都是貴族宮殿，外牆上文藝復興風格的繪畫令人印象深刻！

起居室
Baldachýnový salón

裝潢完成於1616年前後，昔日前來拜訪的貴客在用餐完畢之後就會轉移到這間起居室閒話家常，享用葡萄酒或咖啡、下棋、聽音樂等等，房間以鮮紅色做主色調，搭配黃金飾品，顯得氣派十足。

羅森堡室
**Rožmbeské pokoje/
Rosenberg's Room**

在宮殿中有許多類似的寢室，這間稱作羅森堡室主要是因為地上鋪有熊皮地毯，推斷是威廉羅森堡與第三任妻子的寢室。由於羅森堡家族特別喜愛熊，凡是鋪有熊皮毛的地方，推斷都是羅森堡家族時期的裝飾。牆上的壁毯及繪畫可看出豐富的藝術涵養。

聖喬治禮拜堂
**Kaple sv. Jiří/
Chapel of St. George**

聖喬治禮拜堂最早完成於1334年，後來在1576年時重建。貴族們定時會在此聚會，裝飾風格由最早的文藝復興式演變成巴洛克式，牆面是淡彩色大理石，而牆上、天花板都有精緻的洛可式繪畫。

黃金馬車
**Zlatý kočár/
The Golden Carriage**

導覽行程進入華麗的客廳及用餐室，此處大部分的家具飾品都是黃金打造，這是愛根堡家族時期的特色，其中這部黃金打造的馬車最令人讚嘆，製於1638年，當時斐迪南三世榮登羅馬皇帝，教宗前來祝賀時就是搭乘這輛黃金馬車，在任務完成之後被送到此處收藏。

第三文藝復興室
Renaissance Chamber III

全宮殿共有4間文藝復興室，以它裝潢的風格來稱呼，這間最令人印象深刻的原因，在於它天花板上的紋飾，五瓣薔薇標誌顯示這是羅森堡家族時期的建築，牆壁上色彩豐富的繪畫讓人流連忘返。

斗蓬橋
Plášťový most/ Cloaked Bridge

這座3層結構的橋廊全長約1公里，連接第四庭院、第五庭院直通到城堡花園。從羅森堡家族時代起就開始在城中興建大大小小的橋廊，直到史瓦森堡家族時代才全部完工，呈現今日樣貌，成為庫倫洛夫著名的地景之一。

城堡美術館
Zámecká Obrazárna/Castle Gallery

主要是展示愛根堡家族與近代的史瓦森堡家族的美術收藏品，有出自法國、奧地利、荷蘭、德國、義大利等國畫家的作品。

城堡花園 Zámecká zahrada/Castle Gardens
◐5~9月8:00~19:00，10月8:00~17:00 ⑤免費

城堡花園興建於愛根堡家族時期，20世紀之後按原來繁複的設計重新整建，其中最美的是中央的「瀑布噴泉」，有捷克第一美泉之稱。

MAP ▶ P.224C1

修道院博物館

Klášterní muzeum/Monastery Museum
小鎮宗教文化與藝術展現

🚶從布傑約維采城門步行約3分鐘可達 📍Klášterní dvůr 97 ☎725 554 705 🕐10:00~19:00 ⑤全票150Kč、優待票(26歲以下、65歲以上)100Kč；持庫倫洛夫卡免費 🌐www.klasteryck.cz/en/monasteries-cesky-krumlov

修道院博物館的前身是14世紀中期由羅森堡家族計畫建設的方濟各會修道院(Minorite Monastery)，整體融合哥德式及巴洛克式建築風格，廣大的中庭內有兩座教堂，各顯示不同的特色，其中聖沃夫岡教堂建於1491年，呈現典雅的哥德式風格，內部還有關於聖沃夫岡的傳說壁畫。

MAP ▶ P.224B2

協和廣場及周邊街道
Náměstí Svornosti/
The Square of Concord

MOOK Choice

遊賞石造建築與古老壁畫紋飾

從火車站步行約20~30分鐘可達；從長途巴士站步行約10~15分鐘可達

協和廣場從13世紀就開始規劃，以此地為中心，所有道路都呈放射或環狀分散。廣場周圍的建築仍有許多保留哥德式風格，1樓設有石造拱廊，而原本有許多木造房舍現今大多改建成石造屋，建築形式與色彩充分表現波西米亞式的浪漫。廣場是一般居民最常聚集聊天的場所，東南側有噴泉與紀念瘟疫的聖像石柱，旁邊白色建築是市政廳，牆上繪有文藝復興紋飾，另外還有捷克國徽、庫倫洛夫城徽、愛根堡家徽、史瓦森堡家徽等，地下1樓現在作為酷刑博物館。遊客中心在市政廳旁邊，內設有銀行、上網服務、紀念品店等。

帕康街
Parkán ulice/
Parkán Street

過橋之後左轉就是帕康街，這裡原本有座城牆，後來為了便利交通而拆除。帕康街是沿著城牆的老街，原本有許多手工藝品店，現在被餐廳、民宿取代，隔著河眺望城堡，景色非常美麗。

市政廳街與長街Radniční ulice & Dlouhá ulice/Town Hall Street & Long Street

在市政廳街和長街轉角有棟建築，內部有14世紀以來的哥德式壁畫，是全城最古老的壁畫。長街上有很多可愛的個性小店，進去逛逛很有尋寶的樂趣。

寬街Široká ulice/Broad Street

建於16~17世紀之間，是舊城最寬廣的街道，街道中央原本是市集，現在全部遷移了。值得注意的是77號建築有美麗的壁畫，曾是有名的煉金術士之屋，席勒美術館也在這條街上。

卡尤弗斯卡街Kájovská ulice/Kájovská Street

卡尤弗斯卡街是舊城中最熱鬧的一條街，許多道地的捷克料理餐廳都分布在此。

另外還有兩戶建築值得造訪，一間是54號，其文藝復興式格子紋飾的建築外觀上，繪滿了聖人的畫像、神秘的記號，甚至還有猴子的圖像，據說這些畫都出自當時城堡宮廷壁畫畫家之手，現在則為一間餐廳；還有一間是位於廣場轉角的卡尤弗斯卡街12號建築，以它獨特的街梯形山牆，及轉角突出的哥德式窗台為特色。

上城街Horní ulice/Horni Street

地勢較高,是觀賞夜景的絕佳去處,出了上城門,可通往長途巴士總站。

席勒美術館
Egon Schiele Art Centrum/Egon Schiele Center

🚶 從協和廣場步行約1~2分鐘 🏠 Široká 71 📞 380 704 011 🕙 10:00~18:00 🗓 週一 💲 全票220Kč,優待票(26歲以下、60歲以上)150Kč,6~15歲100Kč;持庫倫洛夫卡免費 🌐 www.esac.cz/en/egon_schiele_art_centrum_gallery_cesky_krumlov/

在這座南波西米亞的小鎮上竟然有著奧地利傑出畫家席勒(Egon Schiele)的美術館,確實令人有些意外,但事實上,此地正是席勒母親的家鄉。雖然席勒與母親的關係不好,但在舅舅的監護下,他也曾造訪過這裡。建築原本是座釀酒場,改建後收藏了80多件席勒的原稿作品,大部分是裸女素描,可以看出畫家功力進展過程。一般展覽室則定期更換不同主題的特展。

地方博物館
Regionální muzeum/Regional Museum

🚶 從協和廣場步行約5分鐘 🏠 Horní 152 📞 380 711 674 🕙 9:00~12:00、12:30~17:00 🗓 週一 💲 全票60Kč、優待票30Kč;持庫倫洛夫卡免費 🌐 www.muzeumck.cz

展示南波西米亞及契斯基庫倫洛夫當地的民俗工藝品、傳統生活用品、藝術、歷史文物、考古資料等,收藏的品質非常高,是認識波西米亞文化的主要途徑之一。

釣魚人街
Rybářská ulice/
Fishing street

面對河岸的釣魚人街色彩非常鮮豔,天氣好時從水面可以看到對應的倒影。

聖維塔教堂Kostel Sv. Vita/Church of St. Vitus

🚶 從協和廣場步行約3分鐘 🏠 Horní 156 📞 380 711 336 🕙 週一至週五9:00~16:30(週二至17:00),週六9:00~17:00、週日11:00~17:00 🌐 www.farnostck.bcb.cz

教堂建於1407年,是全鎮最典型的哥德式建築,16世紀羅森堡家族最具影響力的人物威廉和他的愛妻之墓就位在教堂中。由於這座教堂是貴族們的信仰中心,從15世紀起就耗資為它添加許多精緻的壁畫,而築外觀及祭壇裝飾也數度請來外國的工藝師傅改造,因此可以看到橫跨哥德式到巴洛克式的風格。2樓有座製於1716年巴洛克式的管風琴,至今仍是彌撒時演奏的主角。每年春天開始,教堂會舉辦音樂會。

賽德爾影像博物館Museum Fotoatelier Seidel

🚶 從協和廣場步行約5分鐘 🏠 Linecká 272 📞 736 503 871 🕙 週一至週三9:00~12:00、13:00~17:00,週四至週日9:00~12:00、13:00~18:00 💲 語音導覽全票170Kč、優待票(26歲以下、60歲以上)120Kč、6~15歲100Kč;攝影費30Kč;6歲以下、持庫倫洛夫卡免費 🌐 www.seidel.cz

博物館原先是德籍攝影師賽德爾(Frantisek Seidel)的住家別墅和工作室,19世紀末到20世紀上半葉,他在這裡從事攝影創作。在他死後,這裡改裝成為影像博物館,但仍盡量維持工作室的樣貌,包括相機、明信片、玻璃板底片、暗房設備都完整保留下來,閣樓內,仍收藏他幾十年的攝影作品和檔案;而頂樓工作室仍然可以運作,可以坐在100年前相同的位置上,拍張老照片。博物館雖然不在鎮中心,但從協和廣場步行也僅約5分鐘路程,對影像、拍照有興趣的人,值得前往參觀。

庫特納霍拉

庫特納霍拉
Kutná Hora/Kutna Hora

庫特納霍拉在14世紀時因開採銀礦而獲得發展，可以想見它富裕繁榮的程度，在14~15世紀，它是全歐洲最有錢的城市！由於保存良好，到處都可以看到當年繁華的遺跡。

1995年，庫特納霍拉被列為世界遺產保護區之一，至今仍散發迷人而美麗的中世紀城市魅力。它最吸引人的景點首推位於東北郊外的人骨教堂，原只是座默默無名的修道院，19世紀史瓦森堡家族聘請木匠以數萬人的骨頭做成各種聖物，裝飾在教堂各部，整體景象令人目瞪口呆。

城區內最壯麗的莫過於聖芭芭拉大教堂，哥德式的建築結構，與布拉格城堡中的聖維塔大教堂並列世紀之冠。這裡地勢居高臨下，可以欣賞庫特納霍拉城鎮景致。還有現為鑄幣博物館的義大利宮與捷克銀礦博物館，讓人能夠一探昔日鑄幣重鎮的繁榮風采。

庫特納霍拉距離布拉格約60~90分鐘車程，非常適合一日往返；當然也不妨留宿一晚，好好感受這個小鎮濃郁的中世紀風情。

INFO

基本資訊
人口：約2萬1千人　**面積**：33.05平方公里

如何到達——火車

從布拉格中央車站(Praha Hlavní nádraží)有直達班車前往庫特納霍拉中央車站(Kutná Hora Hlavní nádraží)，每天數班，車程約1小時；另外，亦可經Kolín轉往庫特納霍拉中央車站，合計平均每1~2小時皆有班車前往；但是，庫特納霍拉中央車站距市區還有約2.5公里遠，需再轉搭火車、巴士或計程車進入市區。

從庫特納霍拉中央車站轉搭地方火車至城區車站(Kutná Hora město)，車程只需7分鐘，然後再步行約10~15分鐘即可進入市區。

從中央車站前搭乘市區公車802號於Kutná Hora,Palackého náměstí站下，車程約30分鐘可達，再步行前往各大景點。正確班次、詳細時刻表及票價可上網或至火車站查詢，購票可至火車站櫃台或先於台灣向飛達旅遊購買。

捷克國鐵 ⓦwww.cd.cz
歐洲鐵路 ⓦwww.eurail.com
飛達旅遊 ⓦwww.gobytrain.com.tw

如何到達——長途巴士

從布拉格Praha-Háje巴士站(位於地鐵C線Háje站)搭乘381號到庫特納霍拉巴士站(Kutná Hora,aut. st.)，車程約1小時40分。從長途巴士站步行至市區約10~15分鐘。正確班次、詳細時刻表及票價可上網或至巴士總站查詢。
ⓦwww.idos.cz

市區交通

可以步行遊覽大部份景點。市區公車單程車資14Kč，上車向司機購票即可。
ⓦidos.idnes.cz/en/kutnahora/spojeni/?lng=eng

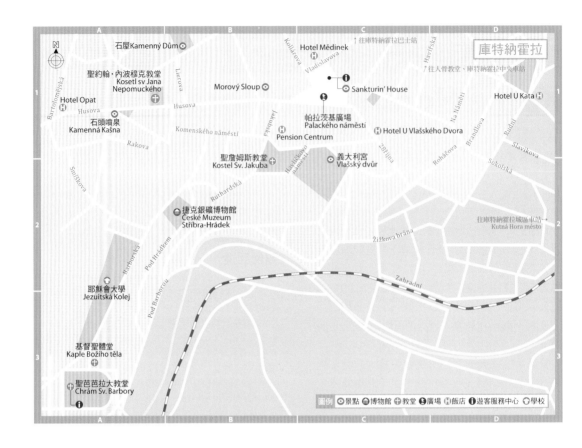

庫特納霍拉

石屋Kamenný Dům ●

往庫特納霍拉巴士站→

往人骨教堂、庫特納霍拉中央車站→

Hotel Mědinek Ⓗ

聖約翰・內波穆克教堂
Kosetl sv Jana
Nepomuckého

Morový Sloup ●

ℹ Sankturin' House

Hotel Opat Ⓗ

石頭噴泉
Kamenná Kašna

Husova

帕拉茨基廣場
Palackého náměstí

Hotel U Kata Ⓗ

Komenského náměstí

Pension Centrum Ⓗ

Ⓗ Hotel U Vlašského Dvora

聖詹姆斯教堂
Kostel Sv. Jakuba

義大利宮
Vlašský dvůr ●

捷克銀礦博物館
České Muzeum
Stříbra-Hrádek

往庫特納霍拉城區站→
Kutná Hora město

Žižkova brána

Zahradní

耶穌會大學
Jezuitská Kolej

基督聖體堂
Kaple Božího těla

聖芭芭拉大教堂
Chrám Sv. Barbory

ℹ

圖例 ● 景點 🏛 博物館 ✚ 教堂 ● 廣場 Ⓗ 飯店 ℹ 遊客服務中心 ● 學校

最理想的交通建議方案

因為庫特納霍拉有兩個主要火車站，其中行程必訪的人骨教堂較靠近中央車站（Kutná Hora Hlavní nádraží），而聖芭芭拉大教堂和帕拉茨基廣場等則較靠近城區站（Kutná Hora město）。但是從布拉格等其他城市來的火車，都只停靠在中央車站，必須再轉搭地方火車才能進入城區站。

所以建議遊客最理想的交通方式，就是先抵達中央車站後，步行或轉搭公車前往人骨教堂，之後再從人骨教堂附近的公車站搭市區公車前往城區，下車站（Kutná Hora,Palackého náměstí）就在帕拉茨基廣場。最後逛完聖芭芭拉大教堂、帕拉茨基廣場後，先從城區搭地方火車到中央車站，再轉主幹線火車即可；也可在長途巴士站搭長途巴士離去。

旅遊諮詢

🌐 destinace.kutnahora.cz
◎遊客服務中心(帕拉茨基廣場的Sankturin House)
🏠 Kollárova 589
☎ 327 512 378
🕐 4~9月9：00~18：00，10~3月週一至週五9:00~17:00、週六至週日9:00~17:00
◎遊客服務中心(庫特納霍拉中央車站)
🏠 K Nádraží 2
☎ 605 802 874
🕐 3~10月9:00~18:00，11~2月9:00~17:00；12:15~12:45午休
◎遊客服務中心(塞德雷茲Sedlec)
🏠 Zámecká 279, Sedlec
☎ 326 551 049
🕐 4~9月8:45~17:45，11~2月8:45~15:45，3月及10月8:45~16:45
🌐 www.sedlec.info

捷克… **庫** 特納霍拉 Kutná Hora/Kunta Hora

MAP ▶ P.232D1

人骨教堂

MOOK Choice

Kostnice/Ossuary

以人骨拼接裝飾的墓地教會

🚶 從庫特納霍拉中央車站步行約15~20分鐘可達；或搭381、481、533、802號市區公車在Sedlec,kostnice站下，車程約5分鐘；亦可從帕拉茨基廣場搭802號市區公車前往，車程約15分鐘。
🏠 Zamecka 127 ☎ 326 551 049 🕐 4~9月9:00~18:00，11~2月9:00~16:00，3月及10月9:00~17:00 ⊘12/24 💲 人骨教堂＋聖母大教堂全票160Kč、優待票(26歲以下、65歲以上)120Kč、6~15歲50Kč；人骨教堂＋聖母大教堂＋聖芭芭拉教堂＋基督聖體全票320Kč、優待票(26歲以下、65歲以上)250Kč、6~15歲105Kč 🌐 www.sedlec.info/en/ossuary ❗教堂內嚴禁攝影

原本只是一個在塞德雷茲(Sedlec)默默無聞的修道院，13世紀時，當十字軍東征的軍隊從耶路撒冷帶回泥土，並灑在修道院外的墓地，這裡便開始聲名大噪，許多中歐的貴族和有錢人，死後都想下葬於此；到了14世紀，布拉格碰上瘟疫流行，死亡人數增加(當時就約有3萬人葬於此地)，墳墓也就愈來愈多。

這樣的情形一直到1870年，出身德國貴族的史瓦森堡(Schwarzenberg)家族買了這塊地，並雇用了一位名叫František Rint的木匠師，將墓地的骨頭收撿雕刻，做成各種聖物放在教堂裡面做為裝飾。根據保守估計，他至少用了4萬人的骨頭，數字之龐大，令人訝異，大家後來也乾脆直接稱呼它「人骨教堂」(Kostnice)。

這樣的敘述如果還不夠讓人震撼，那就請你進入教堂，觸目所及，不論是窗戶、拱頂、十字架、祭壇、吊燈、史瓦森堡家族的徽章……都是用頭蓋骨、大腿骨到肋骨一一拚接或裝飾而成，František Rint甚至還用骨頭拼組出自己的名字，放在教堂右牆最後一個展台上。雖然場景有點兒怵目驚心，但是靜下心來欣賞之後，驚訝應該會大於驚嚇；只是這些已逝的人，一定想不到自己在百年後，竟然會成為觀光景點的一部份。

MAP ▶ P.232C1

帕拉茨基廣場

Palackého náměstí/Palackeho Square

串連市區景點的主廣場

🚃 從庫特納霍拉火車城區站(Kutná Hora město)步行約10~15分鐘可達;從長途巴士站(Kutná Hora,aut.st.)步行約10~15分鐘可達。

這是庫特納霍拉城中心最大的廣場,四周圍繞著商店和旅館,整體氣氛雖稱不上熱鬧,但庫特納霍拉所有景點主要以此為中心,不管要到哪

裡,免不了經過這個廣場。因此,人來人往的各國觀光客反倒成為這裡最佳的風景;如果逛累了,坐在廣場的椅子上休憩片刻,看人也被看,倒也挺悠閒的。

MAP ▶ P.232A3

MOOK
Choice

聖芭芭拉大教堂

Chrám sv. Barbory/St. Barbara's Cathedral

守護銀礦的哥德式聖殿

🚃 從帕拉茨基廣場步行約10~15分鐘可達 🏠Barborska 685 ☎327 515 796 🕐1~2月10:00~16:00,3月、11~12月10:00~17:00,4~10月9:00~18:00 🚫12/24 💲全票180Kč、優待票(26歲以下、65歲以上)140Kč、6~15歲60Kč;人骨教堂＋聖母大教堂＋聖芭芭拉教堂＋基督聖體堂全票320Kč、優待票(26歲以下、65歲以上)250Kč、6~15歲105Kč 🌐chramsvatebarbory.cz ❶另有付費導覽行程

聖芭芭拉大教堂是庫特納霍拉最具看頭的景點,從帕拉茨基廣場前往一路有指標指引,在快接近教堂的Barborská路上,還有13座聖人雕塑相伴,像是導引著你前往重要的聖殿。

14世紀時,庫特納霍拉因為銀礦而成為鑄幣重

鎮,人民決定建造一座教堂來獻給守銀的保護神,以祈求祂能保佑採銀和鑄幣過程順利,這座教堂便是聖芭芭拉大教堂。教堂始建於1380年,一度受到胡斯戰爭和1558年銀礦開採耗盡的影響,直到19世紀末才以哥德式建築風貌,完整呈現在世人面前。

教堂的圓頂拱門、拱窗和拱廊華麗優雅,以石頭鑲嵌的玫瑰窗雕工細膩,無數的尖塔直指天際,有向上飛昇的感覺;內部8座禮拜堂圍繞著主祭壇,牆上壁畫記錄15世紀礦工的工作場景,隆起的肋稜拱頂樑柱像樹枝般,交錯成星星和花卉的圖案,非常精緻。聖芭芭拉大教堂可說是波西米亞地區最具價值的哥德式建築,在1995年被聯合國教科文組織收錄為世界遺產。教堂東邊也是居高臨下、欣賞庫特納霍拉城鎮景致的好地方。

MAP ▶ P.232A3

基督聖體堂

Kaple Božího těla/Corpus Christi Chapel

風光明媚的制高點

🚶 從帕拉茨基廣場步行約10~15分鐘可達　🏠Barborská 52　☎327 515 796　🕐1~2月10:00~16:00(週一休)、3月10:00~17:00、4~9月9:00~18:00、10月10:00~17:00、11~12月10:00~16:00(週一休)　⛔12/24　💰10Kč，6歲以下免費；人骨教堂＋聖母大教堂＋聖芭拉教堂＋基督聖體堂全票320Kč、優待票(26歲以下、65歲以上)250Kč、6~15歲105Kč　🌐khfarnost.cz/en/corpus-christi-chapel

　在快到聖芭芭拉大教堂的路上，你一定可以看到基督聖體堂。這兩座建築興建於同一時期，然而基督聖體堂最早卻是當作納骨塔之用。當然，今日的它不再是一個這樣令人心生畏懼的地方，反而有不少遊客喜歡站在它的屋頂陽台眺望，因為這裡是很好的制高點，恰好可以將庫特納霍拉迷人的山谷、田園風光盡收眼底。

MAP ▶ P.232B1

聖詹姆斯教堂

Kostel sv. Jakuba/Church of St. James

傲視城中心區的高聳地標

🚶 從帕拉茨基廣場步行約2~3分鐘可達　🏠Havlíčkovo náměstí　☎327 515 796　🕐4~10月10:00~16:00　⛔5~9月每週一　💰全票100Kč、優待票50Kč　🌐www.sedlec.info/en/church/

　教堂高達86公尺，無論走在庫特納霍拉的哪個角落，幾乎都能看到它，算是當地地標。始建於1330年，一直到1380年才正式完工，建築以晚期哥德式風格為主，17世紀重建時又以文藝復興和當時流行的巴洛克風格整修，從高聳的弧型鐘塔便可探究一二。夜幕降臨時，教堂會打上柔和的光線，感覺特別平和聖潔。

MAP ▶ P.232C1

義大利宮

MOOK Choice

Vlašský dvůr/Italian Court

昔日皇家鑄幣廠

🚶 從帕拉茨基廣場步行約3~5分鐘可達　🏠Havlickovo náméstí 552　☎327 512 873　🕐1~2月10:00~16:00(週一休)、3月10:00~17:00(週一休)、4~9月9:00~18:00、10~11月10:00~17:00、12月10:00~16:00　💰全義大利宮導覽行程全票300Kč、優待票(26歲以下、65歲以上)250Kč、部分導覽行程全票60~190Kč、優待票(26歲以下、65歲以上)40~150Kč；6歲以下免費　🌐pskh.cz/en/italian-court

　14世紀，庫特納霍拉因生產銀礦而開始繁華，波西米亞國王瓦茨拉夫也在這裡推動鑄幣的工作，義大利宮便是當時的皇家鑄幣廠，因鑄幣之

初多數工匠來自義大利而得名。到了15世紀，這裡還短暫成為瓦茨拉夫四世國王的王宮，除擴建成2層樓外還增建了禮拜堂。現在這裡成了鑄幣博物館，當時的庫房是鑄幣展示廳，中庭則是過去工人工作的場所。禮拜堂窗戶上保留著1904年整修時，裝飾在建築立面的新藝術圖案，在國王觀見大廳也能欣賞到兩幅19世紀的皇室壁畫。

瑪麗亞溫泉鎮

瑪麗亞溫泉鎮
Mariánské Lázně/Marienbad

比起捷克另一個溫泉鄉——卡羅維瓦利，瑪麗亞溫泉鎮算是後起之秀，比較人工化、也更為商業化，許多豪華氣派的度假飯店建築大都在19世紀後期、20世紀初才如雨後春筍般出現，作家馬克吐溫、易普生、發明家愛迪生、音樂家蕭邦、華格納等人都曾造訪過這裡。

　　瑪麗亞溫泉鎮和卡羅維瓦利相距不遠，事實上，瑪麗亞溫泉鎮屬於卡羅維瓦利州所管轄，所以兩地之間往來密切，每天都有密集的地方火車班次行駛，以利當地人通勤。沿線的小鎮多半以木材產業為主，包圍在森林及草原間，景色非常和諧美麗。

瑪麗亞溫泉鎮

- 溫泉迴廊Kolonáda
- 地方博物館 Mestske Muzeum Mariánské Lázně
- 音樂噴泉Zpívající Fontána
- 歌德廣場 Goethovo náměstí
- Mladějovského
- Karlovarská
- 魯道夫溫泉 Rudolfův Pramen
- Lázeňská
- 遊客服務中心
- 聖母升天教堂 Katolický Kostel Nanebevzetí P. Marie
- Ruská
- Hlavní třída
- Masarykova
- Reitrenbergerova
- 新溫泉療養所 Nové Lázně
- Dusíkova
- 迴廊溫泉薄餅 Kolonáda lázeňské oplatky
- 邱吉爾酒吧餐廳 Churchill's Pub & Restaurant
- ↓往瑪麗亞溫泉鎮 火車站、巴士站
- ↓往愛丁堡民宿
- N

INFO

基本資訊
人口：約1萬4千人　**面積**：51.81平方公里

如何到達——火車
　　從布拉格中央車站每1~2小時就有直達車前往瑪麗亞溫泉鎮，車程約2.5小時；從皮爾森亦有班次密集的直達車，車程約1小時。從卡羅維瓦利出發，可從卡羅維瓦利站(Karlovy Vary)搭乘捷克國鐵抵達，車程約2小時。

　　瑪麗亞溫泉鎮火車站位於景點集中的鬧區南方約1.4公里處，步行需25~30分鐘，可從火車站對街搭巴士往Hlavni třída方向進入市區。正確班次、詳細時刻表及票價可上網或至火車站查詢，購票可至火車站櫃台或先於台灣向飛達旅遊購買。
捷克國鐵 ⓤwww.cd.cz
歐洲鐵路 ⓤwww.eurail.com
飛達旅遊 ⓤwww.gobytrain.com.tw

如何到達——長途巴士
　　從布拉格Praha, ÚAN Florenc巴士總站到瑪麗亞溫泉鎮長途巴士站(Mariánské Lázně, aut.st.)每天有少數班次往返，需到Cheb換車，程車程約4小時。瑪麗亞溫泉鎮長途巴士站和火車站相鄰，可從火車站對街搭巴士往Hlavni třída方向進入市區。正確班次、詳細時刻表及票價可上網或至長途巴士總站查詢。
ⓤwww.idos.cz

市區交通
　　可以步行遊覽大部份景點。當地巴士單程全票20Kč、6~15歲10Kč；如果有大件行李箱，每件需加付10Kč行李的車票。可上車後直接向司機購買，也可使用感應式支付全票18Kč、半票6~15歲9Kč、行李票9Kč。
ⓤwww.mdml.cz/eng-tariff

旅遊諮詢
◎遊客服務中心
Hlavní 47　354 622 474　9:00~12:30、13:00~18:00　ⓤwww.marianskelazne.cz

MAP ▶ P.236B1

溫泉迴廊

MOOK Choice

Hlavní Kolonáda/Colonnade

規模最大天然湧泉

🚶 從遊客服務中心步行約5~7分鐘可達　🕐 十字溫泉6:00~18:00

　　瑪麗亞溫泉鎮大部分建築風格都仿造17世紀巴洛克形式，但看起還是很新，其中最經典的就是這座長形的溫泉迴廊。這棟雕工精細的溫泉迴廊雖有巴洛克式建築的華麗，卻是建於1889年的「新」建築，建築本身以黃色為主，搭配大量的白色鑄鐵列柱與裝飾，頂篷則彩繪著充滿神話意味的壁畫。迴廊中並沒有溫泉口，而是附設咖啡廳和商品店，夏季時常有樂隊在中央的小型舞台中演奏音樂，冬天戶外則成為聖誕市集的所在地。

　　既然稱為溫泉迴廊，附近一定有溫泉口存在，在它北邊緊鄰的圓頂建築中，坐落著瑪麗亞溫泉鎮最早發現的泉源——十字溫泉(Cross Spring)，發現者涅和醫生(Dr. Joseph Johann Nehr)將此地溫泉療效向外界推廣，因此在這棟無數廊柱撐起青銅圓頂的樓閣中，設有他的紀念銅像。該建築中除了可以欣賞溫泉湧出水口中的情景外，還設有多處汲水口，不少當地居民甚至將溫泉杯寄在一旁的存放處，每次來時都可以暢飲一番。

不同出水口，滋味各不同

　　無論是卡羅維瓦利還是瑪麗亞溫泉鎮，用溫泉杯或自己的水壺品嘗溫泉是其他地方無法享有的獨特樂趣，常可看到當地人帶著寶特瓶等容器專程前來取水喝。即使出水口很靠近，每個溫泉不但溫度不太一樣，滋味也不太一樣，有的有鐵鏽似的怪味，有的則微酸還帶著氣泡、近似汽水還不錯喝，建議一開始不要貪心，先喝一點試試味道，選出最適合自己口味的溫泉再裝一壺慢慢享用即可。

MAP ▶ P.236B1

音樂噴泉

MOOK Choice

Zpívající Fontána/Singing Fountain

會唱歌的水舞噴泉

🚶 從遊客服務中心步行約3~5分鐘可達　🕐 5~10月7:00~22:00每兩小時整點演出一場

　　音樂噴泉是另一引人注目的景點，其實它的原名應該稱作「唱歌噴泉」(Singing Fountain)，原因是每隔兩小時，噴泉就會配合音樂的旋律，以水舞的方式展現不同的樣貌，讓人覺得噴泉好像在唱歌，而且共有多達8首歌曲輪流替換。前有噴泉、後有富麗堂皇的溫泉迴廊，此處展現中世紀歐洲的浪漫風情，因而成為瑪麗亞溫泉鎮最佳打卡地點。

魯道夫溫泉

Rudolfův Pramen／Rudolf Spring

北部溫泉的源頭

🚶 從遊客服務中心步行約3~5分鐘可達　🕐 24小時

　　魯道夫溫泉在音樂噴泉的南端，水質非常自然，含氧化鐵與大量的鈣，其他礦物成分則很低，非常適合飲用。由水量充足，從地底接水管將泉水引到北邊的十字溫泉及卡洛琳溫泉，成為兩處溫泉的源頭。魯道夫溫泉以奧匈帝國皇帝法蘭茲約瑟夫一世命名，如今覆蓋著泉源的木製走廊，最初出現於1902年，仿希臘的新古典主義式建築非常俐落大方。迴廊後方坐落著當地最大的教堂——聖母升天教堂，每到黃昏都會傳來鐘聲，讓整個溫泉城鎮顯得格外安詳。

聖母升天教堂

Kostel Nanebevzetí Panny Marie／Roman Catholic Church of the Virgin Mary Assumption

各地藝術家和工匠創作結晶

🚶 從遊客服務中心步行約8分鐘可達　🏠 Goethovo náměstí 110/31　☎ 604 877 223　🌐 www.farnostml.cz

　　聖母升天教堂是黃白兩色相間的新拜占庭式建築，高聳的雙塔建築給人莊嚴的感受。興建於1844~1848年間，這間教堂由Teplá修道院的院長Marian J. Heinl推動興建，其矩形的巴西利卡式教堂設計，取代1820年便已聳立於此的聖母瑪麗亞誕生禮拜堂(Chapel of the Birth of the Virgin Mary)，而它的設計師正是Teplá修道院的建築師Anton Thurner of Přimda，以及來自布拉格的建築師兼雕刻師Joseph Kranner。

　　教堂內部的裝飾是許多藝術家和手工藝匠共同創作的結晶，像是來自巴伐利亞和布拉格的泥水匠、維也納和布拉格的畫家，以及來自布拉格的雕刻師等等。最引人注目的地方在於獻給聖約翰和聖諾伯的祭壇，以及1886年時由布拉格畫家Mathauser創作的聖十字座架等。此外，教堂的鐘歷史可回溯到1835和1847年，不過可惜的是部份的鐘在世界大戰期間遭到沒收。

MAP ▶ P.236B1

歌德廣場

Goethove náměstí／Goethe Square

德國作家歌德居留處

🚶 從遊客服務中心步行約8分鐘可達

　　偉大的德國作家歌德早年便開始四處學習、遊歷，到了中年時更積極前往歐洲其他國家旅行，他在1821年時來到了當時甫開發成為溫泉勝地的瑪麗亞溫泉鎮，並在此逗留了一段時間，也因此才有了這座紀念廣場的存在。如今在廣場的東北邊設立了一尊歌德的雕像，端坐於椅子上的他充滿沉思之情，不過這尊雕像是1993年時重新雕刻的成果，因為原本那尊揭幕於1932的5月15日、用來紀念他過世一百週年的雕像，於二次大戰期間不幸遭到摧毀。比歌德雕像更北一點的地方，有一棟位於街角的白色建築，如今當成博物館使用的它，曾是歌德旅居瑪麗亞溫泉鎮時的住所，在它今日對外開放的展示品中，除了歌德使用過的家具外，還包括與當地歷史相關的展覽。

MAP ▶ P.236B2

新溫泉療養所

Nové Lázně

享受高檔泡湯療程

🚶 從遊客服務中心步行約5~6分鐘可達　🏠 Reitenbergerova 53/2　☎ 354 644 111　🌐 www.ensanahotels.com/en/hotels/nove-lazne

　　這座1896年開幕的建築非常氣派，位置就在魯道夫溫泉南側，儘管它最初由本鎮的創立者Karel Kašpar Reitenberger興建於19世紀初，然而最後落成時的面貌卻是一棟與當初的構想截然不同的建築。到了19世紀末，為了他的常客英國國王愛德華七世，新溫泉療養所再次重建。不過至今，新溫泉療養所依舊保留了它原本的內部結構，包括羅馬浴池以及多位國王的皇室客房。目前由五星級飯店Ensana Health Spa Hotel所經營。如果你不想光是只是用喝的方式體驗捷克的溫泉鄉魅力，不妨到新溫泉療養所感受有別於亞洲的泡湯樂趣。

MAP ▶ P.236A2

迴廊溫泉薄餅

Kolonáda lázeňské oplatky

15

🚶 從遊客服務中心步行約2~3分鐘可達　🏠 Hlavní 122　☎ 354 623 131　🕐 8:00~18:00　🌐 www.oplatky-kolonada.cz

　　在18~19世紀瑪麗亞溫泉鎮最冠蓋雲集的年代，溫泉薄餅(láze ské oplatky)是當時最流行的甜點，「迴廊」是1856年在瑪麗亞溫泉鎮創立的品牌，把古老的傳統配方保存至今。最初有香草和榛果口味，1923年Josef Homolka又研發了巧克力口味，是當地最具代表性的伴手禮。專賣店裡附設小小的咖啡廳，不妨先買一片就地品嘗，再決定要不要整盒帶回家。

布傑約維采
Česká Budějovice/Ceske Budejovice

過13世紀，當波西米亞王國勢力漸漸擴張之時，普熱米斯爾・奧托卡二世(Přemysl Otakar II)在南波西米亞建立了一個貿易都市，也就是今日的布傑約維采。由於它的位置正好位於中歐的交通樞紐，不但最重要的鹽必須經由此地送往歐洲各地，附近銀礦場所產的純銀也在此集散，16世紀時儼然發展成為一個頗具規模的工商業大城。這裡最吸引人的莫過於啤酒Budweiser Budvar，與皮爾森(Plzeň)並列為兩大波西米亞啤酒釀造城，現在市面上常見的百威啤酒的名稱就是來自這裡！

INFO

基本資訊
人口：約9萬6千人　**面積**：55.56平方公里

如何到達——火車
從布拉格中央車站(Praha Hlavní nádraží)前往布傑約維采每天多班直達車，車程2~2.5小時；從皮爾森前來，車程約2小時；從庫倫洛夫前來，車程約50分鐘。從火車站到普熱米斯爾・奧托卡二世廣場步行約15~20分鐘可達。

正確班次、詳細時刻表及票價可上網或至火車站查詢，購票可至火車站櫃台或先於台灣向飛達旅遊購買。
捷克國鐵 ⓤwww.cd.cz
歐洲鐵路 ⓤwww.eurail.com
飛達旅遊 ⓤwww.gobytrain.com.tw

如何到達——長途巴士
從布拉格Praha, ÚAN Florenc巴士站到布傑約維采巴士站(České Budějovice, aut. nádr.)，每天上午約有5班直達車前往，車程約2.5小時。長途巴士站和火車站相鄰，到普熱米斯爾・奧托卡二世廣場步行約15~20分鐘可達。

正確班次、詳細時刻表及票價可上網或至巴士總站查詢。
ⓤwww.idos.cz

市區交通
可以步行遊覽大部份景點。

旅遊諮詢
◎遊客服務中心
◎Náměstí P emysla Otakara II 1/1 (市政廳內) ☎386 801 413 ◔1~5月、10~12月週一及週三9:00~17:00、週二、週四及週五9:00~16:00、週六9:00~13:00，6~9月週一至週五8:30~18:00、週六至週日8:30~17:00 ◔1~5月、10~12月每週日 ⓤwww.budejce.cz

住宿資訊
◎三個梨子套房旅館U Tří hrušek Suites & Apartments
◭P.242A2 ◎Česká 236/23
☎386 322 141 ⓤwww.utrihrusek.cz
◎Grand Hotel Zvon
◭P.242B2 ◎Náměstí P emysla Otakara II 90/28
☎381 601 601 ⓤwww.hotel-zvon.cz
◎Hotel Klika
◭P.242A2 ◎Hroznová 25
☎387 318 171 ⓤwww.hotelklika.cz

MAP ▶ P.242A2

普熱米斯爾・奧托卡二世廣場

MOOK Choice

Náměstí Přemysla Otakara II/
Přemysl Otakar II Square

不同風格建築群矗立

🔵 從火車站步行約15~20分鐘可達

布傑約維采最主要的觀光中心，就是位於舊城中央的普熱米斯爾 奧托卡二世廣場，這裡早期曾是南波西米亞的市集。廣場呈正方形、長寬各為133公尺，是中歐少數幾個大廣場之一。廣場周圍的建築從前都是有錢富商或貴族們的宅邸，同時也是全鎮最具代表性的建築群，它們的建造形式幾乎都保持著原有的模樣，1樓為哥德式拱柱走廊，2樓以上則以文藝復興、巴洛克等樣式整修。

與布拉格建築最大的差別，在於這裡的浮雕裝飾比較沒有那麼花俏，靠近屋頂的山牆幾乎都

漂泊石Lost Rock

普熱米斯爾・奧托卡二世廣場在1937年之後都鋪上水泥地磚，只有一塊像貓頭一樣大小的石塊，保存著15世紀的原始樣貌，位置就在噴泉往Hotel Zvon方向走幾步路的地方。這塊石頭上淺刻著一個十字，為的是紀念1470年10位青年因反抗當時的政權而在此被處決。當地有個傳說，如果你不經意踩過這塊漂泊石，到了晚上10點以前還沒回家的話，就永遠都找不到回家的路⋯⋯

是簡潔的三角形、邊緣呈S型彎曲，是融合了波西米亞風格的文藝復興式造型，建築的窗台及屋簷也只有簡單的幾何及弧形裝飾。位於廣場4個角落的房舍——Mallner's House、Puklice's House、Saving Bank、Palace Včela、Brandner's House，都是值得仔細觀賞的經典佳作。

市政廳Radnice/Town Hall

內部僅開放導覽行程參觀，詳細時間請洽遊客服務中心。 全票80Kč、優待票40Kč，6歲以下免費 www.budejce.cz/en/activities/6-ceske-budejovice-town-hall

市政廳的建築年代約在1727~1730年之間，由文藝復興式的老市政廳加上兩邊的房舍改建而成，擴建反映18世紀初期當地經濟快速成長的跡象，也說明舊城內自治權力高漲。建築形式屬於受波西米亞風格影響的巴洛克造型，最明顯的特色就是3個蔥型青塔，而位於屋頂正中央牌坊狀的山牆，邊緣有S圓弧並以漩渦收尾的設計。屋簷上4尊雕像代表「公平」、「勇氣」、「智慧」及「謹慎」，反映當時人們的價值觀。而位於轉角的石柱上鑲嵌了一條金屬帶，推測是1765年製作的長度衡量標準，證實市政廳具有管理市場交易的權利及公信力。

參孫噴泉Samsonova kašna/ Samson's Fountain

廣場中央巴洛克式雕刻的參孫噴泉，以大力士參孫降獅的神話為設計題材，由波西米亞石匠Zacharias Horn及雕刻家Joseph Dietrich，於1721~1726年之間合力創作完成，是目前捷克最大的噴泉。這座噴泉不僅作為廣場的裝飾，還曾汲引伏爾塔瓦河的河水供給全城使用。

布傑約維采

往赫魯博卡城堡
Hluboká Castle

往百威啤酒酒廠
Budějovický Budvar

Riegrová

Husova　Na sadech

馬利安斯凱廣場
Marinsk nm

波西米亞摩托車博物館
Jihočeské motocyklové muzeum

Nová

三個梨子套房旅館
U Tří hrušek Suites & Apartments

Masné krámy Restaurant

Rudolfovská

Chelčického

Štítného

Panská

Ceská

Krajinsk

Hradební

普熱米斯爾・奧托卡二世廣場
náměstí Přemysla Otakara II

Hotel Klika

Hroznov

黑塔Černá věž

聖母教堂修道院
Klášterní kostel obětování
Panny Marie Marie

參孫噴泉
Samsonova Kašna

聖尼古拉教堂Katedrální chrám sv. Mikuláše

Kanovnick

Na sadech

Lannova

Lannova

Dvořáková

火車站

匹亞李斯廣場
Piaristické náměstí

市政廳
Radnice

Grand Hotel Zvon

音樂廳及
聖安娜教堂

Jeroný mova

Žižkova

Nádra žní

巴士總站

Hotel U
Solné brány

Karla IV

Široká

梅利・皮佛瓦飯店
Hotel Malý Pivovar

Pivnice Budvarka

Pilsner Urquelle
Original Restaurant

Dukolská

南波西米亞博物館
Jihočeské museum

Žižkova

圖例　景點　教堂　博物館　飯店　火車站
廣場　遊客服務中心　餐廳　巴士站

Hotel U Tří lvů

傑約維采 Česke Budějovice/Ceske Budejovice

聖尼古拉教堂

MOOK Choice

Katedrála sv. Mikuláše/
Cathedral of St. Nicholas

17世紀巴洛克建築之美

🚶 從普熱米斯爾 奧托卡二世廣場步行約1~2分鐘可達 ⏰U
Černé věže 71/4 ☎ 386 350 455 🌐www.dekanstvicb.cz

　教堂最早建於14世紀，雖然在1518~1535年之間曾大肆整修，將它改建成尖塔高聳的哥德式教堂，但1641年教堂毀於一場大火，幸好當時募款極有效率，隔年隨即展開重建工程並於1649年完工，成為一座嶄新的巴洛克式建築。正門入口有3座鑲嵌於牆壁壁龕中的雕像，分別是聖尼古拉、聖溫斯勒及聖奧瑞汀，由捷克雕刻家湯瑪斯‧賽斯(Thomas Zeisl)於1683年完成。內部裝潢在18~19世紀之間經過多次修改，最後以簡潔的形式保存下來，教堂周圍原本有座墓園，直到1784年因城市擴建而拆除。

　聖尼古拉教堂附近的黑塔(Černá věž) 建於1550~1577年，其作用除了以鐘響報時之外，從前還當作監視全城防備火災發生的警鈴。在塔的內部必須繞過5個大鐘才能到達頂端展望台，這些大鐘各有各的名字，鑄造於18世紀，其中最重的鐘Bumerin重達3,429公斤，現在每天在城裡都能聽到從黑塔傳來的鐘響。根據當地人的描述，最美的鐘聲是在聖誕夜及元旦，所有的鐘都被敲響，此起彼落的聲音可傳到數百里之外！

契斯卡街&旁斯卡街

Česká & Panská

鮮豔多彩的波西米亞街

🚶 從普熱米斯爾 奧托卡二世廣場步行約2~5分鐘可達。

　舊城中最迷人的兩條小巷就是契斯卡街和旁斯卡街，其中契斯卡街又稱「波西米亞街」，許多建築都展現波西米亞傳統風貌，不但可以發現鮮豔的色彩，牆壁上的繪畫裝飾、靠近屋頂的山牆形狀都充滿趣味和想像力，其中位於角落的Luba's House採哥德後期建築風格，斜切的窗台引人注目。

　旁斯卡街則被稱為「貴族街」，然而它卻顯得寧靜純樸，抬頭可以看到位於盡頭的高塔Rabenstein Tower，這是從14世紀就保存下來的防禦監哨塔。這一區有許多紀念品店、酒吧藏身在古老的花園宅院後面，一不留神就會錯過。

MAP ▶ P.242A1

百威啤酒酒廠

Budějovický Budvar/Budweiser Budvar

拜訪正宗百威啤酒發源地

🚃從舊城北邊外的瑪麗亞廣場(Mariánské náměstí)搭乘電車2號於Budvar站下，過馬路即達；若步行約需21分鐘。 📍Karolíny Světlé 512/4 ☎387 705 347 🕐9:00~17:00；英語導覽行程每日固定14:40 (7~8月加開11:40場次)，可現場購票，如時間不合，可至官網預約其他時段(最低人數限制5人) 💲英語導覽行程全票220Kč，優待票150Kč 🌐www.budejovickybudvar.cz ❗地窖溫度約2℃，建議攜帶保暖衣物。

捷克的啤酒在歐洲評價非常高，而在任何一個城市你幾乎都可以喝到兩種品牌的啤酒：Budweiser Budvar和Pilsner。後者的產地是在西波西米亞的皮爾森，而前者的原產地就在布傑約維采，而且以當地地名命名。

Budweiser Budvar啤酒就是百威啤酒的元祖，最早這個品牌創立於捷克(1262年)，由於受到歐洲人喜愛而擴大市場，美國的百威啤酒承襲了它的名稱和設計，但在生產技術卻完全不同，然而美國廣告行銷的力量卻常讓人誤以為這是美國品牌。

既然到了百威的原產地，建議你不要錯過參觀酒廠，每天都有英語、捷克語、德語等嚮導帶領解說，參觀時間約60分鐘，在高溫而充滿發酵麥香的廠房中聽詳細的解說，然後再到附設的百威啤酒吧暢飲清涼的啤酒是最大享受！依麥汁濃度不同又分成12°及10°顏色深淺不同的等級，每個口感都不一樣，建議你多試試找出最適合自己的味道。

開　車　不　喝　酒　，　喝　酒　不　開　車

MAP ▶ P.242A1

赫盧博卡城堡

MOOK Choice

Zámek Hluboká/
Hluboká nad Vltavou State Chateau

珍藏豐富的皇室住所

🚌 布傑約維采巴士站(České Budějovice, aut. nádr.)和瑪麗亞廣場(Mariánské náměstí)有多班巴士前往，於Hluboká nad Vltavou pod kostelem站下車，車程約20~40分鐘。從下車站往山頂步行約10分鐘可達。 🏠Zámek 142, Hluboká nad Vltavou ☎387 843 911 🕐11~3月週二至週日10:00~12:00、12:30~16:00，4月及9~10月週二至週日9:00~12:00、12:30~16:30，5~6月週二至週日9:00~17:00，7~8月9:00~17:00；各區域開放時間不一，建議行前先上網確認。 💰全票240Kč起、優待票190Kč、6~17歲70Kč；房間、廚房、眺望塔樓分開收費，詳情可上網查詢。 🌐www.zamek-hluboka.cz/en ❶城堡內嚴禁攝影

位於布傑約維采北邊10公里的赫盧博卡村(Hluboká nad Vltavou)，由於依傍伏爾塔瓦河，又有可以遠眺四方的山丘，所以波西米亞的國王選定在此建造城堡。13世紀時，建設布傑約維采

的波西米亞王普熱米斯爾 奧托卡二世，奠定了城堡的基礎，之後300年間這裡都是波西米亞皇室的住所。

16世紀時，德國的貴族史瓦森堡家族(Schwarzenberg)接管了城堡，並以雄厚的財力來修築城堡。其家族成員不僅富有，且都是才華出眾的政治家及藝術鑑賞家，不久就取代波西米亞貴族成為南波西米亞的統治階級，並蒐集來自世界各地的美術品，包括波西米亞玻璃、義大利家具、歐洲各國名畫、波斯地毯，甚至還有中國及日本的瓷器，而藏書豐富也堪稱一流。城堡外觀在19世紀時做了重大的整修，依照英國溫莎堡(Windsor Castle)的形式建成新哥德式建築。

逛完了城堡內部如果還有體力及時間的話，建議你順著山路往下走到河邊，在波西米亞風格濃郁的村落中散步，會讓你更喜愛赫盧博卡這個地方。

MAP ▶ P.242A2

Masné krámy Restaurant

肉類市場改裝之餐廳

🚗 從普熱米斯爾‧奧托卡二世廣場步行約1分鐘可達
🏠 Krajinská 13 ☎ 387 201 301 🕐 週一至週四11:30~23:00，週五至週六11:30~23:30，週日11:00~21:00 🌐 www.masne-kramy.cz

從黑塔出發，從羅斯諾瓦街(Hroznová Street)往西一直到舊城邊緣的環河為止，沿路都是許多保存完好的舊房舍，這一帶也是餐廳、酒吧最多的區域，其中最有名的就是Masné krámy這家餐廳。在捷克語裡，「Masné krámy」就是「肉食鋪」的意思；餐廳的建築從前曾是建於1364年的肉類和麵包市場。在這之前，鎮上的市場集中在普熱米斯爾奧托卡二世廣場，功績最顯赫的查理四世國王認為這些攤販很不雅觀，下令將他們統一遷至這個室內市場，1554年改建之後，它展現文藝復興式建築特色，直到1953年之後，市場才改成餐廳。目前是百威啤酒酒廠直營的餐廳，可以享受到從工廠運來的新鮮啤酒。

MAP ▶ P.242B2

Zvon Restaurace Pilsner Urquell Original Restaurant

在百威發源地也有皮爾森啤酒

🚗 從普熱米斯爾‧奧托卡二世廣場步行前往約1分鐘可達 🏠 náměstí Přemysla Otakara II 90/28 ☎ 381 601 630 🕐 週一至週四11:00~23:00、週五至週六11:00~24:00、週日11:00~22:00 🌐 zvon-cb.cz

彷彿為了不讓百威啤酒專美於前，皮爾森啤酒也在布傑約維采開設了一家專營餐廳，地點甚至還搶在觀光客最常出沒的普熱米斯爾 奧托卡二世廣場旁。餐廳位於當地知名的Grand Hotel Zvon 1樓，深色的木頭牆壁裝潢和高腳椅，給人啤酒屋溫馨歡樂的氣氛。供應捷克傳統料理，包括美味的酥烤半鴨(Roasted Duck)、燉牛肉(Goulash)以及烤豬肉(Roasted Pork)等，而麵糰子(Knedlíky)沾著濃稠的醬汁，搭配新鮮的啤酒入口，讓人忍不住食慾大開。

奧洛穆茨

奧洛穆茨
Olomouc/Olomouc

奧洛穆茨位居摩拉維亞中樞位置,有「北摩拉維亞最美城市」的稱譽。這座城市的歷史可回溯到10世紀,當時因作為重要的貿易轉運站而開始繁榮,其後甚至有段時期成為摩拉維亞的首都。然而,奧洛穆茨不幸在「三十年戰爭」期間慘遭破壞,整個城市也開始沒落,直到18世紀時才展開大規模的重建。

今日的奧洛穆茨是捷克第五大城市,也是知名的大學城(包括建於1573年、全國第二古老大學),並擁有僅次於布拉格最多具歷史價值性的建築古蹟;漫步街頭,

你可以同時感受現代清新和傳統古樸的不同風貌,其中著名的聖三位一體紀念柱(Sloup Nejsvětější Trojice)是最重要的觀光點,於2000年被列為世界文化遺產。

INFO

基本資訊
人口:約10萬人
面積:103.36平方公里

如何到達——火車
從布拉格中央車站前往奧洛穆茨中央車站(Olomouc Hlavní nádraží)每天有數十班直達車,平均每30分鐘到1小時就有一班車,車程約2~3小時;從布爾諾前來,車程約1.5小時。從奧洛穆茨中央車站到市區約需步行30分鐘,亦在火車站前的Hlavní nádraží站搭電車2、3、4號於U Sv.Mořice站下。

正確班次、詳細時刻表及票價可上網或至火車站查詢,購票可至火車站櫃台或先於台灣向飛達旅遊購買。

捷克國鐵 🌐www.cd.cz
歐洲鐵路 🌐www.eurail.com
飛達旅遊 🌐www.gobytrain.com.tw

如何到達——長途巴士
從布拉格Praha, ÚAN Florenc巴士總站到奧洛穆茨巴士站(Olomouc, aut. nádr)車程約4~5小時;從布爾諾前來,車程約1~2小時。下車後在火車站前的Hlavní nádraží站搭電車2、3、4號前往市區。正確班次、詳細時刻表及票價可上網或至巴士總站查詢。
🌐www.idos.cz

市區交通
可以步行遊覽大部份景點。車資單程票18Kč、1日券46Kč。

優惠票券
◎**奧洛穆茨地區卡 Olomouc Region Card**
在有效日期內持「奧洛穆茨地區卡」可以免費參觀奧洛穆茨和週邊地區超過100個景點,享有多家餐廳、商店、行程折扣等優惠,同時可以免費搭乘大眾交通工具。此卡可在遊客服務中心、各大景點或上網購買。
🕐48小時全票240Kč、優待票120Kč,5日卡全票480Kč、優待票240Kč
🌐www.olomoucregioncard.cz.

旅遊諮詢
◎**遊客服務中心**
📍Horní náměstí (在市政廳裡)
📞585 513 385
🕐週一至週六9:00~19:00,週日及假日9:00~17:00
🌐tourism.olomouc.eu

奧洛穆茨

Studentsk
Dobrovského
瓦次拉夫廣場
Václavské náměstí
奧洛穆茨總教區博物館
Arcidiecézní muzeum

Poets Corner Hostel
Sokolská
Sokolská

U Dómu
聖瓦次拉夫教堂
Katedrála sv. Václava
1. máje

B. květná
Penzion U Jakuba

聖安娜禮拜堂
kaple sv Anny

Apartment al Centro
Pekařská
崔坦噴泉
Kašna Tritonů

墨丘利噴泉
Merkurova kašn
聖莫里茲教堂
Kostel sv. Mořice
Denisova
共和廣場
Nám.Republiky

Křižkovského

上廣場
Horní náměstí
凱撒噴泉
Caesarova kašna
Michalská

聖三位一體紀念柱
Sloup Nejsvětěší Trojice

阿里安噴泉
Ariónova kašna
Penzion Na Hradě
市政廳Radnice
天文鐘Orloj
遊客服務中心

大力士噴泉
Herkulova kašna

Hotel Trinity

海神噴泉Neptunova kašna

←往Flora
Pawełčakova
Mlýnská

瑪麗亞紀念柱Mariánsky Sloup
下廣場Dolni náměstí
天神噴泉Jupiterova kašna

Čechovy Sady

往歐羅摩茲火車站→
Olomouc Hlavni Nádraz´í

史麥塔納公園
Smetanovy Sady

Havelkova

圖例 ◎景點 🏛博物館 ✝教堂 ▣廣場 🅗飯店 🍴餐廳 🚉火車站 ❶遊客服務中心

MAP ▶ P.248B2B3

奧洛穆茨噴泉

MOOK Choice

Olomouc kašna/Olomouc Fountains

七大古典藝術噴泉

　　17~18世紀,在摩拉維亞這一帶的許多城鎮,
為了飲水方便,建造了兼具實用性與美觀性的噴
泉,只是後來在給水系統陸續建立後,大部份的
城鎮就將噴泉給拆除了,只有奧洛穆茨當時的居
民認為這些噴泉不但可以美化市容,而且要是遇
到如火災等緊急情況,噴泉仍可派上用場,於是
堅持保留下來。時至今日,這些噴泉成為這個城
市的主要景點,具有寶貴的藝術價值,其中最重
要的有7座噴泉,只有1座是近年建造,其他6座都
是17世紀末、18世紀初所建的巴洛克式噴泉。

大力士噴泉Herkulova kašna/Hercules Fountain

　　建於1687~1688年,是歐摩羅茲第二古老的噴泉。原來
位於現今聖三位一體紀念柱處,1716年因紀念柱準備建
造,而遷到市政廳前方的現址。

　　海克力斯(Hercules)在羅馬神話中是具有神力的英雄,在
這裡,他被塑造成右手手持巨棒並做揮舞狀的勇士,左手
的老鷹則是奧洛穆茨的市鳥,如此象徵正在保護市民抵抗
腳下七頭妖蛇的侵擾。

凱撒噴泉Caesarova kašna/Caesar Fountain

1725年建於上廣場，是7大噴泉裡唯一以人為主題的噴泉，主角便是羅馬歷史上著名的凱撒將軍(Caesar)。噴泉中，他騎於馬駒，眼神凝視著傳說中羅馬大軍曾駐營的麥克山(Michael's Hill)。馬匹塑像下方有兩個人，代表城市的兩條生命之河——摩拉瓦河(Morava)和多瑙河(Danube)，他們手持水罐，表示永遠有源源不絕的泉孕育全城居民；馬匹塑像後方還有隻狗，象徵奧洛穆茨對當時國王的效忠。

海神噴泉 Neptunova kašna/Neptune Fountain

在6大巴洛克式噴泉中，有5座都與羅馬神話裡的眾神有關，其中最古老的是位於下廣場的海神噴泉，它建立於1683年，4匹像是從海面躍起的駿馬石雕，圍繞著海神Neptune，Neptune站在石頭上，拿著三叉戟面向水面，意謂保護整個城鎮。

天神噴泉Jupiterova kašna/Jupiter Fountain

天神噴泉早在1707年就有了，不過在當時，雕像上站的是聖徒Florian，這也是當地唯一以宗教為主題的噴泉；到了1735年，居民認為噴泉的風格應該統一，於是便重新打造了這座以羅馬神話天神朱彼特(Jupiter，亦即希臘神話裡的宙斯Zeus)為形象的雕像，原有的雕像便移至別處。

在羅馬神話裡，天神朱彼特被視為眾神之神，在這座噴泉中，便可看到他神勇地立於大石柱上，右手握炬、腳棲老鷹，神情凝重威嚴。

墨丘利噴泉 Merkurova kašna/Mercury Fountain

🚶 從上廣場步行約1~3分鐘可達
🚇 Ul. 8. května

建於1727年，由著名工匠Wenzl Rende和雕刻家Phillip Sattler共同完成。Mercury是水星的意思，在羅馬神話中，則是掌管商業、旅行之神。在這座噴泉，墨丘利以45°角度凝視自己平常所拿的手杖，造型動作優雅、披服褶皺栩栩如生，就藝術價值層面來說，被公認是城內最美的一座噴泉。

崔坦噴泉 Kašna Tritonů/Triton Fountain

🚶 從上廣場步行約6~8分鐘可達
🚇 Náměstí Republiky

於1709年建立，位於共和廣場(Náměstí Republiky)歷史博物館附近。崔坦(Triton)是羅馬神話裡人身魚尾的海神，在這裡，你可以看到一對勇猛的海神合力舉起石座，石座上有兩隻海豚，中間則是一個小男孩和一對被鍊子拴住的水狗。這座噴泉仿效位於羅馬巴貝里尼廣場(Piazza Barberini)上的同名噴泉。

阿里安噴泉 Ariónova kašna/Arion Fountain

城內唯一當代建造的噴泉，時間為2002年。這座噴泉的題材同樣選自羅馬神話，描述一位琴手阿里安(Arion)被海豚拯救的故事。噴泉以青銅雕完成，雕刻分別鼎立三邊，一端是小男孩和小女孩分別站在兩隻小海龜上，另一端則有一隻大海龜，當然最明顯的還是站著的阿里安，他正抱著一隻海豚；在噴泉外的地面上還有一隻爬著的海龜。整體設計非常可愛有趣。加上它就位於人潮最多的上廣場，噴泉周邊又有座椅，大人小孩們都喜歡來這裡休息、玩耍、看風景；而聖三位一體紀念柱就在前方，愛攝影的人特別喜歡把它當做前景，和紀念柱一起入鏡。

249

MAP ▶ P.248B2

上廣場

MOOK Choice

Horní náměstí/Upper Square

重要的旅遊起點

🚶 從火車站步行約30分鐘可達；或在火車站前的Hlavní nádražâí站搭電車2、3、4號於U Sv.Mořice站下。

　　上廣場是奧洛穆茨最熱鬧的廣場了，四周圍繞著商家、餐廳，廣場中有最著名的世界遺產古蹟——聖三位一體紀念柱，另外像是市政廳、天文鐘和大力士噴泉、凱撒噴泉、阿里安噴泉也在這裡，讓這裡不但是遊客漫步、休憩的好地方，也是重要的藝術古蹟觀賞重地。來奧洛穆茨觀光，幾乎就以此地為旅遊起點。

市政廳 Radnice/Town Hall

☎585 513 385 ◐禮拜堂＋登塔導覽行程(Town Hall Tower Climb)3~6月及9~10月11:00、15:00，7~8月10:00、11:30、15:30、16:30，導覽約30分鐘 💲免費 🌐tourism.olomouc.eu/en/prohlidky/vystup-na-radnicni-vez/

　　建於1378年的市政廳，開始僅是簡單的木造建築，15世紀，在遭遇大火摧毀後面臨重建，市政廳也多了商業中心另一種功能。如今可以看到幾世紀以來不同的建築風格，包括1488年以晚期哥德型式建造的禮拜堂，其南面漂亮的凸窗是觀賞重點；東門建於1530年，具有文藝復興簡單理性、明亮寬敞的風貌；1607年建立的巴洛克式高塔，高達75公尺，目前開放遊客進入，讓人可以居高臨下欣賞城市風光。

天文鐘 Orloj/Astronomical Clock

　　天文鐘因為第二次世界大戰遭受到嚴重的破壞，由於當時共產主義活躍，整修後的天文鐘面貌也大幅改變，像是原來聖人、修道院士和天使的雕塑，全都改成無產勞工階級人偶，看他們站在旋轉盤上，拿著工具辛勤的工作，造型極為有趣。天文鐘的凹壁表面則由當時著名的馬賽克裝飾藝術家Karel Svolinský，彩繪拼貼出國王軍騎和少女遊行的民俗故事；最下面則有2只大鐘和4只小鐘，上面的大鐘標示現在的時間，下面的大鐘則指出當日、週、月的位置和月之盈虧。

MAP ▶ P.248A2

聖三位一體紀念柱

Sloup Nejsvětější Trojice/
The Holy Trinity Column

MOOK Choice

城市之光暨世界遺產

🚲 從火車站步行約30分鐘可達;或在火車站前的Hlavní nádraží站搭電車2、3、4號於U Sv.Mořice站下。 🏛Horní náměstí

位於上廣場的聖三位一體紀念柱高35公尺,是中歐地區最大的巴洛克式雕像,並於2000年時登錄為世界遺產。

建於1716年的聖三位一體紀念柱,耗時38年才完工,起初是由當地一名工匠Wenzl Render主動發起建造,他極積地參與募款、設計和監工,然而到了1733年,在整項工程僅完成最下層的小禮拜堂時,Wenzl Render便壯志未酬辭世了;儘管之後仍有幾位好手接任,也都未能在他們在世時親見它的落成,直到1754年,這項艱鉅的工程才在Johann Ignaz Rokický手中完工,當時全城歡欣鼓舞,成為整個摩拉維亞最重要、神聖的大事,連奧匈帝國女皇瑪麗亞·特瑞莎(Empress Maria Theresa)和夫婿都前來參加揭幕儀式。

紀念柱主要分成三部份,最上端是三位一體雕像,中間則是聖母升天雕塑,這些皆由當地著名雕刻家以鍍金青銅鑄成,雕像不但表情傳神、動作優雅,甚至連衣服的披拂褶皺看來也極為自然生動,這座聖三位一體紀念柱想要表現的,不是誇張繁複的巴洛克風格,而是一種和諧自然的建築範本。

紀念柱下層有個小禮拜堂,遊客可以入內參觀,外觀則有18位聖人石雕像,他們全是奧洛穆茨歷史上的重要人物。其實從這裡不難發現,聖三位一體紀念柱這麼受到注目,不僅是它在建築和藝術上的價值,從興建過程到人物雕刻,全與這個城市息息相關,甚至在它完工的4年後,奧洛穆茨遭受普魯士軍隊大舉入侵,市民仍勇敢地保護聖三位一體紀念柱,這種表現全民一心的團結精神十分難得,也讓人在欣賞這座建築時,充滿一種感性的心情。

匈牙利

Hungary

匈牙利

匈牙利位於歐洲大陸的中央，建國於西元1000年，雖然在11~13世紀發展為決決大國，仍然不敵蒙古和土耳其的侵略，改朝換代之後，在20世紀末成為中東歐第一個脫離共產體制的民主國家。匈牙利有三分之二的土地都是平原，最受觀光客青睞的當推首都布達佩斯，其次為多瑙河曲流。來到布達佩斯一定不能錯過多瑙河的優美河景，不同造型的大小橋墩搭架其上，夜晚燈光照射下更添嫵媚，特別從布達城堡山向下眺望，城市美景盡收眼底。

多瑙河貫穿匈牙利，在布達佩斯的北方形成一個天然的轉角，轉角處鄰河的風景十分優美，成為布達佩斯人的度假勝地，其中，森檀德更是超級熱鬧的藝術觀光小鎮，距離布達佩斯僅約半小時車程；而艾格爾更以的公牛血(Egri Bikavér)美酒出名，加上城堡、伊斯蘭喚拜塔等景點，同樣深受遊客喜愛。

匈牙利之最Top Highlights of Hungary

布達佩斯的河畔美景與著名橋樑
　布達佩斯橫跨多瑙河兩岸，當中有多座橋梁銜接，兼具實用和美觀，其中最著名的莫過於鎖鏈橋。若想免費賞景，推薦大家登上多瑙河左岸的蓋勒特丘陵。(P.274)

布達皇宮
　布達皇宮曾是匈牙利歷代國王的居住地，也曾為哈布斯堡王朝接管，雖然歷經沒落及被世人遺忘，如今布達皇宮佇立於城堡山的風采，仍深深吸引著往來於多瑙河畔的旅人。(P.265)

國會大廈
　從城堡山眺望多瑙河，首先映入眼簾的地標就是國會大廈，建築於1902年完工，主要建築結合新哥德和巴洛克風格，加上黃金與大理石更顯壯觀華麗。(P.275)

布達佩斯溫泉群
　泡溫泉是匈牙利的經典社交活動，在寬廣的溫泉浴池優游暢泳，或著加入西洋棋局，感受真正的匈牙利泡澡樂。(P.271~272)

森檀德
　位於多瑙河上的森檀德是個熱鬧的藝術觀光小鎮，距離布達佩斯僅約40分鐘的車程。(P.290)

How to Explore Hungary
如何玩匈牙利各地

森檀德Szentendre

　　從布達佩斯搭乘市郊電車，只要約40分鐘的車程就可抵達森檀德。森檀德是座熱鬧的藝術觀光小鎮，猶如一座大型露天市集，在這裡可以步行遊歷大多數的景點，欣賞美術館、藝廊、博物館及東正教教堂。如果想了解傳統的匈牙利民宅與生活，還可再搭乘巴士前往郊區的戶外民宅博物館。

艾格爾Eger

　　從布達佩斯搭乘火車前往艾格爾，車程約2小時。艾格爾位處匈牙利北部山地，以葡萄酒、伊斯蘭喚拜塔、雄偉的城堡和巴洛克建築為傲。建議由德波‧史蒂芬廣場開始遊逛周邊景點，並於中午搭計程車前往美人谷的餐廳用餐，下午再至酒窖品嘗公牛血葡萄酒。

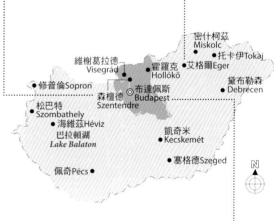

密什柯茲 Miskolc
托卡伊Tokaj
維榭葛拉德 Visegrád
霍羅克 Hollókő
艾格爾Eger
修普倫Sopron
布達佩斯 Budapest
黛布勒森 Debrecen
森檀德 Szentendre
松巴特 Szombathely
海維茲Héviz
凱奇米 Kecskemét
巴拉頓湖 Lake Balaton
塞格德Szeged
佩奇Pécs
N

布達佩斯Budapest

　　位於多瑙河左岸的布達城重要古蹟眾多，可以先由這區開始探索，城堡山也是眺望布達佩斯和多瑙河景色的絕佳地點。接著到多瑙河右岸的佩斯，可以步行或搭乘地鐵一探各景點，感受現代化的城市風采，包括國會大廈、中央市場、瓦采街、聖史蒂芬大教堂等都值得造訪。另外也別忘了享受一下匈牙利式溫泉。

布達佩斯●

布達佩斯
Budapest

具有「中歐巴黎」之稱的布達佩斯，不僅是匈牙利的首府，還是全國的行政與經濟文化中心。布達佩斯橫跨在多瑙河兩岸，它基本上由兩個城市組合而成：左岸是古老傳統的「布達」城；右岸則是充滿巴洛克與古典主義建築的商業城市「佩斯」。

多瑙河左岸的布達城堡山保存許多重要的中古遺跡，更是全覽整個布達佩斯和多瑙河的眺望點。海拔約170公尺的城堡山位在長約1公里

的高原地上，主要分為皇宮和舊城兩大部份，皇宮所在地是13世紀所建的城堡，舊城則是中古時代平民的居住地，現在被列入聯合國教科文組織世界遺產的保護名單。

從布達跨越多瑙河到右岸的佩斯，瞬間就從古典風情轉換到繁榮的現代都會，無論購物、享用匈牙利美食或觀賞經典藝術文化，都可在人文薈萃的佩斯一償夙願。

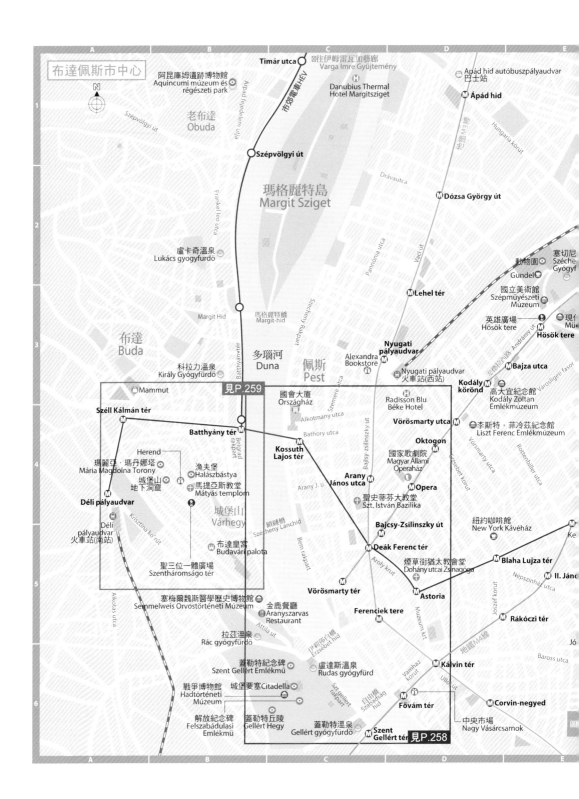

布達佩斯市中心

N

Timár utca
往伊姆雷瓦加藝廊
Varga Imre Gyüjtemény

阿昆庫姆遺跡博物館
Aquincumi múzeum és régészeti park

老布達
Obuda

Danubius Thermal Hotel Margitsziget

阿帕德橋自動車站
Apád hid autóbuszpályaudvar
巴士站

Ápád hid

Szépvölgyi út

瑪格麗特島
Margit Sziget

Dózsa György út

盧卡奇溫泉
Lukács gyógyfürdö

動物園
塞切尼
Széche
Gyógyf
Gundel

Lehel tér

國立美術館
Szépmüvészeti Múzeum

英雄廣場
Hösök tere
Hösök tere

現代
Mü

布達
Buda

多瑙河
Duna

佩斯
Pest

Nyugati pályaudvar

Alexandra Bookstore

Nyugati pályaudvar
火車站(西站)

Bajza utca

科拉力溫泉
Király Gyógyfürdö

見P.259

國會大廈
Országház

Radisson Blu
Béke Hotel

Vörösmarty utca

Kodály körönd
高大宜紀念館
Kodály Zoltán Emlékmúzeum

Mammut

Alkotmany utca

Oktogon

李斯特・菲冷茲紀念館
Liszt Ferenc Emlékmúzeum

Széll Kálmán tér

Bathory utca

國家歌劇院
Magyar Állami Operaház

Batthyány tér

Herend

瑪麗亞・瑪丹娜塔
Mária Magdolna Torony
城堡山
地下洞窟

漁夫堡
Halászbástya

馬提亞斯教堂
Mátyás templom

Kossuth Lajos tér

Arany János utca

Opera

聖史蒂芬大教堂
Szt. István Bazilika

Déli pályaudvar

城堡山
Várhegy

Bajcsy-Zsilinszky út

紐約咖啡館
New York Kávéház

Déli pályaudvar
火車站(南站)

布達皇宮
Budavári palota

Deák Ferenc tér

Blaha Lujza tér

II. Jáno

聖三位一體廣場
Szentháromságo tér

煙草街猶太教會堂
Dohány utcai Zsinagóga

Astoria

Vörösmarty tér

塞梅爾魏斯醫學歷史博物館
Semmelweis Orvostörténeti Múzeum

金鹿餐廳
Aranyszarvas Restaurant

Ferenciek tere

Rákóczi tér

拉茲溫泉
Rác gyógyfürdö

Kálvin tér

蓋勒特紀念碑
Szent Gellért Emlékmü

盧達斯溫泉
Rudas gyógyfürd

Corvin-negyed

戰爭博物館
Hadtörténeti Múzeum

城堡要塞Citadella

Fövám tér

中央市場
Nagy Vásárcsarnok

解放紀念碑
Felszabádulasi Emlékmü

蓋勒特丘陵
Gellért Hegy

蓋勒特溫泉
Gellért gyógyfürdö

Szent Gellért tér

見P.258

256

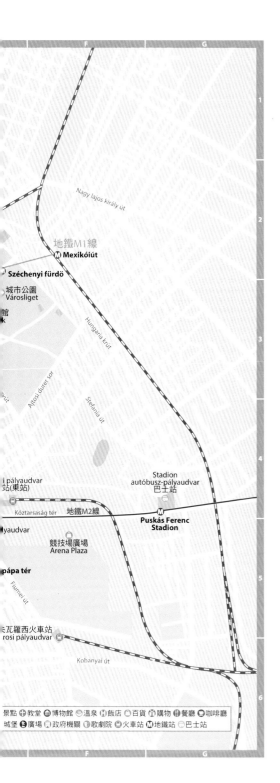

Nagy lajos király út

地鐵M1線
Ⓜ Mexikóiút
Széchenyi fürdö
城市公園
Városliget
館

Hungária krút

Aitosi durer sor

Stefánia út

i pályaudvar
站(東站)

Stadion
autóbusz-pályaudvar
巴士站

Köztarsaság tér   地鐵M2線
Ⓜ Puskás Ferenc
Stadion
yaudvar

競技場廣場
Arena Plaza

pápa tér

Fiumei út

瓦羅西火車站
rosi pályaudvar

Kobányai út

景點 ⊕教堂 ⦿博物館 ⦿溫泉 ⦿飯店 ⦿百貨 ⦿購物 ⦿餐廳 ⦿咖啡廳
城堡 ❺廣場 ⦿政府機關 ⦿歌劇院 ⦿火車站 Ⓜ地鐵站 ⦿巴士站

INFO

基本資訊
人口：約177萬　**面積**：525.2平方公里
區域號碼：(01)
時區：歐洲中部時間，比台灣慢7小時，夏令時間（3月最後一個週日~10月最後一個週日）比台灣慢6小時。

如何到達──航空
　　布達佩斯李斯特·費倫茨國際機場(Budapest Ferenc Liszt International Airport, BUD)是進出匈牙利主要樞紐，由於台灣沒有航空公司直飛布達佩斯，遊客可利用瑞航、德航等航空公司的航班經第三地轉機前往。詳細資訊可參考P.317。

　　匈牙利國際機場原有兩個航廈，但第1航廈已於2012關閉，目前所有航空皆於第2航廈起降。第2航廈再細分成2A和2B，請留意自己搭乘的航空公司於哪個航站起降；不過2A和2B有Sky Court相連，步行幾分鐘即可抵達。
☎(1)296 7000
🌐www.bud.hu

巴士City Buses
　　機場與市區之間的巴士可分為兩種：直達車100E號與普通車200E號。
◎直達車100E號
　　從機場前往市區，巴士停靠地鐵Kálvin tér站、Astoria站以及Deák Ferenc tér站，到終點站車程約30分鐘，單程車票需要另外購買，其他交通票券或布達佩斯卡不適用於這段車程。車票可於機場遊客服務中心、售票機或在BudapestGO App上購買。購票流程、App使用教學可參考布達佩斯大眾交通工具系統官網bkk.hu。

　　從市區到機場，亦可從上述地鐵站搭乘巴士前往，其中從Astoria站開往機場的班次只限00:12~04:32。
🕐24小時，週一、週五、週日尖峰時段7~9分鐘一班，離峰時段每10分鐘一班，01:00~03:00每30~40分鐘一班
💲單程票2,200Ft
◎直達車200E號
　　從機場前往市區，巴士停靠地鐵M3線的Köbánya-Kispest站，車程約25~30分鐘，這一段車程交通一日券或布達佩斯卡皆可適用，所以如果一大早就抵達機場，可以考慮開始使用交通一日券或布達佩

匈牙利…**布**達佩斯 Budapest

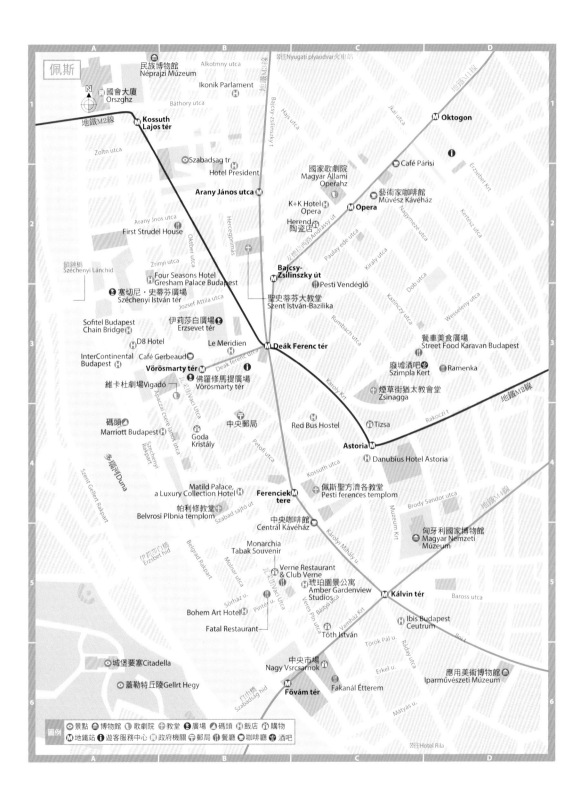

佩斯

N

民族博物館
Néprajzi Múzeum

Alkotmny utca

Ikonik Parlament

往Nyugati plyaudvar 火車站

國會大廈
Orszghz

Bthory utca

地鐵M2線

Kossuth
Lajos tér

Zoltn utca

Szabadsag tr

Hotel President

Arany János utca

地鐵M3線

Bajcsy-zsilinszky t

Hajs utca

Jkai utca

Oktogon

國家歌劇院
Magyar Állami
Operahz

Café Párisi

藝術家咖啡館
Müvész Kávéház

Erzsebet Krt

Kertesz utca

First Strudel House

Arany Jnos utca

Oktber utca

Hercegprimas

K+K Hotel
Opera

Herend
陶瓷店

Opera

Paulay ede utca

Kiraly utca

Nagymeze utca

鎖鏈橋
Széchenyi Lánchid

Zrinyi utca

Four Seasons Hotel
Gresham Palace Budapest

塞切尼·史蒂芬廣場
Széchenyi István tér

Jozsef Attila utca

Bajcsy-
Zsilinszky út

聖史蒂芬大教堂
Szent István-Bazilika

Rumbach utca

Pesti Vendéglő

Dob utca

Kazinczy utca

Wesseleny utca

餐車美食廣場
Street Food Karavan Budapest

Sofitel Budapest
Chain Bridge

D8 Hotel

伊莉莎白廣場
Erzsevet tér

Le Meridien

InterContinental
Budapest

Café Gerbeaud

Vörösmarty tér

Deak ferenc utca

Deák Ferenc tér

Karoly Krt

廢墟酒吧
Szimpla Kert

Ramenka

地鐵M2線

維卡杜劇場Vigadó

佛羅修馬提廣場
Vörösmarty tér

Apaczai Csere Jaanor utca

Vci Utca

煙草街猶太教會堂
Zsinagga

Rakoczi t

多瑙河Duna

Szechenyi Rakpart

碼頭
Marriott Budapest

Goda
Kristály

中央郵局

Petofi utca

Red Bus Hostel

Tizsa

Astoria

Szent Gellert Rakpart

Matild Palace,
a Luxury Collection Hotel

Ferenciek
tere

Danubius Hotel Astoria

Kossuth utca

佩斯聖方濟各教堂
Pesti ferences templom

Brody Sandor utca

地鐵M3線

帕利修教堂
Belvrosi Plbnia templom

Szabad sajto ut

Vci Utca

中央咖啡館
Centrál Kávéház

Károlyi Mihály u.

匈牙利國家博物館
Magyar Nemzeti
Múzeum

伊柏莎白橋
Erzsbet hid

Belgrad Rakpart

Mohar utca

Monarchia
Tabak Souvenir

Verne Restaurant
& Club Verne

琥珀園景公寓
Amber Gardenview
Studios

Muzeum Krt

Bohem Art Hotel

Sorhz u.

Pinter u.

Veres Pln utca

Bastya utca

Kálvin tér

Baross utca

Fatal Restaurant

Tóth István

Vamhaz krt

Ibis Budapest
Ceutrum

Radulya utca

Ilor t

城堡要塞Citadella

蓋勒特丘陵Gellrt Hegy

Torok Pál u.

中央市場
Nagy Vsrcsarnok

Fakanál Étterem

Fővám tér

自由橋
Szabadsag hid

Erkel u.

應用美術博物館
Iparművészeti Múzeum

Mátyás u.

往Hotel Rila

圖例 ◎景點 博物館 歌劇院 教堂 廣場 碼頭 飯店 購物
M 地鐵站 遊客服務中心 政府機關 郵局 餐廳 咖啡廳 酒吧

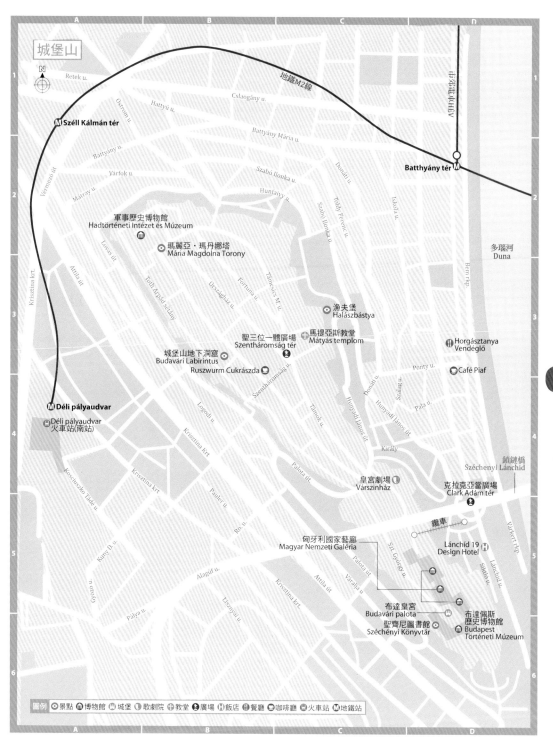

城堡山

N

Retek u.

地鐵M2線

市郊電車HÉV

M Széll Kálmán tér

Ostrom u.

Hattyú u.

Csiaogány u.

Battyány Mária u.

Szabó Ilonka u.

Battyány u.

Várfok u.

Donáti u.

Batthyány tér M

Mátray u.

Lovas út

Szabó Ilonka u.

Toldy Ferenc u.

Iskola u.

多瑙河
Duna

Hunfalvy u.

Bem Rkp.

Krisztina krt.

Attila út

軍事歷史博物館
Hadtörténeti Intézet és Múzeum

瑪麗亞·瑪丹娜塔
Mária Magdolna Torony

Országház u.

Fortuna u.

Táncsics M. u.

漁夫堡
Halászbástya

馬提亞斯教堂
Mátyás templom

聖三位一體廣場
Szentháromság tér

城堡山地下洞窟
Budavári Labirintus

Ruszwurm Cukrászda

Szentháromság u.

Táncsics u.

Tóth Árpád sétány

Donáti u.

Szenyi u.

Hunyadi János út

Ponty u.

Pala u.

Horgásztanya
Vendéglő

Café Piaf

Király

Déli pályaudvar M

Déli pályaudvar
火車站(南站)

Krisztina Krt.

Legodi u.

Palota út

Pauler u.

Ro...u.

皇宮劇場
Várszinház

克拉克亞當廣場
Clark Ádám tér

鎖鏈橋
Széchenyi Lánchíd

Kosciuszko Tade u.

Kuny D. u.

匈牙利國家藝廊
Magyar Nemzeti Galéria

Szt. György u.

纜車

Palota út

Lánchíd 19
Design Hotel H

Alagút u.

Szt. György u.

Váralja u.

Attila út

Krisztina krt.

Gyöző

Pálya u.

Lisznyai u.

n ozsol

布達皇宮
Budavári palota

布達佩斯
歷史博物館
Budapest
Történeti Múzeum

聖齊尼圖書館
Széchényi Könyvtár

Lánchíd Rkp.

Várkert Rkp.

Siklótó u.

圖例 ◉景點 🏛博物館 🏰城堡 🎭歌劇院 ✚教堂 ⑤廣場 🅗飯店 🍴餐廳 ☕咖啡廳 🚉火車站 Ⓜ地鐵站

匈牙利…

布

達佩斯 Budapest

斯卡。車票可於機場遊客服務中心、售票機或在BudapestGO App上購買。購票流程、App使用教學可參考布達佩斯大眾交通工具系統官網bkk.hu。

夜間巴士900號(23:00~4:00)停靠佩斯南方的Határ út站，從這裡可以轉搭夜間巴士914、914A、950和950A進入市區。

從市區到機場，亦可從上述地鐵站搭乘巴士前往。
💶單程350Ft，如在車上向司機購買單程450Ft。

機場迷你巴士Minibus
miniBUD是布達佩斯機場官方機場迷你巴士供應商，提供機場往返市區或飯店的載送服務，市中心任一地點，車程約30~40分鐘。
📞(1) 550 0000
💶機場往返市區或飯店每人單程2,490Ft起。
🌐www.minibud.hu

計程車Taxi
可搭計程車從機場至市區，約20~30分鐘可達，布達佩斯市中心共分成四個不同區域，車資按不同分區收費，實際費用可上網查詢。

◎Főtaxi
📞(1)222 2222
💶車資起跳1,100Ft，每1公里費用增加400Ft，等候時間每1分鐘110Ft；前往市區車資約9,800~12,000Ft。
🌐www.fotaxi.hu

如何到達 ——火車
火車是歐洲國家主要的交通工具之一，遊客可以經由歐洲其他城市，乘坐火車進入布達佩斯。

布達佩斯有7個火車站，其中3個火車站停靠國際線列車，包括東站(Keleti pályaudvar)、西站(Nyugati pályaudvar)和南站(Déli pályaudvar)，這些火車站都與市中心的地鐵相接，十分方便。從布拉格中央車站到布達佩斯東站每天約有6~8班直達車，車程約7~8小時；從維也納中央車站前往布達佩斯東站，幾乎每小時即有一班，車程約2小時20分鐘。

· 東站(Keleti pályaudvar)：地鐵M2線Keleti pályaudvar站
· 西站(Nyugati pályaudvar)：地鐵M3線Nyugati

pályaudvar站
- 南站(Déli palyaudvar)：地鐵M2線Déli pályaudvar站

正確班次、詳細時刻表以及票價可上網或至火車站查詢。

匈牙利國鐵(MÁV)
🌐www.mav.hu

歐洲鐵路
🌐www.eurail.com

火車通行證
到匈牙利旅遊除了可購買單國火車票外，亦可視自己的需求選購多國火車通行證，購票及詳細資訊可洽詢台灣歐鐵火車票總代理飛達旅遊或各大旅行社。
🏠台北市中山區南京東路三段168號10樓之6
☎(02) 8161-3456分機2 ⬤線上客服：@gobytrain
🌐www.gobytrain.com.tw

如何到達──長途巴士

布達佩斯有幾個巴士站，其中以Népliget autóbusz-pályaudvar最大，它是來自歐洲各國的國際巴士停靠站；此外，前往匈牙利西部和南部的巴士也是由此出發。Stadion autóbusz-pályaudvar則是前往東歐和匈牙利國內的巴士站。

位於市區北邊的Árpád hid autóbusz-pályaudvar巴士站，是前往匈牙利北方城市的車站；更往北3站的Újpest-Városkapu巴士站，則是前往多瑙河沿岸地區的主要巴士站。

- Népliget autóbusz-pályaudvar巴士站：地鐵M3線Népliget站
- Stadion autóbusz-pályaudvar巴士站：地鐵M2線Puskás Ferenc Stadion站
- Árpád hid autóbusz-pályaudvar巴士站：地鐵M3線Árpád hid站
- Újpest-Városkapu巴士站：地鐵M3線Újpest-Városkapu站

市區交通

布達佩斯的地鐵、電車、巴士和HÉV都是統一由布達佩斯市的交通局所營運的，除了地鐵短程票，其餘車票皆可通用。但布達佩斯的車票使用起來有時間、轉乘的限制，所以買票之前請先參考「各類交通價格表」，再選擇適合的票種。

車票可於地鐵售票處、售票機和市區書報攤購票，不過售票處售票開放時間不一，最好隨身準備零錢使用售票機。

由於布達佩斯的交通系統都沒有設立閘欄，僅於地鐵站或車上設有驗票機提供打票洞之用，可說是「自

由心證」，不過交通局還是會派員不定期在車上或站口抽查(現在地鐵站幾乎是每站都有站員抽查)，尤其是以遊客為目標，建議大家還是乖乖的買票，如果被抽查到逃票必須支付高額罰鍰。

布達佩斯大眾交通工具搭乘路線、相關資訊和時刻表皆可於下列網址查詢。
🌐www.bkk.hu

地鐵
共有4條地鐵線，分別是黃色的M1、紅色的M2、藍色的M3線和綠色的M4線，前3條地鐵線在德亞克廣場(Deák Ferenc tér)交會，與電車系統連接十分密集且方便，非常適合旅遊者運用。
🔽每天約6:00~23:00，約2~10分鐘一班。

路面電車Villamos／Tram
布達佩斯的電車具有濃濃的東歐風味，主要行駛於市區多瑙河的兩岸和主要道路，遊客比較常使用的路線包括沿多瑙河行駛於瑪格麗特橋等區域的4、6號。
🏠購票地點同地鐵
🔽每天約4:30~23:00，約2~10分鐘一班。

巴士Autóbusz／Bus
分為藍色和紅色兩種，在布達地區使用非常便利，最常坐的是在Széll Kálmán tér地鐵站下車後，轉接16、16A或116號的巴士前往城堡山地區及布達皇宮。
🔽每天5:00~23:00，約10~15分鐘一班。

市郊電車 HÉV
布達佩斯另有一種市郊電車，連結布達佩斯與近郊的城鎮，如果搭乘範圍沒有超出布達佩斯，可使用一般地鐵和巴士的通用票券，如果超出市區範圍則必須在售票口或在火車上向查票員另外購買後段車票。HÉV可從地鐵M2線Batthyány tér站轉搭。
🔽每天5:00~23:00，約5~10分鐘一班。

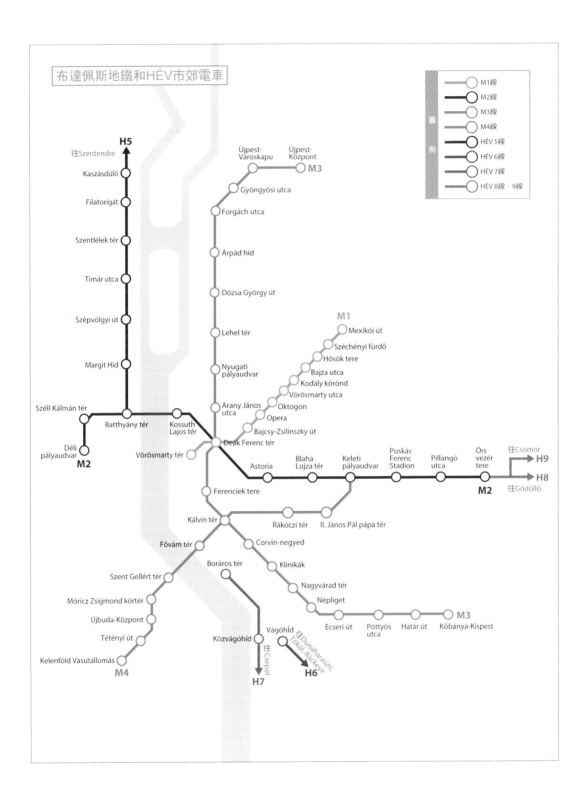

布達佩斯地鐵和HÉV市郊電車

H5
往Szentendre

Kaszásdűlő

Filatorigát

Szentlélek tér

Timár utca

Szépvölgyi út

Margit Hid

Széll Kálmán tér

Batthyány tér

Déli pályaudvar

M2

Vörösmarty tér

Kossuth Lajos tér

Újpest-Városkapu   Újpest-Központ

M3

Gyöngyösi utca

Forgách utca

Árpád híd

Dózsa György út

Lehel tér

Nyugati pályaudvar

Arany János utca

M1

Mexikói út

Széchényi fürdő

Hősök tere

Bajza utca

Kodály körönd

Vörösmarty utca

Oktogon

Opera

Bajcsy-Zsilinszky út

Deák Ferenc tér

Astoria   Blaha Lujza tér   Keleti pályaudvar   Puskás Ferenc Stadion   Pillangó utca   Örs vezér tere

往Csömör   H9

M2   往Gödöllő   H8

Ferenciek tere

Kálvin tér   Rákóczi tér   II. János Pál pápa tér

Fővám tér

Corvin-negyed

Boráros tér   Klinikák

Szent Gellért tér   Nagyvárad tér

Móricz Zsigmond körtér   Népliget

Újbuda-Központ

Tétényi út   Közvágóhíd   Vágóhíd   往Dunaharaszti, Tököl, Ráckeve

Ecseri út   Pöttyös utca   Határ út   Kőbánya-Kispest   M3

Kelenföld Vasútállomás

M4   往Csepel   H7   H6

大眾交通票券
各類交通價格

票種	價錢(Ft)	使用方式
單程票(Vonaljegy／Single ticket)	350	需在80分鐘(夜間120分鐘)完成一次或一段旅程。
單程票在車上購買	450	僅可在特殊的路線上才有販售
10張聯票(10 db-os gy jt jegy／Block of 10 tickets)	3,000	每張需在80分鐘(夜間120分鐘)完成一次或一段旅程。
1日券(Napijegy／24-hour Budapest travelcard)	2,500	1天內可自由乘坐布達佩斯市內的交通工具
3日券(Turistajegy／72-hour Budapest travelcard)	5,500	3天內可自由乘坐布達佩斯市內的交通工具
地鐵短程票(Metrószakaszjegy／Short section metro ticket up to 3 stops)	300	限搭地鐵，在30分鐘內乘坐3站，轉程時必須打票洞。

🌐 bkk.hu/en/tickets-and-passes/prices

計程車

避免隨意在路上招車，最好請旅館代為呼叫較有信譽的計程車行，以免被索取額外的費用。

☎(1)211 1111、(1)222 2222、(1)233 3333

💲車資起跳1,100Ft，每1公里費用增加400Ft，等候時間每1分鐘110Ft；如果要寄放行李、夜間搭乘、叫車等需額外加錢。

優惠票券

布達佩斯卡Budapest Kártya／Budapest Card

如果參觀的景點較多，可以買一張「布達佩斯卡」，選擇在24、48、72、96、120小時的期限內，免費搭乘交通工具，或以免費或優惠折扣參觀當地景點、博物館和市區觀光遊程、民俗文化表演的門票折扣，以及溫泉浴池、餐廳、商店與機場迷你巴士等優惠；不過許多有名的景點布達佩斯卡僅提供折扣，並非完全免費，買卡究竟划不划算沒有定論，還是要依自己的行程安排做決定，優惠或免費參觀景點可查詢下列網址。

妥善規劃行程，多利用1日券

布達佩斯的重要景點較布拉格分散，有些景點未必能步行到達，此時可能就需購買交通票券。但布達佩斯的交通票券種類眾多，且各有不同的時效或轉程限制，所以建議先行規畫每日行程，計算會用到多少交通票券，再決定要買哪一種票種最划算。例如每天只要搭乘大眾交通工具達4~5趟以上，1日券即值回票價，不妨多加利用。

布達佩斯卡可於地鐵M2線Keleti pályaudvar站、遊客服務中心購買；亦可事先上網購買，於機場或市區取卡。

💲票價24小時€33、48小時€49、72小時€63、96小時€77、120小時€92

🌐www.budapestinfo.hu/budapest-card

為自己精打細算

布達佩斯卡雖然在時效內可以免費搭乘交通工具，但能免費參觀的景點不多(大部分僅提供折扣)，所以究竟買卡划不划算，還需事先依自己的行程安排再仔細計算而定。

旅遊諮詢
布達佩斯遊客服務中心
◎機場
🔽2A航站8:00~22:00、2B航站9:00~21:00
◎市區
🚇搭地鐵M1、M2或M3線於Deák Ferenc tér站下，出站即達。
📍Városháza park, Károly krt.
🕐9:00~19:00　🌐www.budapestinfo.hu

城市概略City Guideline

布達佩斯橫跨多瑙河兩岸，主要由左岸的布達(Buda)及右岸的佩斯(Pest)組成。

佩斯位於寬廣的平原上，道路以放射狀排列，以三條地鐵站交會的德亞克廣場(Deák Ferenc tér)為中心，

漁夫堡
Halászbástya ③

② 馬提亞斯教堂 Mátyás templom

①

聖三位一體廣場
Szentháromság tér

⑤
鎖鏈橋
Széchenyi Lánchíd

④

布達皇宮
Budavári palota

塞切尼‧史蒂芬廣場
⑥ Széchenyi István tér

⑦ 佛羅修馬提廣場
Vörösmarty tér

瓦采街
⑧ Váci Utca

中央市場
⑨ Nagy Vásárcsarnok

布達佩斯散步地圖

無論步行或搭乘地鐵，都可方便抵達佩斯各景點，包括國會大廈、聖史蒂芬教堂、中央市場、瓦采街等。

布達城由丘陵地形綿延而成，分為皇宮和舊城兩大部份。主要景點包括山丘上的布達皇宮、城堡山要塞與地下洞窟、漁夫堡、瑪格麗特島，以及幾個知名的溫泉療養中心等。

布達佩斯行程建議
Itineraries in Budapest

如果你有3天

多瑙河左岸的布達城保存許多重要的中古遺跡，是探索布達佩斯的最佳起點。沿著多瑙河畔前進，布達皇宮盤踞山頭的丰采令人印象深刻！這座命運坎坷的皇宮是歷代匈牙利國王的居住地，如今轉型為歷史博物館、國家藝廊及圖書館。繼續步行至美麗的聖三一廣場，欣賞一旁的馬提亞斯教堂，教堂後方的漁夫堡則是眺望佩斯景觀的最佳角落。最後前往瑪麗亞‧瑪丹娜塔，這裡原有一座教堂，卻遭無情的戰火摧毀，如今只剩下這座鐘樓。

第二天來到多瑙河右岸，捕捉佩斯城市采風。走進中央市場、瓦采街，同時感受傳統市集與特色街道的魅力。接著步行至佛羅修馬提廣場，百年咖啡館Cafe Gerbaud便是坐落於此。途經塞切尼‧史蒂芬廣場、融合哥德與巴洛克建築風格的國會大廈，最後搭乘地鐵前往聖史蒂芬大教堂，那高達96公尺的圓頂替主祭壇採集了動人的光線，教堂內還收藏了匈牙利首任國王聖史蒂芬的木乃伊。

第三天沿著安德拉西路悠閒散步，道路兩旁樹木聳立，錯落著博物館和商店，其中的李斯特紀念館由音樂家昔日故居改建而成。大道盡頭的英雄廣場兩旁是國立美術館與現代美術館，廣場後方的市民公園更是享受匈牙利式溫泉的好去處。

如果你有5~7天

如果時間充裕，除了在布達佩斯待上3天慢慢走逛，也可以花1~3天前往中部多瑙河地區的其他城市走走，像是猶如一座大型露天市集的森檀德、坐擁優越地勢和美景風光的維榭葛拉德、保留傳統木屋民宅

建築的世界遺產小鎮霍羅克等，都非常適合搭乘火車或巴士展開一日遊。

布達佩斯散步路線
Walking Route in Budapest

在這條精華路線中，可以一探布達與佩斯兩座昔日雙子城市截然不同的面貌。行程從遺留中世紀風情的布達展開，經過鎖鏈橋，前往繁榮的佩斯市區。

城堡山是布達最主要的景點聚落，以①聖三位一體廣場為中心起點，一旁聳立著宏偉壯麗的②馬提亞斯教堂，以及俯瞰佩斯市區的③漁夫堡。繼續南行，由數棟建築組成的④布達皇宮出現眼前，這座13世紀即成為匈牙利皇室府邸的皇宮，如今是布達佩斯歷史博物館、匈牙利國家藝廊和聖齊尼圖書館所在地，裡頭收藏了布達佩斯從發跡至今最精華的珍品和書籍。

搭乘歷史悠久的纜車或者直接沿著人行步道下山，經過圓環走向⑤鎖鏈橋，步行穿越多瑙河兩岸進入佩斯，前往周圍被美麗的宅邸與大型旅館圍繞的⑥塞切尼‧史蒂芬廣場。繼續往南行，來到超人氣據點⑦佛羅修馬提廣場，遊逛當地最繁忙的⑧瓦采街，這裡有目不暇給的紀念品專賣店、國際連鎖服飾品牌分店，還有很多咖啡館和餐廳可以讓人歇腳休息；最後在熱鬧的⑨中央市場為這段旅程畫下句點。

距離：3公里
所需時間：約1.5小時

布達Buda

MAP ▶P.259,D6

布達皇宮

MOOK Choice

Budavári palota／Buda Castle

曾經輝煌的匈牙利國王居住地

於鎖鏈橋靠布達區處搭乘纜車上城堡山，出纜車站後轉向噴泉左側，就進入了布達王宮。纜車時間8:00~22:00(末班車21:50)，來回全票4,000 Ft、3~14歲2,000 Ft；或搭地鐵M2線於Széll Kálmán tér站下，再搭巴士16、16A或116號上城堡山；或搭地鐵M1、M2或M3線於Deák Ferenc tér站下，再搭巴士16號上城堡山；或從皇宮腳下好幾處通往城堡山的人行步道，沿階梯步行約20~30分鐘可達。 ⊙Szent György tér 2 🌐budacastlebudapest.com

充分利用布達佩斯卡玩布達皇宮！

布達皇宮涵蓋的景點眾多，有了布達佩斯卡可享有這些優惠，來看看有什麼好康～

免費入門票

布達佩斯歷史博物館、匈牙利國家藝廊、瑪麗亞‧瑪丹娜塔

免費導覽行程

布達城堡區導覽(每日14:00~16:00)、佩斯市區導覽(每日10:00~12:00)、城堡公車(budapestcastlebus.com/en)

門票優惠

音樂史博物館5折優惠、洞窟醫院75折優惠、漁夫堡上層9折優惠

這個命運坎坷的布達皇宮佇立於城堡山的一頭，任何人只要沿著多瑙河畔行進，都會被皇宮的丰采給深深吸引！而這裡也是夜間欣賞鎖鏈橋和佩斯夜景的好地方。

在過去7個世紀中歷經了數度燒毀、被炸、重建的布達皇宮，是貝拉四世(Béla IV)於13世紀時下令興建的皇宮，之後的匈牙利國王也以此為居住地點。尤其在15世紀馬提亞斯國王統治匈牙利時期，皇宮的建築藝術文化發展達到巔峰，堪稱是匈牙利的文藝復興時期，據說當時碧翠絲皇后號召了來自歐洲的傑出藝術家和贊助者前來布達皇宮，在節慶期間房間內設計有冷熱的流水，就連水池內也盛滿了美酒！之後歷經土耳其人的侵略與黑死病的盛行，毀壞了皇宮並就此荒廢。

不過當哈布斯王朝接管布達皇宮後，便讓皇宮重生。泰瑞莎皇后時期增建了203個房間，卻無緣親眼看到完工，隨著哈布斯堡王朝的沒落，布達皇宮再度被人遺忘！

布達皇宮在1950年代重新展開修復，匈牙利政府在喪失了政治地位的皇宮中，設置了匈牙利國家藝廊、布達佩斯歷史博物館以及國家圖書館等，遊客可以從建於1903年的大門——哈布斯階梯進入皇宮，觀賞美麗的花園和馬提亞斯噴泉，還有在觀景台上欣賞美麗的多瑙河和佩斯的景觀。當然這些美術館和博物館也是不可錯過的景點。

城堡山博物館Vármúzeum／Castle Museum

🏠Buda Palace Building E　☎(1)487 8800　🕐10:00~18:00(最後入場 17:30)　🚫週一　💲全票2,400Ft、優待票1,200Ft；持布達佩斯卡免費　🌐www.varmuzeum.hu

　城堡山博物館是布達佩斯歷史博物館群(Budapest Történeti Múzeum)之中的其中一個博物館機構，收藏布達佩斯2,000年來的歷史精華，包含公元前到20世紀之間的各種出土文物，最珍貴的是博物館地下室的14世紀皇宮舊址遺跡，同時也展示了皇宮建築的演進歷史。不過歷史博物館中的解說文字以匈牙利文為主，一般觀光客可能只能看圖說故事。除了王宮遺跡外，歷史博物館的時代特區，以照片和物品實體呈現大時代有形和無形的變遷，頗有啟發趣味。

匈牙利國家藝廊Magyar Nemzeti Galéria／Hungarian National Gallery

🏠Buda Palace Buildings A, B, C, D　☎(1)201 9082　🕐10:00~18:00(最後入場17:00)　🚫週一　💲永久展全票4,200Ft、優待票2,100Ft、英文語音導覽1,200 Ft、特展全票4,800Ft、優待票2,900Ft(票價包含永久展)；持布達佩斯卡永久展免費　🌐www.mng.hu

　國家藝廊收藏畫作超過10萬幅，固定展覽品包含中古世紀到20世紀的匈牙利繪畫和雕刻藝術品，有中世紀和文藝復興的石雕、哥德時期的木雕與版畫、哥德晚期的神壇、文藝復興和巴洛克的藝術品、哈布斯王朝的地下墓穴、19~20世紀的畫作與雕刻品，細細觀賞至少要花掉半天以上的時間。參觀重點可以放在2樓的19世紀繪畫和雕刻，繪畫以人物畫像為主，生動而感情充沛；還有1樓正面大廳的巨畫，描繪出土耳其戰爭的壯烈景況，是最受人矚目的作品之一。

266

布達Buda

MAP ▶ P.256,B4

MOOK Choice

瑪麗亞·瑪丹娜塔

Mária Magdolna Torony／Mary Magdalene Tower

戰火下僅存的遺跡

🚶見布達皇宮。🏠Kapisztrán tér 6 🕚11:00~16:00 💲全票1,500Ft、14歲以下600Ft；6歲以下、持布達佩斯卡免費 🌐www.budatower.hu/en/

　　瑪麗亞·瑪丹娜塔也被稱為布達塔(Buda Tower)，今日聳立的地方原本是一座13世紀時的聖芳濟會羅馬教堂，該教堂在土耳其人占領期間，繼續著神聖的天主教服務，不過後來依舊難

逃改建為清真寺的命運。然而在土耳其人撤退之後，這座教堂終於在17世紀時重回天主教的懷抱，1872年時法蘭茲一世國王甚至在此加冕。

　　後來這座教堂成為毗鄰軍營的駐軍教堂，不過卻在二次世界大戰時遭到摧毀，只剩下今日依舊聳立的瑪麗亞·瑪丹娜塔，為了讓後人能追憶該區的歷史，教堂放棄重建，僅留教堂石頭堆砌的底座遺跡供後人追憶。

匈牙利⋯**布**達佩斯 Budapest

267

MAP ▶ P.256,B4

MOOK
Choice

聖三位一體廣場

Szentháromság tér／Trinity Square

城堡山中心廣場

🚶見布達皇宮。 🏠Szentháromság tér

聖三位一體廣場可說是城堡山的中心廣場，廣場上豎立的聖三位一體紀念柱，是18世紀時的當地舊城居民為了紀念黑死病的消除而建，柱子上方分別有聖父、耶穌以及十字架的雕像，一旁還有一尊聖史蒂芬騎馬雕像，聖史蒂芬是匈牙利第一位天主教君王，這裡是遊客最愛打卡的地點。

MAP ▶ P.256,B3

科拉力溫泉

Király Gyógyfürdö／Király Thermal Bath

最具土耳其遺風的公共浴池

🚇搭地鐵M2線於Batthyány tér站下，步行約5~8分鐘可達。 🏠Fő utca 84 ☎(1)202 3688 🌐www.kiralyfurdo.hu ❗受疫情影響，自2020年3月15日起無限期關閉。

科拉力溫泉雖然沒有富麗堂皇的裝飾，卻是布達佩斯最具土耳其遺風的公共浴池。在奧圖曼大帝統治布達時所建，年代估計約於1565年，是迄今保存最好的土耳其建築遺跡之一，以青銅色圓蓋屋頂和石牆著稱，屋頂上的金色弦月更是土耳其的象徵。引人入勝之處為透過屋頂小洞照射在浴池的光線，讓人同時沐浴在慵懶陽光與煙繚泉水中。科拉力溫泉在二次大戰遭嚴重破壞，整修時保留原有建材與建築結構，添加桑拿、按摩浴缸、健身器材等現代化設施，也有按摩療程。

布達Buda

MAP ▶ P.259,C3

馬提亞斯教堂

MOOK
Choice

Mátyás templom／Matthias Church

匈牙利國王加冕之處

🚶見布達皇宮。 🏠Szentháromság tér 2 ☎(1)489 0716 🕐週一至週五9:00~17:00、週六9:00~12:00、週日13:00~17:00 💲教堂全票2,500Ft、優待票1,900Ft；鐘塔全票2,900Ft、優待票2,400Ft；6歲以下免費 🌐www.matyas-templom.hu

　仔細觀察馬提亞斯教堂，可以發現這個外觀屬新哥德式的教堂，蘊含了匈牙利民俗、新藝術風格和土耳其設計等多種色彩，尤其是一旁的白色尖塔和彩色馬賽克磁磚屋頂，為整座教堂增加了些許趣味和生動；教堂內部的彩繪玻璃、玫瑰窗和壁畫，更是不能錯過的重點。馬提亞斯教堂原本是13世紀時貝拉四世下令興建的布達聖母教會堂，後因於15世紀時匈牙利國王馬提亞斯在此和

皇后碧翠絲舉行婚禮而改名，這裡同時也是匈牙利國王加冕之處。自13世紀迄今多次修整，經歷改朝換代的時代變遷，使馬提亞斯教堂從最早的天主教堂，在土耳其占領時改為伊斯蘭教清真寺，之後又加入了巴洛克和新哥德建築型態，恢復成為天主教堂。

　教堂觀賞的重點包含了貼滿馬賽克磁磚的貝拉高塔、聖母聖嬰像(傳說中這尊雕像在土耳其占領匈牙利期間被藏在教堂的牆壁內，當時土耳其人卻毫無察覺，不過卻在1686年十字軍擊潰土耳其人時，教堂毀壞之際又神奇地出現在世人眼前)、被喻為匈牙利最佳哥德典範的聖母升天石雕大門，以及貝拉三世與安娜皇后兩人的陵墓。

　此外，教堂內部附設有展示歷代國王與主教的聖器與聖物，其中還包含了國王加冕皇冠的複製品(真品收藏於國會大廈內)。目前教堂內仍延續著自1867年開始的管風琴音樂會，有興趣的遊客可以向教堂或遊客服務中心詢問音樂會的時間。

MAP ▶ P.259,C3

漁夫堡

MOOK Choice

Halászbástya／Fisherman's Bastion

中世紀漁夫防禦堡壘

🚩見布達皇宮。 🏠Szentháromság tér ☎(1) 458 3000
🕐戶外空間24小時；頂塔3~12月9:00~19:00、6~9月
9:00~21:00 💲戶外空間免費；頂塔全票1,200Ft、優待票
600Ft，6歲以下免費 🌐www.fishermansbastion.com

　　漁夫堡是城堡山上另一個具有新哥德色彩的有趣建築，夜晚是漁夫堡最迷人的時候，在燈光的照射襯托下，彷彿童話中的砂糖城堡或是沙灘上的沙堡，散發出銀白的皎潔光芒感動人心，讓人幾乎忘了漁夫堡原本是中世紀時，漁夫為了防禦工事所建造的碉堡；另一個傳說是這裡本來是中古世紀時的漁獲買賣地，19世紀獨立戰爭時，漁夫們在此地堅守禦敵，後來便逐漸以漁夫堡為通稱。

　　此外，漁夫堡是欣賞布達佩斯和多瑙河的最佳地點，可以清楚觀賞對岸的國會大廈，和多瑙河上的點點船隻與細長橋影，尤其是夜景，吸引許多追求浪漫的遊客前來。夏季觀光季時，漁夫堡前會聚集許多街頭藝人表演民俗音樂或舞蹈，更添熱鬧。

布達佩斯最美日出

　　如砂糖城堡般的漁夫堡，搭配太陽剛升起的景色，簡直就如童話世界般的夢幻場景！由於漁夫堡戶外空間隨時開放，這個時候來漁夫堡打卡，可以享受無人打擾的寧靜，隨著曙光照耀在雪白色的馬提亞斯教堂和漁夫堡上，有種和布達佩斯一起甦醒的感覺，迎來全新的一天。

　　如果行程允許，非常推薦選一天早晨到漁夫堡看日出，只需事先查詢當天日出的時間再規劃出發時間，也可順道看看還在沈睡的布達佩斯街景。

布達佩斯溫泉文化

溫泉泡湯在匈牙利被視為全民運動，人們閒來無事就會到溫泉泳池游個泳或下棋聊天，屬於大眾化的社交活動。匈牙利溫泉歷史可追溯至2,000年前，礦物質豐富的泉水對風濕、關節、呼吸道等疾病具有不同療效。首先引進溫泉概念的為酷愛泡澡的羅馬人，在占領布達後隨即建造11個公共溫泉浴場供軍隊和市民使用。

而匈牙利溫泉的極盛時代包括土耳其統治的150年，喜愛澡浴的土耳其人也在此興建別具特色的溫泉，最大特色是圓形屋頂上的土耳其式弦月標記。18世紀末起，溫泉療養中心逐漸普及，現在布達佩斯仍有許多享有盛名的溫泉，部份已經成為國際級溫泉旅館，部份仍保留公共浴室的風貌。在匈牙利泡湯只要像在泳池一樣，穿著泳衣、戴著泳帽即可。

盧卡奇溫泉

Lukács Gyógyfürdő／Lukács Thermal Bath

全家攜老扶幼一起泡溫泉

🚇 從地鐵M2線Batthyány tér站轉搭HÉV於Margit Hid站下，步行約5~8分鐘可達。 🏠 Frankel Leó út 25-29 ☎ (1)326 1695 🕐 7:00~19:00(週二、週三至20:00) 💲 平日全票4,400Ft、優待票3,200Ft，假日全票4,800Ft、優待票4,200Ft，使用桑拿加收1,200Ft；持布達佩斯卡免費 🌐 www.lukacsfurdo.hu

盧卡奇是從土耳其時代開始的溫泉，整座溫泉置身在漂亮的花園裡。以開放式室外泳池最受歡迎，尤其假日時，這裡總是全家扶老攜幼一起光臨，到處都是笑聲；3個室內熱溫泉池水溫維持在32~40℃間，另外還有泥巴池、鹽巴池。由於水質含鈣、鎂的碳酸氫鹽和氯化物，據說對慢性關節炎、椎間盤突出、骨骼缺鈣或受傷復健治療有功效，所以非常受到當地人喜愛。這裡也有芬蘭桑拿浴池、甘菊蒸汽浴、閱讀休息室和露天花園，而且溫泉不僅能泡，還可以飲用。

匈牙利⋯布達佩斯 Budapest

盧達斯溫泉

Rudas Gyógyfürdő／Rudas Thermal Bath

泡湯時欣賞多瑙河美景

🚇搭地鐵M4線於Szent Gellért tér站下，步行約10~12分鐘可達；或搭地鐵M3線於Ferenciek tere站下，步行約12~14分鐘可達；或搭巴士7、8E、108E、110、112或電車19、41、56或56A號於Rudas gyógyfürdő站下，下車即達。 🏠Döbrentei tér 9 ☎(20)321 4568 ⏰泳池、Spa、土耳其浴6:00~20:00；男湯週一及週三6:00~20:00、週四6:00~12:45、週五6:00~10:45，女湯週二6:00~20:00 💰全區域聯票平日8,600Ft、假日12,200Ft；泳池、Spa、土耳其浴各單項入場券5,900Ft(限平日，週四至12:45)；夜間泡湯12,600Ft(需網路購票)；持布達佩斯卡8折 🌐www.rudasfurdo.hu ❶14歲以下不得入場

這座歷史已經超過500年的盧達斯土耳其浴溫泉，位於伊莉莎白橋旁，自1936年開始營業，原只提供給男性使用，但在2005年改裝後，女性也得以進來享受泡湯之樂。盧達斯溫泉的水質含鈉、鈣和碳酸鹽，具有美容、保持年輕的功效，有關節退化性問題或神經痛的人，據說泡了也可以獲得改善。5個溫泉池水溫保持在29~42℃，泳池的水溫較高，約有28℃；泡湯之餘，還可以免費使用芬蘭桑拿浴室和蒸氣室。

蓋勒特溫泉

Gellért Gyógyfürdő／Gellert Thermal Bath

古典華麗的豪華浴池

🚇搭地鐵M4線於Szent Gellért tér站下，步行約2~3分鐘可達；或搭電車19、41、47、48、49、56、56A號於Szent Gellért tér站下，步行約2~3分鐘可達。 🏠Kelenhegyi út 2 ☎(1)466 6166 ⏰溫泉9:00~19:00，桑拿10:00~18:00 💰週一至週四9,400Ft，週五至週日10,9000Ft 🌐www.gellertbath.hu

附屬在蓋勒特飯店的蓋勒特溫泉，當屬當地最豪華的溫泉，最受外國遊客青睞。據記載，15世紀就發現蓋勒特溫泉的泉源，直到1918年蓋勒特溫泉飯店才開幕。非飯店住客可以沿著飯店右側進入溫泉專用入口，浴池大廳氣氛尊貴，而洋灑在透明天窗下的陽光，映照在古羅馬式的雕琢浴池中，更顯古典華麗。附設的服務不論芬蘭浴、泥漿浴、全身按摩、水中噴射按摩等應有盡有。

塞切尼溫泉

Szécheny Gyógyfürdő／Szechenyi Thermal Bath

布達佩斯最受歡迎的溫泉

🚇搭地鐵M1線於Széchenyi fürdö站下，步行約2~3分鐘可達。 🏠Állatkerti körút 9-11 ☎(20)435 0051 ⏰溫泉週一至週四7:00~20:00，週五至週日8:00~20:00；桑拿10:00~19:30 💰週一至週四9,400Ft，週五至週日10,900Ft；早鳥票(9:00前入場，現場購票)週一至週四7,500Ft，週五至週日8,700Ft；持布達佩斯卡8折 🌐www.szechenyibath.hu

布達佩斯最受歡迎的溫泉，也是歐洲最大的溫

泉之一。塞切尼溫泉是佩斯的首個溫泉，1879年時11位地質學家發現這座溫泉，據說泉水治療風濕十分有效。黃色的建築外觀雄偉，內部浴池融合許多歐洲國家的溫泉文化，遼闊的大浴池和活動空間反映羅馬式的澡堂文化；浴缸型浴池則是希臘浴的代表；而蒸氣室設計源於北歐。最主要的溫泉浴池有5個，不同季節前往會有截然不同的趣味。這裡的露天泳池畔總有西洋棋高手在較量，讓人真正感受匈牙利的泡湯樂。

布達Buda

蓋勒特丘陵

MOOK Choice

Gellért-hegy／Gellért Hill

免費欣賞布達佩斯無價美景

🚌從Ferenciek tere或Astoria地鐵站搭巴士8、112或239號於Sánc utca站下，或從Ferenciek tere地鐵站搭電車6號或從Kálvin tér地鐵站搭電車47或49號於Móricz Zsigmond körter站下，再轉搭巴士27號於Búsuló Juhász (Citadella)站下，再步行約6~10分鐘可達；或從蓋勒特丘陵下近伊莉莎白橋或自由橋處沿步道上山，步行約30分鐘可達。

　　位於多瑙河邊、海拔約235公尺的蓋勒特丘陵，在中世紀，是種植葡萄酒的地方，今日，則被視為免費欣賞布達佩斯城市美景最好的地方。

　　雖然爬到山坡上要費一點力氣，但一旦登頂，你會發現一切都十分值得，好天氣時可以直接眺望多瑙河兩岸風光，無論照片怎麼拍，都是一張張美麗的明信片。

蓋勒特紀念碑
Szent Gellért Emlékmű／Gellért MonumentIn

　　如果你從伊莉莎白橋往上爬，會發現在東北坡山腰，矗立著一座新古典主義風格的半圓形廊柱雕塑，稱之蓋勒特紀念碑。蓋勒特(Gellért)是11世紀由匈牙利國王史蒂芬從義大利邀請來的傳教士，對當時匈牙利的基督教化十分有貢獻，但傳說他最後於1046年，被異教徒在山丘上先裝進桶子以釘子刺穿，再滾下陡峭的山坡致死。之後為紀念他，這座丘陵便以他命名，同時在1904年，由雕刻家Gyula Jankovits設計了這座高12公尺、以蓋勒特本人打造的雕像，雕像高舉十字架，表情看起來十分英勇也讓人心生敬畏。雕像下方則有一座人工瀑布。

城堡要塞Citadella／Citadel

　　蓋勒特丘陵佇立著一個從未被列入軍事用途的城堡要塞，它是哈布斯堡王朝在1848年爆發獨立革命後立即興建的軍事要地，主要是為了確保奧匈帝國在匈牙利的地位。不過當它完工後，哈布斯堡王朝的政治地位卻已不保，這裡也因而被荒廢。現在這裡則成了布達佩斯的觀光名勝，從山丘上的瞭望台，可以看到美麗的多瑙河風光。

解放紀念碑
Felszabádulasi Emlékmü／Liberation Monument

　　位在碉堡後下方的解放紀念碑，面對著多瑙河與佩斯，它是匈牙利著名的雕刻家史卓伯(Zsigmond Kisfaludi Stróbl)為紀念1945年時蘇聯紅軍自布達佩斯撤退而使該國重獲自由，不過該座紀念碑最初是為了紀念攝政王霍西(Miklós Horthy)在戰場失蹤的兒子所建。

　　紀念碑的頂端為一座雙手高舉棕櫚葉的青銅女性，基座的兩側分別有兩座雕像，象徵著與邪惡勢力對抗的勝利。隨著紅軍撤退，社會主義取而代之地統治了匈牙利，隨著共產主義的徹底毀滅，原本聳立於此的蘇聯士兵雕像，也被移到近郊的雕像公園展出。

多瑙河的橋

　　乘坐遊船遊覽多瑙河，是許多遊客前來布達佩斯必體驗的遊程之一。長久以來，多瑙河將布達與佩斯這兩個城市隔開，靠的就是這些穩固的橋樑來銜接兩市的交通；如今所見的橋樑，多半是第二次世界大戰後重新整修的模樣。橫跨在布達佩斯多瑙河段上的橋樑，兼具實用性和美觀，從北往南依序是瑪格麗特橋(Margit hid)、鎖鏈橋(Széchenyi Lánchid)、伊莉莎白橋(Erzsébet hid)和自由橋(Szabadság hid)。

　　其中最引人注目的便是鎖鏈橋。鎖鏈橋建於1839~1849年間，是由公爵塞切尼‧史蒂芬(Széchenyi István)發想，委託英籍建築師設計而成，橋身總長380公尺，兩邊各有一高塔支撐，在當時來說可說是個創舉！

　　鎖鏈橋一到夜晚便燈火通明，再搭配布達佩斯兩岸的優美建築，營造成布達佩斯著名的夜景。尤其是夏季7、8月的週末，鎖鏈橋進行交通管制並開放給行人行走，上演著熱鬧的夏季派對。

　　最南邊的自由橋也同樣迷人。這座全長333.6公尺的綠色大橋是幾座橋中最短的，1896年，當時的皇帝法蘭茲約瑟夫(Franz Joseph)在橋墩鎚下最後一枚釘子後，就肩負起運輸和觀光的角色。今日橋上儘管車水馬龍，也掩不住它華麗的風貌，它以優美的外形和裝飾著稱，像是4個橋頂尖端皆飾以匈牙利象徵權力、力量和高貴的神話之鳥——Turul銅像，橋峰則有著鍍金王冠，帶著巴黎風格的燈柱妝點著兩邊橋樑，橋下多瑙之水則靜靜流淌著，成為一道美麗的風景。

瑪格麗特橋

鎖鏈橋

伊莉莎白橋

自由橋

佩斯Pest

國會大廈

MOOK Choice

Országház／The Parliament

匈牙利傳國之寶收藏殿堂

🚇搭地鐵M2線於Kossuth Lajos tér站下，步行約2~5分鐘可達。🏠Kossuth Lajos tér 1-3, Gate X ☎(1)441 4000 🕐11~3月8:00~16:00，4月週一至週四8:00~16:00、週五至週六8:00~18:00，5~10月8:00~18:00 💰全票8,00Ft、6~14歲4,000Ft，6歲以下免費 🌐www.parlament.hu ❗現場購票數量有限，建議到官方網址購票jegymester.hu/production/480000/hungarian-parliament-building-parliament-visit

從城堡山眺望多瑙河，首先映入眼簾的地標就是國會大廈，寬268公尺、高約96公尺的新哥德式雄偉建築，共花費17年於1902年建造完成，內部共有近700個房間，收藏許多藝術作品，戶外更有18個大小庭園。主要建築結合新哥德和巴洛克風格，加上黃金與大理石更顯壯觀華麗，尤其外觀建築尖塔的精細雕工與精美的玫瑰窗，更透露出莊嚴氣魄。

進入參觀國會大廈必須參加定時的導覽團。由於是國會殿堂，難免門禁森嚴，就算跟著導覽團進入參觀也僅能參觀主樓梯、匈牙利的傳國之寶——聖史蒂芬皇冠和議會廳這三處。聖史蒂芬是匈牙利第一任國王，雖然史料至今無法確認他是否戴過這個皇冠，但可以肯定的是，聖史蒂芬皇冠的歷史至少可追溯至13世紀初，是世界上最古老的皇冠之一，因此成為匈牙利王國的象徵。金碧輝煌的聖史蒂芬皇冠，最大特色是冠頂上微傾的十字架。皇冠背後也有一段顛沛流離的故事：1945年時，匈牙利法西斯黨徒挾帶皇冠至奧地利，最後又落入美國人之手，一直到1978年才在盛大歡迎慶祝儀式中重返國門，結束這段國寶綁架記。

MAP ▶ P.256,C4

聖史蒂芬大教堂

MOOK Choice

Szent István-Bazilika／St. Stephen's Basilica

3大建築師打造的雄偉教堂

🚇搭地鐵M1線於Bajcsy-Zsilinszky út站下，步行約3~5分鐘可達。🏠Szent István tér ☎(30)703 6599 🕐大教堂週一9:00~16:30、週二至週六9:00~17:45、週日13:00~17:45；瞭望台和寶物室9:00~19:00 💲大教堂全票2,000Ft、優待票1,500Ft，瞭望台+寶物室全票3,200Ft，優待票2,700Ft，大教堂+瞭望台+寶物室全票4,500Ft、優待票4,000Ft；6歲以下免費，持布達佩斯享8折優惠。英語導覽行程2~15人含瞭望台與寶物室每組32,200Ft、不含瞭望台每組25,000Ft，16~40人含瞭望台每組36,200Ft、不含瞭望台每組29,000Ft 🌐www.bazilika.biz

　聖史蒂芬大教堂可說是布達佩斯最雄偉的教堂，教堂是為了紀念匈牙利首位天主教國王史蒂芬而建，於1851年由建築師喬瑟夫·希爾德(Jozsef Hild)設計監督，在他死後又由另外兩位建築師接手，最後在1905年全部完工。由於經歷3位建築師之手，建築反映新古典與新文藝復興的融合風格。高約96公尺的教堂圓頂曾在1868年時因暴風雨而坍塌，隨後繼續修建。據說圓頂高度和國會大廈的尖塔高度等高，暗示了馬札兒人抵達匈牙利的日子。

　教堂內部華麗不可言喻，豎立著聖史蒂芬大理石雕像的大主壇、精美壁畫、雕工精細的大理石浮雕、彩繪玻璃、大型的管風琴和挑高的殿堂，都讓人感到一股莊嚴的氛圍。不過這裡最神聖的物件是存放在主壇後方禮拜堂的史蒂芬右手木乃伊(Holy Right)！

　登上瞭望台必須攀爬342個階梯才能登頂，但也可搭乘電梯抵達瞭望台，電梯僅可到達高塔的三分之二高度，出電梯後仍需步行登高至瞭望台，高65公尺的瞭望台提供360°俯瞰佩斯的絕佳景觀。

佩斯Pest

MAP ▶ P.258,A1

民族學博物館

MOOK
Choice

Néprajzi Múzeum／Museum of Ethnography

認識匈牙利各地民俗文化

🚇搭地鐵M2線於Kossuth Lajos tér站下，步行約3~5分鐘可達。🏠Dózsa György út 35 ☎(1)474 2100 ⏰10:00~20:00(售票至19:30) 🚫週一 💲永久展全票1,700Ft、優待票850Ft，永久展＋特展全票1,500Ft起、優待票750Ft起；特價票(閉館前1小時購票)全票1,900Ft、優待票950Ft；攝影費700Ft；6歲以下免費 🌐www.neprajz.hu/en

　　國會大廈旁的民族博物館，原是匈牙利的最高法院，建築本身華麗氣派，1957年才改建成博物館，是歐洲大型的民族博物館之一。館內主要展示匈牙利和歐洲各地民俗文化，不僅分門別類、主題明確，而且皆附有英文說明。遊客可藉著精心策畫的房舍、傳統服裝、生活用品、樂器展示等，了解馬札兒人傳統的演化歷程。

匈牙利⋯**布**達佩斯 Budapest

佩斯Pest

MAP ▶ P.258,C3

佛羅修馬提廣場

Vörösmarty tér／Vörösmarty Square

遊客必經熱鬧廣場

🚇搭地鐵M1線於Vörösmarty tér站下，出站即達。

　　佛羅修馬提廣場的名氣或許不大，不過提到布達佩斯著名的百年咖啡廳Cafe Gerbaud所面對的廣場，大家或許就有印象了。廣場連接熱鬧的瓦采街，中央的巨型雕像是紀念詩人佛羅修馬提而建，廣場上除了有露天咖啡座，還不時有街頭藝人獻藝，聖誕節期間更是布達佩斯最熱鬧的聖誕市集所在地之一。

佩斯Pest

MAP ▶ P.258,B3B4

瓦采街

Váci Utca／Vaci Street

人氣街道血拚重地

🚇 搭地鐵M1、M2或M3線於Deák Ferenc tér站下，或搭地鐵M3線於Ferenciek tere站下，皆步行約2~5分鐘可達。

　　在布達佩斯提到購物，絕對不能錯過的就是瓦采街，從佛羅修馬提廣場一路延伸至中央市場，聚集了讓人愛不釋手的民俗藝品，像是傳統服飾盛裝的匈牙利娃娃、手工刺繡品、附有可愛木匙的匈牙利香料、製作精細的陶瓷玻璃製品等，每家商店都各有特色，街上還有歐洲的平價時尚服飾品牌。

佩斯Pest

MAP ▶ P.258,C3

煙草街猶太教會堂

Dohány utcai Zsinagóga／Dohány St. Synagogue

歐洲最大猶太聖殿

🚇 搭地鐵M2線於Astoria站下，步行約2~5分鐘可達。 🏠 Dohány u. 2 ☎(1)413 5584 🕐11~2月10:00~16:00(週五至14:00)，3~4月及10月10:00~18:00(週五至16:00)，5~9月10:00~20:00(週五至16:00) 🚫週六 💲全票9,000Ft、學生票7,100Ft、6~12歲3,300Ft；6歲以下免費，持布達佩斯享9折優惠 🌐jewishtourhungary.com/en

　　建於1854~1859年的煙草街猶太教會堂，長53公尺、寬26.5公尺，約可入坐3,000人，是歐洲規模最大、全世界僅次於紐約的猶太教堂。

　　會堂以摩爾爾復興(Moorish Revival)風格建成，外觀兩座高塔相當搶眼，外牆則以紅和黃磚舖成；教堂內部多彩華麗，分成英雄聖殿、墓地、大屠殺紀念館和猶太博物館。聖殿的管風琴十分有名，因為這個擁有5,000支音管的大型管風琴曾有著名的音樂家，如李斯特(Franz Liszt)、聖桑(Saint Saens)等在此彈奏過。

　　二戰期間，許多布達佩斯的猶太人遭到納粹迫害，當時就埋葬於會堂的墓地；而1991年建立的紀念碑，以柳樹為構圖，樹葉上刻了許多在納粹大屠殺下犧牲的匈牙利猶太人姓名，也是參觀重點。參觀需參加導覽行程，英文導覽行程每半小時一場。

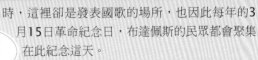

佩斯Pest

MAP ▶ P.258,C5

匈牙利國家博物館

MOOK Choice

Magyar Nemzeti Múzeum／Hungarian National Museum

匈牙利最大最悠久博物館

🚇 搭地鐵M3線在Kálvin tér站下，步行約1~3分鐘可達。🏠Múzeum Körút 14–16 ☎(1)327 7700 ⏰10:00~18:00(售票至17:30) 🈺週一 💲永久展全票2,900Ft、優待票1,450Ft，永久展＋特展全票5,000Ft、優待票2,500Ft；攝影費1,000Ft；持布達佩斯卡免費 🌐www.mnm.hu

雖說匈牙利國家博物館的外觀是新古典建築風仿希臘神廟樣式，不過在1848年匈牙利大革命

時，這裡卻是發表國歌的場所，也因此每年的3月15日革命紀念日，布達佩斯的民眾都會聚集在此紀念這天。

國家博物館可說是匈牙利最大並且最悠久的博物館，歷史源自1802年，收藏著法蘭茲·塞切尼(Ferenc Széchenyi)公爵捐獻出的手本文件、獎章、地圖與書本；一直到1846年時博物館才遷移到現今的建築物中。博物館樓梯間的頂棚壁畫出自匈牙利畫家羅茲(Károly Lotz)和坦恩(Mór Than)之手，館藏包括珍貴匈牙利歷史寶物、瓷器、編織、家具、武器、錢幣等，其他從11~19世紀的匈牙利文物，都按照年代收藏於各樓層展示區中。地下室還收藏了羅馬石刻遺跡。

`MAP ▶ P.258,C6`

中央市場

MOOK Choice

Nagy Vásárcsarnok／Central Market

體驗傳統市集氛圍

🚇搭地鐵M3或M4線於Kálvin tér站下，步行約3~5分鐘可達。
🏠Vámház krt. 1-3 ☎(1)366 3300 🕐週一6:00~17:00、
週二至週五6:00~18:00、週六6:00~15:00 休週日
piaconline.hu／en／central-market-hall／

瓦采街提供了豐富便利的購物環境，不過純粹以價位為考量的話，中央市場的價格會比瓦采街低廉，也比較有議價空間，來到這裡，真正可以見識到布達佩斯傳統市集的熱鬧氣氛。

建於1897年的中央市場，坐落在瓦采街的南端、多瑙河旁的自由橋畔。乍見中央市場，會以為自己來到了火車站，外觀雄偉渾實，內部挑高剔透的光線，加上熙來攘往的人群，幾乎跟大城市送往迎來的車站沒啥兩樣。中央市場最吸引人的是與當地民眾打成一片的歡樂自在，除了五彩繽紛的新鮮食材外，辣椒、鵝肝醬、葡萄酒和香料等更是醒目。從市場中央的大樓梯再上一層，

2樓可說是縮小版的瓦采街，所有街上看得到的匈牙利刺繡、娃娃、民俗藝品……在這裡一樣也不少，商品擺設和購物環境比瓦采街更平易近人，還可以享受殺價的購物樂趣。此外這裡還有許多食物攤，提供匈牙利的特色美食，也是適合休息、飽餐一頓的好地方。

`MAP ▶ P.258,C2`

國家歌劇院

Magyar Állami Operaház／Hungarian State Opera

媲美巴黎歌劇院的美麗建築

🚇搭地鐵M1線於Opera站下，出站即達。 🏠Andrássy
út 22 ☎導覽行程(30)781 2630 🕐售票處週一至週五
10:00~19:00(開演前30分鐘關閉)；英語導覽行程每日
13:30、15:00、16:30 💲表演門票價錢視依節目內容和座
位；導覽行程9,000Ft 🌐www.opera.hu

1884年開幕的匈牙利國家歌劇院，是世界上最美麗的歌劇院之一，它就坐落在美麗的安德拉西路(Andrássy út)上，加上行道樹與咖啡座的陪襯，讓匈牙利國家歌劇院的優雅展露無遺。

外觀為新文藝復興建築，李斯特、莫札特、韋瓦第等音樂家的雕塑更襯托出歌劇院的古典壯麗。而內部觀眾席設計極盡華麗之能，昔日是王公貴族重要的社交娛樂場所。如果無緣在此欣賞演出，也可以參加歌劇院的導覽服務，讓遊客有機會一睹歌劇院奢華的內部設計。

佩斯Pest

MAP ▶ P.256,D4

李斯特·菲冷茲紀念館

Liszt Ferenc Emlékmúzeum／Liszt Ferenc Memorial Museum

陳列愛國作曲家生平文物

🚇搭地鐵M1於Vörösmarty utca站下，步行約1~2分鐘可達。 🏠Vörösmarty u. 35 ☎(1)322 9804 🕐週一至週五10:00~18:00、週六9:00~17:00 ❌週日及國定假日 💲全票3,000Ft、優待票1,000Ft、音樂會套票5,600Ft、攝影費500Ft；英文、中文語音導覽1,000Ft 🌐www.lisztmuseum.hu

匈牙利有許多知名的音樂家，其中最為人所熟知的就是在布達佩斯創建音樂學院的李斯特。李斯特的作品與其他匈牙利作曲家同樣都隱含高貴的愛國情操，觸角深入民間大眾，反映社會，在他的某些作品中隱約可嗅出吉普賽民俗音樂的味道。目前的紀念館是李斯特於1881~1886年間居住的房子，裡面陳列展示了許多與這位匈牙利一代音樂宗師相關的生平文物，以及他使用過的鋼琴、樂譜與肖像。在週日上午，也會有年輕的音樂家在此彈奏鋼琴，琴聲與房子內的一景一物，倒是令人有種回到李斯特年代的布達佩斯的感覺。

佩斯Pest

MAP ▶ P.256,E3

英雄廣場

Hösök tere／Heroes' Square

建國千年紀念地標

🚇搭地鐵M1線於Hösök tere站下，出站即達。

位於安德拉西大道盡頭處的英雄廣場，不僅是紀念匈牙利建國1,000年的歷史紀念，也是廣受喜愛的城市公園的入口。英雄廣場建於1896年，廣場中央36公尺高的紀念柱上，有大天使加百利手持聖史蒂芬皇冠及十字架的銅塑像，塔的基座則是匈牙利馬札兒民族領袖阿爾帕德王子和6位族長的騎馬像，廣場周圍的柱廊立有14座雕塑，分別是歷代匈牙利國王和重要政治人物。每到重要節日、紀念活動或國賓蒞臨時，英雄廣場的衛兵交接儀式都吸引大批人潮觀賞。

匈牙利⋯⋯**布**達佩斯 Budapest

浪漫主義音樂一代宗師：李斯特

19世紀匈牙利唯一舉世知名的音樂家李斯特(Franz Liszt,1811~1886)，曾經是歐洲最偉大的鋼琴演奏家，早年旅居奧地利、法國、義大利、瑞士等歐洲各國，幾乎讓人忘了他本來的國籍；1838年重回匈牙利，為當時遭受水患的同胞盡心力，也開始更深入接觸自己國家的傳統音樂，在他的某些作品中隱約可聽出吉普賽民俗音樂的味道。

早慧的李斯特從9歲就開始登台演出，積極探索鋼琴的演奏技巧，並創造了「交響詩」的音樂形式；和蕭邦、舒曼、華格納等交情深厚，在教學與提攜後輩方面也不遺餘力，歐洲音樂家的地位可說是從李斯特開始迅速提升的；對於音樂的普及大眾，他也居功厥偉。

李斯特一生創作了700多首樂曲，他的鋼琴曲以極高難度聞名，最為人熟知的作品包括《匈牙利狂想曲》、《浮士德交響曲》、《但丁交響曲》、《帕格尼尼練習曲》、鋼琴曲《愛之夢》等，是浪漫主義音樂的主要代表人物之一。

佩斯Pest

MAP ▶ P.256,D3

高大宜紀念館

Kodály Zoltan Emlékmúzeum／Zoltan Kodály Memorial Museum

音樂家私宅的儉樸生平記錄

🚇 搭地鐵M1線於Kodály körönd站下，步行約2~3分鐘可達。🏠Andrássy út 87-89 ☎(1)352 7106 🕐週一11:00~16:30，週三至週五10:00~12:00、14:00~16:30；採預約制，須至少2天前以電話或e-mail完成預約 💲全票3,000Ft、優待票1,500Ft；導覽行程需另外付費 🌐kodaly.hu/museum

　　高大宜紀念館隱藏在圓環旁的一棟年久失修的宅邸內，是高大宜於1924~1967年春天去世前的私人住宅。一直到1990年的春天，這裡才改成紀念館開放給大眾參觀。

　　從紀念館內的擺設中可以看出這位偉大音樂家的樸實個性，室內以具有民俗特色的瓷器和刺繡品，和他為收集民俗音樂的資料四處旅行時收藏的紀念品、家人與作曲家的照片做為裝飾。儉樸的餐廳，是高大宜每日下午以薄荷茶和小點接待客人的場所，而餐桌也是他的兩任太太替他剪報收集資料的地方。而在另一間擺設有兩架鋼琴的房間，則是高大宜歡迎貴賓或音樂家前來聽他演奏的場所，至於最裡面的房間則展示著高大宜的樂譜作品與重要文件。

佩斯Pest

MAP ▶ P.258,B2C2

安德拉西路

Andrássy út／Andrássy Street

文化大道暨名牌大街

🚇 搭地鐵M1線於Opera、Vörösmarty utca或Hösök tere等站下。

　　許多人來到安德拉西路是為了沿線著名景點，從國家歌劇院、李斯特菲冷茲紀念館，到英雄廣場、市民公園等，都位於這條街上，地鐵M1也沿街設站，所以安德拉西路又有「文化大道」的美譽。它同時是布達佩斯的主要購物街之一，林蔭大道兩側有精緻漂亮的咖啡館、餐廳、商店和表演劇場，可說是布達佩斯最賞心悅目的道路。和瓦采街不同的是，這裡的商店更為高檔，可說是名牌一條街，尤其是Opera和Oktogon兩地鐵站間的這段路，想買Burberry、Dolce & Gabbana、Louis Vuitton、Armani、Gucci的人，可以完全滿足購物慾望。

多才多藝的音樂教育家：高大宜

　　出生在匈牙利南部城市凱奇米(Kecskemét)的高大宜(Zoltan Kodály, 1882~1967)，可說是匈牙利20世紀最傑出的人物，他身兼作曲家、民族音樂收集家、語言學家、哲學家與音樂教育家，並以音樂教育家舉世聞名。

　　高大宜從10歲開始接受音樂教育，18歲進入布達佩斯大學修習哲學和語言學，同時也在布達佩斯李斯特音樂學院(Liszt Ferenc Zeneművészeti Egyetem，又名

Royal Academy of Music in Budapest)繼續學習音樂。他不但在大學取得哲學與語言學雙學位，也在音樂學院獲得作曲與教學學位，之後又前往巴黎深造音樂，受法國作曲家德布西(Achille-Claude Debussy)的影響相當深遠。

　　在收集民族音樂的過程中，他注意到一些音樂教學上的問題，進而發展出高大宜音樂教學法，強調音樂教育是人們與生俱來的權利，也是日常生活中不可或缺的調劑。

佩斯Pest

MAP ▶ P.256,E2

國立美術館

Szépmüvészeti Múzeum／Museum of Fine Arts

典藏歐洲知名畫家作品

🚇搭地鐵M1於Hösök tere站下，步行約2～3分鐘可達。 🏠Dózsa György út 41 ☎(1)469 7100 ⏰10:00~18:00(最後入場17:00) 🈺週一 💲永久展全票4,800Ft、攝影費1,000Ft、提供語音導覽1,200Ft，持布達佩斯卡免費；特展價格不定，依官網為主，布達佩斯卡不包含特展門票 🌐www.szepmuveszeti.hu

　　英雄廣場北側的國立美術館，雖說是匈牙利的國立美術館，但是主要收藏都是歐洲其他國家的繪畫作品，包含13~18世紀西班牙、義大利、德國、法國、英國等諸多名家繪畫，以及部份19~20世紀的水彩畫和雕塑作品等。最著名的收藏品是西班牙畫家埃爾‧葛雷科(El Greco)的7幅畫作以及哥雅(Goya)的作品，還有義大利畫家拉斐爾(Raphael)與提香(Titian)的收藏。此外，地下室的埃及館中展示著4個成人和1個小孩的古木棺，還有貓、鱷魚等動物木乃伊。

佩斯Pest

MAP ▶ P.257,E3

城市公園

Városliget／City Park

適合各年齡層的複合式公園

🚇搭地鐵M1線於Széchenyi fürdö站下，出站即達。

　　從寬廣的英雄廣場漫步到背面的城市公園，視野更加寬廣。城市公園是布達佩斯最大的公園，與多瑙河上幽靜的瑪格麗特島大不相同，這裡有溫泉、動物園、遊樂場、植物園、維達杭亞城堡(Vajdahunyad Vara)、農業博物館(Mezögazdasagi Múzeum)、雅克教堂(Jak)等，是適合各個年齡層的複合式公園，天氣好時也會看到多對新人來這裡拍婚紗照。此外，當地著名的塞切尼溫泉也近在咫尺。

匈牙利…**布** 達佩斯 Budapest

283

布達Buda——佩斯Pest

MAP ▶ P.256,C1C2

瑪格麗特島

Margitsziget／Margaret Island

遠離塵囂的花園小島

🚇搭地鐵M2線於Széll Kálmán tér站下，再搭電車4、6號於Margitsziget站下，步行約2~5分鐘可達；或搭M3線於Nyugati pályaudvar站下，再搭巴士26號，可直接在島上來回穿梭；或從地鐵M2線Batthyánytér站下轉搭HÉV於Margit Híd站下，步行約10分鐘可達。

　　位於多瑙河中央的瑪格麗特島，既不在布達也非隸屬於佩斯的範圍內，更突顯出它得天獨厚的恬靜氣氛。2.5公里長的花園小島上，有溫泉、游泳池、林蔭步道、噴泉等。如果要暫時遠離市區喧囂，到瑪格麗特島或許是個不錯的選擇，天候宜人時，不論是徜徉散步、感受多瑙河的氣息，或是租輛腳踏車「環島」，或是在島的北、南端搭乘巴士繞島觀光，都將讓人回味無窮。島上包含有13世紀的聖方濟各教堂、多明尼克修道院遺跡、音樂噴水池、露天劇場等景點，在島的另一端還有大型的溫泉旅館。

布達佩斯觀光遊船Budapest Sightseeing Cruises

　　如果想用較快速的方式欣賞布達佩斯和多瑙河之美，搭乘觀光船是不錯的方式。多瑙河沿岸碼頭有多家船公司，一般提供白天和夜晚兩種選擇，遊船往返於自由橋和瑪格麗特島之間，沿途遇到重要的名勝古蹟，遊客都可以透過耳機(包括中文語音等30種語言)獲得詳盡的導覽解說，價格含1杯飲料和免費Wi-Fi，另可加價選擇停留瑪格麗特島或燭光晚宴行程。

🚇搭地鐵M1線於Vörösmarty tér站下，步行約3~5分鐘可達。🏠Dock 7 Vigadó tér ☎(1)266 4190 🕐每月發船時間不一，請上網查詢；船程約1小時。💲白天全票€15、學生票€13.20、10~14歲€9.90，晚上全票€21、學生票€17、10~14歲€11，9歲以下免費；燭光晚宴行程成人€85、3~12歲€65 🌐www.legenda.hu

布達Buda

MAP ▶ P.259,D3 **Horgásztanya Vendégl**

🚇搭地鐵M2線於Batthyány tér站下，步行約5～8分鐘可達。
🏠Fő utca 27 📞(1)216 3780 🕐12:00～24:00(最後點餐23:00)
🌐horgasztanyavendeglo.hu

如果想在市區吃到好吃的匈牙利魚湯又不想花大錢，Horgásztanya Vendéglő是最好的選擇。已有50年歷史的Horgásztanya Vendéglő，被視為最有媽媽味的餐廳，所以深受當地人喜愛，對他們來說，來這裡用餐就像是在家裡吃飯一樣舒適自在，而且合乎口味。

餐廳的裝潢走鄉村風格，木製桌椅、花布桌巾……簡單卻很有自家小廚房的風情，牆上漁夫捕魚野炊的圖畫，則是最搶眼的布置，另外一只掛在牆上、重60~70公斤的鯰魚標本，也十分吸引目光。

來這裡一定要點匈牙利魚湯(Hungarian Cat-Fish Soup)，食量小的可以選擇杯裝(Served in Mug)，比較建議點大一點的鍋裝(Served in Kettle)，免得因為太好吃而欲罷不能。這道以新鮮鯰魚做成的湯，吃時先將湯舀到盤中，再依喜好添加店家提供的匈牙利辣椒，就可拿著麵包沾著魚湯吃。

由於這裡的魚料理太有名，除了魚湯，菜單的第一頁全是跟魚有關的菜，隨意點都錯不了。

餐廳的招牌點心「酸奶乾酪麵糰子」(Cottage-cheese Dumplings with Sour Cream and Sugar)，來這裡也別錯過。這是匈牙利婦女幾乎都會做的傳統甜點，將乾酪、雞蛋、麵粉和罌粟種子等先揉桿成圓胖的麵糰子，煮烤過後再灑上酸奶油和糖粉後端上桌，吃時還熱騰騰的，充滿香甜濃郁的乳酪口感。

布達Buda

MAP ▶ P.256,C5 **金鹿餐廳**
Aranyszarvas Restaurant

🚌搭巴士5、175號於Szarvas tér站下，步行約1分鐘可達。
🏠Szarvas tér 1 📞(30)984 7518 🕐11:30～22:00 🌐
aranyszarvasetterem.hu/en/

　　這是家可以品嘗到精緻野味佳餚(game dishes)的高檔餐廳，不論是野豬、野兔或是鹿、牛、魚等特產，在這裡都品嘗得到。餐廳就位於城堡山丘下，白色的建築本身就有300年的歷史，而且不僅室內裝潢優雅，戶外庭園也很漂亮，夏天很多人都喜歡在這裡用餐。

佩斯Pest

MAP ▶ P.258,C3 **Street Food Karaván**

🚇搭地鐵M2線於Astoria站下，步行約2～5分鐘可達。　🏠
Kazinczy u. 18 🕐11:30～24:00 🌐www.facebook.com/
streetfoodkaravan/

　　自2004年廢墟酒吧(Szimpa Kert)在Kazinczy街上開張後，這裡就變成年輕人的夜生活首選之地，也越來越多小型餐酒館、小吃店聚集在這裡。而Street Food Karaván是匈牙利第一個也是最成功的街頭美食廣場，走進巷子裡，你看到的不會是餐廳或攤販，而是一輛輛的餐車，從匈牙利國民小吃Langos、牛肉湯到義大利麵、墨西哥料理、純素漢堡……各種類型的飲食選擇，是個比較不一樣的布達佩斯小角落。

佩斯Pest

MAP ▶ P.258,B5 **Fatal Restaurant**

搭地鐵M3線於Ferenciek tere站下，步行約7~8分鐘可達；或搭M3或M4線於Kálvin tér站下，步行約8~10分鐘可達。 Váci u. 67 (1)266 2607 13:00~22:30 週一、週二 www.fatalrestaurant.com

坐落於熱鬧的瓦采街延伸而出的Pintér u.路上，這間充滿家庭廚房風味的餐廳，令人聯想起匈牙利媽媽的手藝。搭配捲心菜的豬肉、盛滿蔬菜燉肉的小圓麵包、酥脆的鴨肉片以及鬆軟的白乳酪餃等等，令人光想就口水直流，此外這間餐廳還裝飾著非常漂亮的彩繪玻璃，這也是它大受歡迎的緣故之一。

佩斯Pest

MAP ▶ P.258,C6 **Fakanál Étterem**

搭地鐵M3或M4線於Kálvin tér站下，步行約3~5分鐘可達。 Vámház körút 1-3 (1)217 7860 週一9:00~17:00、週二~週五9:00~18:00、週六9:00~15:00 週日 www.fakanaletterem.hu/en

這間位於中央市場2樓的餐廳，在布達佩斯享有盛名。Fakanál Étterem提供精緻的匈牙利傳統料理和鄉村料理，搭配當地的葡萄酒以及熱鬧的吉普賽音樂，讓你在用餐時能夠同時體驗熱鬧的氣氛。也因為餐廳的大受歡迎，Fakanál Étterem甚至提供布達佩斯當地的外燴以及活動安排服務。

佩斯Pest

MAP ▶ P.258,B2 **Els Pesti Rétesház／First Strudel House**

搭地鐵M3線於Arany János utca站下，步行約5分鐘可達。 Október 6 u. 22 (01)428 0134 10:00~23:00 reteshaz.com

東歐的甜點全球馳名，Strudel是這一帶國家常見的傳統家常點心，只是彼此之間略有差異。

在匈牙利也吃得到這種傳統甜點，它是一種包著堅果、奶酪或水果、香料等口味的餡餅，派皮本身就是餡餅好吃與否的決勝關鍵，也是師傅們始終不肯透露的獨家秘訣；位於佩斯的Strudel House從1812年營業至今，不但是全市第一家，也被視為最道地、美味的Strudel店，它的派皮薄如紙張、風吹便起，蘋果餡餅是大眾化的選擇，不過不少人基於好奇，會選擇在台灣吃不到的罌粟口味，口感如何？其實吃起來還蠻像黑芝麻的，有興趣的人不妨一試。

耶誕季前到德亞克街找在地小吃
Winter Food Fest

德亞克廣場(Deák Ferenc tér)是市區內唯一3大地鐵線交會的地方，無疑當地最重要的交通樞紐，人來人往特別繁忙。從德亞克廣場往瓦采街方向前進的德亞克街(Deák Ferenc utca)，平常即是熱鬧的時尚街道，每年到耶誕節前，大約從11月底開始，路中央會變身成為小吃街，集結數十個臨時攤販，提供各式各樣的在地小吃，包括匈牙利口味的餡餅Strudel、漢堡、烤物、炸物、熱蘋果汁、葡萄酒等，偶爾也夾雜一些飾品攤位，很像小型的夜市。如果懶得上館子或不想吃美式速食，不妨到這裡來打牙祭，見識一下匈牙利式的夜市。

搭地鐵M1~M3線於Deák Ferenc tér站下，步行約1分鐘即達。 Deák Ferenc utca

布達Buda

MAP ▶ P.256,A3 Mammut

🚇搭地鐵M2線於Moszkva Tér站下，步行約3分鐘可達。 Lövőház Street 2-6 ☎(1)345 8020 ◐週一至週六10:00~21:00，週日10:00~18:00 🌐www.mammut.hu

　　布達佩斯的大型購物商場主要有3家，其中以位於布達的Mammut屬於較高價位的商場。該購物中心設計規畫於1998年，並於2001年正式對外開幕，330間商店分別坐落於6層樓中，除了男女服飾、皮鞋與皮件、珠寶配件、玩具以及廚房用品，甚至於寵物商品外，還附設了速食餐廳以及麵包店等餐飲設施，強調除了是商場外也是娛樂中心，所以Mammut裡頭還附設了保齡球館以及迴力球場等休閒運動設施。

佩斯Pest

MAP ▶ P.258,C2 Herend陶瓷店

🚇搭地鐵M1線於Opera站下，出站即達。 Andrássy út 16 ☎(1)374 0006 ◐週一至五10:00~18:00，週六10:00~14:00 週日 🌐herend.com

　　Herend是匈牙利最知名的第一陶瓷品牌，原產地是在布達佩斯西南方約120公里一處名為Herend的小鎮。Herend首創於1826年，原本只是一個生產粗陶器和實驗陶瓷製法的小型工廠，自從1839年Fischer接手之後，開始積極地從事事業擴展和藝術創作，在他的努力之下，原先只使用東方和西歐瓷器的匈牙利皇室，開始接受Herend陶瓷。經過匈牙利王室的讚譽洗禮，Herend逐漸在世界陶瓷界中大放異彩，也讓Herend成為歐洲各國王室的最愛，也是目前全球最名貴的陶瓷品牌之一。

佩斯Pest

MAP ▶ P.258,C4 Goda Kristály

🚇搭地鐵M1線於Vörösmarty tér站下，或搭地鐵M1、M2或M3線於Deák Ferenc tér站下，皆步行約2~5分鐘可達。 Váci utca 9 ☎(1)318 4630 ◐週一至週四10:00~18:00，週六至週日11:00~18:00 🌐www.godacrystal.com

　　這家位於瓦采街上的精品店，可以買得到很多匈牙利紀念品，共有2層樓，1樓有許多知名水晶和瓷器，像是喬納伊(Zsolnay)陶瓷、Hollohaza瓷器，這些都是匈牙利國寶級品牌；地下樓則賣有一些俄羅斯娃娃、西洋棋、復活節彩蛋，還有一些木製工藝品，店家強調是由當地人手工製作，品質也不錯。

佩斯Pest

MAP ▶ P.258,C5 Tóth István／Tóth Shoes and Boots

🚇搭地鐵M3線於Kálvin tér站下，步行約3~5分鐘可達。 Vámház krt. 10 ☎(1)268 9150 ◐週一至週五9:30~18:00，週六10:00~14:00 週日 🌐www.toth-lovaglocsizma.hu ❗夏季週六常休息，建議先來電確認。

　　在瓦采街頭，你可能會發現很多小小的櫥窗內擺著漂亮的男靴，十分吸引目光，但這只是Tóth István的街頭廣告，它真正的店家位在不遠處的Vámház krt.街。店面其實不大，但裡頭的每雙靴鞋看起來都很有味道。

　　這家1980年左右開業的鞋店，專門販售匈牙利古典手工男靴，每雙都是師傅以真牛皮加以手工，一針一線縫製而成，質感不錯。這裡還接受手工訂製，約3週可以完成。但是只接受現金交易。

佩斯Pest

MAP ▶ P.258,C4 Tisza Cip

🚇搭地鐵M2線於Astoria站下，步行約1~2分鐘可達。 Károly körút 1 ☎(1)266 3055 ◐週一至週五10:00~19:00、週六10:00~16:00 週日 🌐tiszacipo.hu

　　創立於前蘇聯時期，Tisza這個匈牙利在地的製鞋品牌，憑藉著成功舉辦各類活動和充滿設計感的造型，聰明的再度成為當地流行的鞋類品牌，同時也成為前往匈牙利旅行必買商品的名單之一。如今它在國際間也逐漸打開知名度，雖然打出高檔休閒品牌的市場定位，卻也充滿年輕人的潮味。

佩斯Pest

MAP ▶ P.257,F5 競技場廣場Arena Mall

🚇搭地鐵M2線於Keleti pályaudvar站下，步行約5~8分鐘可達。 Kerepesi út 9 ☎(1)880 7010 ◐週一至週六10:00~21:00、週日10:00~19:00；Tesco超市8:00~21:00 🌐www.arenamall.hu/en

　　位於火車站東站旁的競技場廣場是座很受歡迎的購物中心，它兼具賣場和百貨公司的功能，從生活用品到流行品牌都買得到。約200間的店鋪包括不少國際品牌，如Zara、H&M、Bershka、Stradivarius、Pull & Bear……在這裡都有設櫃；另外，30家餐廳和咖啡館也讓這裡的美食街熱鬧非凡，Arena Mall內還有Tesco超市和3C電器商品的大賣場。全方位的購物選擇，加上交通便利，人氣一直很旺。

匈牙利…布達佩斯 Budapest

佩斯Pest

MAP ▶ P.258,B2 **總統飯店Hotel President**

🚇搭地鐵M3線於Arany János utca站下，步行約5分鐘可達。
🏠Hold u. 3-5 ☎(30)513 0040 🌐hotelpresident.hu

總統飯店位於布達佩斯市中心的巷弄裡，其所在位置特別特別地安全，因為飯店正對面就是匈牙利國家銀行以及國庫，而國庫後方就是美國大使館，除了可以非常安心地住下，這裡也幾乎聽不到噪音！最近的旅遊景點包括聖史蒂芬大教堂與國會大廈，皆是步行可到的距離。

飯店一共有152間佈置獨特的套房，一些採用古典風格的裝潢，而全新的48間豪華客房則更傾向於現代感設計。所有房間都配備了咖啡機與泡茶設備。飯店內的餐廳

Intermezzo提供匈牙利傳統美食和國際化料理，其露台更是有雙重功能：夏季時是可以辦雞尾酒派對的露台，到了冬季則變身成為迷你滑冰場。

佩斯Pest

MAP ▶ P.258,B1 **Ikonik Parlament**

🚇搭地鐵M3線於Arany János utca站下，步行約5分鐘可達。 🏠Kálmán Imre utca 19 ☎(1)374 6000 🌐www.eurostarshotels.co.uk/ikonik-parlament

Ikonik Parlament一共有65間新藝術風格的客房，空間寬敞、舒適、設備齊全，所有公共區域和客房都在飯店成立10週年之際全面翻新，提供舒適又時髦的時尚氛圍。每個角落都可免費無線上網，Lounge Bar也會為房客每日無限供應咖啡、茶與礦泉水。此外，飯店還專門設置了電腦區，附設兩台電腦與影印機，提供上網和列印服務。

飯店也處於優越的地理位置，史蒂芬大教堂、國會大廈與多瑙河畔都在步行可達的範圍內，距離布達佩斯西站(Nyugati pályaudvar)火車站步行也只有5~10分鐘的路程。

佩斯Pest

MAP ▶ P.258,B5 **Bohem Art Hotel**

🚇搭地鐵M3線於Kálvin tér站下，步行約6~10分鐘可達。 🏠35 Molnár u. ☎(1)327 9020 🌐www.bohemarthotel.hu

Bohem Art Hotel位於最熱鬧的瓦采街旁的巷弄間，而中央市場也僅在對面，離地鐵站又近，成為想要好好探訪這個城市的遊客的最佳選擇。飯店的設計感十足，建築由17世紀舊工廠改建，並以濃烈的色彩和現代的元素，創造一種時尚、年輕的氣息。

最讓人眼睛為之一亮的是，這裡的每間客房或套房的牆上，都由匈牙利年輕藝術家畫上美麗的圖案，畫作風格多元豐富，有的是性感熱情女郎，有的是繽紛城市夜景；有的抽象充滿奇異幻想，有的卻是可愛瀾漫童趣，喜歡哪種畫沒問題，只要事先上網點選，飯店會依你的喜好安排入住。住在這裡，就彷彿住進現代藝術畫廊裡，讓人留下難忘的旅宿體驗。

佩斯Pest

MAP ▶ P.258,A3 D8 Hotel

🚇搭地鐵M1線於Vörösmarty tér站下，步行約3~5分鐘可達。 🏠Dorottya utca 8 ☎(1)614 0000 🌐d8hotel.hu

D8 Hotel位於布達佩斯最熱鬧的地區，鄰近人氣街道、血拚重地——佛羅修馬提廣場、瓦采街和德亞克廣場。飯店大廳透過亮色系的黃色、紫色搭配深藍色的工業風裝潢，營造出非常活潑、也讓人心情愉快的氛圍，你會不禁想要研究每個角落的設計，看看會有什麼驚喜。D8 Hotel的大廳空間非常大，白天會為房客無限供應咖啡，旅遊中途回飯店休息時，可以隨時好好充電。若房型有搭配早餐的話，一定要去試試餐廳的自動鬆餅機！只需按一下開關，機器就會幫你製作可愛的迷你鬆餅，是一般飯店比較看不到的設備喔！

佩斯Pest

MAP ▶ P.256,D3 Radisson Blu Béke Hotel

🚇搭地鐵M3線於Nyugati pályaudvar站下，步行約3~5分鐘可達。 🏠Terez Korut, 43 ☎(1)889 3900 🌐www.radissonblu.com/en/hotel-budapest

距離布達佩斯西站火車站步行約5分鐘的路程，Radisson Blu Béke Hotel四周商店林立之外，還有一座大型商場就在步行約10分鐘可達之處，也因此無論白天或晚上，附近的街道總是人潮洶湧。飯店宏偉的建築外觀上還有一幅美麗的馬賽克拼貼，不難看出它輝煌一時的模樣。客房各自配備現代化設備且舒適素雅，此外更提供免費的無線上網服務，因此深受商務人士喜愛。

互相約定入住時間的公寓式民宿

布達佩斯非常盛行一種住宿型態，就是把市中心的舊公寓加以改裝，成為出租式的套房、民宿，Studios、Apartments、Pension等名稱不一而足。基本上只要整理得乾淨舒適、離地鐵站近、房價便宜，是非常理想的選擇。不過這種住宿店主多半沒有同住，只有工作人員幫房客處理check-in手續。所以在完成訂房後，店家多半會主動與房客聯繫，確定預計抵達的時間，以免房客到達時找不到可以幫忙check-in的人。最怕的是萬一遇到不負責任的工作人員，在約好的時間沒有準時現身，旅客有可能必須在戶外痴痴地等，要有這種心理準備。

佩斯Pest

MAP ▶ P.258,C5 Ibis Budapest Centrum

🚇搭地鐵M3或M4線於Kálvin tér站下，步行約2~3分鐘可達。 🏠Ráday u. 6. ☎(1)456 4100 🌐all.accor.com/hotel/2078/index.en.shtml

鄰近國家博物館，這間Ibis飯店共擁有126間客房，除完善的設施和可以上網外，還有一間24小時提供點心和熱食的餐廳。

佩斯Pest

MAP ▶ P.258,C5 琥珀園景公寓 Amber Gardenview Studios

🚇搭地鐵M3線於Ferenciek tere站下，步行約2~3分鐘可達；亦可搭地鐵M3或M4線於Kálvin tér站下，步行約2~3分鐘可達。 🏠Veres Pálné u. 26 🌐anoli-apartments.worhot.com

如果想住在瓦采街附近，但沒有太多預算，Amber Gardenview Studios是頗理想的選擇。它不但地理位置方便、價格便宜，而且客房空間寬敞、舒適，也布置得很有風格，設計細節有顧慮到住宿者的需求，可免費無線上網，還配備設施完善的小廚房，進出又獨立自主，相當推薦。

森檀德
Szentendre

多瑙河貫穿匈牙利，在布達佩斯的北方形成天然的轉角，轉角處臨河的風景十分優美，其中森檀德更是熱鬧的藝術觀光小鎮。森檀德位在布達佩斯北方19公里處，自古有重要戰略地位，到馬札兒人於9世紀末遷移到匈牙利時，才發展得較具規模。最早的歷史記載首批塞爾維亞人遷移至此，興建許多東正教教堂與屋舍；不過隨著鄂圖曼土耳其在匈牙利的擴張，森檀德在17世紀末便已沒落。期間為了躲避土耳其人的統治，更多巴爾幹半島的移民湧入此地，因哈布斯王朝對宗教的寬容，這群信奉東正教的移民在此生根，興建更多東正教的教會，因此森檀德得以留下這麼多的東正教教堂。

INFO

基本資訊
人口：約2萬5千人　**面積**：43.83平方公里

如何到達——市郊電車
從地鐵M2線Batthyány tér站轉搭HÉV於Szentendre站下即達，約每20分鐘一班車，車程約40分鐘，是前往森檀德最便利的方式。如持有布達佩斯卡或是一日券等，可在購票窗口出示，則僅需付額外差價。因為列車屬於市郊電車，不是火車，所以火車通行證並不適用。從森檀德的HÉV站出站後過地下道，然後順著Kossuth utca步行約10~12分鐘可進入市區，途中會經過遊客服務中心。
🔗www.bkk.hu

如何到達——市郊巴士
從地鐵M3線Újpest-Városkapu站(上佩斯城門站)的市郊巴士站搭巴士前往，班車與班次相當多，車程約30~45分鐘，班次可上網查詢。巴士站與HÉV站相鄰，同樣出站後過地下道，然後順著Kossuth utca步行約10~12分鐘可進入市區，途中會經過遊客服務中心。
🔗www.volanbusz.hu/en/timetable/inter-urban-services

市區交通
可以步行遊覽大部份景點。

旅遊諮詢
遊客服務中心Tourinform Szentendre
📍Dumsta Jenő utca 22
☎(26)317 965
🕐10:00~16:00
🚫週一
🔗iranyszentendre.hu/en

MAP ▶ P.290,A1

塞爾維亞東正教教會博物館

Szerb Egyházi Múzeum／Serbian Church Museum

塞爾維亞東正教聖物在此

🚶從遊客服務中心步行約5~7分鐘可達 🏠Fő tér 6 ☎(26)952 474 🕐5~9月10:00~18:00，10~4月10:00~16:00(週一休) 🚫1~2月週一至週四 💰全票1,200Ft、優待票600Ft、攝影費500Ft ⓦwww.semu.hu

　於20世紀初期改建成塞爾維亞東正教教會博物館，裡面收藏著歷年塞爾維亞東正教的聖品寶物與主教聖物，被認為是匈牙利最大的東正教藝術寶庫，其中一幅14世紀遺留下來以繪製十字架的玻璃畫作，是博物館內最古老的收藏品。

貝格勒教堂

Belgrád Székesegyház／Belgrade Cathedral

🚶從遊客服務中心步行約5~7分鐘可達 🏠Alkotmány u. 🕐3~10月10:00~16:00 🚫週一至週四 💰500Ft

　完工於1764年的貝格勒教堂，也是森檀德大教堂(Szentendre Cathedral)，為塞爾維亞東正教位於匈牙利的主教教會核心，教堂被青蔥翠綠的庭院所圍，十分幽靜。教堂內部並不大，不過內部豐富的宗教畫作包含了描述新約聖經和東正教聖者的版畫，其中最顯眼的聖幛(iconostasis)出自匈牙利畫家Antonije Mihić與塞爾維亞畫家Vasilije Ostojić之手，令人印象深刻。

匈牙利⋯⋯**森檀德** Szentendre

MAP ▶ P.290,A1

迷宮餐廳

MOOK Choice

Labirintus Étterem／Labyrinth Restaurant

深藏不露的餐酒館

🚶 從遊客服務中心步行約2分鐘可達　🏠 Bogdányi u.10.　☎ (26)317 054　🕐 10:00~20:00　🌐 bor-kor.hu

迷宮餐廳從外觀、菜單上看起來和一般的傳統匈牙利餐酒館差不多，但裡面的空間設計獨具一格，地下甚至是國家葡萄酒博物館！室外用餐區Old Wagon Shed Terrace前身是馬車房，改良成開放式的涼亭空間，即使天氣炎熱也可以清爽地用餐。室內用餐區分為位於地窖的Tokaj

Hall、一樓的Cup Hall、二樓的Hunting Hall以及露天屋頂，而每個空間都有自己的風格設計，如一樓展示許多農莊生活用品、二樓以牆上的狩獵元素為名。

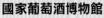

國家葡萄酒博物館
Nemzeti Bormúzeum／National Wine Museum

博物館於1993年啟用，將近800平方公尺大的酒窖系統已有200多年的歷史，身兼博物館、品酒廊、葡萄酒商店的角色。這裡可以看到匈牙利葡萄種植和葡萄酒文化的歷史發展，除了順應產季的品酒導覽行程，國家葡萄酒博物館也提供客製化行程，如資深酒客可以指定品嚐某酒窖或產地的葡萄酒。有興趣者可直接和館方聯繫。

2008年也新增了匈牙利國民「飲料」帕林卡(Pálinka)專區，提供高級水果製成的水果白蘭地，除了傳統的三大口味——Szatmár的李子、Kecskemét的水蜜桃、Szabolcs的蘋果——還有新世代的帕林卡口味，如桑椹、木梨、接骨木莓、黑醋栗等。商店裡可以買到來自匈牙利各地產區的45款帕林卡。

Centrum冰淇淋

Centrum cukrászda

森檀德最好吃的冰淇淋

🚶從遊客服務中心步行約1分鐘可達 🏠Fő tér 7 ☎(20)468 0566 ⏰週一至週四10:00~22:00，週五至週日10:00~23:00 🌐www.facebook.com/centrumcukraszdaszentendre/

Centrum冰淇淋一點都不難找，因為它就坐落於主廣場(Fő tér)不遠處的叉路口上——小小的店面非常可愛，門口擺了冰淇淋塑像。除

了琳瑯滿目的義式冰淇淋，Centrum的蛋糕也很受歡迎，也提供現烤貝果。

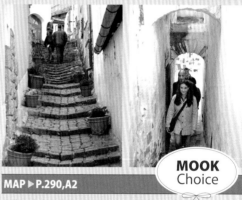

布拉哥維斯登斯卡教堂

Blagovestenska templom／Blagovestenska Church

塞爾維亞東正教經典建築

🚶從遊客服務中心步行約3~5分鐘可達 🏠Fő tér

位在主廣場側邊的布拉哥維斯登斯卡教堂，是森檀德最著名且具代表性的塞爾維亞東正教教堂，由建築師安德拉斯(András Mayerhoffer)於1752~1754年興建，取代1690年代塞爾維亞人大遷移時所建的原有木頭教堂。雖然具有優美的巴洛克和洛可可設計風格，不過教堂內部精緻卻小巧，採希臘東正教的教堂風格，金碧輝煌的主壇顯得氣派雄偉，是這間教堂最大的特色。

MOOK Choice

聖約翰天主教堂

Keresztelő Szent János Plébániatemplom／Saint John Roman Catholic Parish Church

山丘上的古老建築

🚶從遊客服務中心步行約5~7分鐘可達 🏠Templom tér ☎(26)312 545 🌐szentendre-plebania.hu

聖約翰天主教堂是鎮上最古老的建築，所在位置也是鎮上最高的地方，從這裡可以俯瞰鎮上曲折迂迴的街道，以及層層相疊的住宅瓦頂。

聖約翰天主教堂最早應該建於1241~1283年間，14世紀曾經重建過，鄂圖曼土耳其人入侵後幾乎全毀，直到17世紀才又重建；1710年在Zichy家族的贊助下，擴建成巴洛克式，有一個鐘樓和金字塔般的尖屋頂；目前的型式估計完成於1742~1751年間。教堂在1957年被列為歷史紀念物，內部不對外開放，但是從主廣場到這裡的路曲曲折折，饒富趣味，很值得走一遭。

MAP ▶ P.290,A2

MOOK
Choice

薩摩斯杏仁糖博物館

Szamos Marcipán Múzeum／Szamos
Marzipan Museum

各式塑像維妙維肖

📍從遊客服務中心步行約1分鐘可達 🏠Dumtsa Jenö utca 14
📞(30)548 0252 🕙10:00~19:00 ℹ️szamos.hu

　　這間可愛的博物館不僅是小朋友的天堂，就連大人也被深深被這種迷人的匈牙利糖果所吸引！

　　這間頗具規模的杏仁糖博物館，1樓有間大大的廚房，透過大型透明玻璃，遊客可以清楚地看到廚師製作杏仁糖的過程；其他的房間則展示著大大小小的杏仁糖模型，除了有造型可愛的動物、明星、卡通人物以及皇室人物外，其中最引人注目的便是模仿位在布達佩斯國會大樓高約160公分的巨型模型，以及高達2公尺的麥可傑克森像！所有的作品無論大小都栩栩如生，令人為師傅高超的手藝而驚艷。1樓出口處設有杏仁糖專賣店，琳瑯滿目的糖果令人無法拒絕，此外

一旁還有一家咖啡館，是當地人或遊客走逛森檀德時最愛的歇腳處之一。

MAP ▶ P.290,A2

老山羊藝廊

Vén Kecske Árt Galéria／Old Goat Art
Gallery

走進個人工作室與畫家對談

📍從遊客服務中心步行約1分鐘可達 🏠Dumtsa Jenö u. 15
📞(30)523 9184 🕙週二、週四11:00~18:00 ℹ️www.facebook.
com/profile.php?id=100027104812904

　　森檀德除了美術館多之外，大大小小的藝廊也是它的特色之一。老山羊藝廊是Eszter Győry自己的藝廊，裡頭展出這位畫家橫跨各個領域的作品，各式各樣的天使是她作品中最常出現的主題。

　　Gyory打從1977年開始在美國舉辦大大小小的畫展，她喜歡從神話以及新舊約聖經中尋找題材，2010年搬到森檀德定居後，便在這裡創立了工作室和藝廊。藝廊中除了她的作品之外，還可以看見她丈夫Osiris O'Connor的精工作品，包

括非常陽剛的戒指與飾品。Osiris非常博學，也很健談，從作品可以看出他們奔放的性格和多元的國際觀。

MAP ▶ P.290,A2

Édeni巧克力店

MOOK Choice

Édeni édességek／Eden Sweets

巧克力甜點專賣店

🚶 從遊客服務中心步行約1分鐘可達 🏠 Dumtsa Jenö utca 9 ☎
(26)303 200 🕙 10:00~19:00 🌐 www.csokibolt.hu

　　位於薩摩斯杏仁糖博物館對面，Édeni巧克力店門口的招牌以金字和天使點綴著黑巧克力，給人一種既溫馨又甜蜜的感受。店內四周立滿了貨架，擺滿了各式各樣的巧克力，不同可可亞比例的巧克力，或是添加綠茶、柑橘、茉莉等香味的巧克力，甚至於包裝成水果、汽車、動物等專為小朋友設計的造型巧克力；除此之外，店中央的櫃檯同時也是新鮮巧克力展示櫃，琳瑯滿目的選擇讓人眼花撩亂。

MAP ▶ P.290,B1

戶外民宅博物館

Szabadtéri Néprajzi Múzeum／
Hungarian Open Air Museum

匈牙利最大戶外博物館

🚌 從森檀德的市郊巴士站6號月台搭巴士車前往，於
Szentendre, Skanzen站下車，時間表可洽遊客服務中心。
🏠 Sztaravodai út, 75 ☎ (26)502 501 🕙 9:00~17:00；
冬季時間視節日而定，建議先至官網確認 🚫 週一 💰 全票
3,000Ft、優待票1,500Ft、6歲以下免費；懷舊火車成人
900Ft、3~14歲700Ft 🌐 www.skanzen.hu/en

　　如果想一睹傳統的匈牙利民宅與生活，那麼別錯過位在郊區的戶外民宅博物館。這是匈牙利境內最大的戶外博物館，於1967年的2月成立，初期這裡僅是布達佩斯人類學與民宅部門，然而占地約60公畝的面積卻慢慢發展成今日豐富的民俗文化藝術中心。

　　整個戶外博物館彷彿像一個民居部落般，分門別類地依照古老的民宅風格而建，不僅是房舍而已，就連房子的內部也十分講究，傳統的木製家具、石牆等，彷彿真的有人住在其中，更厲害的

還有房舍的院子裡也種滿了青菜或各種植物，有時還可以看到專職的人在裡頭製作手工藝品！

　　戶外民宅博物館內展示匈牙利境內8區約數百棟的農舍與民宅，其風格多維持在18~19世紀間，此外在週末遊客眾多之時，館方也安排了許多有趣的體驗活動，到了夏季的晚上，還會有特別的傳統音樂節目表演！

　　如果餓了也沒關係，這裡的餐廳提供了全匈牙利各個地區的美食料理，包準你吃得足飽。由於博物館面積實在是太廣大，至少得安排半天以上的時間才能玩得盡興！

艾格爾

艾格爾
Eger

位處匈牙利北部山地的翠綠河谷，讓艾格爾醞釀出名聞全球的公牛血(Egri Bikavér)美酒。艾格爾長久以來以葡萄酒、伊斯蘭喚拜塔、雄偉的城堡和美麗的巴洛克建築為傲，成為遊客喜愛的地點。歷史上的艾格爾也曾輝煌，在土耳其占領匈牙利的170年間，匈牙利於1552年首次擊退鄂圖曼土耳其的軍隊，但四十多年後土耳其大軍捲土重來終於奪下艾格爾，在此建立了許多清真寺與伊斯蘭建築，並讓它成為區域的首府，因此今日得以在此見到伊斯蘭喚拜塔等遺跡。

INFO

基本資訊
人口：約5萬5千人　**面積**：92.2平方公里

如何到達——火車
　　從布達佩斯搭地鐵M2或M4線於Keleti pályaudvar站(東站)搭火車前往，班次頻繁，車程約2小時。火車站距市區約1公里，出站後在Eger, vasútállomás bejárati út站搭巴士12、14號於Színház站下，即進入市區。
　　正確班次、詳細時刻表及票價可上網或至火車站查詢，購票可至火車站櫃台或先於台灣向飛達旅遊購買。從布達佩斯往返艾格爾這段火車，並沒有頭等車廂、只有二等車廂。
匈牙利國鐵(MÁV) 🌐www.mav.hu
歐洲鐵路 🌐www.eurail.com
飛達旅遊 🌐www.gobytrain.com.tw

如何到達——長途巴士
　　從布達佩斯搭地鐵M2線Puskás Ferenc Stadion站的Stadion長途巴士站，轉搭巴士前往，班次頻繁，車程約1小時50分到2小時20分。班次可上網查詢或詢問遊客服務中心。長途巴士站(Buszpályaudvar)位在市區，可步行至各景點。
🌐menetrendek.hu

市區交通
　　除了美人谷外，可以步行遊覽大部份景點。
計程車
📞(36)555 555　🌐www.citytaxieger.hu

旅遊諮詢
遊客服務中心
📍Bajcsy-Zsilinszky utca 9　📞(36)517 715
🕐週一至週五9:00~17:00，週六9:00~13:00
🌐visiteger.com/en；visithungary.com/category/eger-region

住宿資訊
Hotel eStella Superior
🗺P.296,B2　📍Egészségház u. 4
📞(20)323 2999　🌐www.hotelestella.hu

MAP ▶ P.296,B1

德波・史蒂芬廣場

MOOK Choice

Dobó István tér／Istvan Dobo Square

艾格爾的中心點

🚌 從長途巴士站步行約8~10分鐘可達

德波・史蒂芬廣場可說是艾格爾的中心點，許多景點都圍繞在廣場周遭。廣場一邊佇立著聖方濟各大教堂(Minorita templom)，這個具有雙塔的巴洛克風格教堂，讓很多人誤認為就是艾格爾大教堂，因為它華麗的程度可是讓人驚訝不已，據說這還是中歐最豪華的教堂之一。

廣場中央豎立著德波・史蒂芬(Dobó István)的雕像。德波・史蒂芬於1549年繼任成為艾格爾城堡的城主，當1552年鄂圖曼土耳其大舉入侵時，他率領2,100人英勇地抵擋住土耳其的8萬大軍，在匈牙利歷史上寫下重要的一頁，對整個國家而言意義非凡。

MAP ▶ P.296,B1

伊斯蘭尖塔

MOOK Choice

Minaret

登塔瞭望城鎮風光

🚌 從德波・史蒂芬廣場步行約5~6分鐘可達 🚇 Knézich Károly utca 1 ☎(70)202 4353 ⏰11~2月10:00~13:45、3月10:00~14:45、4月及10月10:00~16:45、5~6月中10:00~17:45、6月中~8月9:00~19:45、9月10:00~17:45 💰700Ft，限現金交易 🌐www.minareteger.hu ❗開放時間視天氣狀況調整。

艾格爾整體市容呈現巴洛克風格，市區內卻有一座風格截然不同的伊斯蘭尖塔。鄂圖曼土耳其人在1596年終於攻下艾格爾後，不久就蓋了這座喚拜塔。塔高約40公尺，地基和塔身呈14角型，由紅色砂岩堆砌而成，是土耳其人統治歐洲期間所留下的地理位置最北的建築。當1687年奧地利收復艾格爾，群情激憤的居民們試圖用400頭牛拆毀這座塔，幸好塔夠堅固，逃過一劫。

小小的高塔四周圍著鐵欄杆，順著97階石梯攀爬到塔頂，上面可以360度的視野俯瞰艾格爾市區，美景相當值得揮汗。不過要提醒大家，塔內非常狹窄，只有足夠一個人通過的空間，而且階梯順著一個方向迴旋而上，即使小個子的女生爬起來也氣喘吁吁，身材太高大或太豐滿的人要有心理準備。

匈牙利……艾 格爾 Eger

艾格爾城堡

MOOK Choice

Egri-vár／Eger Castle

見證匈牙利輝煌歷史

🚶 從德波·史蒂芬廣場步行約7~10分鐘可達 🏠Vár köz 1 ☎(36)312 744 🕐城堡大門3~10月6:00~22:00、11~2月9:00~18:00；博物館3~10月10:00~18:00、11~12月10:00~16:00(週一休)、1~2月10:00~16:00；特殊節日開放時間請上網查詢 💲全票3,600Ft、優待票1,800Ft，英文語音導覽1,000Ft；6歲以下、70歲以上免費 🌐www.egrivar.hu ❗每週一全票1,500F、優待票750Ft，其他時間包括1~2月及11~12月15:30之後、3~11月初17:30之後。

　　艾格爾城堡建於13世紀蒙古人入侵匈牙利後，歷史與艾格爾息息相關，1552年匈牙利首度擊潰鄂圖曼土耳其軍隊的輝煌歷史便發生於此。但不幸隨後又淪陷於土耳其人和奧地利人手中，最後又被哈布斯堡家族破壞。雖然今日的雄偉多半是後來修建的，不過還是可以從城牆、聖史蒂芬教堂等建築的遺跡中，嗅得一絲古老氣息。

　　從城堡可以欣賞到艾格爾全市的美麗景色；城堡內包括由聖史蒂芬送給艾格爾主教的哥德式大教堂——聖史蒂芬教堂的遺跡，這曾經是艾格爾的第一座大教堂，但在1506年時受到祝融而毀壞。優美造型的主教宮2樓展覽掛毯織布、鄂圖曼土耳其遺留的文物和當時的武器，是城堡中的歷史博物館；1樓還有英雄廳和錢幣博物館與其他展覽。而面對主教宮左側的2樓建築是艾格爾藝廊，裡面展示匈牙利著名畫家的作品。想進入城堡地下通道必須參加導覽行程，講解以匈牙利文為主，冰冷黑暗的地道設有多處大砲砲口，有些還有聲光秀的表演，值得一遊。

艾格爾大教堂

MOOK Choice

Egri Bazilika／The Basilica of Eger

匈牙利第二大教堂

📍從德波‧史蒂芬廣場步行約6~8分鐘可達 🏠Telekessy utca 6 ☎(36)515 725 🕐週三8:30~18:00、週日13:00~18:00 💲捐獻制，成人建議300Ft，學生、年長者建議100Ft 🌐www.eger-bazilika.plebania.hu

位於鬧區西南方的艾格爾大教堂，也稱是全匈牙利排名第二的大教堂，也是市區內唯一古典主義風格的建築物。它的前身是一座14世紀的羅馬教堂，1831年當時的大主教Pyrker János命建築設計師József Hild著手設計，並於1836年完工；這位設計師同時也是設計艾斯特根(Esztergom)大教堂的建築師。而立於建築外側的雕像，則是20世紀芬蘭名建築師Marco Casagrande的傑作。

以教堂的面積規模來說，內部的設計略嫌儉樸，參觀的重點包含教堂內部的圓頂和祭壇畫作，都是出自匈牙利畫家István Takács的手

筆。教堂裡的管風琴，是19世紀末由薩爾斯堡的Moser公司所打造，每年5~10月中的中午時分，教堂內會有管風琴的現場演奏。

大主教宮

Érseki Palota／Archbishop's Palace

一窺大主教的日常生活

📍從德波‧史蒂芬廣場步行約4~6分鐘可達 🏠Széchenyi u. 3 ☎(36)517 356 🕐4~9月10:00~18:00，10~3月10:00~16:00 🚫週一 💲全票2,000Ft，優待票1,000Ft；6歲以下、70歲以上免費 🌐www.egriersekipalota.hu

艾格爾教區在1804年成為大主教區，而這座三層樓的建築便是當時大主教的宅邸，經過整修、復原後，2016年2月才正式對外開放，成為當地最新的博物館。

大主教宮裡區分成大主教的書房、收藏室、圖書館等，地面層珍藏著許多18~19世紀時教會裡的珍寶，包括服飾、傑出的金器、銀器、織品藝術等，尤其是一座1832年的大教堂的縮小模型，

更是參觀的重點。樓上有艾格爾的藝術收藏室，保存著從艾格爾城堡出土的重要藝術品，包括卡納萊托(Canaletto)等人的作品。

土耳其浴場
Török Fürdő／Turkish bath

金黃圓頂下體驗古風澡堂

🚌從長途巴士站步行約14~15分鐘可達；從德波‧史蒂芬廣場步行約7~10分鐘可達。🏠Fürdő u. 3-4 ☎(36)510 552 🕐週一至週二4:30~21:00，週三至週四15:00~21:00，週五13:00~21:00，週六至週日、假日9:00~21:00 💰2.5小時(不含按摩)全票2,700Ft，逾時以每分種25Ft計價、優待票1,900Ft、參觀券500Ft 🌐torokfurdo.egertermal.hu/en

艾格爾的市區裡也有溫泉，就在大主教公園的東邊。早在16世紀，鄂圖曼土耳其人就在艾格爾發現了溫泉，並建設了公共澡堂。今日的土耳其浴場，不但還可以在金黃色的圓頂下體驗到古式澡堂的氛圍，也有現代化的氣泡池、療癒池等6個浴池，還有三溫暖以及各式各樣的Spa療程。土耳其浴場的隔壁，還有一處從1932年開始經營的艾格爾溫泉浴場(Eger Thermal Baths)。

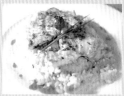

艾格爾溫泉浴場
Eger Termalfürd ／Eger Thermal Bath

🚌從長途巴士站步行約14~15分鐘可達；從德波‧史蒂芬廣場步行約7~10分鐘可達。🏠Petőfi tér 7. ☎(36) 510 558 🕐週日至週四9:00~20:00(19:30需離場)，週五至週六9:00~22:00(21:30需離場) 💰全票4,200Ft、優待票3,400Ft、優惠票(16:00之後週日至週四2,400Ft、週五至週六3,200Ft)、置物櫃2,00Ft；加購土耳其浴3,000Ft 🌐termalfurdo.egertermal.hu/en

主廣場咖啡廳暨餐廳
Fötér Café & Restaurant

城堡腳下享美味

🚌從德波‧史蒂芬廣場步行約1分鐘可達 🏠Gerl Mátyás u. 2 ☎(36)817 482 🕐10:00~22:00 🌐www.fotercafe.hu

Fötér Café & Restaurant位於德波‧史蒂芬廣場的北側，坐在餐廳裡就能悠閒地欣賞廣場上熙來攘往的人群，地理位置相當優越。即使如此，餐廳對於餐飲的品質並不含糊，無論是牛排、魚類或是海鮮，主廚的手藝都在水準之上，親切的服務人員也能針對你所選的菜色，推薦適當的佐餐酒。以這樣的地點與餐飲品質，每人只要新台幣400元上下就可以吃、喝得相當滿意，非常值得坐下來飽餐一頓。

美人谷

Szépasszony–völgy／Valley of the Beautiful Woman

匈牙利公牛血美酒產地

從德波‧史蒂芬廣場步行約30分鐘可達；或搭計程車約5分鐘可達，車資約2,000Ft以內，回程可請餐廳或酒窖代為叫車。 比較適合參觀的時間為下午。建議遊客可以中午時分前來，先找個餐廳用餐，下午再優閒地逛酒窖；亦可在下午15:00~16:00前來美人谷，先到酒窖品酒，之後再選個餐廳用餐，餐後再請餐廳叫計程車，返回艾格爾市區。 egriborneged.hu/fooldal-2/

　　就算你平常滴酒不沾，對葡萄酒沒有太大興趣，但是既然來到了艾格爾，無論如何都應該到美人谷走一遭，見識一下匈牙利獨特的品酒文化。

　　美人谷的氣候宜人，環境十分適合種植葡萄，是世界著名的葡萄酒產區之一。馬蹄形狀的山谷四周被許多葡萄園所包圍，這裡種植的葡萄品種共區分有4種：Muskotály(白葡萄)、Bikavér(公牛血的特定葡萄品種)、Leányka(具有香草味的白葡萄)以及Médoc Noir(口感豐富且具有甜味的深紅色葡萄)。

　　與西歐和澳洲的酒莊不同，這裡的酒窖是直接嵌入山谷的岩壁內，整個美人谷有超過150家酒窖，每間酒窖門口都有編號，遊客可選擇入內品酒或坐在酒窖外的露天座位喝上幾杯，有些酒窖為了吸引遊客還會請來吉普賽樂團演奏音樂。

　　由於語言的障礙，對酒不內行的遊客可能會摸不清頭緒。這裡的酒窖品質參差不齊，大部分店家都會歡迎遊客免費試酒；由於家數真的不少，建議遊客可以先在艾格爾遊客服務中心索取資料，請他們建議幾間值得拜訪的酒窖，到了現場就不會眼花撩亂了。

　　當然除了酒窖外，美人谷最受遊客青睞的是類似啤酒屋般的大型餐廳，雖然這些餐廳都很觀光化，同時也提供了匈牙利道地的餐點、葡萄酒和吉普賽音樂表演，當然服務人員也略通英文，對於遊客來說可是十分的便利。

美人谷推薦酒窖

酒窖名稱	網址	推薦酒單
Tóth Ferenc	tothferencpinceszet.hu	Egri Csillag、Egri Bikavér、Kadarka、Várvédő
Sike	sikeboraszat.hu/web	Egerszóláti Olaszrizling Superior
Juhász	www.juhaszbor.hu	Öreg Juhász、Egri Bikavér Superior、Egri Csillag
Kiss	www.kisspinceszet.hu	Egri Bikavér、Rozé、Egri Olaszrizling
Greg-vin	www.greg-vin.hu	Egri Cabernet Sauvignon Superior、Egri Chardonnay Superior、Egri Enigma (Syrah)

匈牙利…艾格爾 Eger

斯洛伐克

Slovakia

斯洛伐克

斯洛伐克與捷克原本是一國家，1992年12月31日經過一場和平分離之後，斯洛伐克共和國正式成立，位居歐洲內陸，國家面積是台灣的1.5倍大。斯洛伐克曾經為奧匈帝國時期的一部份，現今的布拉提斯拉瓦就是當時的帝國首都，共有19位國王在此加冕登基，叱咤一時的女皇瑪麗亞‧泰瑞莎就是其中之一。

斯洛伐克境內共有百座城堡，也有數處被列為世界遺產，所有資產都保護得相當完整，因此，有人說它是東歐最後一塊淨土。除了歷史地位之外，斯洛伐克在早期曾是工業發展重鎮，目前已轉而發展汽車工業，每月創造百萬輛的汽車產量，被譽為東歐地區的底特律。

斯洛伐克之最Top Highlights of Slovakia

布拉提斯拉瓦城堡
斯洛伐克首都布拉提斯拉瓦最重要的景點，曾是哈布斯堡家族的府邸，無論由多瑙河往山上望，或從另一山頭遠眺，都是城市中的特色建築之一。(P.310)

聖馬丁教堂
奧匈帝國曾有19位國王在此加冕，所以過去也被稱為「國王教堂」。出教堂右側門後，沿著石磚上的皇冠標誌前行，便是國王宣示成為一國之君的「國王之路」。(P.311)

高塔特拉山
斯洛伐克第一座國家公園，因其壯闊的山景廣受遊客歡迎，可由Starý Smokovec地區搭乘登山小火車或地面纜車前往，全身心進入廣闊的大自然中。(P.313)

小喀爾巴阡山地酒莊之旅
小喀爾巴阡山區終年陽光明媚，土壤也適合栽植葡萄。遊客可以沿著小喀爾巴阡山品酒路線，一路欣賞綺麗的葡萄園景致，再至酒莊悠閒品啜香醇美酒。(P.316)

How to Explore Slovakia
如何玩斯洛伐克各地

小喀爾巴阡山地
Malé Karpaty/
Little Carpathians

　　小喀爾巴阡山地是位於斯洛伐克西部的葡萄酒和氣泡酒產區，其中又以皮茲諾克和摩德拉為最大產區。而位於摩德拉山上的紅石城堡更能讓人一探貴族世家的生活與收藏。

塔特拉山Tatry/Tatra

　　塔特拉山又可分為高塔特拉山區和低塔特拉山區，區內有豐富的森林資源，可健行、攀岩、滑雪，幾乎可說是全年皆宜的戶外活動地，另外，鐘乳石洞群也是斯洛伐克的著名景觀。也因斯洛伐克大部分是山岳地形，造就了許多古老小鎮，比如班斯卡‧比斯特里查，從建築樣式到鎮民生活，彷彿停格在中世紀，雖然從布拉提斯拉瓦搭火車或巴士前往要3個多小時車程，但能看見斯洛伐克的獨特風情。

班斯卡‧比斯特里查
Banská Bystrica
高塔特拉山
Vysoke Tartry
瓦河Váh
鐘乳石洞
Stay
Smokovec
赫龍河
Hron
勒弗查
Levoča
斯皮斯城堡
Spišský Hrad
摩德拉
Modra
尼特拉
Nitra
小喀爾巴阡山地
Malé Karpaty
皮茲諾克Pezinok
Karpatskà Perla酒莊
布拉提斯拉瓦
Bratislava
達文城堡
Hard Devin

布拉提斯拉瓦Bratislava

　　布拉提斯拉瓦的舊城區範圍不小，大致可以分為兩條徒步路線，一是從聖馬丁教堂出發，沿著「國王之路」步行，另一則是從國家劇院旁的Rybarska bràna街進入舊城中心。如果以步行搭配電車，可以在2~3天內遊歷完重要景點，不想走路的人，還可以選擇紅色復古觀光車，輕鬆遊逛舊城區與城堡。

布拉提斯拉瓦
Bratislava

布拉提斯拉瓦位居地理樞紐，向來是斯洛伐克第一個被侵略或成為帝國政經大城的地方。西元前100年，曾為賽爾特人(Celtic)的行政中心，到了1世紀被羅馬帝國管轄，而薩摩帝國(Samo)、大摩爾維亞帝國(Great Moravian Empire)、奧匈帝國等，都曾經將此地當作政經中心。

1536年，布拉提斯拉瓦成為匈牙利帝國的首都，自此城內的聖馬丁大教堂開始執行為國王加冕的任務，現在舊城區仍留有「國王之路」的標示，曾經有11位國王、8位皇后在加冕後，沿著指示踏上君王之座。1919年，這座城市正式定名為布拉提斯拉瓦(Bratislava)，在歷經捷克斯洛伐克(Czechoslovakia)的年代後，斯洛伐克宣告獨立，布拉提斯拉瓦也順理成章成為首都。

INFO

基本資訊

人口：約50萬
區域號碼：(02)
時區：歐洲中部時間，比台灣慢7小時，夏令時間（3月最後一個週日~10月最後一個週日）比台灣慢6小時。

如何前往
◎飛機

由於台灣沒有航空公司直飛布拉提斯拉瓦，遊客可以利用其他航空公司轉機前往，詳細資訊可參考P.317。
ⓦwww.bts.aero

如何前往
◎火車

從布拉格到布拉提斯拉瓦每天約有7~8班直達車，

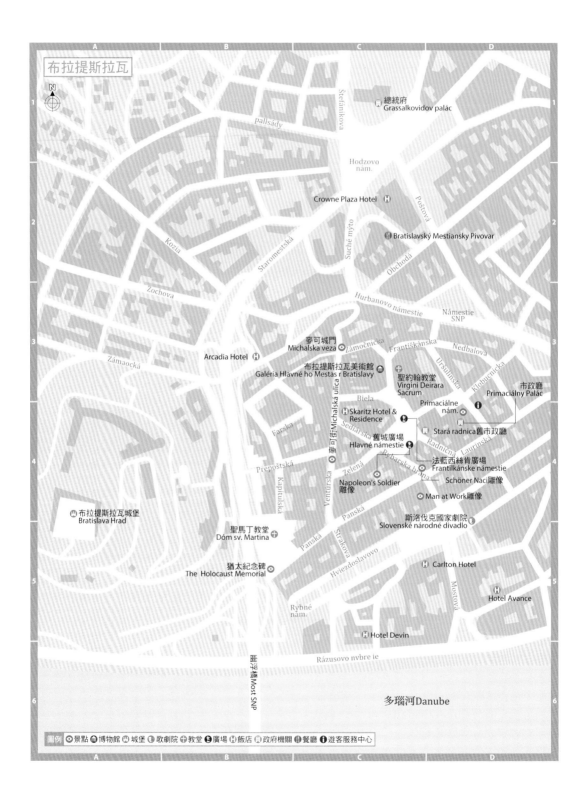

布拉提斯拉瓦

N

總統府
Grassalkovidov palác

Hodzovo nám.

Crowne Plaza Hotel Ⓗ

Ⓨ Bratislavský Mestiansky Pivovar

Štefánikova

pallsády

Kozia

Staromestská

Zochova

Suché mýto

Poštová

Obchodá

Hurbanovo námestie

Námestie SNP

麥可城門
Michalska veza

Zámočnícka

Arcadia Hotel Ⓗ

Zámaocká

布拉提斯拉瓦美術館
Galéria Hlavné ho Mestas r Bratislavy

Františkánska

Nedbalova

Ursulínská

Klobucnícka

聖約翰教堂
Virgini Deirara Sacrum

市政廳
Primaciálny Palác

Biela

Primaciálne nám.

Ⓗ Skaritz Hotel & Residence

麥可街Michalská ulica

Stará radnica 舊市政廳

Farska

Ⓗ 舊城廣場
Hlavné námestie

Sediarska

Radničná

Laurinská

法藍西絲肯廣場
Frantilkánske námestie

Rybárska brána

Zelená

Schöner Naci 雕像

Prepoštská

Ⓗ Napoleon's Soldier 雕像

Ⓨ Man at Work 雕像

Kapitulská

Ventúrska

斯洛伐克國家劇院
Slovenské národné divadlo

Panská

布拉提斯拉瓦城堡
Bratislava Hrad

聖馬丁教堂
Dóm sv. Martina

Panská

Strakova

Hviezdoslavovo

Ⓗ Carlton Hotel

Mostová

猶太紀念碑
The Holocaust Memorial

Ⓗ Hotel Avance

Rybné nám.

幽浮橋Most SNP

Ⓗ Hotel Devin

Rázusovo nvbre ie

多瑙河Danube

圖例 ◉景點 ⋒博物館 ㊦城堡 ♪歌劇院 ✝教堂 Ⓗ廣場 Ⓗ飯店 ㊥政府機關 Ⓨ餐廳 ❶遊客服務中心

車程約4小時(夜班車約8小時);從維也納到布拉提斯拉瓦每天有多班直達車,平均30分鐘一班車,車程約1小時;從布達佩斯到布拉提斯拉瓦每天有8~9班直達車,車程約2.5~3小時。

斯洛伐克國鐵(ZSSK)
🌐www.zssk.sk
歐洲國鐵
🌐www.raileurope.com

如何前往——巴士

從維也納市區(Hbf Wiedner Gürtel或Erdberg)及維也納機場(Flughafen Wien)可搭乘長途巴士,每小時約一班車開往布拉提斯拉巴士總站(Autobusová Stanica),車程各約90分鐘及1小時。

Flixbus
🌐global.flixbus.com

機場至市區交通
巴士
可從布拉提斯拉瓦國際機場(Letisko M. R. Štefánika)搭乘巴士61號前往布拉提斯拉瓦中央車站(Bratislava Hlavna stanica),約8~20分鐘一班,車程約30分鐘。
💲全票€0.97起

計程車
上車時請要求司機跳表計價,價格依計程車公司計價不同。
💲從機場到市區約€25~30起
· **Hello Taxi** ☎(02) 16321
· **Express Taxi** ☎(02) 16223
· **Taxi Bratislava** ☎(02) 16300

中央車站至市區交通
路面電車Tram、巴士Bus、電車巴士Trolleybus
從中央車站搭乘路面電車1、7號,或巴士32、41、61、74、93號,或電車巴士40、71號,皆可前往布拉提斯拉瓦各景點。
計程車
在車站前的計程車招呼站搭乘,上車時請要求司機跳表計價。
💲從中央車站到舊城區約€5起

市區交通
布拉提斯拉瓦市區共有三種大眾交通工具,分別是路面電車、電車巴士與巴士。乘車路線、票價和時刻表皆可於下列網址查詢。
🌐www.imhd.sk

路面電車Tram、巴士Bus、電車巴士Trolleybus
三種交通工具的車票可共通使用,車票種類眾多,其中最適合觀光客的包括:短程車票效期分為30、60、90分鐘不等,以及單日票(All-day ticket)分為24小時、72小時及168小時。其中,15分鐘短程票不得換乘交通工具;另外,若行李尺寸超過30x40x60公分,須額外購票€0.55。
🕐約5:00~23:30 💲紙本票30分鐘€1.10、60分鐘(3區)€1.60、60分鐘(4區)€2;晶片感應信用卡單程票€1.20(1~196號線),45分鐘內轉乘免費,每日上限€4.80;單日票紙本24小時(zone 100和101)€4.80、72小時€10.80 🌐www.imhd.sk

計程車
以電話叫車方式乘車,費用會比在路邊招車便宜,上車時請要求司機跳表計價。布拉提斯拉瓦有10多間計程車公司,每間計費方式不同。於路邊招車時建議搭乘有公司標誌的計程車,較有保障。
· **Hello Taxi** ☎(02) 16321
· **Express Taxi** ☎(02) 16223
· **Taxi Bratislava** ☎(02) 16300

優惠票券
布拉提斯拉瓦卡Bratislava CARD
持「布拉提斯拉瓦卡」可無限搭乘大眾運輸系統與參加市區徒步觀光行程,並可在50個旅遊景點享受5~50%不等的折扣優惠。可於布拉提斯拉瓦舊城區、火車站和遊客服務中心購買。
☎(02) 59356651 💲含大眾運輸1日卡€23、2日卡€28、3日卡€32;不含大眾運輸1日卡€21、2日卡€24、3日卡€26 🌐card.visitbratislava.com

觀光行程
Bratislava City Tour
搭乘觀光巴士暢遊市區向來是瀏覽一個城市最快

的方式，旅客可在舊城廣場搭乘名為Prešporáčik Oldtimer的紅色復古觀光車。提供多種行程，其中最受歡迎的是「舊城區」(Old Town Tour)和「城堡區」(Castle Tour)；前者主要繞行舊城區，沿途行經9處著名的古蹟建築，遊客可透過耳機了解它的歷史或故事；後者行經舊城區以外的8個景點，範圍較大，最後還會在山上的布拉提斯拉瓦城堡稍作停留；如果想兩種行程都參與到，則可以選擇「大旅行」(Great City Tour)。

🕙 發車時間請上網查詢；車程舊城區35分鐘、城堡區1小時、大旅行1.5小時　💶舊城區、城堡區成人€12，4~14歲€6；大旅行成人€24，4~14歲€12　📞(0)903302817　🌐www.tour4u.sk

旅遊諮詢
布拉提斯拉瓦旅遊局
🌐www.visitbratislava.com
◎遊客服務中心(舊城區)
📍P.306,D3　📌Klobučnícka ul. 2
📞(02) 16186、(02) 59356651
🕙週一至週六9:00~18:00，週日10:00~16:00
◎遊客服務中心(中央車站)
📌2, Námestie Franza Liszta
📞(02) 59356652
🕙7:00~18:30

住宿資訊
Crowne Plaza Hotel
📍P.306,C2　📌Hodzovo nam. 2
📞(02)5934 8111
🌐cpbratislava.sk
Arcadia Hotel
📍P.306,B3　📌Františkánska 3
📞(02) 5949 0500
🌐www.arcadia-hotel.sk
Skaritz Hotel & Residence
📍P.306,C4　📌Michalská 4
📞(02) 5920 9770
網站：www.skaritz.com
Hotel Devin
📍P.306,C5　📌Riečna 4
📞(02) 5998 5111
🌐www.hoteldevin.sk
Hotel Avance
📍P.306,D5　📌Medená 9
📞(02) 5920 8400
🌐www.hotelavance.sk

城市概略City Guideline

　　布拉提斯拉瓦的舊城區範圍不小，大致可以分為兩條徒步路線，一是從聖馬丁教堂出發，沿著「國王之路」步行，另一則是從國家劇院旁的Rybarska bránar街進入舊城中心。舊城中心的舊城廣場被古色古香的建築圍繞，許多餐廳、咖啡館和紀念品商店都集中在這裡，經過Sedlárska街則會來到熱鬧的麥可街(Michalská ulica)，街道連接著舊城僅存的麥可城門。總統府位於北邊，而城西的山丘上座落著布拉提斯拉瓦城堡。

行程建議Itineraries in Bratislava

如果你有2天
　　探索東歐最後一塊淨土——斯洛伐克，最好的方式便是從首府布拉提斯拉瓦開始。城內電車相當發達，以步行搭配電車，就能在短短2~3天內遊歷知名景點。

　　第一天由市政廳開始步行探索舊城區，市政廳最令人驚艷之處不僅是粉紅色外牆，還有屋頂上滿滿的石雕與裝飾。往南走向斯洛伐克國家劇院，雖然沒有奢華的規模，卻流露優雅氣質。

　　聖馬丁教堂是城內重量級景點，奧匈帝國時期，曾有19位國王在此受加冕，不妨跟著教堂外、地磚上的皇冠標誌走一趟國王之路，感受這段輝煌歷史。接著走回舊城廣場，找家餐廳或咖啡館休憩片刻，或逛逛商店選購紀念品。最後從廣場往北走，來到麥可城門，這是城內碩果僅存的城塔。

　　若對城堡建築有興趣，第二天不妨拜訪位於城西山丘上的布拉提斯拉瓦城堡。這座造形宛如童話般的城堡曾是哈布斯堡家族的首邸，也是瑪麗亞・泰瑞莎女皇在維也納以外的行宮之一，目前已規劃成國家博物館。在此居高臨下，全城美景一覽無遺。如果時間充裕，也可搭巴士前往位於邊境的達文城堡，城堡由石塊砌成，歷經數世紀風雨雕琢，外觀雖斑駁卻不減其氣勢。

如果你有3~5天
　　如果時間允許，還可到其他城鎮走走，如以葡萄酒和氣泡酒聞名的皮茲諾克、位於中部的古樸小鎮班斯卡・比斯特里查，或前往北部的塔特拉山區登山健行，探索斯洛伐克的多樣面貌。

Where to Explore in Bratislava
賞遊布拉提斯拉瓦

MAP ▶ P.306,C4

舊城廣場

Hlavné námestie／Main Square

古建築環繞的市中心廣場

◉ 從中央車站搭乘路面電車1號或巴士93號於Námestie SNP 站下，步行約3~5分鐘

　鋪著石板的舊城廣場是許多節慶的主要活動地，四周都是各國駐斯國大使館與其他古色古香的建築，舊市政廳(Stara Radnica)就在廣場轉角邊。在舊市政廳黃色外牆上可發現一個突兀的小黑點，是拿破崙軍隊進攻斯洛伐克時留下的砲彈，這一發卡在牆上後就沒再拿下來，成為歷史見證。

MAP ▶ P.306,D4

斯洛伐克國家劇院

Slovenské národné divadlo／Slovak National Theatre

城中最優雅的展演場所

◉ 從舊城廣場步行約3分鐘 ⌂Pribinova ulica 17 ☏(02) 20772111 ⓦwww.snd.sk

　斯洛伐克國家劇院建於1886年，由維也納建築師設計建造。劇院正對長形廣場，廣場左側是Carlton Hotel，沿著右側巷道則進入舊城區。劇院沒有不可一世的奢華規模，取而代之的是一份優雅。劇院二樓窗格裡還有李斯特、莎士比亞等藝術家的塑像。

布拉提斯拉瓦的特色雕像

　在布拉提斯拉瓦舊城區街頭，常看到不同造型的銅像豎立街頭，它們多半以人物形象呈現，表情和動作都幽默有趣，成為街頭最佳的裝置藝術。

　其中一座絕對不會錯過的銅像，正是位於舊城廣場的拿破崙士兵(Napoleon's Soldier)，拿破崙曾在1805年攻進斯洛伐克，而這座銅像雕塑成拿破崙士兵的模樣，彎著背倚靠著木椅，遊客都會主動坐到椅子上，拍照合影留念。

　如果你經過Panská和Sedlárska ulica兩條街的交叉口，會發現有個工人正從下水道的地洞探出頭來，這是當地最有名的一座雕像——Čumil-Rubberneck(又名Man at Work)，據說這個工人雕像曾經兩度被行經的車子壓到，所以現在一旁豎立了警示標語。

MOOK Choice

布拉提斯拉瓦城堡 (斯洛伐克歷史博物館)

Bratislavsky Hrad／Bratislava Castle (SNM – Museum of History)

昔哈布斯堡家族府邸

🚶 從舊城廣場步行約10~15分鐘　電話：(02) 220483104
🕐 博物館10:00~18:00(最後入場17:00)；城堡區8:00~22:00
🚫 週二　💲 展覽+珍寶室(Treasury)全票€12、半票€6；展覽全票€6、半票€3；珍寶室(Treasury)全票€4、半票€2；持布拉提斯拉瓦卡免費　🌐 www.snm.sk

　　城堡最初建於9世紀，當時有著堡壘護衛的任務，爾後歷朝歷代都在擴建，1541年成為當時歐洲最具勢力的哈布斯堡家族府邸，也是瑪麗亞·泰瑞莎在維也納以外的行宮之一。19世紀毀於祝融後經過重建，後來一度成為斯洛伐克議會所在地，現今屬於斯洛伐克國家博物館(Slovak National Museum, SNM)的一部分，城堡裡的展示廳不定期舉辦各項展覽。因為城堡位置居高臨下，無論從多瑙河畔往山上望，或從另一山頭遠眺，都是整座城市中的特色建築之一。

市政廳

Primaciálny palác／Primate's Palace

見證重大歷史的粉紅色建築

🚶 從舊城廣場步行約2分鐘　🏠 Primaciálne námestie 2　☎(02) 59356394　🕐 10:00~17:00　🚫 週一　💲 門票€3

　　穿過舊城廣場，繼續往Primaciálne廣場前進，一幢粉紅色的氣派建築就座落在廣場旁。市政廳過去曾為主教的府邸，由於經過數次整修後，空間仍不敷使用，當時主教遂釋出這幢建築，部份讓市政府辦公。建築最令人驚艷的不只是粉紅色外牆，大門屋頂上滿是細緻的石雕與裝

飾。這幢建築過去曾見證數個重大歷史紀事，包括奧地利與法國簽署的普雷斯堡和平協定(Peace of Pressburg)就是在鏡廳(Hall of mirrors)簽訂的，當時布拉提斯拉瓦市名就是普雷斯堡，而鏡廳現在用於舉辦音樂會。

MAP ▶ P.306,B5

聖馬丁教堂

MOOK Choice

Katedrála sv. Martina／St. Martin's Cathedral

見證奧匈帝國國王加冕之路

🚇 從舊城廣場步行約10分鐘 🏠 Rudnayovo námestie 1 ☎ (02) 54431359 ◷ 週一至週六9:00~11:30、13:00~18:00(週六下午不對外開)，週日13:45~16:30 🌐 dom.fara.sk

　聖馬丁教堂於1452年建造完成並舉行奉獻禮，後來在16世紀前又陸續增修建築。教堂是哥德式建築，祭壇後的彩繪玻璃上繪有奧匈帝國的皇冠圖樣。奧匈帝國時期，曾有19位國王在此被加冕，所以在過去也被稱為「國王教堂」。

　通常國王受加冕前，教堂會清場，只留下國王與皇后在聖殿中祈禱並靜默兩小時，國王可以思考是否接下王位。當然，從來沒有一位國王說不。在自禱結束後，踏上三階梯靠近主教，主教會將皇冠、權杖、劍給國王，拿到象徵權力的佩戴品後，國王必須遊行城中。一出教堂右側門，就可見石磚地上鑲著以國王皇冠為標誌的路線指標，這就是國王之路，國王循著指標遊行，宣示自己已是一國之君。1830年，國王Ferdinand V在聖馬丁教堂受加冕後，奧匈帝國的國王加冕儀式便搬回布達佩斯舉行。在祭壇的聖詩班座位後方牆上，就繪有歷代受加冕的國王名單。

　會眾座席的右邊是聖馬丁在座騎上將大衣送給乞丐的巴洛克式雕像，傳說聖馬丁在送衣給乞丐後，竟在夢中得到上帝給他相同的異象，也因此在夢境發生的一次征戰後，聖馬丁便將戰勝的財物，通通捐給窮人。據傳他晚年遷居法國，修習成為主教，這座教堂便是以他的名字命名。

MAP ▶ P.306,C3

麥可城門

Michalská brána／Michael´s Gate

碩果僅存的駐軍登高望遠處

🚇 從舊城廣場步行約3~5分鐘

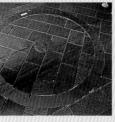

　走在舊城區的街道，若朝著北方走，抬頭望去皆可看見高高矗立的哥德塔(Gothic Tower)。過去舊城區有東西南北向4座城塔，為駐軍登高望遠之用，而城門塔之下就是主要城區的出入口，現今只留下這一座麥可城門。其實現在所見的塔身，也是在瑪麗亞‧泰瑞莎當政時期重建的。塔門下方有一個以布拉提斯拉瓦為中心的銅製0公里指南針，旁邊的刻度分別標示指向從布拉提斯拉瓦出發，前往世界各城市的公里數。

麥可街

Michalská ulica

連接麥可城門的熱鬧大街

🚶從舊城廣場步行約2~4分鐘 🏠 Michalská ulica

　　從麥可城門出來，馬上就會接連到麥可街；這條位於舊城區的石板街道可說是布拉提斯拉瓦最熱鬧的商街之一，一棟棟不同色彩的建築物進駐了各式服飾店、雜物小店、餐廳或咖啡館，讓人一路可逛可買，累了還可以找家店面休息；別忘了偶爾回頭，麥可城門的高塔仍在不遠處展現它優美的身影。從麥可街直行，在Sedlárska街左轉，則可以通往舊城廣場。

Bratislavský Meštiansky Pivovar 餐廳

大份量道地斯國菜餚

🚶從舊城廣場步行約10~15分鐘 🏠Drevená 575/8 ☎(0) 944512265 🕐15:00~23:00 🚫週日、週一 💳 mestianskypivovar-drevena.choiceqr.com

　　這間當地相當知名的餐廳，以香醇的啤酒著稱，原來它以傳統的方式釀酒，並擁有自己的釀製廠，在餐廳隔壁還展示傳統

的釀酒機。餐廳樓高3層，不論是多人聚餐或是只想獨自喝杯小酒，這裡都有適合的空間和位置。至於餐食也很受歡迎，特別推薦味道濃郁的家傳牛肉燉湯(Strong Beef Broth with liver dumplings or noodles)，各式道地的斯洛伐克傳統菜餚也很出色，如燉牛肉、烤豬腳、烤鴨……也都值得一試，特別是份量很大，吃起來相當過癮。

達文城堡

MOOK Choice

Hrad Devín／Devín Castle

山崖峭壁上的歷代防禦堡壘

🚌可於布拉提斯拉瓦的幽浮橋(Most SNP)下搭巴士29號，於Hrad Devín站下車可達 🏠Muránska 10 ☎(02) 65730105 🕐3月、10月10:00~17:00，4~9月10:00~18:00(7~8月至19:00)，11~2月10:00~16:00 🚫週一 💰4~10月全票€8、優待票€4，11~3月€3；持布拉提斯拉瓦卡免費 🌐 muzeumbratislava.sk/en/devin-castle

　　首都邊境的達文城堡，位於多瑙河和莫拉維亞河交界處，距首都約13公里，矗立在山崖峭壁上，擔負保衛地方的防禦大任。城堡初建於3~4世紀、7~9世紀改建，16世紀再度修建。羅馬時期曾有羅馬軍隊改至現在斯洛伐克邊陲，直到19

世紀，拿破崙的軍隊也曾經進駐此地，並架上加農炮防禦敵軍。

　　目前達文城堡被規劃為國家級博物館，分為3部份，第一區保留羅馬時期修建的第一座基督教堂，第二區則保存斯洛伐克早期salcetic民族遺留下來的傳統木造屋舍，成為露天文物展示，第三區在室內陳列近500年來的文物，包括拿破崙軍隊留下的武器。由於城堡以石塊砌成，歷經數世紀的風雨雕琢，外觀已有些許斑駁，卻不減其巍峨氣勢。

塔特拉山
Tatry/Tatra

塔特拉山

塔特拉山是斯洛伐克境內的高山，緊鄰波蘭邊界，分為高塔特拉山區(Vysoke Tatry)和低塔特拉山區(Nízke Tatry)。塔特拉山區擁有豐富森林資源，春夏季有規劃完善的森林步道可健行、騎單車、攀岩等，冬季雪季長達5個月，雪量豐厚是斯國的滑雪聖地。如果醉心於歐洲建築，班斯卡‧比斯特理查(Banska Bystrica)絕對值得造訪，舊城區擁有歐洲中世紀各種風格的建築，十分迷人。

◎ Where to Explore in Tatry/Tatra
賞遊塔特拉山

MAP ▶ P.304

Starý Smokovec地區

登山賞景入門首選地

🚆 從布拉提斯拉瓦搭火車前往Poprad，再從Poprad轉火車前往高塔特拉山
地面纜車 🕐7:30~18:30；不定期維修，營運時間請至官網確認 💲來回票€13，單程票上行(往Hrebienok)€13、下行(往Starý Smokovec) €29；線上購票可享優惠 🌐www.vt.sk
遊客服務中心 🏠Starý Smokovec 23 ☎(052) 4423440
🕐4~11月8:00~15:45(1~3月至18:00) 🌐www.tatry.sk

高塔特拉山在1948年被列為斯洛伐克第一座國家公園，最高海拔2,655公尺，一般遊客若想要輕鬆登上高塔特拉山，Starý Smokovec地區是入門賞景的最佳選擇。

從Starý Smokovec地區可搭乘登山小火車或地面纜車直達Hrebienok地區。在搭乘纜車前，出發站旁貼有整座山區的健行、單車路線圖，依照步道的長短難易，以不同顏色的線條區分。抵達Hrebienok後，可按著路邊不同顏色的木製指示牌，展開森林步道之旅。每條步道沿線都有木製色牌，只要循著指標走都不會迷路。最短的步道來回約30分鐘，可以一窺山中瀑布的美景。

MAP ▶ P.304

鐘乳石洞

Demänovská JaskyňaSlobody／
Demänovská Cave of Liberty

天然密集的千年鐘乳石

🏠Demänovská Dolina ☎(044) 5591673 🌐www.ssj.sk
❗整修維護中，關閉至另行通知
遊客服務中心

🏠Štúrova 1989/41, 031 42 Liptovský Mikuláš ☎(044) 5565401 🕐週一至週四9:00~11:30、12:30~16:00(週五至15:00) 🌐www.visitliptov.sk

鐘乳石洞是斯洛伐克著名的自然景觀，斯國境內共有4,000多座鐘乳石洞穴，目前約有12座對外開放參觀，在低塔特拉山就有5座。位於低塔特拉山區的Demänovská Jaskyňa在1730年被發現，洞穴中不乏3,000年歷史的鐘乳石，因為保存良好，洞內石筍和石鐘乳相當密集，部份地區還蓄成小水塘或水道，映著銅棕色的鐘乳石，呈現出自然密境之美。斯國只在洞穴中的重要位置裝設幾盞黃燈，只要團體移動到下一區，照明燈就會自動熄滅。為保護鐘乳石洞，若需攜帶攝影器材進入者，需額外付費。

班斯卡・比斯特理查

Banská Bystrica

以礦業聞名的古老山城

🚄 從布拉提斯拉瓦搭火車前往，有中途轉車與直達列車，直達車每天約7班，車程約3.5小時，轉乘則約3.5~5.5小時不等；或從布拉提斯拉瓦搭巴士前往，每天有多班直達車，車程約3~4小時 ✈www.zssk.sk、長途巴士cp.hnonline.sk

遊客服務中心 🏠Námestie SNP 1 ☎(048) 4155085 🕐週一至週五8:00~17:00，週六至週日9:00~14:00 🚫9~6月週日 ✈www.visitbanskabystrica.sk

班斯卡・比斯特理查的歷史可追溯至1255年，這個城鎮過去以生產銅、金礦業而聞名致富，城名Banská Bystrica在斯洛伐克語裡就是「礦山城」之意，山城如今不再開礦，部份礦區被保留成為文物展示區。

班斯卡・比斯特理查的主要道路相當寬闊，筆直走向長形廣場，兩邊的建築按西洋建築年代排列，遊客服務中心是文藝復興建築，隔鄰是哥德式建築，再往前走，巴洛克建築裡是商店，對面則是洛可可式建築。廣場邊的市政廳則融合了文藝復興、哥德、巴洛克建築元素。

舊城廣場上三強鼎立，有羅馬建築樣式的教堂(Katedrálny kostol sv. Františka Xaverského)，有歷經黑死病後安撫人心的聖母瑪麗亞雕像，而傾斜的鐘塔(Hondinová Veža)

高34公尺，會在整點以音樂報時，遊客也能在這至高點俯瞰小鎮全景。

舊城門(Barbakan)與教堂在廣場後方，1475年由德國礦工重建的聖瑪莉亞教堂(Kostol Nanebovzatia Panny Márie)，現在仍每天舉行彌撒，教堂原是羅馬式建築，後由德國人修築為哥德式晚期建築。教堂曾在1761年遭祝融之災，1770年重修後增加了巴洛克式裝飾，禱告區裡擺放整片宗教木雕和9公尺高的晚期哥德式聖壇，由當地藝匠Pavol Master of Levoča打造。

小喀爾巴阡山地
Malé Karpaty/Little Carpathians

斯洛伐克西部的小喀爾巴阡山地區因為陽光充足、水質好、土壤佳，生產的葡萄酒和氣泡酒，和東部貴腐葡萄酒的名氣同樣響亮。據說羅馬人在此建立葡萄園後，便生產無數優質的葡萄酒，奧匈帝國時期，宮廷甚至指定喝此地生產的Frankovka Modrá美酒。19世紀拿破崙軍隊將氣泡酒的釀酒技術留在當地，部份酒窖也開始釀製氣泡酒，1989年起，當地開始有釀酒評比。每年9~10月葡萄豐收期，當地都會舉行葡萄酒節慶。

今日，斯洛伐克還規劃小喀爾巴阡山品酒路線(Small Carpathian Wine Route)，遊客可至皮茲諾克(Pezinok)、聖喬治(Svätý Jur)和摩德拉(Modra)幾個知名酒鄉，一路欣賞葡萄園景色，再悠閒品啜香醇美酒。

旅遊諮詢

🌐 malekarpaty.travel

 Where to Explore in Malé Karpaty/Little Carpathians
賞遊小喀爾巴阡山地

MAP ▶ P.304

摩德拉紅石城堡

MOOK Choice

Hrad Červený Kameň／Red Stone Castle

探訪貴族世家的生活與收藏

🚌 從布拉提斯拉瓦搭長途巴士前往，於Častá Základlina站下車，車程約1小時；下車後步行約30分鐘 ☎ (033) 6905803 時間：有75分鐘的長程導覽及60分鐘的短程導覽。10~5月週一至週五9:30~15:30、週六至週日9:00~17:00，6~8月週一至週日9:00~17:00(英語導覽限7~8月週六及週日11:30)，5~9月9:00~16:00 💲 長程導覽成人€8、6~18歲€4，短程導覽成人€7、6~18歲€3.5 🌐 www.hradcervenykamen.sk

摩德拉遊客服務中心

🏠 Štúrova 59 ☎ (033) 6908324 🕐 週一、週二、週四、週五8:00~16:00，週三9:00~17:00 🌐 www.visitmodra.sk

位在摩德拉(Modra)山上的紅石城堡(Červený Kameň)，裡頭的文物根據當時主人的起居習慣，仍妥善地被保管著。從城門邊的家族標示到中庭雕像，以及水井邊的家徽石雕，都能看見一尊上半身為鹿、下半身是馬車輪的塑像。傳說最後擁有城堡的Paffly家族剛進駐時，主人在某日

傍晚駕著馬車出門，森林裡視線不清，突然車輪像撞到重物般卡在路中，主人只好留在車上等天亮。第二天主人醒來，發現車輪下卡了一頭鹿，而馬車正停在山崖峭壁旁。為紀念鹿的救命之恩，因此將鹿和車輪結合成為家徽。而那輛被卡住的馬車，就停在城堡展示間內。

城堡一樓留有斯洛伐克第一架藥櫃，二樓保存著房間與家具擺飾，還有會客室、騎士會議間及武器陳列室。會議室和書房有幾座看似櫥櫃或高木椅的家具，但掀起座椅木蓋或抽屜，竟是一座馬桶。陳列室還收藏來自中國的藝術品，甚至有齊白石的畫作。

MAP ▶ P.304

皮茲諾克HACAJ酒窖

承襲自法國香檳區的釀酒技術

📍從布拉提斯拉瓦搭直達火車前往皮茲諾克，車程約30分鐘；或從布拉提斯拉瓦搭長途巴士前往，車程約40分鐘。長途巴士cp.hnonline.sk、火車www.zssk.sk 🏠Cajlanská ulica 66 ☎(0) 907792087 🌐www.hacaj.sk

皮茲諾克旅遊中心
🏠Radničné námestie 9 ☎(033) 6901820 🕐週二至週六9:00~13:00、13:30~16:30 🌐www.pezinok.sk

建於1592年的HACAJ酒窖，和皮茲諾克其他以葡萄園改建為試酒酒窖不同，這幢中世紀留下來的建築物前身就是酒窖，也曾為皮茲諾克首任市長的官邸。酒窖主人承襲來自法國香檳區修士傳授的釀酒技巧，從1984年執業至今，酒窖生產紅、白葡萄酒和氣泡酒等。

MAP ▶ P.304

Karpatská Perla酒莊

微醺時光中增進酒知識

📍從布拉提斯拉瓦搭火車前往Šenkvice，車程約30分鐘 🏠Nádražná 57, 90081 Šenkvice ☎(033) 6496855 🕐週二至週五9:00~17:00 🌐www.karpatskaperla.sk

距離皮茲諾克、聖喬治和摩德拉等3個知名酒鄉都不遠的Karpatská Perla酒莊(意為「喀爾巴阡山珍珠」)，旗下Jagnet，Varieto，Dílemúre和4 Elements這4個系列的美酒為他們拿下了無數獎章，一旦預約參觀，便會有酒莊人員為客人詳細介紹酒莊特色，同時舉辦小型品酒會，讓所有人在微醺浪漫的時光裡品啜到香醇的美酒，也增進酒知識。

無酒精的葡萄飲品Vinea

在斯洛伐克的餐廳或超市裡，常見一種名為Vinea的葡萄飲品。這種飲品就產自皮茲諾克(Pezinok)，是無酒精的葡萄氣泡飲料，分有紅葡萄和白葡萄兩種口味，據說富含維他命B，屬於健康飲品。喝起來有點像葡萄汁，但甜度不高，冰涼後喝相當順口。

The Savvy Traveler
聰明旅行家

基本資訊

奧地利Austria
正式國名：奧地利共和國(Republik Österreich)
面積：約83,880平方公里
人口：約903萬人
首都：維也納(Wien)
宗教：主要信奉羅馬天主教
種族：超過9成以上是日爾曼民族，少數斯拉夫、土耳其人
語言：德語

捷克
正式國名：捷克共和國(Česká republika)
面積：約78,866平方公里
人口：約1,053萬人
首都：布拉格(Praha)
宗教：主要信奉羅馬天主教
種族：95%捷克人、4%斯洛伐克和吉普賽人、少數波蘭和德國人
語言：捷克語

匈牙利
正式國名：匈牙利共和國(Magyar Köztársaság)
面積：約93,030平方公里
人口：約968萬人
首都：布達佩斯(Budapest)
宗教：主要信奉羅馬天主教
種族：96.6%匈牙利人、其餘為德國、斯洛伐克和羅馬尼亞人
語言：馬札爾語

斯洛伐克
正式國名：斯洛伐克共和國(Slovenská republika)
面積：約49,035平方公里
人口：約546萬人
首都：布拉提斯拉瓦(Bratislava)
宗教：主要信奉羅馬天主教
種族：85.6%斯洛伐克人、10.7%匈牙利人
語言：斯洛伐克語

簽證辦理

從2024年初開始，國人前往包含奧地利、捷克、匈牙利及斯洛伐克等歐洲30個國家和地區，需要事先上網申請「歐盟旅行資訊及許可系統」(ETIAS)且獲得授權，手續費€7。ETIAS有效期限是3年，或持有護照到期為止。效期內只要持有效護照及ETIAS即可不限次數出入申根公約國，無需再辦理申根簽證，6個月內最多可停留90天。有效護照的定義為，預計離開申根區時最少還有3個月的效期。

要注意的是，儘管開放免簽證待遇，卻不代表遊客可無條件入境，移民官有時會在入境檢查時要求提供相關證明文件，建議隨身攜帶以備查驗。入境申根國家可能需要查驗的相關文件包括：來回航班訂位紀錄或機票、英文行程表、當地旅館訂房紀錄或當地親友邀請函、足夠維持旅歐期間生活費之財力證明、公司名片或英文在職證明等。

旅遊諮詢

奧地利
◎奧地利台北辦事處
🏠台北市敦化北路167號10樓 ☎(02) 81753283
🌐www.bmeia.gv.at/en/austrian-office-taipei/
◎奧地利國家旅遊局
🌐www.austria.info
◎維也納旅遊局
🌐www.wien.info

捷克
◎捷克經濟文化辦事處
🏠台北市信義區基隆路一段200號7樓
☎(02) 27225100
🌐www.mzv.cz/taipei
◎捷克觀光局境外辦事處日本(＋臺灣)
🏠東京都渋谷区広尾2－16－14
☎+81(3)6427 3093
🌐www.visitczechrepublic.com/zh-TW

317

◎布拉格旅遊局
ⓦwww.praguecitytourism.cz/en

匈牙利
◎匈牙利貿易辦事處
🏠台北市中山區敬業一路97號3樓
☎(02)8501 1200
ⓦtajpej.mfa.gov.hu
◎匈牙利旅遊局
ⓦvisithungary.com
◎布達佩斯旅遊局
ⓦwww.budapestinfo.hu

斯洛伐克
◎斯洛伐克經濟文化辦事處
🏠台北市基隆路1段333號12樓1203室
☎(02)8780 3231
ⓦwww.mzv.sk/taipei
◎斯洛伐克旅遊局
ⓦslovakia.travel
◎布拉提斯拉瓦旅遊局
ⓦwww.visitbratislava.com

飛航資訊

從台灣直飛奧地利維也納的航空公司有中華航空和長榮航空,由台灣直飛布拉格則只有中華航空。而台灣目前沒有航空公司直飛匈牙利和斯洛伐克,遊客可以利用蘇黎世、法蘭克福、維也納等歐洲其他航點轉機前往。

航空公司	電話	網址
瑞士航空	(02)2325 0069	www.swiss.com
德國漢莎航空	(02)2325 8861	www.lufthansa.com.tw
阿聯酋航空	(02)7745 0420	www.emirates.com/tw/chinese
土耳其航空	(02)2718 0849	www.turkishairlines.com/zh-tw
泰國航空	(02) 2515 0188	www.thaiairways.com
中華航空	(02)2715 1212	www.china-airlines.com
長榮航空	(02)2501 1999	www.evaair.com.tw

旅遊資訊

時差
四國皆為歐洲中部時間,比台灣慢7小時,夏令時間(3月最後一個週日~10月最後一個週日)比台灣慢6小時。

貨幣與匯率
◎奧地利·斯洛伐克
奧地利自2002年7月全面實施歐元(€、Euro),而斯洛伐克則於2009年1月正式加入歐元區。紙鈔面額有€5、€10、€20、€50、€100、€200、€500,硬幣面額有1¢、2¢、5¢、10¢、20¢、50¢、€1、€2。1歐元等於100歐分(¢、Cent),約等於35台幣。(匯率隨時變動,僅供參考)
◎捷克
捷克貨幣稱為克朗(Koruna česká),一般標示為Kč或CZK;捷克貨幣紙鈔面額為100Kč、200Kč、500Kč、1,000Kč、2000Kč,硬幣有1Kč、2Kč、5Kč、10Kč、20Kč、50Kč。目前匯率1美元約等於22Kč、1歐元約等於24Kč、1 Kč約等於1.45台幣。(匯率隨時變動,僅供參考)
◎匈牙利
匈牙利的通用貨幣為福林(Forint),一般標示為Ft或HUF;匈牙利貨幣紙鈔面額有500Ft、1,000Ft、2,000Ft、5,000Ft、10,000Ft、20,000Ft,硬幣則有5Ft、10Ft、20Ft、50Ft、100Ft、200Ft。目前匯率1美元約等於342Ft、1歐元約等於406Ft、1 Ft約等於台幣0.091元。(匯率隨時變動,僅供參考)

電壓
奧地利、捷克、匈牙利和斯洛伐克皆為220伏特,插頭為C型(兩孔圓柱型頭),必須準備變壓器與轉接插頭。

電話
台灣直撥奧地利:002+43+城市區碼(去掉0)+電話號碼
台灣直撥捷克:002+420+城市區碼(去掉0)+電話號碼
台灣直撥匈牙利:002+36+城市區碼+電話號碼
台灣直撥斯洛伐克:002+421+城市區碼(去掉0)+電話號碼
東歐四國直撥台灣:00+886+城市區碼(去掉0)+電話號碼

小費

◎奧地利

在奧地利沒有給小費的硬性規定，但仍有給小費的習慣，在餐廳、咖啡館消費時，一般會支付消費金額的5~10%作為小費，或是付個整數也行。住在高級飯店，可支付約€1小費給行李小弟或房間清理人員；住在一般旅舍則可以不必付小費。搭乘計程車時，若是請司機幫忙搬運行李，則建議給€1小費。

◎捷克

捷克一些餐廳會在餐費外另收每人約20~50Kč的人頭費，並不是小費，若覺得餐廳服務不錯，或是到比較高級的餐廳，可酌情給予10%的小費；或是將消費總金額湊整數，多的做為小費(事實上，有些餐廳會直接把多餘的錢視為小費，不再找零)。

◎匈牙利

一般的餐廳消費並無規定小費制度，完全是個人態度。不過在布達佩斯某些咖啡廳或餐廳，服務人員會特別要求15~20%的服務費。在服務不錯或高級餐廳中，可酌情給予10%的小費；或是將消費總金額湊整數，多的做為小費(事實上，有些餐廳會直接把多餘的錢視為小費，不再找零)。

◎斯洛伐克

在斯洛伐克消費，一般會支付10%的小費。

商店營業時間

◎奧地利

大部份商店營業時間在平日的9:00~18:00，週六只營業到，週日通常休息。如果在假日想要購買日常用品或簡單的餐點，各個城市的火車站裡都設有超商、咖啡館、理髮院和速食店、寄物櫃，也有自動販賣機可以滿足需求。這裡的超市假日也照常營業，不過價格會比一般超市貴一些。

◎捷克

商店營業時間大多在平日的10:00~19:00，週六通常營業至13:00，週日則大多公休，不過像布拉格這類觀光大城針對觀光客營業的商店，則幾乎每天10:00~19:00營業，頂多週末提早1個小時打烊。

◎匈牙利

商店營業時間大都在平日的9:00~18:00，週末一般都休息，不過像布達佩斯這類觀光客較多的大城市，商店通常週末會營業從上午至13:00，而越來越多針對觀光客的店家也有在週日營業的趨勢。

◎斯洛伐克

一般商店平日約在9:00~10:00開門營業、19:00左右打烊，週六營業到13:00，週日及國定假日幾乎都公休。超市或食品店則較早營業，約7:00~8:00就會開門。餐廳多半從11:00起，一直營業到午夜，部

份業者有午休時間。

購物退稅

如果在貼有免稅標籤(Tax Free Shopping)的同一家商店，同日內購買超過規定金額的物品，可以辦理營業稅退稅手續。購物時記得要向售貨員索取退稅單，這張單子應由售貨員幫你填寫。至機場時，請先將所買商品交由海關檢查，海關在退稅單上蓋印後，再辦理機場Check-in，通關後於機場內或邊境的退稅處領取稅款。

◎奧地利

購物€75以上，退稅率約10~15%。

◎捷克

購物2,000 Kč以上，退稅率約11~17%。

◎匈牙利

購物74,000Ft以上，退稅率約14~19%。

◎斯洛伐克

購物€175以上，退稅率約10~14%。

公廁

◎奧地利

在奧地利使用公共廁所通常都要付錢，金額約€0.5，大部分是採投幣式，必須先把錢投入，門才會開啟，所以記得隨時準備好零錢。若不想花錢方便，建議在餐廳、咖啡廳等處用餐時順便解決如廁需求。另外要特別注意的是，男廁是「Herren」，女廁是「Damen」。

◎捷克

位於地鐵站或巴士站的廁所多半需要付錢才能使用，每人約5 Kč起。有些餐廳的廁所可免費使用，也有些餐廳的廁所鬥得要投幣才能打開，記得隨身帶著零錢，比較方便。男廁標誌是M或▼，女廁是Z或●。

◎匈牙利

在匈牙利使用公廁多數都要收錢，每次約100Ft起，看到Féfiak就是男廁，而Nők則代表女廁。

◎斯洛伐克

斯洛伐克的公共廁所幾乎都要收費，約€0.5起。男廁的代表標誌為M或▼，女廁為Z或●。

東歐
MOOK NEWAction no.77
奧地利·捷克·匈牙利·斯洛伐克
Eastern Europe : Austria, Czech, Hungary, Slovakia

作者
趙思語·墨刻編輯部

攝影
墨刻攝影組

編輯
趙思語·陳玫諺

美術設計
李英娟·董嘉惠 (特約)·駱如蘭 (特約)

地圖繪製
Nina (特約)·墨刻編輯部

出版公司
墨刻出版股份有限公司
地址：台北市115南港區昆陽街16號7樓
電話：886-2-2500-7008
傳真：886-2-2500-7796
E-mail：mook_service@cph.com.tw
讀者服務：readerservice@cph.com.tw
墨刻官網：www.mook.com.tw

發行公司
英屬蓋曼群島商家庭傳媒股份有限公司城邦分公司
地址：台北市115南港區昆陽街16號8樓
電話：886-2-2500-7718　886-2-2500-7719
傳真：886-2-2500-1990　886-2-2500-1991
城邦讀書花園：www.cite.com.tw
劃撥：19863813
戶名：書虫股份有限公司

香港發行所
城邦(香港)出版集團有限公司
地址：香港灣仔駱克道193號東超商業中心1樓
電話：852-2508-6231
傳真：852-2578-9337

馬新發行所
城邦(馬新)出版集團 Cite (M) Sdn Bhd
地址：41, Jalan Radin Anum, Bandar Baru Sri Petaling,
57000 Kuala Lumpur, Malaysia.
電話：(603)90563833
傳真：(603)90576622
E-mail：services@cite.my

製版·印刷
藝樺設計有限公司·漾格科技股份有限公司

經銷商
聯合發行股份有限公司（電話：886-2-29178022）
誠品股份有限公司
金世盟實業股份有限公司

城邦書號
KV3077

定價
480元

ISBN
978-986-289-905-2·978-986-289-906-9(EPUB)
2023年8月初版 2024年6月2刷

首席執行長　Chief Executive Officer
何飛鵬　Feipong Ho

生活旅遊事業總經理暨墨刻出版社長　PCH Group President & Mook
Managing Director
李淑霞　Kelly Lee

總編輯　Editor in Chief
汪雨菁　Eugenia Uang

資深主編　Senior Managing Editor
呂宛霖　Donna Lu

編輯　Editor
趙思語·唐德容·陳楷琪·王藝霏
Yuyu Chew, Tejung Tang, Cathy Chen, Wang Yi Fei

資深美術設計主任　Senior Chief Designer
羅婕云　Jie-Yun Luo

資深美術設計　Senior Designer
李英娟　Rebecca Lee

影音企劃執行　Digital Planning Executive
邱茗晨　Mingchen Chiu

資深業務經理　Senior Advertising Manager
詹顏嘉　Jessie Jan

業務經理　Advertising Manager
劉玫玟　Karen Liu

業務專員　Advertising Specialist
程麒　Teresa Cheng

行銷企畫經理　Marketing Manager
呂妙君　Cloud Lu

行銷企畫專員　Marketing Specialist
許立心　Sandra Hsu

業務行政專員　Marketing & Advertising Specialist
呂瑜珊　Cindy Lu

印務部經理　Printing Dept. Manager
王竟為　Jing Wei Wan

國家圖書館出版品預行編目資料

東歐：奧地利,捷克,匈牙利,斯洛伐克/趙思語,墨刻編輯部作. -- 初版.
-- 臺北市：墨刻出版股份有限公司出版：英屬蓋曼群島商家庭傳媒股
份有限公司城邦分公司發行, 2023.08
320面 ;16.8×23公分. -- (New action ; 77)
ISBN 978-986-289-905-2(平裝)
1.CST: 旅遊 2.CST: 東歐
744.09　　　　　　　　　　112012190